# 未来土地利用模拟模型及资源环境应用

刘小平 欧金沛 黎夏 陈广照 梁迅 张鸿辉 著

科学出版社

北京

## 内 容 简 介

本书提出一种多类未来土地利用模拟（FLUS）模型，耦合了人类活动和气候变化对土地利用的共同影响，突破了传统 CA 模型只能模拟城市用地的局限。首先，介绍 FLUS 模型的基本原理和构建方法，在此基础上，开展大尺度高分辨率土地利用变化模拟，并分析未来全球城市扩张对粮食产量的影响；其次，阐述 SSPs-RCPs 耦合情景的未来全球土地利用/土地覆盖变化模拟，探讨未来全球陆地碳储量变化；再次，论述基于 FLUS 模型和"双评价"的城市开发边界划定，为国土空间规划提供科学依据；最后，对 FLUS 软件及应用实例进行详细介绍，帮助读者迅速学习地理模拟系统理论并进行软件实操。

本书可供高等院校地理信息科学、地理学、测绘学和计算机科学等相关专业教师和学生，以及相关领域科研技术人员和城市规划人员阅读参考。

审图号：GS 京（2024）1641 号

**图书在版编目（CIP）数据**

未来土地利用模拟模型及资源环境应用/刘小平等著. —北京：科学出版社，2024.10
ISBN 978-7-03-073734-2

Ⅰ.①未… Ⅱ.①刘… Ⅲ.①土地利用–研究 Ⅳ.①F301.24

中国版本图书馆 CIP 数据核字（2022）第 209350 号

责任编辑：杨帅英　赵　晶 / 责任校对：郝甜甜
责任印制：徐晓晨 / 封面设计：图阅社

科学出版社出版
北京东黄城根北街 16 号
邮政编码：100717
http://www.sciencep.com

北京九州迅驰传媒文化有限公司印刷
科学出版社发行　各地新华书店经销

\*

2024 年 10 月第 一 版　开本：787×1092 1/16
2025 年 1 月第二次印刷　印张：14
字数：332 000
**定价：158.00 元**
（如有印装质量问题，我社负责调换）

# 前　言

土地利用/土地覆盖变化是人类社会经济活动与自然生态过程相互作用的纽带,对区域生态环境产生重要且广泛的影响,并以累积的方式作用于全球环境变化。它涉及人类活动与自然环境两方面复杂的驱动力机制与多样的驱动力因子,与陆地表层物质循环和生命过程密切相关,也直接影响着生物多样性、生物地球化学循环以及资源环境的可持续利用。近几十年来,随着人口的快速增长与全球社会经济的快速发展,人类对生态环境的影响引发了地球表面土地利用和土地覆盖的巨大变化,土地资源的日益紧张,人地矛盾的迅速加剧。随着近几十年来中国社会经济的高速发展,中国已经成为世界上土地利用变化的热点区域,同时也可能是未来全球土地利用变化最受关注的地区。国家实施的"退耕还林""退耕还草"等土地利用变化政策表明了中国政府对土地利用变化的关注。并且,中国已采取了相应的措施阻止生态用地的退化。同时,一系列城市规划政策,如城市增长边界、生态控制线、基本农田控制线也随之制定并用于控制城市的增长、管理城市的扩张、保护优质的生态用地与优质的农田以及严守"18亿亩①耕地红线"。可见,合理的土地政策在未来中国的土地利用变化中也将会起到十分关键的作用。土地利用变化研究逐渐成为保护环境、维持可持续发展等方面不可忽视的重要课题。

在这个背景下,从宏观层面把握土地利用空间格局的变化是探索人地关系协调发展的重要途径;了解和预测未来土地利用变化的趋势也可以为实施合理的土地政策提供有效的辅助信息。地理模拟与过程建模能够为地理空间复杂系统中人–地关系的研究提供理论与方法支撑,同时也能够为管理城市增长制定长远的土地政策和土地战略,发现未来生态敏感地区,并预防这些地区耕地、生态用地的退化等提供有效的决策支持。其中,元胞自动机(Cellular Automata,CA)是土地利用变化模拟的有效工具,在环境变化和气候变化评估、生物多样性评估、生态系统评估、探索政策规划对城市发展的影响以及划定城市增长边界等许多方面都有广泛的应用。在已有的基于CA的大尺度模拟研究中,现有的模型大多只考虑人类活动的作用,而无法模拟自然效应(气候背景)对土地利用变化的影响,这些影响包括来自宏观和微观尺度的作用,以及空间和非空间的效应。不仅如此,传统模型的转化机制忽略了复杂土地利用变化系统中的突变、弹性与恢复的效应,因而不能很好地模拟多类别土地利用类型间的动态竞争。另外,现有模型的分辨率普遍较低,不能满足局部微观尺度的景观特征变化模拟的需求。较粗的空间分辨率也使得现有的大尺度土地利用变化模拟模型不能充分模拟局部地区的地理格局信息和非线性特征。

针对以上问题,本书提出了一个耦合人类活动与自然效应的未来土地利用模拟(Future Land Use Simulation,FLUS)模型。该模型引入了多种土地利用类型之间的动

---

① 1亩≈666.7m²。

态竞争，把"自顶向下"的系统动力学（System Dynamics，SD）与"自底向上"的 CA 结合起来，通过输入多源空间数据、历史统计数据和规划数据，耦合各种社会经济、自然环境以及气候变化因素对多类别土地利用/土地覆盖变化进行模拟。在此基础上，本书用分块并行、多线程的方式改进 FLUS 模型，并加入考虑规划的驱动作用机制，来模拟规划政策驱动下的城市以及城市群的土地发展变化，评估规划政策对城市发展的影响作用。目前，FLUS 模型已被应用于全球土地利用变化、耦合联合国政府间气候变化专门委员会（IPCC）共享社会经济路径（Shared Socioeconomic Pathways，SSPs）和典型浓度路径（Representative Concentration Pathways，RCPs）的未来长时间序列土地利用变化模拟、多尺度城市演变模拟、精细化城市增长边界划定、"三区三线"智能识别、国土空间规划等地理模拟与空间优化，并为地理国情分析、"三规合一"等方面提供理论与技术基础，以及为城市规划、国土管理与生态建设等提供可靠的定量决策支撑。

  本书共 10 章，主要介绍 FLUS 模型的理论、方法、应用以及操作方法。第 1 章简单介绍了土地利用变化模拟模型与其应用研究进展，阐述了土地利用变化模拟在当前国家发展与战略实现方面的应用价值与前景；第 2 章详细介绍了耦合人类活动与自然效应的未来土地利用模拟模型；第 3 章主要介绍了基于并行 FLUS 模型的大尺度高分辨率土地利用变化模拟；第 4 章主要介绍了基于 SSPs 情景的未来全球城市扩张模拟；第 5 章进一步讨论了 SSPs 情景下城市扩张对粮食产量的影响；第 6 章阐述了基于 SSPs-RCPs 耦合情景的未来全球 LUCC 模拟；第 7 章进一步讨论分析了 SSPs-RCPs 耦合情景下未来全球陆地碳储量；第 8 章介绍了基于 FLUS 模型划定多种规划情景下的城市增长边界；第 9 章介绍了耦合 FLUS 模型和"双评价"的城市开发边界划定研究；第 10 章介绍了 FLUS 软件及其具体应用案例，还详细介绍了该软件操作过程。希望通过阅读本书，读者可以在理解 FLUS 模型基础理论方法的基础上，学会结合案例进行软件操作。

  本书的许多成果来自研究团队多年的积累，特别是梁迅博士和陈广照博士的研究成果。非常感谢他们为本书的撰写提供的大量帮助和支持。同时，感谢华东师范大学黎夏教授对书稿内容撰写的指导。在本书撰写过程中，欧金沛副教授以及学生任胤铭和任昳雯在内容整理、格式修改和编排方面做了大量的工作。此外，本书的出版得到国家杰出青年科学基金项目（42225107）资助。在此，一并表示感谢！

  由于作者水平有限，书中难免存在各种疏漏和不妥之处，恳请读者批评指正。

作 者

2023 年 9 月 10 日

# 目 录

前言

**第1章 绪论** ··········1
  1.1 引言 ··········1
  1.2 全球变化与气候环境影响 ··········2
    1.2.1 全球变化 ··········2
    1.2.2 气候环境影响 ··········3
  1.3 土地利用变化模拟 ··········4
  1.4 土地利用模拟主要模型 ··········5
    1.4.1 元胞自动机 ··········5
    1.4.2 多智能体模型 ··········6
  1.5 土地利用模拟的核心问题 ··········7
    1.5.1 土地利用模拟的遥感数据获取 ··········7
    1.5.2 土地利用模拟的地理尺度 ··········7
    1.5.3 CA 模型转换规则挖掘与参数校准 ··········8
    1.5.4 ABM 异质属性与行为规则定义 ··········9
    1.5.5 CA 模型与 ABM 模型的耦合 ··········9
  1.6 展望 ··········10
    1.6.1 多类用地模拟与决策支持 ··········10
    1.6.2 大数据与规则精细挖掘 ··········10
    1.6.3 大尺度模拟与知识迁移 ··········11
  参考文献 ··········11

**第2章 耦合人类活动与自然效应的未来土地利用模拟模型** ··········15
  2.1 引言 ··········15
  2.2 研究方法 ··········15
    2.2.1 SD 模型 ··········15
    2.2.2 土地利用变化模拟模型 ··········17
    2.2.3 模型紧密耦合机制 ··········21
  2.3 模拟结果及验证 ··········22
    2.3.1 SD 模型精度验证 ··········23
    2.3.2 模拟精度验证 ··········23
    2.3.3 模型精度对比 ··········24

2.3.4　参数敏感性分析 ·············································································· 25
2.4　小结 ································································································· 28
2.5　免费公开的 FLUS 软件 ········································································· 28
参考文献 ································································································· 31

# 第 3 章　基于并行 FLUS 模型的大尺度高分辨率土地利用变化模拟 ··············· 33
3.1　引言 ································································································· 33
3.2　FLUS 模型并行化方法 ·········································································· 34
　　3.2.1　人工神经网络预测过程的并行策略 ··················································· 34
　　3.2.2　CA 分块模拟并行策略 ····································································· 35
3.3　未来土地利用需求预测 ········································································· 38
3.4　模型运行结果 ····················································································· 39
　　3.4.1　未来各类用地需求校正 ···································································· 40
　　3.4.2　运行效率评估 ················································································· 41
　　3.4.3　情景模拟结果分析 ··········································································· 42
3.5　小结 ································································································· 51
参考文献 ································································································· 52

# 第 4 章　基于 SSPs 情景的未来全球城市扩张模拟 ········································ 54
4.1　引言 ································································································· 54
4.2　研究方法 ··························································································· 55
　　4.2.1　基于面板数据回归的未来城市用地需求量预测 ··································· 56
　　4.2.2　基于 FLUS-global 模型的城市用地变化模拟 ······································ 59
　　4.2.3　城市收缩压力的评估方法 ································································ 61
4.3　城市需求量预测结果 ············································································ 62
4.4　城市用地扩张模拟精度验证 ··································································· 66
4.5　不同 SSPs 情景下的城市用地空间变化情况 ·············································· 67
4.6　不同 SSPs 情景下的城市收缩压力 ··························································· 71
4.7　不同 SSPs 情景下的城市扩张对其他土地类型的侵占 ································· 73
4.8　小结 ································································································· 74
参考文献 ································································································· 75

# 第 5 章　SSPs 情景下城市扩张对粮食产量的影响 ········································ 78
5.1　引言 ································································································· 78
5.2　数据与方法 ························································································ 78
　　5.2.1　全球粮食产量分布产品 ···································································· 78
　　5.2.2　城市扩张造成的粮食产量损失估算 ··················································· 79
5.3　SSPs 情景下城市扩张对主要粮食作物产量影响的空间分布 ······················· 81

5.4 农田损失与粮食产量损失的关系 ································································· 84
5.5 SSPs 情景下主要粮食作物产量损失影响的人口 ········································· 85
5.6 小结 ······································································································· 86
参考文献 ····································································································· 87

## 第 6 章 基于 SSPs-RCPs 耦合情景的未来全球 LUCC 模拟 ······························· 89
6.1 引言 ······································································································· 89
6.2 研究方法 ································································································· 89
    6.2.1 基于 LUH2 数据集的未来土地需求量预测 ········································ 90
    6.2.2 基于 FLUS-global 模型的土地变化模拟建模 ····································· 92
6.3 土地需求量预测结果 ················································································· 95
6.4 土地模拟精度验证 ···················································································· 98
    6.4.1 适宜性概率的精度 ·········································································· 98
    6.4.2 历史土地空间模拟的精度 ······························································ 101
6.5 不同 SSPs-RCPs 耦合情景的全球 LUCC 空间变化情况 ······························ 103
    6.5.1 与粗分辨率 LUCC 产品的效果对比 ················································ 104
    6.5.2 各情景下草地空间变化情况 ·························································· 105
    6.5.3 各情景下农田空间变化情况 ·························································· 107
    6.5.4 各情景下林地空间变化情况 ·························································· 109
6.6 小结 ······································································································ 111
参考文献 ··································································································· 112

## 第 7 章 SSPs-RCPs 耦合情景下未来全球陆地碳储量分析 ······························· 114
7.1 研究方法 ······························································································· 114
    7.1.1 基于 InVEST 模型的全球陆地碳储量估算 ······································· 114
    7.1.2 植被功能型 ················································································· 117
    7.1.3 基于 PFT 分类的未来全球土地覆盖产品制图 ·································· 118
7.2 基于 PFT 分类的 SSPs-RCPs 耦合情景全球土地覆盖产品 ·························· 122
7.3 SSPs-RCPs 耦合情景下未来全球陆地碳储量变化分析 ······························· 125
7.4 小结 ······································································································ 129
参考文献 ··································································································· 130

## 第 8 章 基于 FLUS 模型划定多种规划情景下的城市增长边界 ························ 133
8.1 引言 ······································································································ 133
8.2 研究方法 ······························································································· 134
    8.2.1 城市系统动力学模型 ···································································· 134
    8.2.2 基于 ANN 的规划交通更新机制 ···················································· 135
    8.2.3 规划开发区内的随机种子机制 ······················································ 136

  8.2.4 基于形态学的城市增长边界划定方法·····137
 8.3 模型验证·····139
  8.3.1 模拟 2000~2013 年城市变化·····140
  8.3.2 精度验证分析·····141
 8.4 基于 FLUS 模型的城市增长边界划定·····142
  8.4.1 规划情景设定·····142
  8.4.2 城市发展模拟·····145
  8.4.3 城市增长边界划定·····148
 8.5 小结·····152
 参考文献·····153

## 第 9 章 耦合 FLUS 模型和"双评价"的城市开发边界划定研究·····155
 9.1 引言·····155
 9.2 研究框架和方法·····156
 9.3 模型的应用·····158
  9.3.1 实验区及数据·····158
  9.3.2 中山市"双评价"结果与分析·····161
  9.3.3 城镇建设用地模拟及城市开发边界划定·····164
 9.4 小结·····166
 参考文献·····167

## 第 10 章 FLUS 软件介绍·····169
 10.1 软件介绍·····169
 10.2 配置及记录文件说明·····170
  10.2.1 配置文件·····170
  10.2.2 记录文件·····171
 10.3 软件基本操作及土地利用变化情景模拟·····171
  10.3.1 基于人工神经网络的出现概率计算模块·····171
  10.3.2 FLUS 与多类用地模拟·····176
  10.3.3 模拟精度验证·····183
  10.3.4 计算 Kappa 系数·····183
  10.3.5 计算 FoM 指标·····185
 10.4 城市增长边界划定·····186
  10.4.1 实验操作·····187
  10.4.2 软件操作·····188
 10.5 软件操作注意·····214

# 第 1 章 绪　　论

## 1.1 引　　言

人类对土地资源进行开发利用的过程中，社会经济得到了极大的发展，同时也引起了土地利用和土地覆盖的巨大变化，大片的自然用地转变为居住用地、耕地以及畜牧用地（Xu and Liu，2007）。随着社会经济与人口的快速发展，地球表面的土地资源日益紧张、人地矛盾日益加剧。在这个背景下，土地利用变化研究逐渐成为环境、人口、资源研究中不可忽视的内容。了解和预测未来土地利用变化的趋势，可以为实施合理的土地政策、协调人地矛盾、合理分配土地资源，以及保护生态环境和维持土地的可持续发展提供有效的决策支持。同时，研究土地利用变化的起因、过程与结果，探索土地利用变化引起的相关效应也成为国内外广受关注的热点问题（刘纪远等，2009）。

土地利用变化在受到人类活动影响的同时，也受到全球自然环境变迁的影响（Dale et al.，2009）。例如，林地、草地、湿地的变化受到气候变化（全球变暖、极端天气事件等）和生态退化（水文变化、土壤腐蚀等）的影响；气候变化和生态退化等也会引发自然景观的变化（Huang et al.，2018）；温度变化、淡水的使用和土壤质量的改变也会影响人类的各种土地利用决策（如耕地、草地和牧场的重新分配和相互转化）（Huang et al.，2014）。作为人类活动与自然效应两方面影响的纽带，土地利用和土地覆盖在环境系统内的相互作用和反馈最终将以空气污染、自然资源短缺、食物风险等方式对人类福祉和社会可持续性产生深远影响（Lawler et al.，2014）。因此，土地退化、生物多样性和全球气候变化等与人类福祉息息相关方面的研究都要求土地利用变化趋势方面的研究提供更多的关键信息（Zebisch et al.，2004）。

综上所述，了解土地利用变化的趋势，对探索人类适应未来自然和气候变化的方式以及维持地表景观的可持续性都至关重要（Liu et al.，2017）。然而，土地利用变化涉及复杂的驱动力机制与多样的驱动力因子，使得土地利用变化的趋势和过程难以预测。为了探索土地利用变化与引起土地利用变化的因素之间复杂的相互关系，越来越多的学者使用土地利用变化模拟的方式来研究土地利用变化。随着学者们对土地利用变化模型相关研究的深入，土地利用变化模拟逐渐成为研究土地利用变化的驱动力、预测未来土地利用变化过程和趋势的有效方法，也成为全球土地利用变化研究的主流方式。同时，许多近几十年来社会经济发展十分快速的地区成为全球土地利用变化研究中的热点区域。土地利用变化模拟是了解土地利用变化成因、预测未来土地利用变化过程和趋势的有效方法。在区域尺度借助城市发展模型进行城市土地利用变化的模拟预测，可以为城市规划部门提供有效的决策支持。

## 1.2 全球变化与气候环境影响

### 1.2.1 全球变化

自地球诞生以来,地表环境的变化至今从未停止。全球变化(Global Change)包括地球环境中所有自然和人为引起的变化,可定义为全球环境中,能改变地球承载生命能力的变化(张兰生等,2000)。全球范围是全球变化的空间尺度,自然变化是全球变化的核心内容,以人为本是全球变化的主要特征。全球范围指空间上的全球尺度,把全球当作一个整体系统;自然变化主要体现为自然界气、水、地、生所组成的自然环境中物质成分、物质运动及能量指标的变化过程与在一定时段内所达到的程度与状态;以人为本则指研究全球变化需要以对人类社会影响的定量评估为核心问题。

"全球变化"一词始于20世纪70年代,后来科学家们将地球大气圈、水圈、生物圈和岩石圈的变化纳入"全球变化"范畴,强调地球环境系统及其变化(曲建升等,2008)。国际学术团体使用"全球变化"意在表达人类生存环境的逐渐恶化,特别是国际安全和生活质量逐渐降低。已有的共识是,人类活动不同程度地改变和破坏了人类居住环境,环境剧烈变化使人类自身生存与发展受到严峻考验。经过多年观测和研究,国际社会试图利用人类智慧与已有技术和知识来克服全球环境问题的挑战,制定了相关研究策略和战略计划,并形成了许多国际性研究计划与研究组织。人类活动引起的气候变化简称为"全球增温",其在20世纪60~70年代是由大气环流模式所研究的一门全球尺度上的科学问题;80年代扩展成为全球变化问题,与可持续发展结合成为政治和政策问题。后来以《联合国气候变化框架公约》为核心的一系列国际环境公约的制定和实施,使全球变化作为一门多因素相互作用的科学问题被各国政府和非政府组织广泛认同,并要求从科学和政策上寻找综合性解决方案。

全球变化已经成为当今世界各国和社会各界关注的重大问题。近三个世纪以来,急速增长的全球人口需要更多的空间来满足人类生存与发展的需要,人类活动对局部区域甚至全球尺度的土地利用状况都造成了巨大的影响。作为人地关系最为密切的载体,土地覆盖/利用,尤其是生态用地,如草地、湿地、森林等的空间格局及其演变过程在全球气候、环境变化中占有重要地位,并逐渐成为可持续发展研究中较为活跃的领域(陈军等,2015)。因此,土地覆盖/利用变化是全球变化中的关键要素,与全球的气候变化、生态环境演变、自然资源利用以及人类健康安全等密切相关,影响着人类生存与发展的自然基础。近百年来,土地利用变化在各个尺度上打破当前城市生态系统的能量流动和物质循环平衡,造成了严重的社会经济和生态环境问题,并使人类受到由城市化引发或加剧的传染病和慢性病的威胁,已经成为世界各国重点研究的问题(Hurtt et al., 2011)。

国内外研究机构围绕全球土地利用变化监测,土地利用变化对城市发展、景观生态和人类健康的影响等进行了广泛探索。美国波士顿大学、美国地质调查局(United States Geological Survey, USGS)、欧盟委员会联合研究中心(European Commission's Joint Research Centre, JRC)、中国清华大学等科研机构利用遥感数据开展了全球土地利用变化监测（Friedl et al., 2002）。这些数据为全球与区域模式开发、资源能源、生态环境等研究提供了重要基础。为了深入揭示全球土地利用变化对人群健康和生态安全的影响，美国、加拿大等国家利用遥感技术和多尺度陆面生态过程模型研究了全球和区域森林及草地等生态系统碳循环对全球变化的响应，并发现人–地交互过程是塑造自然生态系统结构与功能的重要驱动力。

对土地利用变化进行建模，主要是对土地利用未来变化进行空间模拟预测，这是揭示土地覆被/利用变化驱动因素、演变过程及趋势的有效手段。在全球环境变化背景下，土地利用模拟能够为国家城市用地管理、应对环境安全及制定土地政策、解决资源可持续利用问题等提供重要依据，特别是能够为开展"三规合一"工作和最近的国土空间规划提供有效的理论和技术支撑。开展和实现"人–地"耦合的土地利用变化模拟及应用，是提升我国在全球土地利用变化研究领域观测、分析、模拟及应用能力的关键，能够为我国应对全球变化和保持可持续发展提供重要的科学支撑。因此，准确地模拟未来土地覆被/利用变化的分布和趋势已经成为全球变化研究的重大需求（Angel et al., 2011）。

## 1.2.2 气候环境影响

在过去的 30 年，全球气候进入一千多年来温度最高的时期——全球地表平均温度升高幅度达到 0.85℃。气候变暖对地球生态环境产生了显著的影响，大气温度和海洋温度的上升加速了南极和其余各地冰川及积雪的消融，导致海平面上升，进而引发城市热浪、极端降水、海啸、台风等一系列极端气候事件的增加，也会导致物种迁移、森林火灾、土地荒漠化以及其他方面的生态问题。人类工业生产所排放的温室气体（如 $CO_2$、$CH_4$ 及 $NO_2$ 等）很有可能是造成全球变暖的主要因素。如果人类不采取措施，那么全球气候变暖的趋势很可能会在未来加剧（IPCC, 2017）。IPCC 工作组是在全球变暖的大背景下建立的政府间机构，其主要任务是对气候变化对社会经济的影响、气候变化科学知识的现状以及适应和减缓气候变化的对策进行评估（Li M et al., 2016）。

在这个背景下，早在 2001 年的 IPCC 第三次评估报告（AR3）中，IPCC 就根据未来可能的排放强度提出了排放情景特别报告（Special Report on Emission Scenarios, SRES）情景路径，用于给研究者提供"自顶向下"的研究情景（Li et al., 2017）。"自上向下"的效应指的是来自宏观尺度的土地需求带来的效应。虽然土地覆盖的变化从局部尺度开始发生，但在更大的尺度上，社会经济和生物物理因素也影响着人类的土地利用方面的决策。预测未来的土地利用变化需要研究者考虑从局部尺度"自底向上"到全局尺度"自顶向下"的驱动力因素，以及这些驱动力在空间和时间上的相互作用（Li M et al., 2016）。

但由于复杂的社会环境系统的演化具有高度的不确定性，当前研究需要建立一个综合考虑各种因素的模型框架来对未来可能的情景进行预测（Dong et al., 2018）。Moss 等（2010）指出了当前研究需要基于新情景路径进行分析的原因。第一，运行当前气候模型需要比以前的情景更详细的信息。第二，人们越来越关注不同气候政策的影响，上一代无气候政策情景（如 SRES）不能满足评估长期气候目标的"成本"和"收益"的需求。第三，当前研究者更加关注如何制定用于适应气候变化的政策。因此，当前研究迫切需要进一步整合不同学科涉及的气候知识用于新情景的研究和开发。在这个背景下，IPCC要求科学家制定一套新的情景路径，以便更好地用于评估未来气候变化的效应。

于是，IPCC 在 2014 年颁布了第五次评估报告（AR5），开发了一套不用辐射强度强迫，强调以浓度为目标的典型浓度路径（RCPs）新情景。温室气体浓度是 RCPs 系列情景的初级产物，用于作为气候模式的输入。该系列情景将社会经济情况、气候、大气和碳循环的预估与排放有机地结合起来，比已有评估报告中设定相同的温室气体排放速率的气候情景更加合理和科学。词语"浓度路径"是为了强调这些 RCPs 情景不是社会经济排放或气候变化预测等单一因素影响下的情景，而是各种因素内在影响的集合。RCPs 主要有四个情景，四个情景下的辐射强迫水平分别为 $8.5W/m^2$、$6.0W/m^2$、$4.5W/m^2$ 和 $2.6W/m^2$，每个 RCP 情景都代表一组情景的集合，并与现有科学研究中提供的全部排放情景兼容。每个 RCP 情景的模拟时期为 1850~2100 年。在 RCP2.6 情景下，22 世纪初全球地表平均气温相较于 1986~2005 年很可能增加 0.3~1.7℃；而在 RCP8.5 情景下，全球地表平均气温甚至有可能增加 2.6~4.8℃。在 RCPs 系列情景下，在全球快速发展的地区，如中国，作为主要的食品消费和生物燃料生产区域，其未来的土地利用动态将面临很大的不确定性（Sohl and Sleeter，2012）。因此，将 RCPs 情景路径与大尺度土地利用变化模拟模型结合，来研究未来土地格局变化的框架受到了国际学者的广泛关注。

## 1.3 土地利用变化模拟

土地利用是人类有目的地开发和利用土地资源的一切活动，是连接人类活动和自然环境的关键环节，绝大部分的陆地表面都被人类利用来进行各种生产活动，因此也带来各种尺度上土地覆盖的变化，表现为对自然环境，尤其是生态系统的影响。基于土地利用的重要性，对土地利用的结构演变的原因和过程的研究变得非常有必要。

国际地圈–生物圈计划（IGBP）和全球环境变化中的人文因素计划（IHDP）在 1995 年联合提出了"土地利用和土地覆盖变化"（LUCC）研究计划。LUCC 研究计划最根本的目标是增强对发生在区域性的土地利用和土地覆盖变化之间基础性的、交互式的变化的认识，并寻找可行的模型来模拟和表达这种变化，以此来反映和预测土地利用和土地覆盖变化。截至 2005 年 12 月，为期 10 年的 LUCC 研究计划结束，在此基础上发展并提出的是全球土地计划（Global Land Project，GLP）。土地利用/覆盖变化的研究成果也需要进一步发展并应用到实际当中，为土地利用决策、土地利用政策的出台及土地资源管理提供有力的支持。

LUCC 研究计划的内容包括土地利用变化的驱动力分析、土地覆盖变化的监测与诊断模型以及区域与全球模拟三个方面。其研究方法以模型方法为主，通过模型将复杂的、现实的土地利用变化进行简单、抽象和结构性的处理，用以研究土地利用变化过程、驱动力机制、变化影响及变化趋势（周成虎等，2009）。

土地利用引起的覆盖变化受自然、社会经济等复杂因素的影响,其时空变化的模拟成为研究的难点问题。在空间方面,常常使用决策规则来描述人类的土地利用活动与自然等要素的关系,并用来分配土地利用区位的变化(Xiang and Clarke,2016)。而对于复杂的土地利用类型转换,其跨越较长的时间尺度,考虑土地利用变化是社会经济发展特征、文化传统、自然条件以及土地利用历史多种因素共同作用的结果,这些规则很难对诸多方式做全面的反应。

## 1.4 土地利用模拟主要模型

### 1.4.1 元胞自动机

元胞自动机(Cellular Automata,CA)是目前在土地变化模拟研究中被广泛使用的模型。CA 模型最早诞生于 20 世纪 40 年代美国数学家冯·诺依曼(Von Neumann)的数字计算机领域的研究中(Codd,1968),并在 70 年代被提出"地理学第一定律"的 Tobler(1970)院士首次应用于地理研究领域。CA 模型是一种时间、空间和状态都离散的动力学模型(周成虎等,2009),它能从微观角度通过构建局部元胞之间的简单规则,来反映复杂系统在时间和空间上的动态变化,从而避免了许多基于微分方程构建的模型可能出现的,或因为需要考虑的参数太多而无法构建合适的微分方程,或因为构建好的微分方程本身极其复杂而难以求解的问题。Tobler(1970)认为,CA 模型中包含的"邻域"概念正好对应了构建地理模型所需要考虑"邻域"(也就是环境)因子这一核心特征。因此,CA 模型在地理研究领域,除了在土地利用变化研究方向以外,还在森林火灾模拟、城市增长边界划定和交通控制等多个研究方向上得到了广泛应用。在地理研究中,标准的 CA 模型可以用式(1-1)进行概括(Li and Yeh,2000):

$$S^{t+1}=f(S^t, N^t) \tag{1-1}$$

式中,$S^t$ 为 $t$ 时刻元胞的状态;$N^t$ 为 $t$ 时刻元胞周围的邻域;$f$ 为决定元胞状态是否发生改变的转换规则。

从 CA 模型的原理公式可以看出,CA 模型中的转换规则 $f$ 将邻域、环境、限制条件等因素与元胞状态关联起来,是实现整个复杂系统动态模拟的关键,也是 CA 模型的核心。在近几十年的 CA 模型研究中,许多地理学者针对 CA 模型转换规则的提取方法进行了大量有意义的探索。例如,Clarke 等(1997)针对城市扩张模拟提出了 SLEUTH 模型,它通过扩散系数、繁衍系数、蔓延系数、坡度系数和道路吸引系数这 5 个参数控制城市用地的扩张。Wu 和 Webster(1998)提出了基于层次分析法(Analytic Hierarchy Process,AHP)的多准则评估法(Multicriteria Evaluation,MCE)来提取各种空间驱动因子与城市用地扩张之间的规则。但这些方法在建立转换规则的过程中都或多或少地带有人为主观的因素,因此 Li 和 Yeh(2000)提出了利用数据挖掘的方法建立转换规则。后来,逻辑回归(LR)、支持向量机(SVM)、人工神经网络(ANN)、蚁群算法(ACO)、遗传算法、随机森林(RF)算法、卷积神经网络(CNN)等众多数据挖掘方法被引入 CA 模型,用于挖掘土地转换规则。这些数据挖掘方法从简单到复杂、从线性到非线性,极大地丰富和增强了 CA 模型学习、理解和描述土地转换规则的能力。

在这些数据挖掘方法的帮助下，CA 模型在土地利用模拟中的应用场景也得到了不断拓展，从单一的城市用地到多种土地利用类型、从单一的历史轨迹发展情景到考虑不同政策的多情景、从单个城市的尺度到城市群再到国家甚至全球尺度。由此可见，CA 模型已经成为进行土地变化过程空间模拟的重要而强有力的工具。

### 1.4.2 多智能体模型

多智能体模型（Agent-Based Model，ABM）是在计算机学科里发展起来的一种全新的分布式计算技术。它自 20 世纪 70 年代末出现以来发展迅速（Weiss，1999），目前已经成为一种进行复杂系统分析与模拟的思想方法与工具。虽然单个智能体（Agent）具备一定的功能，但对于现实中复杂的、大规模的问题，只靠单个 Agent 往往无法描述和解决。因此，一个应用系统往往包括多个 Agent。多个 Agent 之间具有主动性、交互性、反应性、自主性等特点。它们能够相互协作，来实现共同的整体目标。因此，多智能体系统的定义为由多个可以相互交互的 Agent 计算单元所组成的系统。

多智能体系统特别适合于求解面向动态不可预测环境中的问题，目前已经在多智能体决策、规划、合作、对抗和学习技术的研究中显示出优势。多智能体系统采用"自底向上"的建模思想，与传统的"自顶向下"的建模思路是不相同的。它的核心是通过反映个体结构功能的局部细节模型与全局表现之间的循环反馈和校正，来研究局部的细节变化如何凸显出复杂的全局行为。

地理空间系统是一个典型的复杂系统，它的动态发展是基于微观空间个体相互作用的结果。传统的方法难以解释和描述地理空间系统的复杂性，如果我们从系统内部微观层次出发，以一种进化的、涌现的角度来理解地理复杂系统的演化过程，也许能够为地理学的研究提供一个全新的视角。多智能体系统思想的核心是微观个体的相互作用能够产生宏观全局的格局。当把多智能体系统引进地理模拟时，多智能体就带有空间属性和空间位置，其空间位置往往是变化的。这与传统的多智能体有明显的不同。

虽然 CA 模型也是采用"自底向上"的建模思想，但它在模拟过程中侧重的是自然环境要素，无法考虑复杂的空间决策行为及人文因素。处理复杂的人–地关系是地理学中最重要的特点之一，传统的 CA 模型在这方面局限性很大。因此，需要将 CA 模型与多智能体系统结合起来，将社会经济及行为等属性赋予多智能体，才可以反映影响土地利用格局演变的人文因素。不同类型的多智能体之间存在相互影响、信息交流、合作和竞争的关系，以达到共同理解及采取一定的行动影响其所处的环境。而环境层的变化也反馈于多智能体层，多智能体层根据环境层的变化采取相应的措施和行动，以谋求双方关系达到平衡，这与人地关系论不谋而合。利用地理信息系统（GIS）产生虚拟的地理环境，探讨不同情形下多智能体之间的合作行为所产生的效果。在模拟过程中，可以调整策略，以找到最佳的模拟效果。多智能体在相互作用过程中"学习"和"积累经验"，并根据经验改变自身的结构和行为，从而探讨微观个体的决策行为是如何形成复杂的宏观空间格局的。

## 1.5 土地利用模拟的核心问题

### 1.5.1 土地利用模拟的遥感数据获取

CA 和 ABM 模型的输入数据以土地利用空间数据及其自然环境影响因子与社会经济影响因子数据为主。CA 模型往往通过对土地利用变化及其驱动因子数据的训练获取元胞的转化规则。而在 ABM 模型中,土地利用及自然社会因子是智能体活动的空间载体,影响着智能体的行为决策。模型输入数据的获取对于土地利用模拟至关重要。

土地利用数据的遥感获取是模拟的核心。已有研究往往利用遥感分类或解译手段从遥感影像中获取土地利用历史变化空间信息。大多数城市或区域尺度上的模拟模型以分辨率为 30m 的 TM 或 ETM 影像为数据源,通过影像分类获取土地利用变化信息(Li and Yeh,2000;Almeida et al.,2008;He et al.,2013;Xu et al.,2014)。为提高运行效率,当研究区域较大时,往往将输入数据进行重采样,转换为 50m、100m 等低分辨率数据。而在某些小区域模拟中,为获得更高精度的模拟结果,可能会通过高分辨率影像进行解译,获取精细土地利用数据。例如,在 Wang 和 Marceau(2013)的研究中,采用 SPOT-5 影像及面向对象的遥感分类方法,提取建筑物、道路、森林、绿地、高尔夫球场、水体等精细土地利用信息。Blaschke 等(2014)提出了面向对象分类方法在高分辨率影像信息获取中的突出优势。Li X 等(2016)对比了不同分类器在高分影像面向对象分类应用中的优缺点。Ma 等(2015)探讨了面向对象的无人机高分影像分类中训练集大小、尺度和特征等问题。这些研究可为获取精细土地利用数据提供重要的参考。

### 1.5.2 土地利用模拟的地理尺度

许多地理现象和地理过程存在明显的尺度依赖性。地理尺度是土地利用过程模拟的核心问题(Li T H and Li W K,2015),研究土地利用模拟的尺度效应,对于帮助认识和理解不同尺度下土地利用格局、过程和机制具有重要的意义(Pan et al.,2010)。

在空间幅度方面,已有土地利用模拟模型主要集中于县级尺度、市级尺度和区域尺度的模拟。大尺度的土地利用模拟存在数据量大、计算复杂、计算时间长等难点。为解决这些问题,Li 等(2010)尝试将并行计算技术与 CA 模型结合起来,应用于珠江三角洲(简称珠三角)城市扩张模拟,提高了区域 CA 模型模拟的效率。Li 等(2012)尝试将图形处理器(Graphics Processing Unit,GPU)通用计算技术应用于广东省土地利用变化 CA 模型模拟中,其比一般 CA 模型的运行效率提高了 30 倍以上。然而,开展大尺度的土地利用 CA 模型模拟还需解决不同地区土地利用演化机制差异的问题,如何有效挖掘差异化模型参数仍有待进一步研究。

在空间粒度方面,大部分土地利用 CA 模型以栅格数据为基础,基于规则像元进行构建,而以斑块为对象的 CA 模型相对罕见。研究表明,像元尺度上的 CA 模型具有显著的尺度敏感性,模拟结果受像元大小、邻域结构和邻域形状等空间尺度要素的影响(柯新利等，2010）。因此，最佳尺度的确定是基于像元的 CA 模型模拟需要解决的重要问题。Pan 等（2010）通过北京密云的模拟试验，确定模拟的最佳尺度为 25m 的像元大小和 9×9 的摩尔邻域。然而，CA 模型模拟的最佳尺度因不同研究问题和不同研究区域而存在差异。为避免栅格数据模拟的尺度敏感性，一些学者尝试利用矢量数据开展斑块尺度上的 CA 模型模拟（Wang and Marceau，2013；Chen et al.，2013）。以斑块为基本分析单元进行模拟，能够更真实地表达城市地块空间实体及其属性。但是，像元场景下邻域相互作用机制将无法适用于以斑块为对象的模拟。如何更真实地在模型中表达地块对象的复杂内涵以及地块对象之间的空间联系，是当前矢量 CA 模型模拟需要解决的重要科学问题。与 CA 模型类似，矢量 ABM 模型的提出可以克服传统栅格模型尺度敏感性大的弱点（Crooks，2010）。然而，现有矢量 ABM 模型尚未实现地块形状的不规则变化模拟，还有待深入研究。

## 1.5.3　CA 模型转换规则挖掘与参数校准

将 CA 模型应用于土地利用变化模拟时，需要解决如何把复杂的资源环境影响因素引进模型中、如何确定转化规则和参数等。针对不同的研究区域和研究对象，学者们提出了 CA 模型转换规则的各种获取方法，如 MCE 方法（Wu and Webster，1998）和基于 5 个因子的 SLEUTH 方法（Clarke et al.，1997）。MCE 方法简单，容易实现，SLEUTH 方法地理机制明确，容易解释地理成因，但是这两种方法的参数确定都带有一定的主观性和随机性。为了解决这个问题，一些学者提出了利用 Logistic 回归、ANN、主成分分析（PCA）、非线性核学习机、支持向量机等方法获取 CA 模型的转化规则和参数（Wu，2002；Liu and Li，2008；Yang et al.，2008）。Logistic 回归方法获取 CA 模型参数简单实用，得到了较为广泛的应用，但线性模型难以反映土地利用变化所涉及的非线性复杂特征。ANN-CA 模型只需通过训练数据对人工神经网络进行训练，便可以自动获取模型参数，但 ANN 属于黑箱结构，也存在过度学习、局部最小值和收敛速度慢等问题。PCA、非线性核学习机和支持向量机为解决复杂非线性问题提供了一个简单有效的方法，但难以解释空间变量对土地利用变化的驱动机制。当研究区域较复杂时，确定 CA 模型结构和参数存在较大的困难。黎夏和刘小平等随后又提出将一些最新发展的人工智能算法引入 CA 非线性转换规则获取中，利用数据挖掘、遗传算法、蚁群算法、人工免疫算法等人工智能方法，对 CA 模型的转换规则进行智能获取与纠正，获得了较高的模拟精度与模拟效率（Li and Yeh，2004；Liu X P et al.，2007；Li et al.，2008；Liu et al.，2010）。传统 CA 模型可以较好地模拟填充式和边缘式的城市扩张模式，但难以模拟跳跃式的城市扩张模式。Liu 和 Li（2014）将景观扩张指数（Landscape Expansion Index）引入 CA 模型模拟中，在模拟不同城市增长模式中取得较好的效果。大多数模型在模拟过程中采用静态的模型参数，忽略了模型不确定性和误差的传递。针对该问题，张亦汉等（2013）提出了耦合遥感观测和 CA 模型的土地利用模拟模型，通过对遥感观测数据进行同化，动态地调整模型参数和纠正模拟结果。数量统计方法、人工智能方法的引入，在促进 CA 模型模拟参数获取与参数纠正智能化、提高土地利用模拟精度、减少模拟不确定性等方面做出了重要贡献。

## 1.5.4 ABM 异质属性与行为规则定义

ABM 模型的基本计算单元是 Agent。Agent 具有异质性特征，不同类型的 Agent 具有不同的偏好、福利、期望、效用等属性，它们影响着 Agent 的行为决策，决定了 Agent 之间及其与环境之间的交互作用，最终形成土地利用动态结果（Irwin，2010；Crooks and Heppenstall，2012）。因此，Agent 异质属性及其行为规则的定义以及模型参数获取是 ABM 模型构建的关键，会对土地利用模拟结果产生重要的影响（Chen et al.，2012）。已有模型主要利用宏观统计数据或经验数据获取 Agent 的社会属性，而利用遥感和 GIS 方法计算 Agent 的位置属性。例如，在刘小平等（2006）的研究中，利用 GIS 方法获取了环境质量、公共设施、土地价格空间数据作为计算居民 Agent 位置属性的依据，利用统计年鉴和人口普通数据获取了 Agent 收入和有无小孩等社会属性。有些 ABM 模型主要利用效用函数定义 Agent 的行为规则，如居民 Agent 利用效用最大化理论进行居住区位选择（刘小平等，2010）。也有些模型利用经典经济理论或城市理论，对真实城市做出一些基本假设，从而定义 Agent 的行为及其与环境的交互作用。例如，Chen 等（2012）利用城市经济理论定义 Agent 的居住区位决策行为。Li S Y 等（2013）基于劳动经济学理论对劳动力市场供给和需求进行表达，进而定义个体在劳动力市场影响下的就业和居住选择行为。Agent 行为规则定义时往往涉及多个影响因素，如何有效确定模型参数是许多 ABM 模型需要解决的重要问题。Li 和 Liu（2007）提出了利用 MCE 方法确定不同 Agent 影响因素的权重；Xu 等（2014）提出利用 ACO 方法对 Agent 行为决策目标进行优化。然而，在已有多智能体系统模型中，个体属性和行为规则确定与真实城市描述仍然存在一定的距离。

## 1.5.5 CA 模型与 ABM 模型的耦合

CA 模型和 ABM 模型的耦合将有助于解释自然与人文因素如何驱动土地利用的动态演化过程，目前其已在国内外土地利用模拟中得到了一些应用。Ligtenberg 等较早结合 ABM 模型和 CA 模型，建立了土地利用情景模拟模型；黎夏等（2006）在国内率先提出了耦合 CA 模型和 ABM 模型的地理模拟系统理论框架，并将其应用于土地利用模拟与规划情景预测中；全泉等（2011）结合 CA 模型和 ABM 模型对上海城市扩张动态过程进行模拟；Liu 等（2013）构建了 CA-ABM 模型来对乡村用地向城镇用地转变过程进行模拟。在 CA 模型和 ABM 模型的耦合中，元胞用来表征不可移动的地理空间实体，如土地利用、自然因素等；多智能体用于模拟地理环境下可移动的决策主体，如政府、居民、开发商、农户等。CA 模型和 ABM 模型恰好对应了人地关系中的两个基本要素——人类和自然环境，两者的结合可以有效地探索人地相互作用而导致的城市和区域土地利用结构演化过程。

## 1.6 展　　望

### 1.6.1 多类用地模拟与决策支持

随着经济的发展和城镇化进程的加快，许多城市面临着如何科学合理规划居住用地、商业用地及其他基础设施用地，以满足人口快速增长的需求（Samat et al.，2011）。因此，对城市内部复杂用地进行模拟，对于城市规划决策意义重大。近年来，有学者尝试对城市用地进行细分，模拟多类城市用地变化过程。例如，Almeida 等（2008）利用 CA 模型模拟了居住用地、商业用地、服务业用地、休闲娱乐用地的动态变化。Samat 等（2011）基于 CA 模型模拟了居住用地、商业用地、公共设施、工业用地等土地利用的变化过程。

林地、湿地、水体等具有高生态服务价值的用地变化模拟对生态系统保护具有重要意义。一些学者对非城市用地进行细分，模拟多类生态用地演变规律及其生态效应。例如，胡茂桂等（2007）利用 CA 模型对莫莫格耕地、湿地和未利用地变化进行模拟，为湿地保护提供决策支持。Li T H 和 Li W K（2015）基于 CA 模型对深圳市农田、湿地、水体和林地的变化过程进行模拟。Xu 等（2014）利用 ABM 模型对洱海流域耕地、林地、园地、湿地和水体等土地覆被转化过程进行模拟，分析城市化和社会经济发展对水文生态环境产生的影响。

这些研究表明，多类土地利用/覆盖变化模拟对于城市规划辅助决策以及生态环境保护政策制定具有重要的意义。但模拟多种土地利用的动态系统比模拟城市扩张过程或单一土地利用类型变化要复杂很多。已有研究主要将马尔可夫链（Markov Chains）、ANN、ACO 等方法与 CA 模型或 ABM 模型结合来对复杂用地变化进行模拟。如何利用人工智能等方法有效挖掘 CA 模型转化规则或优化多主体 Agent 的行为决策，将是各类土地利用变化模拟面临的重要科学问题。

### 1.6.2 大数据与规则精细挖掘

受数据获取手段与数据处理技术的限制，传统土地利用模拟模型规则挖掘主要依赖于历史宏观统计数据或个体样本调研数据进行，其存在个体属性和行为规则确定困难等问题，难以精细地反映复杂的人地互动关系。Agent 属性特征与行为规则确定问题一直是 ABM 模型构建的难点。由于个体样本数据的稀缺，已有 ABM 模型缺乏对 Agent 属性异质性的精细描述，对 Agent 行为规则的确定依赖于分散的调查数据，增加了模拟结果的不确定性。近年来，随着浮动车数据、手机信令数据等空间大数据的大量涌现，许多学者利用大数据开展个体、群体和社会时空轨迹研究，为人地关系交互研究提供了新的视角（Wu et al.，2011；Grinberger and Shoval，2015）。大数据具有样本量大、尺度精细的特征，可以应用于 ABM 模型个体行为规则的智能挖掘中，以提高模型参数校准与模拟的精度。而大数据个体行为与个体属性难以对应的问题是当前 ABM 建模亟须解决的重要科学问题。在土地利用 ABM 模型中,结合大数据与宏观统计数据和小样本调查数据,智能挖掘个体行为空间和反演其异质属性特征,使模型更真实、精准地反映人地交互关系将是土地利用模拟的另一重要研究方向。

### 1.6.3 大尺度模拟与知识迁移

省级、全国甚至全球尺度的土地利用模拟对全球环境变化研究具有重要的意义(Long et al., 2014)。虽然 GPU 和并行计算等先进计算技术能够提高土地利用模拟效率,可推广应用于大尺度模拟中,但不同城市之间、不同区域之间城市发展模式与土地利用变化的自然与人文驱动机制存在一定的差别。传统模型应用于大尺度土地利用模拟时,需要采集不同城市的样本数据以挖掘多样化的模型参数,大大增加了采样成本。若样本数据缺乏,则难以得到理想的模拟结果。近年来,知识迁移受到了学术界的关注,被初步应用于土地利用分类与 CA 模拟中(Li X et al., 2013)。将知识迁移技术与土地利用模拟模型结合起来,用于寻找城市之间发展模式差异性规律,使得模型参数在类似城市或类似问题之间进行知识共享,将是大尺度土地利用模拟需要解决的重要科学问题。

## 参 考 文 献

陈军, 陈利军, 李然, 等. 2015. 基于 GlobeLand30 的全球城乡建设用地空间分布与变化统计分析. 测绘学报, 44(11): 1181-1188.
胡茂桂, 傅晓阳, 张树清, 等. 2007. 基于元胞自动机的莫莫格湿地土地覆被预测模拟. 资源科学, 29(2): 142-148.
柯新利, 邓祥征, 何书金. 2010. 地理元胞自动机模型的尺度敏感性及原因. 地理研究, 39(5): 863-872.
黎夏, 叶嘉安, 刘小平. 2006. 地理模拟系统在城市规划中的应用. 城市规划, 30(6): 69-74.
刘纪远, 张增祥, 徐新良, 等. 2009. 21 世纪初中国土地利用变化的空间格局与驱动力分析. 地理学报, (12): 1411-1420.
刘小平, 黎夏, 艾彬, 等. 2006. 基于多智能体的土地利用模拟与规划模型. 地理学报, 61(10): 1101-1112.
刘小平, 黎夏, 陈逸敏, 等. 2010. 基于多智能体的居住区位空间选择模型. 地理学报, 65(6): 695-707.
曲建升, 葛全胜, 张雪芹. 2008. 全球变化及其相关科学概念的发展与比较. 地球科学进展, 23(12): 1277-1284.
全泉, 田光进, 沙默泉. 2011. 基于多智能体与元胞自动机的上海城市扩展动态模拟. 生态学报, 31(10): 2875-2887.
张兰生, 方修琦, 任国玉. 2000. 全球变化. 北京: 高等教育出版社.
张亦汉, 黎夏, 刘小平, 等. 2013. 耦合遥感观测和元胞自动机的城市扩张模拟. 遥感学报, 17(4): 872-886.
周成虎, 欧阳, 马廷, 等. 2009. 地理系统模拟的 CA 模型理论探讨. 地理科学进展, (6): 833-838.
Almeida C M, Gleriani J M, Castejon E F, et al. 2008. Using neural networks and cellular automata for modeling intra-urban land-use dynamics. International Journal of Geographical Information Science, 22(9): 943-963.
Angel S, Parent J, Civco D L, et al. 2011. The dimensions of global urban expansion: estimates and projections for all countries, 2000-2050. Progress in Planning, 75(2): 53-107.
Blaschke T, Hay G J, Kelly M, et al. 2014. Geographic object-based image analysis-towards a new paradigm.

Journal of Photogrammetry and Remote Sensing, 87: 180-191.

Chen Y M, Li X, Liu X P, et al. 2013. Modeling urban land-use dynamics in a fast developing city using the modified logistic cellular automaton with a patch-based simulation strategy. International Journal of Geographical Information Science, 28(2): 234-255.

Chen Y M, Li X, Wang S J, et al. 2012. Defining agents' behaviour based on urban economic theory to simulate complex urban residential dynamics. International Journal of Geographical Information Science, 26(7): 1155-1172.

Clarke K C, Hoppen S, Gaydos L. 1997. A self-modifying cellular automaton model of historical urbanization in the San Francisco Bay area. Environment and Planning B: Planning and Design, 24: 247-261.

Codd E F. 1968. Cellular Automata. New York: Academic Press.

Crooks A T. 2010. Constructing and implementing an agent-based model of residential segregation through vector GIS. International Journal of Geographical Information Science, 24(5): 661-675.

Crooks A T, Heppenstall A J. 2012. Introduction to agent-based modeling//Heppenstall A J, Crooks A T, See L M, et al. Agent-Based Models of Geographical Systems. Netherlands: Springer: 85-105.

Dale V H, Lannom K O, Tharp M L, et al. 2009. Effects of climate change, land-use change, and invasive species on the ecology of the Cumberland forests. Canadian Journal of Forest Research, 39(2): 467-480.

Dong N, You L, Cai W, et al. 2018. Land use projections in China under global socioeconomic and emission scenarios: utilizing a scenario-based land-use change assessment framework. Global Environmental Change, 50: 164-177.

Friedl M A, Mciver D K, Hodges J C F, et al. 2002. Global land cover mapping from MODIS: algorithms and early results. Remote Sensing of Environment, 83(1-2): 287-302.

Grinberger A Y, Shoval N. 2015. A temporal-contextual analysis of urban dynamics using location-based data. International Journal of Geographical Information Science, 29(11): 1969-1987.

He C Y, Zhao Y Y, Tian J, et al. 2013. Modeling the urban landscape dynamics in a megalopitan cluster area by incorporating a gravitational field model with cellular automata. Landscape and Urban Planning, 113: 78-89.

Huang J, He J, Liu D, et al. 2018. An ex-post evaluation approach to assess the impacts of accomplished urban structure shift on landscape connectivity. Science of the Total Environment, 622-623: 1143-1152.

Huang Q, He C, Liu Z, et al. 2014. Modeling the impacts of drying trend scenarios on land systems in northern China using an integrated SD and CA model. Science China Earth Sciences, 57(4): 839-854.

Hurtt G C, Chini L P, Frolking S. 2011. Harmonization of land-use scenarios for the period 1500-2100: 600 years of global gridded annual land-use transitions, wood harvest, and resulting secondary lands. Climatic Change, 109(1-2): 117.

IPCC. 2017. Chapter Outline of the Working Group III Contribution to the IPCC Sixth Assessment Report (AR6). The Panel at the 46th Session of the IPCC.

Irwin E G. 2010. New directions for urban economic models of land use change: incorporating spatial dynamics and heterogeneity. Journal of Regional Science, 50: 65-91.

Lawler J J, Lewis D J, Nelson E, et al. 2014. Projected land-use change impacts on ecosystem services in the United States. Proceedings of the National Academy of Sciences, 111(20): 7492-7497.

Li D, Li X, Liu X P, et al. 2012. GPU-CA model for large-scale land-use change simulation. Chinese Science Bulletin, 57: 2442-2452.

Li M, Ma L, Blaschke T, et al. 2016. A systematic comparison of different object-based classification techniques using high spatial resolution imagery in agricultural environments. International Journal of Applied Earth Observation and Geoinformation, 49: 87-98.

Li S Y, Li X, Liu X P, et al. 2013. Simulation of spatial population dynamics based on labor economics and multi-agent systems: a case study on a rapidly developing manufacturing metropolis. International Journal of Geographical Information Science, 27(12): 2410-2435.

Li T H, Li W K. 2015. Multiple land use change simulation with Monte Carlo approach and CA-ANN model, a case study in Shenzhen, China. Environmental Systems Research, 4: 1-10.

Li X, Chen G, Liu X, et al. 2017. A new global land-use and land-cover change product at a 1-km resolution for 2010 to 2100 based on human-environment interactions. Annals of the American Association of Geographers, 4452(April): 1-20.

Li X, Liu X P. 2007. Defining agents' behaviors to simulate complex residential development using multi criteria evaluation. Journal of Environmental Management, 85: 1063-1075.

Li X, Liu Y L, Liu X P, et al. 2013. Knowledge transfer and adaptation for land-use simulation with a logistic cellular automaton. International Journal of Geographical Information Science, 27: 1829-1848.

Li X, Yang Q S, Liu X P. 2008. Genetic algorithms for determining the parameters of cellular automata in urban simulation. Science in China (Series D), 50(12): 1857-1866.

Li X, Yeh A G O. 2000. Modelling sustainable urban development by the integration of constrained cellular automata and GIS. International Journal of Geographical Information Science, 14: 131-152.

Li X, Yeh A G O. 2004. Data mining of cellular automata's transition rules. International Journal of Geographical Information Science, 18(8): 723-744.

Li X, Yu L, Sohl T, et al. 2016. A cellular automata downscaling based 1 km global land use datasets (2010-2100). Science Bulletin, 61(21): 1651-1661.

Li X, Zhang X H, Yeh A G O, et al. 2010. Parallel cellular automata for large-scale urban simulation using load-balancing techniques. International Journal of Geographical Information Science, 24(6): 803-820.

Ligtenberg A, Bregt A K, Lammeren R V. 2001. Multi-actor-based land use modeling: spatial planning using agents. Landscape and Urban Planning, 56: 21-33.

Liu J, Dietz T, Carpenter S R, et al. 2007. Complexity of coupled human and natural systems. Science, 317(5844): 1513-1516.

Liu X, Hu G, Ai B, et al. 2017. Simulating urban dynamics in China using a gradient cellular automata model based on S-shaped curve evolution characteristics. International Journal of Geographical Information Science, 32(1): 1-29.

Liu X P, Li X, Shi X, et al. 2010. Simulating land use dynamics under planning policies by integrating artificial immune systems with cellular automata. International Journal of Geographical Information Science, 24(5): 783-802.

Liu X P, Li X, Yeh A G O. 2007. Discovery of transition rules for geographical cellular automata by using ant colony optimization. Science in China (SeriesD), 50(10): 1578-1588.

Liu X P, Li X. 2008. Simulating complex urban development using kernel-based non-linear cellular automata. Ecological Modelling, 211(1-2): 169-181.

Liu Y L, Kong X S, Liu Y F, et al. 2013. Simulating the conversion of rural settlements to town land based on multi-agent systems and cellular automata. PLoS One, 8(11): e79300.

Liu Y L, Li X. 2014. Knowledge transfer and adaptation for urban simulation cellular automata model base on multi-source TrAdaBoost algorithm. Geomatics and Information of Wuhan University, 39: 695-700.

Long Y, Jin X B, Yang X H, et al. 2014. Reconstruction of historical arable land use patterns using constrained cellular automata: a case study of Jiangsu, China. Applied Geography, 52: 67-77.

Ma L, Cheng L, Li M, et al. 2015. Training set size, scale, and features in Geographic Object-Based Image Analysis of very high resolution unmanned aerial vehicle imagery. ISPRS Journal of Photogrammetry and Remote Sensing, 102: 14-27.

Moss R H, Edmonds J A, Hibbard K A, et al. 2010. The next generation of scenarios for climate change research and assessment. Nature, 463(7282): 747-756.

Pan Y, Roth A, Yu Z R, et al. 2010. The impact of variation in scale on the behavior of a cellular automata used for land use change modeling. Computers, Environment and Urban Systems, 34: 4700-4708.

Samat N, Hasni R, Elhadary Y A E. 2011. Modelling land use changes at the peri-urban areas using geographic information systems and cellular automata model. Journal of Sustainable Development, 4(6): 72-84.

Sohl T L, Sleeter B M. 2012. Land-use and land-cover scenarios and spatial modeling at the regional scale. U.S. Geological Survey, 2012-3091: 4.

Tobler W R. 1970. A computer movie simulating urban growth in the Detroit region. Economic Geography,

46: 234-240.

Wang F, Marceau D J. 2013. A patch-based cellular automaton for simulating land-use changes at fine spatial resolution. Transactions in GIS, 17(6): 828-846.

Weiss G. 1999. Multiagent Systems: A Modern Approach to Distributed Artificial Intelligence. Cambridge: MIT Press.

Wu F, Webster C J. 1998. Simulation of land development through the integration of cellular automata and multicriteria evaluation. Environment and Planning B: Planning and Design, 25: 103-126.

Wu F. 2002. Calibration of stochastic cellular automata: the application to rural-urban land conversions. International Journal of Geographical Information Science, 16(8): 795-818.

Wu J, Jiang C S, Houston D, et al. 2011. Automated time activity classification based on global positioning system (GPS) tracking data. Environmental Health, 10: 1-13.

Xiang W, Clarke K C. 2016. The use of scenarios in land-use planning. Environment and Planning B: Planning and Design, 30(6): 885-909.

Xu Q L, Yang K, Wang G L, et al. 2014. Agent-based modeling and simulations of land-use and land-cover change according to ant colony optimization: a case study of the Erhai Lake Basin, China. Natural Hazards, 75(1): 95-118.

Xu W, Liu X. 2007. Response of vegetation in the Qinghai-Tibet Plateau to global warming. Chinese Geographical Science, 17(2): 151-159.

Yang Q S, Li X, Shi X. 2008. Cellular automata for simulating land use changes based on support vector machines. Computers & Geosciences, 34: 592-602.

Zebisch M, Wechsung F, Kenneweg H. 2004. Landscape response functions for biodiversity-assessing the impact of land-use changes at the county level. Landscape and Urban Planning, 67(1-4): 157-172.

# 第2章　耦合人类活动与自然效应的未来土地利用模拟模型

## 2.1　引　　言

土地利用和土地覆盖变化模拟模型是用于分析各种情景下未来土地利用与景观动态变化及其起因和效应的有效工具。现有的模拟模型主要关注人类活动影响下特定土地利用类型的演变，而很少考虑背景气候效应对土地利用变化的影响。然而，在全球变暖的背景下，气候变化显著影响着土地利用变化及其景观的变化。因此，未来土地利用和土地覆盖变化模型应该考虑人类活动的影响以及环境、气候对景观变化的影响。

本章将以中国为研究区，建立一个在大尺度研究区下耦合人类活动与自然效应的未来土地利用模拟模型（FLUS），该模型能同时模拟多种土地利用类型的长时间变化，并且除了考虑人为因素对土地利用变化的影响以外，还能通过耦合"自顶向下"和"自底向上"两种模式的模型，将宏观气候变化趋势与微观气候背景考虑到土地利用变化模拟过程中。该模型能处理多种土地利用变化间的复杂变化以及相互竞争关系。

## 2.2　研究方法

本章所构建的模型的概念结构图如图 2-1 所示。该方法首先采用"自顶向下"的系统动力学（SD）模型，在各种社会经济和自然环境驱动因素的影响下，预测中国未来的土地利用需求（即情景），宏观社会经济参数包括经济增长、社会投资、畜牧投资等因素；宏观自然效应主要考虑气温、降水等的变化。在 CA 模型中，本书考虑了各种人类活动与自然效应的网格因素，人类活动相关因素包括道路交通、人口/GDP 分布等；自然效应包括高程、土壤类型、气温、降水、温差等。此外，本书在 CA 模型中开发了自适应惯性竞争机制，用来处理不同土地类型之间的复杂竞争和相互作用。本书提出了让土地需求预测模型与 CA 模型紧密耦合的相互作用方式，让来自全局尺度的"自顶向下"的作用与来自局部尺度的"自底向上"的作用更好地跨尺度相互耦合。

### 2.2.1　SD 模型

系统动力学方法简称 SD 模型，是一种以反馈控制理论为基础的计算机仿真技术。它可以用于定量地研究复杂的社会经济系统，也可以耦合多种社会经济发展的因素，用

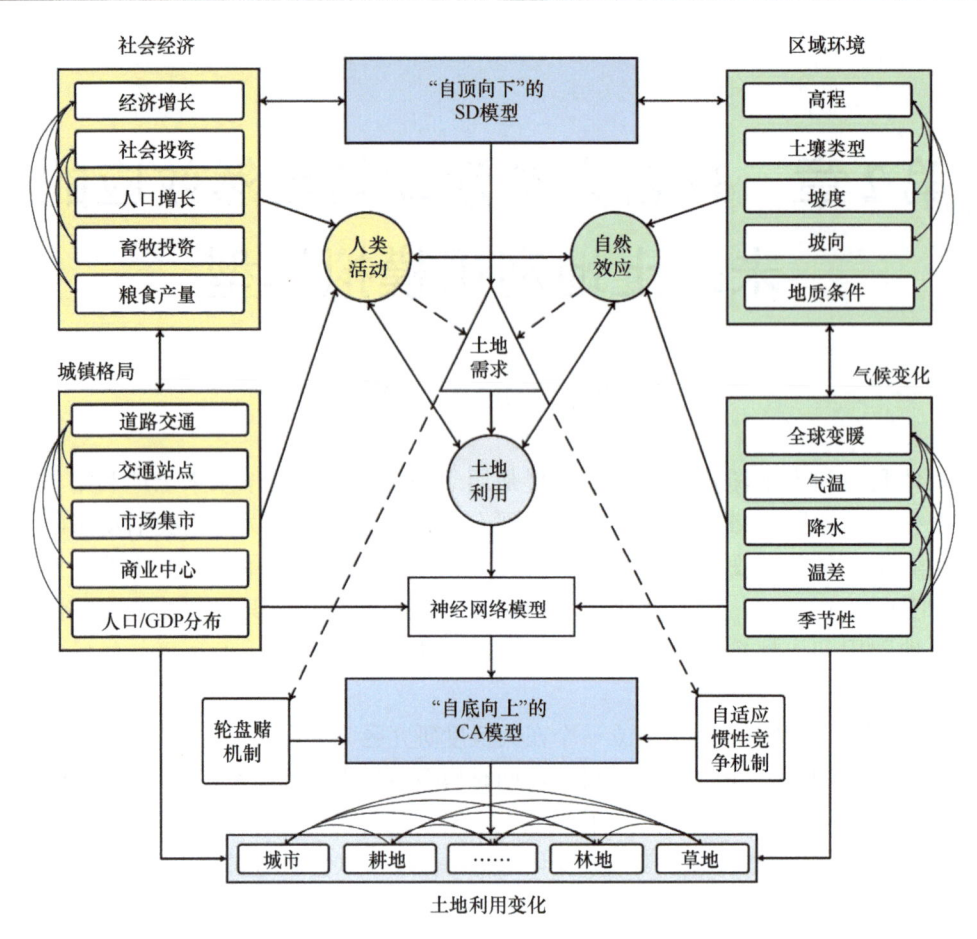

图 2-1 耦合人类活动与自然效应的 FLUS 模型概念结构图

于企业、城市、地区、国家甚至世界规模的战略制定与决策分析（Lauf et al.，2012；Liu et al.，2007）。SD 模型通过使用存量、流量、内部反馈回路和时间滞后来模拟复杂系统的非线性行为。它可以通过不同元素之间的反馈和交互来理解和预测复杂系统的演化（Lauf et al.，2012）。目前，SD 模型广泛用于部门的政策制定和分析（Liu et al.，2013）。SD 模型的特性使得它很适合模拟土地利用系统的存量变化，土地利用本身是涉及多种因素间相互作用的复杂系统，地理学家将 SD 模型用于模拟土地利用变化趋势并取得了较好的结果（Shen et al.，2009；郭田保，2010；廖姣，2010；杨莉，2009）。李志等（2010）采用 SD 模型模拟了南京城市边缘地区未来土地利用的变化情况；Liu 等（2013）将 SD 模型整合到土地优化分配模型中，给出了广州市番禺区不同情景下的土地利用变化优化分配的方案；李秀霞等（2013）采用 SD 模型模拟了吉林省西部的土地利用结构变化，结果表明，吉林省西部经济与生态效益将在 2020 年得到提升；汤发树等（2007）用 SD 模型分析了新疆三工河流域 3 种不同发展模式下的土地利用变化过程。此外，还有很多学者结合 SD 模型与 CA 模型用于模拟多种驱动因子影响下的土地利用变化（He et al.，2006；Liu et al.，2007）。

本书采用系统动力学工具 Vensim 搭建了一个用于预测多种土地利用变化的 SD 模

型。该模型通过考虑人类活动和自然效应来预测不同情景下的多种土地利用需求。该模型的相互作用和反馈如图 2-2 所示。该模型由四个模块组成：人口、经济、气候和土地利用模块。人口模块至关重要，因为它可以引起其他模块的相应变化。经济模块对人口变化和土地利用变化也有很大影响，因为 GDP（国内生产总值）通过影响固定资产投资的变化来推动各种土地利用类型的经济投资。气候模块（年降水量和温度）也包含在 SD 模型中，因为温度的变化对耕地、林地和草地的生长和再生能力有不同的影响。同样，适当增加降水量也会满足植被对水的需求，导致耕地、林地和草地的变化。土地利用模块共考虑了六种土地利用类型：建设用地、耕地、草地、林地、水域和未利用地。每种土地利用类型的变化都受到社会经济和气候条件的综合影响以及各种土地利用类型之间相互作用的制约。例如，建设用地的需求是通过将城市人口与 GDP 相乘来估算的，它也直接影响耕地和水域的变化。此外，林地和草地的需求是根据社会经济因素和气候条件（如降水和气温）估算的。其中，估算主要使用多元线性回归方法（田贺等，2017）。

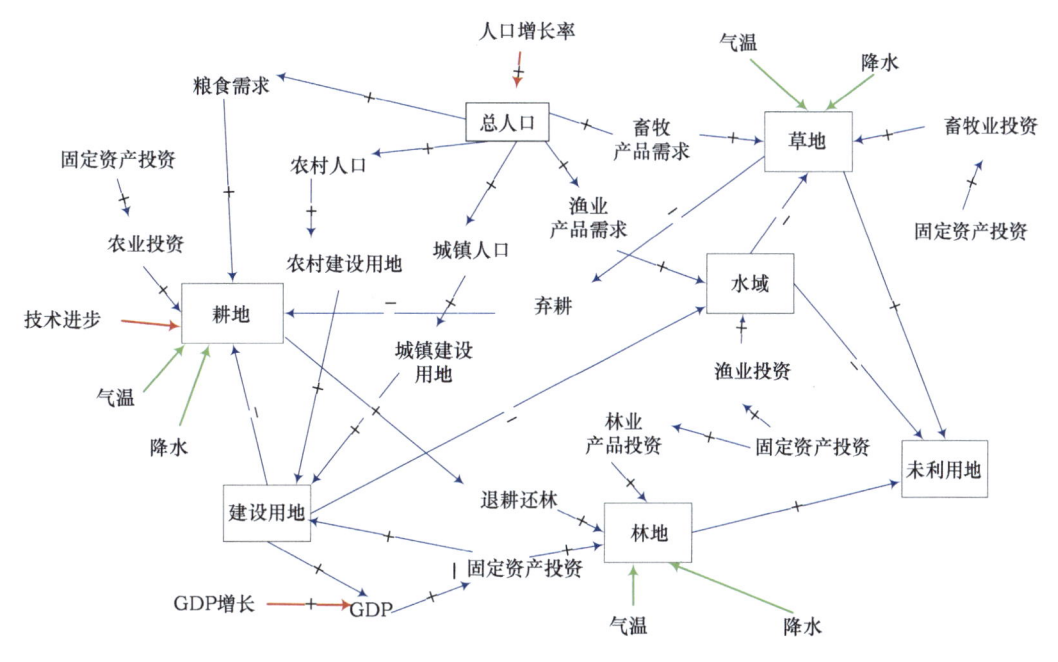

图 2-2 本书预测多种土地利用变化的 SD 模型的相互作用和反馈
+代表促进作用；–代表抑制作用

## 2.2.2 土地利用变化模拟模型

在 SD 模型输出的未来土地利用需求的驱动下，本书提出一种基于 CA 模型的多类土地利用变化模拟模型，用于对未来土地利用分布进行模拟。该模拟模型由两部分组成：①采用 ANN 估算特定网格单元上每种土地利用类型的发展概率；②采用带自适应惯性竞争机制的 CA 模型，基于 ANN 输出的发展概率来模拟未来土地利用变化。该模拟模型的结构如图 2-3 所示。

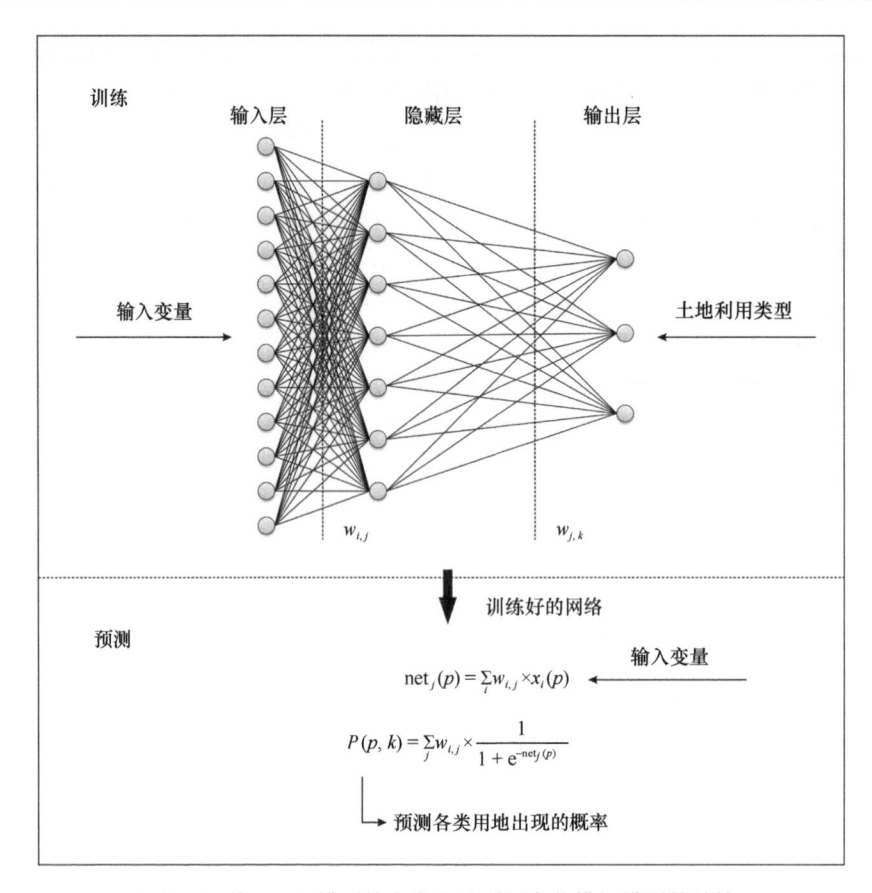

图 2-3　基于 CA 模型的多类土地利用变化模拟模型的结构

**1. 基于 ANN 的土地概率预测**

ANN 是受生物神经元网络（如生物大脑）启发而设计的一类机器学习算法，通常用于估算非线性函数与众多输入变量之间的复杂关系。ANN 的优势在于它能够通过大量的学习反馈以及迭代来拟合输入数据和训练目标之间的非线性函数（Li and Garon, 2002）。如今，ANN 已成功应用于各种非线性地理问题的分析和建模研究当中（Pithadia, 2005）。

常用的反向传播人工神经网络（BP-ANN）由输入层、隐藏层和输出层组成，每层都拥有多个神经元（图 2-3）。在输入层中，每个神经元对应一个输入变量，即土地利用变化相关的驱动因子，在本书中可以是社会经济或自然气候两方面的变量。它可以在数学上表示为

$$X = \left[x_1, x_2, \cdots, x_n\right]^{\mathrm{T}} \tag{2-1}$$

式中，$x_i$ 为输入层中的第 $i$ 个神经元。隐藏层中，神经元 $j$ 在训练时间 $t$ 从像元 $p$ 上的所有输入神经元接收的信号可以用式（2-2）表示：

$$\mathrm{net}_j(p,t) = \sum_i w_{i,j} \times x_i(p,t) \tag{2-2}$$

式中，$\text{net}_j(p,t)$ 为神经元 $j$ 在隐藏层中接收到的信号；$x_i(p,t)$ 为在训练时间 $t$ 从像元 $p$ 上的输入神经元 $i$ 接收的输入变量；$w_{i,j}$ 为输入层和隐藏层之间的自适应权重，它会在训练过程中优化调整。隐藏层和输出层之间的连接由激活函数确定。本书采用的激活函数为 Sigmoid 函数：

$$\text{Sigmoid}\left[\text{net}_j(p,t)\right] = \frac{1}{1+e^{-\text{net}_j(p,t)}} \tag{2-3}$$

输出层中的每个神经元都对应某种特定的土地利用类型。输出层中的每个神经元将生成一个 0~1 的值，该值表示网格单元中该土地利用类型的发展概率，值越高表示该像元上的该类土地利用类型具有越大的发展概率。在训练时间 $t$ 时，像元 $p$ 上的土地利用类型 $k$ 的发展概率表示为 $P(p,k,t)$，并且根据式（2-4）估计：

$$P(p,k,t) = \sum_j w_{j,k} \times \text{Sigmoid}\left[\text{net}_j(p,t)\right] = \sum_j w_{j,k} \times \frac{1}{1+e^{-\text{net}_j(p,t)}} \tag{2-4}$$

式中，$w_{j,k}$ 为隐藏层和输出层之间的自适应权重，类似于 $w_{i,j}$，它在训练过程中被调整。在使用训练数据集训练和校准 $w_{i,j}$ 和 $w_{j,k}$ 之后，就训练好了 ANN 模型，并且可以在预测过程中用于计算网格中每种土地利用类型的发展概率。

**2. 自适应惯性竞争机制的 CA 模型**

在传统 CA 模型模拟过程的基础上，本书设计了一自适应惯性竞争机制来模拟特定未来土地需求下的土地利用变化（图 2-4）。在这个机制中，定义了一个自适应系数来自动调整每类用地的惯性，该系数根据未来土地利用需求和当前土地利用数量的差异迭代变化。该系数定义如下：

$$\text{Inertial}_k^t = \begin{cases} \text{Inertial}_k^{t-1} & |D_k^{t-1}| \leqslant |D_k^{t-2}| \\ \text{Inertial}_k^{t-1} \times \dfrac{D_k^{t-2}}{D_k^{t-1}} & 0 > D_k^{t-2} > D_k^{t-1} \\ \text{Inertial}_k^{t-1} \times \dfrac{D_k^{t-1}}{D_k^{t-2}} & D_k^{t-1} > D_k^{t-2} > 0 \end{cases} \tag{2-5}$$

式中，$\text{Inertial}_k^t$ 为在迭代时间 $t$ 时，土地利用类型 $k$ 的惯性系数；$D_k^{t-1}$ 为在时间 $t-1$ 时，土地利用需求与现有土地利用数量之间的差异。因为惯性系数仅作用于当前网格单元的土地利用类型，如果潜在土地利用类型 $k$ 与当前土地利用类型 $c$ 不相同，则土地利用类型 $k$ 的惯性系数将被定义为 1，并且对该网格单元的土地利用类型 $k$ 的总概率没有影响。

联合人工神经网络输出的概率和惯性系数，特定网格单元的所有土地利用类型的总概率可以表示为

$$\text{TP}_{i,k}^t = P_{i,k} \times \Omega_{i,k}^t \times \text{Inertial}_k^t \times (1 - \text{con}_{c \to k}) \tag{2-6}$$

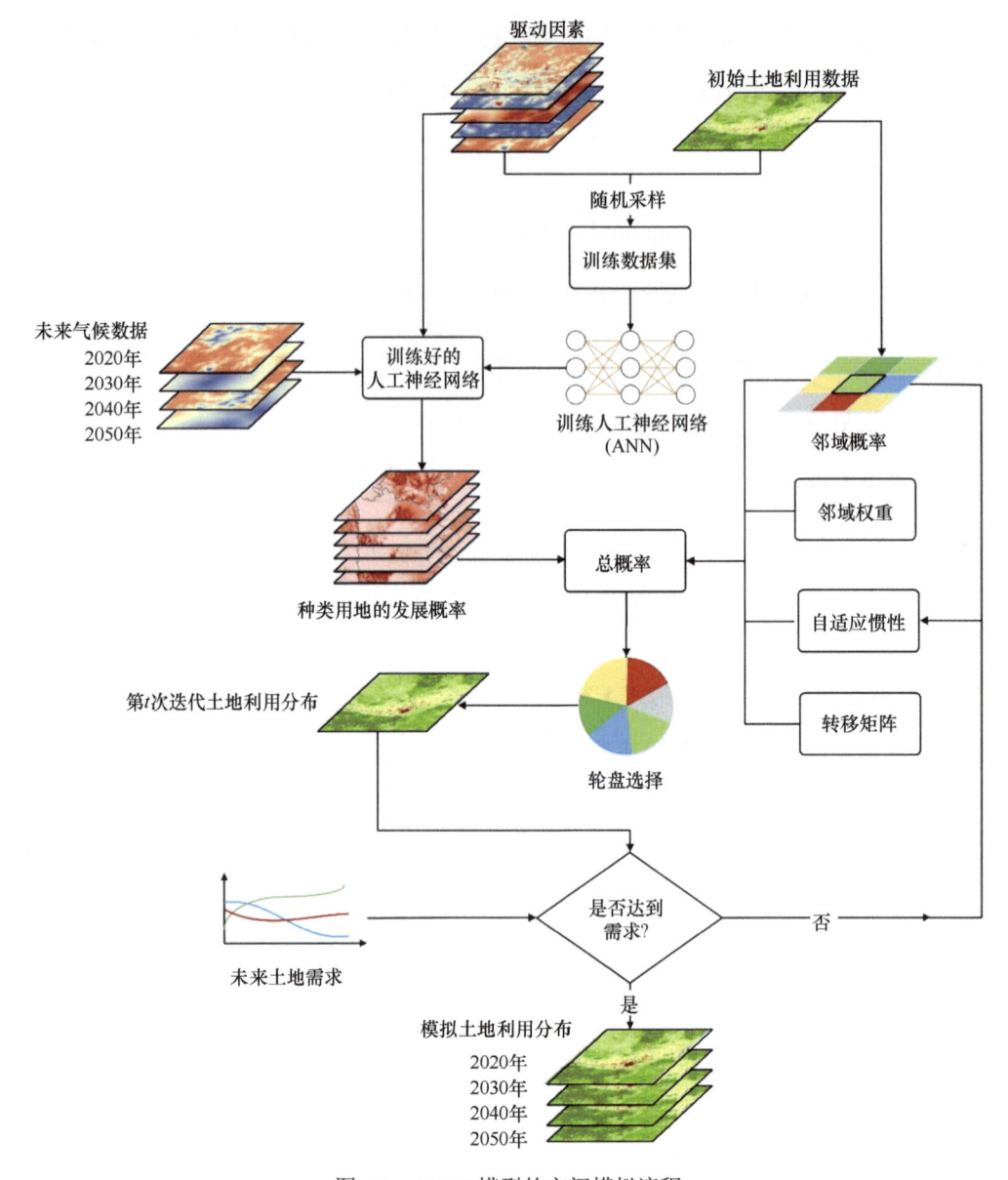

图 2-4　FLUS 模型的空间模拟流程

式中，$TP_{i,k}^t$ 为网格单元 $i$ 在迭代时间 $t$，从初始土地利用类型转换为土地利用类型 $k$ 的总概率；$P_{i,k}$ 为网格单元 $i$ 上的土地利用类型 $k$ 的发展概率，由 ANN 算法输出；$\mathrm{con}_{c \to k}$ 为一个转移矩阵，它定义了从原始土地利用类型 $c$ 转换到目标 $k$ 的成本（$\mathrm{con}_{c \to k}<1$ 表示可能的转换，$\mathrm{con}_{c \to k}=1$ 表示成本最高且不可能的转换）；$\Omega_{i,k}^t$ 为在迭代时间 $t$ 土地利用类型 $k$ 对网格单元 $i$ 的邻域效应，可以表示为

$$\Omega_{i,k}^t = \frac{\sum_{N \times N} \mathrm{con}\left(c_p^{t-1}=k\right)}{N \times N - 1} \times w_k \tag{2-7}$$

式中，$\sum_{N\times N}\mathrm{con}\left(c_p^{t-1}=k\right)$ 为在上一次迭代时间 $t–1$ 内土地利用类型 $k$ 占据的网格单元的数量，邻域为方形的 $N\times N$ 窗口；$w_k$ 为不同土地利用类型的权重，因为考虑到不同的土地利用类型存在不同的邻域效应，每种土地利用类型的邻域权重参数根据专家知识和多次模型实验确定。在估计总概率之后，各类用地根据总概率构成轮盘进行竞争。通过轮盘选择，当前土地利用类型更可能转换为具有较高总概率的土地利用类型，但同时也保留转换为具有相对较低总概率值的土地利用类型的机会（图 2-5）。因此，自适应惯性竞争机制可以更好地模拟土地利用变化的多样性、不确定性和复杂性。

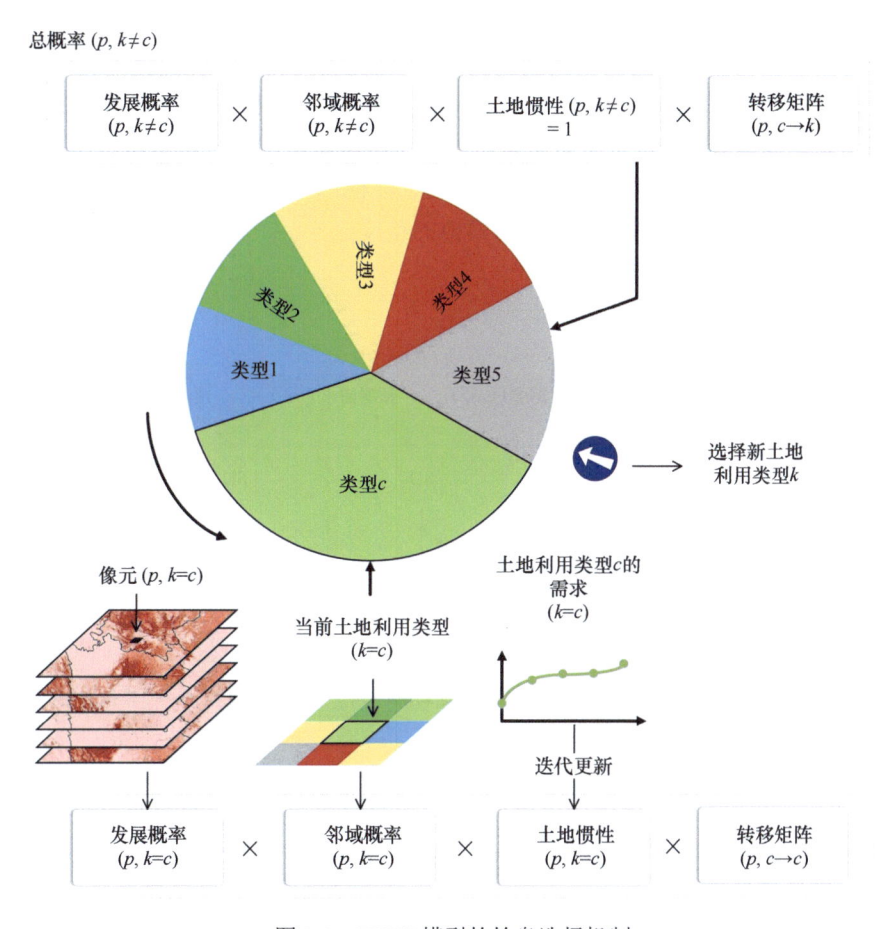

图 2-5　FLUS 模型的轮盘选择机制

## 2.2.3　模型紧密耦合机制

已有的耦合"自底向上"和"自顶向下"作用的模拟模型仅仅将模拟末年的土地需求与空间模拟模型耦合，这大大削弱了大尺度预测模型和局部尺度模拟模型之间的跨尺度交互。本书提出的 FLUS 模型中，采用跨尺度紧密耦合机制用于连接"自顶向下"的需求预测模型和"自底向上"的 CA 模型。该机制类似于 Syphard 等（2007）

的研究，首先将研究期划分为几个时间间隔，在每个时间间隔内，这两个子模型相互作用并共同演化。这个相互作用的过程在模拟完全结束时生成最终年份的未来土地利用的分布。

紧密耦合机制的示意图如图2-6所示。首先，将模拟时长分为多个间隔，如每年一个区间（也可以多年一个区间）。在每个时间间隔的开始和结束时，需求预测和CA模型将交换输入/输出信息。例如，使用初始年实际土地利用模式以及在此时间间隔内的人为因素和自然因素的影响，预测下一年所有土地利用类型的需求。然后，经过自适应惯性竞争机制的CA模型的模拟，生成第二年的土地利用模式并达到SD模型的预测需求。随后，以模拟的第二年土地利用模式为初始模式，结合SD模型预测输出的第三年的土地需求继续进行模拟，依此类推。如此，SD模型的预测与CA模型在每个时段相互反馈，最后生成第n年的土地利用模式。虽然该方法用的都是模拟过程中的数据，但是未来模拟部分因为无法获得未来年份的真实信息而难以验证。相对于已有的方法，该方法更高效地利用了模型的生产数据，比之前直接耦合模拟末年土地需求的方法更加严谨。2.3节将会验证紧密耦合机制是否能提高模拟的精度。

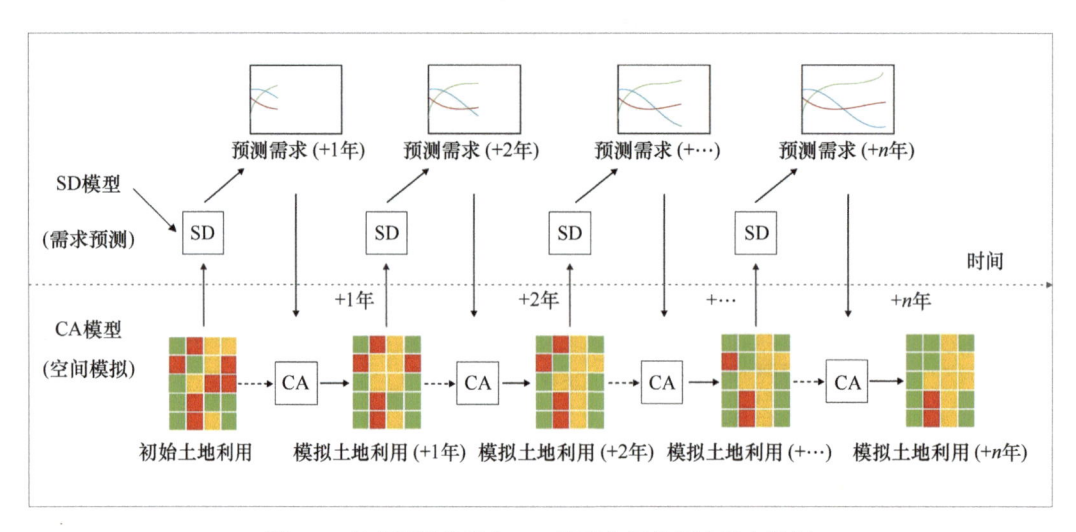

图2-6　需求预测模型和CA模型之间的紧密耦合机制

## 2.3　模拟结果及验证

本书的研究区为中国。考虑到中国面积广阔，地区气候和生态系统特征的显著差异，将研究区划分为四个主要生态区（Fu et al.，2001）：东北湿润半湿润地区、北部干旱半干旱地区、南部湿润地区和青藏高原地区。本书用于建立和训练模型的空间数据包含历史和当前土地利用模式、地形条件（海拔和坡度）、社会经济和位置数据（人口、GDP、城市场地和道路网络）、气候和生态因素（土壤质量、温度和降水）和未来的气候变化数据。所有空间数据集都重新采样到1 km×1 km的相同分辨率。

中国土地利用分为六种土地利用类型：耕地、林地、草地、水域、建设用地和未利用地（包括沙地、戈壁、盐沼、沼泽地、裸土、裸岩、高山沙漠和苔原）。本书研究共选择了15个空间驱动因子用于训练ANN模型，ANN模型的中间层设为12，输出层为6，对应6种土地利用类型。在FLUS模型中，使用5×5扩展的Moore邻域来表示邻域空间。对于所有的土地利用类型，第一次迭代的初始惯性系数被设置为1，并且该系数将在CA迭代期间根据式（2-5）自适应调整。

### 2.3.1 SD模型精度验证

本章用2000～2010年的各种统计数据建立了SD模型，并在同样的时间阶段验证了SD模型的有效性。SD模型有效性通过相对误差来判断（许联芳等，2014）。相对误差的计算公式为

$$相对误差 = \frac{|模拟值 - 历史值|}{历史值} \times 100\% \tag{2-8}$$

本书研究用2010年真实土地利用数据来检验SD模型。结果表明，所有土地利用类型的相对误差都在7%以内（表2-1），说明在整个中国范围内，该SD模型的模拟结果较好，可以在该模型的基础上预测中国未来土地利用变化。同时，结果也表明，本章建立的SD模型所定义的变量关系较为合理，可以正确地反映真实系统的结构和作用机制。

表2-1 中国土地利用模拟校验结果

| 土地利用类型 | 真实数据/km² | 模拟结果/km² | 相对误差/% |
|---|---|---|---|
| 耕地 | 1826141.0 | 1836287.4 | 0.56 |
| 林地 | 2289733.0 | 2280287.0 | 0.41 |
| 草地 | 2660712.0 | 2658422.1 | 0.09 |
| 水域 | 280774.0 | 279236.3 | 0.55 |
| 建设用地 | 221386.0 | 229129.5 | 3.5 |
| 未利用地 | 2221783.0 | 2364069.2 | 6.4 |

### 2.3.2 模拟精度验证

2010年模拟土地利用分布和2010年真实土地利用分布的对比如图2-7所示，为了定量评估模拟结果，使用Kappa系数、总体精度（OA）来评价模拟的准确性。此外，还使用FoM指标验证模拟变化部分与真实变化部分的一致性。在评估模拟变化的准确性时，FoM指标的性能优于Kappa系数（Estoque and Murayama，2012；Pontius and Millones，2011；Rgjr et al.，2001）。FoM指标可表示为

$$\text{FoM} = B / (A + B + C + D) \tag{2-9}$$

式中，$A$为真实数据变化但模拟不变而导致的误差；$B$为真实数据变化，模拟也变化并且与真实变化一致的区域；$C$为真实数据变化，模拟也变化但变化不正确的类型而导致的误差；$D$为真实数据不变而模拟变化导致的误差。精度评估结果在全国的OA为0.75，Kappa系数为0.67，FoM为0.1962。其中，在四个分区的三个精度分别为：北部干旱半

干旱地区（Kappa 系数=0.7672，OA=0.6593，FoM=0.2617）；东北湿润半湿润地区（Kappa 系数=0.7474，OA=0.6205，FoM=0.1672）；南部湿润地区（Kappa 系数=0.7354，OA=0.5868，FoM=0.1700）；青藏高原地区（Kappa 系数=0.8200，OA=0.7156，FoM=0.1842）。尽管精度指标表现不是很突出，但考虑到中国是一个气候条件复杂和区域差异显著的大尺度区域，达到这个精度是可以接受的。另外，FoM 和土地利用净变化之间存在正相关关系（Pontius et al., 2008）。由于这种关系，长周期模拟结果的 FoM 值很可能高于短周期的 FoM 值。在本书中，模拟周期相对较短（2000~2010 年），观察到净变化为 17.38%，因此 FoM 达到 0.1962 的模拟精度也证明模型是可以接受的。

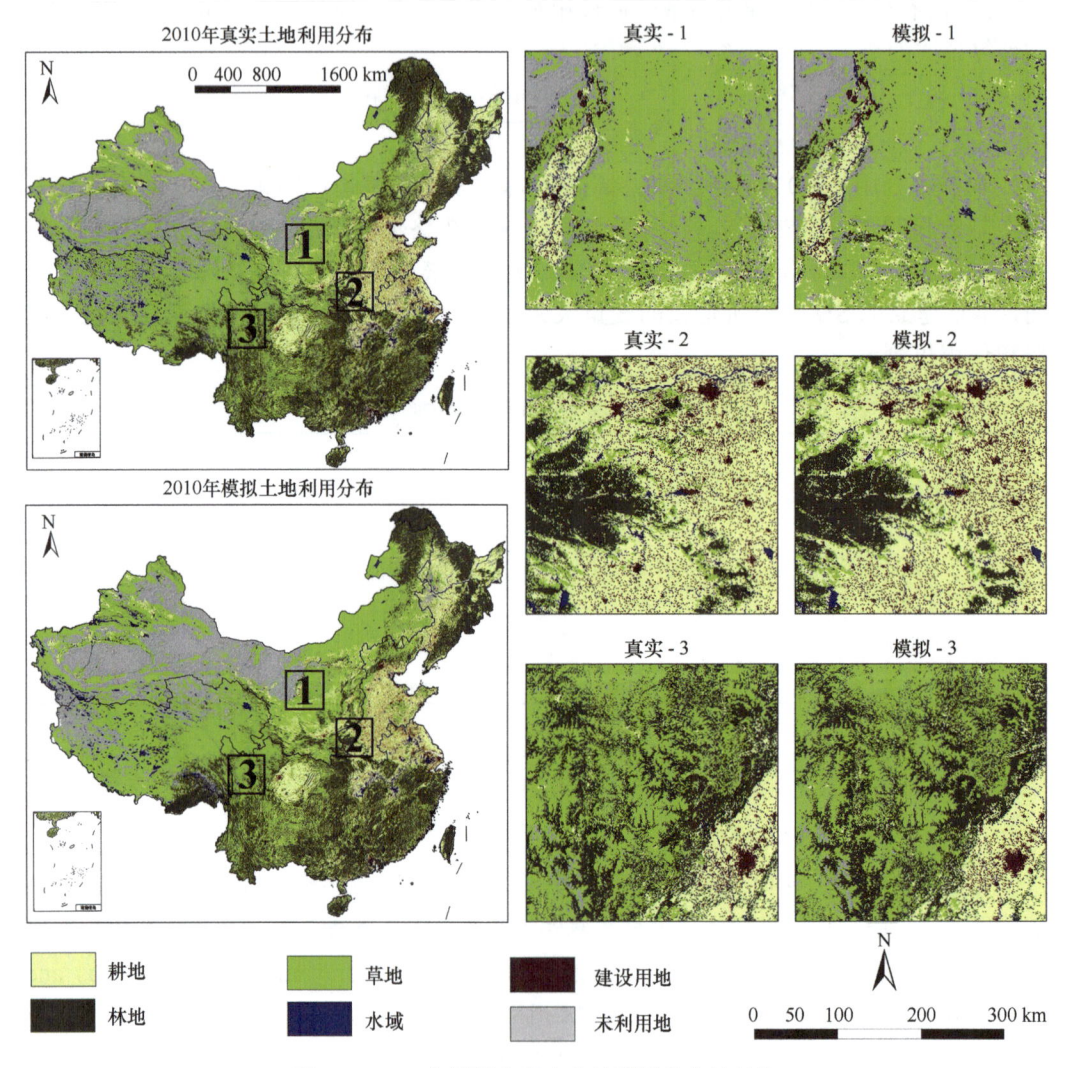

图 2-7　2010 年模拟和真实土地利用分布的对比

## 2.3.3　模型精度对比

为了检验 FLUS 模型是否优于现有的模拟方法，将 FLUS 模型模拟的结果与已有的三个经典模型 Logistic-CA 模型（Chen et al.，2013）、传统的 ANN-CA 模型（Li and Garon，2002）和 CLUE-S 模型进行了比较（Verburg et al.，2002）。将提出的 FLUS 模型，与这三个对比模型应用于中国珠三角地区，在 250m 分辨率下模拟 2000～2010 年的土地利用变化。选择珠三角地区 250m 分辨率的原因是 CLUE-S 模型不支持图幅行或列超过 4000×4000 的数据。对于 FLUS 模型部分的实验，将 FLUS 模型分为紧密耦合 FLUS 模型和松散耦合 FLUS 模型两种。紧密耦合 FLUS 模型将研究周期划分为两个区间：2000～2005 年和 2005～2010 年，在此期间应用交互耦合机制。松散耦合 FLUS 模型将 SD 模型直接耦合到 CA 模型中（2000～2010 年）。把两种 FLUS 模型进行比较，测试跨尺度交互耦合机制的有效性。

把五个不同模型的模拟结果与 2010 年的实际土地利用模式进行对比（图 2-8），可以发现，五个模型的模拟结果的地类分布存在一定差别。以建设用地为例，ANN-CA 模型产生相对分散的分布模式，而 CLUE-S 模型倾向于产生相对紧凑的分布模式。Logistic-CA 模型生成的模式比 ANN-CA 模型更紧凑，但比 CLUE-S 模型更分散。相比三个传统模型，参与对比的两个 FLUS 模型——直接耦合（松散耦合）和交互耦合（紧密耦合）FLUS 模型都能够模拟更加真实的土地利用模式，既不过于分散也不会太过紧凑。

为了定量评估五个模型的总体性能，对比模拟结果的 Kappa 系数、OA 和 FoM。紧密耦合 FLUS 模型模拟的 OA（0.8470）明显高于 CLUE-S 模型（0.8066）、ANN-CA 模型（0.7866）和 Logistic-CA 模型（0.7680）。同样，紧密耦合 FLUS 模型的 Kappa 系数（0.7963）优于 CLUE-S 模型（0.7582）、ANN-CA 模型（0.7332）和 Logistic-CA 模型（0.7100）。从 FoM 指标来看，紧密耦合 FLUS 模型模拟结果的 FoM 值为 0.1246，高于传统模型的数值（0.0909～0.1055）。紧密耦合 FLUS 模型和松散耦合 FLUS 模型的模拟结果之间的对比表明，前者产生更好的 OA（0.8470 高于 0.8211）、Kappa 系数（0.7963 高于 0.7763）和 FoM 值（0.1246 高于 0.1153）。综上所述，本书提出的 FLUS 模型比现有的多种土地利用动态模拟模型的精度更高。另外，SD 模型和 CA 模型之间的紧密耦合获得了更好的模拟结果和更高的模拟精度，尽管其精度提升不是很显著，但它确实证明了紧密耦合机制的有效性。

## 2.3.4 参数敏感性分析

本书还对转换成本——FLUS 模型中一个较为重要的模拟参数进行了敏感性分析，本书中的转换成本类似于许多其他模型使用的转换矩阵（Verburg and Overmars，2009）。然而，它作为传统转换矩阵的扩展，比传统的转换矩阵更详细。本章分析了模型在珠三角地区模拟时，三种转换矩阵下模型的精度。三种转换成本包括：①允许所有转换的转换成本（全部设为 0）；②刚性转换成本（表 2-2）；③FLUS 模型所用的灵活转换成本（表 2-3）。

允许所有转换的转换成本的所有参数值均为 0，表示所有土地利用变化都是允许的且成本为 0。表 2-2 所示的刚性转换成本已被广泛应用于其他模型的参数中（Schaldach et

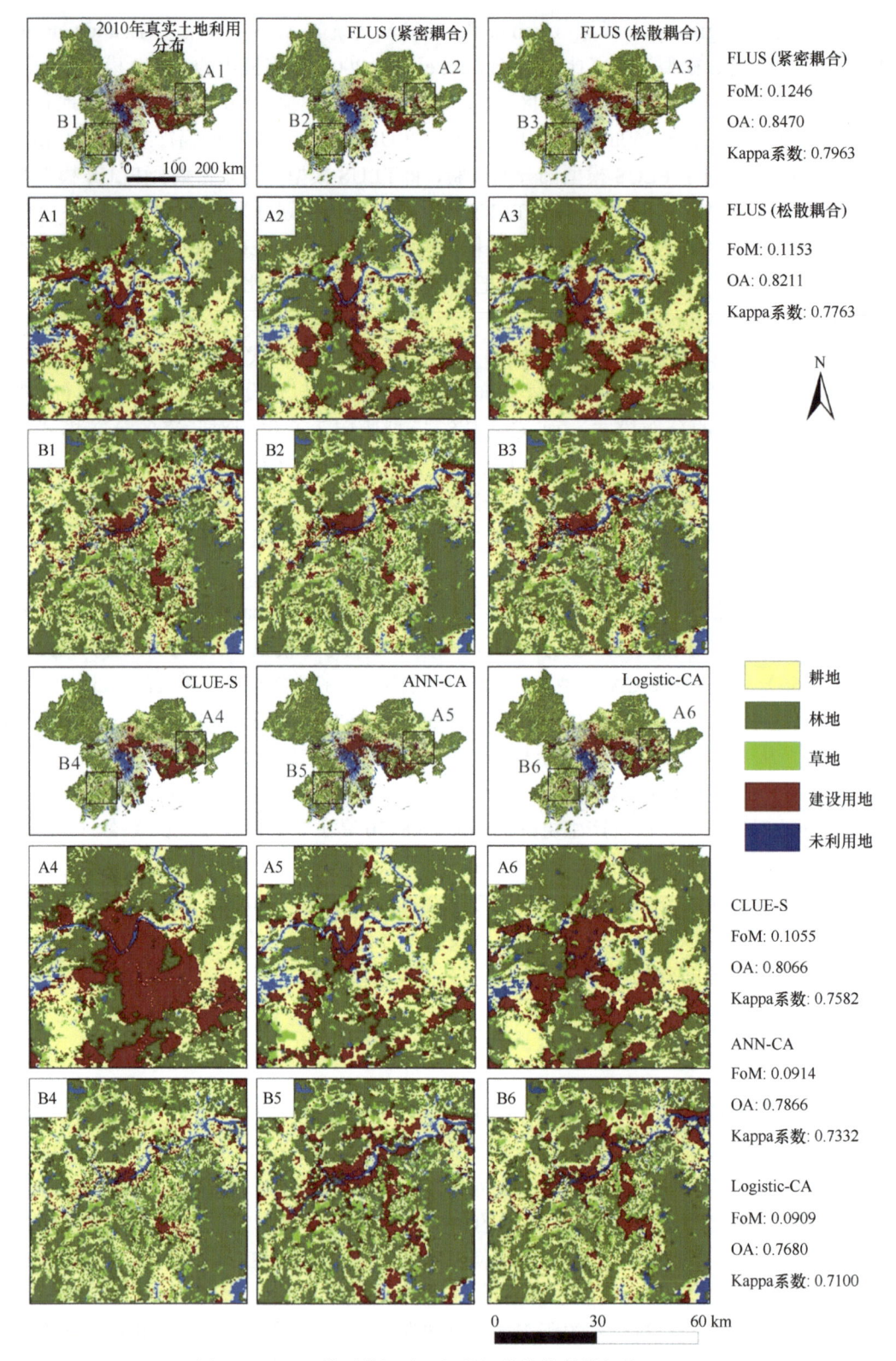

图 2-8　FLUS 模型模拟结果与其他传统模型模拟结果对比

al., 2011)。它定义了一种土地利用类型与另一种土地利用类型之间转换的可能性。表 2-2 中值为 1 表示不允许转换,值为 0 表示可以转换。本书中使用的灵活转换成本是基于刚性转换成本设定的,根据专家经验,为灵活转换成本设定了更加详细的转换成本的数值来代替只能定义两类不同用地间允许转换或不允许转换的刚性转换成本。

表 2-2 刚性转换成本

| 土地利用类型 | 耕地 | 林地 | 草地 | 水域 | 建设用地 | 未利用地 |
| --- | --- | --- | --- | --- | --- | --- |
| 耕地 | 0 | 0 | 0 | 0 | 0 | 0 |
| 林地 | 0 | 0 | 0 | 1 | 1 | 0 |
| 草地 | 0 | 0 | 0 | 0 | 0 | 0 |
| 水域 | 0 | 0 | 0 | 0 | 1 | 0 |
| 建设用地 | 1 | 1 | 1 | 1 | 0 | 1 |
| 未利用地 | 0 | 1 | 0 | 0 | 0 | 0 |

表 2-3 灵活转换成本

| 土地利用类型 | 耕地 | 林地 | 草地 | 水域 | 建设用地 | 未利用地 |
| --- | --- | --- | --- | --- | --- | --- |
| 耕地 | 0 | 0.9 | 0.1 | 0.8 | 0.1 | 0.4 |
| 林地 | 0.7 | 0 | 0.3 | 0.99 | 0.99 | 0.8 |
| 草地 | 0.5 | 0.8 | 0 | 0.4 | 0.3 | 0.1 |
| 水域 | 0.9 | 0.9 | 0.9 | 0 | 0.99 | 0.5 |
| 建设用地 | 1 | 1 | 1 | 1 | 0 | 1 |
| 未利用地 | 0.9 | 0.99 | 0.5 | 0.8 | 0.3 | 0 |

当允许所有土地利用类型转换时,FoM 值、OA 和 Kappa 系数的结果分别为 0.1057、0.7976 和 0.7470。所有指数均高于 ANN-CA 模型(FoM=0.0914,OA=0.7866,Kappa 系数=0.7332)和 Logistic-CA 模型(FoM=0.0909,OA=0.7680,Kappa 系数=0.7100),但除了 FoM 外,其他指数略低于 CLUE-S 模型(FoM=0.1055,OA=0.8066,Kappa 系数=0.7582)。在这种情况下,被林地包围的孤立的耕地和被城市包围的林地可以更容易地转变为其他土地利用类型(图 2-9 的 a1、b1)。使用刚性转换成本可以抑制这种现象并且生成更高精度的模拟结果(FoM=0.1237,OA=0.8332,Kappa 系数=0.7915)。灵活转换成本的模拟结果与刚性转换成本相似(图 2-9 的 a2、b2),但所有精度指标都比刚性转换成本更高——FoM 值提高到 0.1246,OA 提高到 0.8470,Kappa 系数提高到 0.7963。

模型敏感性分析表明,在设定适当的刚性转换成本的基础上,将刚性转换成本进一步根据专家经验改进为灵活转换成本,则可以提高模拟精度,但提高的幅度有限。因此,总的来说,模拟结果对刚性转换成本改为灵活转换成本这一参数变化不敏感。值得注意的是,不恰当的刚性转换成本会对模型性能产生相对较大的负面影响。因此,敏感性分析表明,FLUS 模型仍然依赖于专家经验和模型校正。

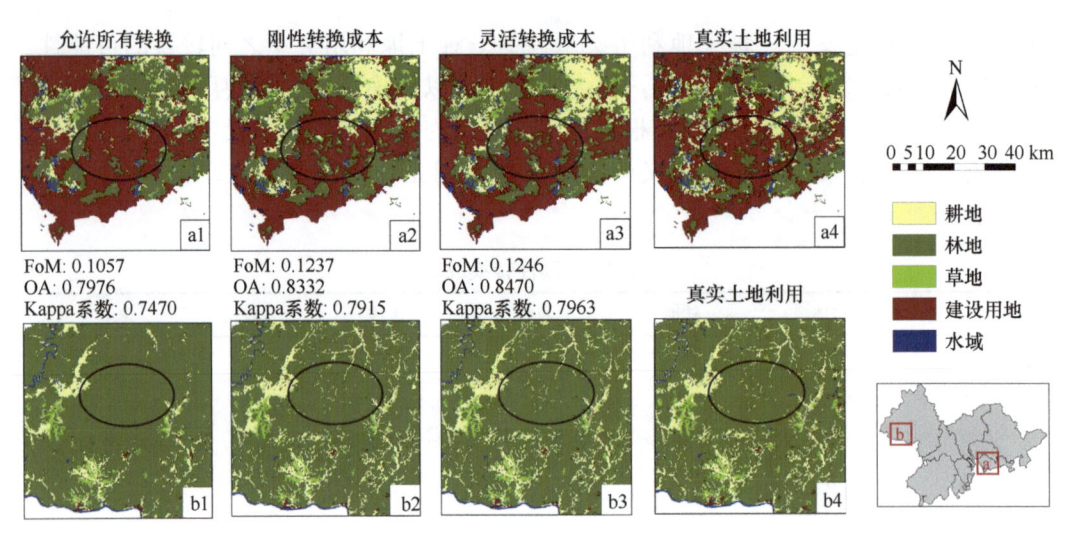

图 2-9　FLUS 模型转换成本的敏感性分析——不同转换成本设置下的精度对比

## 2.4　小　　结

土地利用模拟模型是用于分析社会经济和自然环境驱动力对土地利用变化及景观动态影响的有效工具。本书研究中提出了一种耦合人类活动与自然效应的 FLUS 模型，该模型将"自顶向下"的 SD 模型与"自底向上"的 CA 模型相结合，用于模拟多类土地利用在空间上的相互变化。SD 模型用于考虑宏观尺度社会经济和气候变化对土地利用需求的主要影响。CA 模型中包含自适应惯性竞争机制，可以处理不同土地利用类型之间的复杂竞争和相互作用。在 FLUS 模型中，"自顶向下"的 SD 模型和"自底向上"的 CA 模型在模拟期间紧密耦合。

将 FLUS 模型应用于 2000～2010 年的中国多类土地利用变化模拟，并与其他研究进行比较。对比结果表明，FLUS 模型获得了最高的模拟精度，并能生成更加真实的土地利用模式。模拟结果表明，FLUS 模型可以有效地用于识别土地利用变化的热点区域，并可用于研究分析土地利用动态的起因和效应。这可以帮助研究者和决策者在全球气候变暖的背景下拟定适当的对策，以更好地适应自然环境的快速变化。总的来说，本书提出的 FLUS 模型适用于探索气候变化和人类活动对土地利用动态变化的影响。而中国的土地利用发展需要承受气候变化和经济/人口增长的双重影响的风险。在这样的背景下，管理者应采取有效措施来应对这些影响，以便于在国家层面更好地实施与可持续发展相关的各种决策。

## 2.5　免费公开的 FLUS 软件

本书模型已经开发公开软件 GeoSOS-FLUS，供全网免费下载，本书作者为 GeoSOS-FLUS 软件的主要开发者。FLUS 软件是一款基于 Windows 64 位系统运行、免费、免安装、无限制、运行快速、操作方便、能直接读写、显示 TIFF 格式影像，并能进行多类或单类（城市）土地利用变化模拟的软件。该软件于 2016 年 7 月发布，截至 2022 年 6 月，已经更新到 2.4 版本。

该软件在 Visual Studio 2010 平台上使用 C++语言及一系列 C++开源库开发。该软件的输入输出采用地理空间数据抽象库 GDAL 1.9.2，因而可以读入各种格式的遥感影像数据及其投影坐标，并输出带坐标和投影的 TIFF 影像模拟结果；该软件界面采用 Qt 4.8.5 与 qwt 6.1.2 搭建，能实时显示模拟区域的土地利用变化过程，方便用户使用；软件采用的人工神经网络算法来自开源库 FANN 2.2.0，能较快地获得各类土地分布的适宜性概率，同时还为 FLUS 模型配备了相应的中英文用户手册。

软件的主界面如图 2-10 所示。

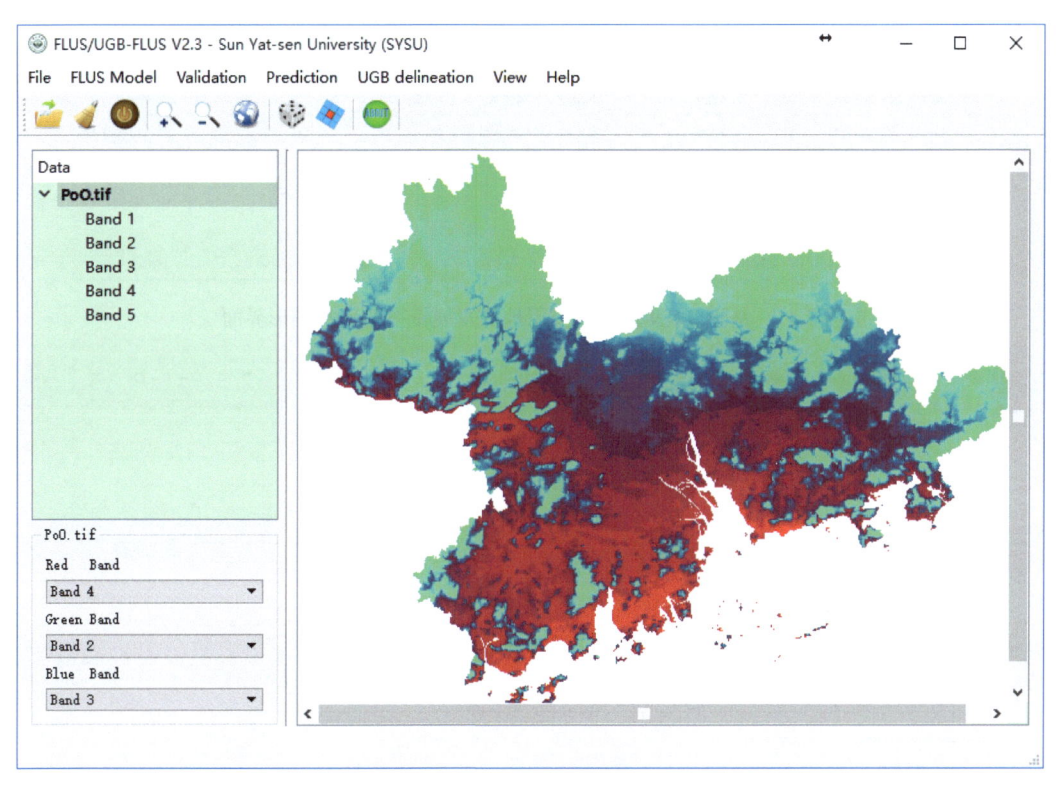

图 2-10  GeoSOS-FLUS 软件主界面

采用 ANN 计算各类用地的发展概率的用户图形界面如图 2-11 所示。

基于自适应惯性机制的 CA 模型模拟的参数设置界面如图 2-12 所示。

FLUS 模型模拟过程的实时动态显示界面如图 2-13 所示。

以 FLUS 模型为主要模型所获得的成果已经在 *Global Environmental Change*（Dong et al.，2018）、*Annals of the American Association of Geographers*（Li et al.，2017）、*Science of the Total Environment*（Huang et al.，2018）、《地理与地理信息科学》（朱寿红等，2017）、《农业机械学报》（周浩等，2017）等国内外知名期刊发表，此外已知还有部分应用 FLUS 模型正在投稿的研究。这些成果也证明了 FLUS 模型对不同区域、尺度以及用途的研究的适用性。

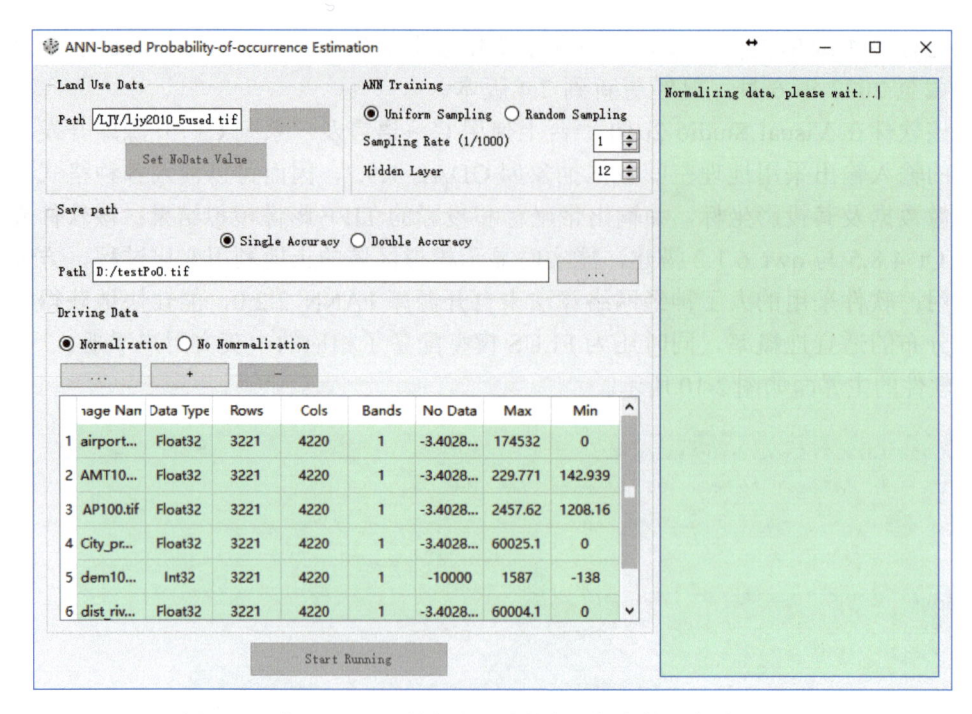

图 2-11 基于 ANN 计算各类用地的发展概率的用户图形界面

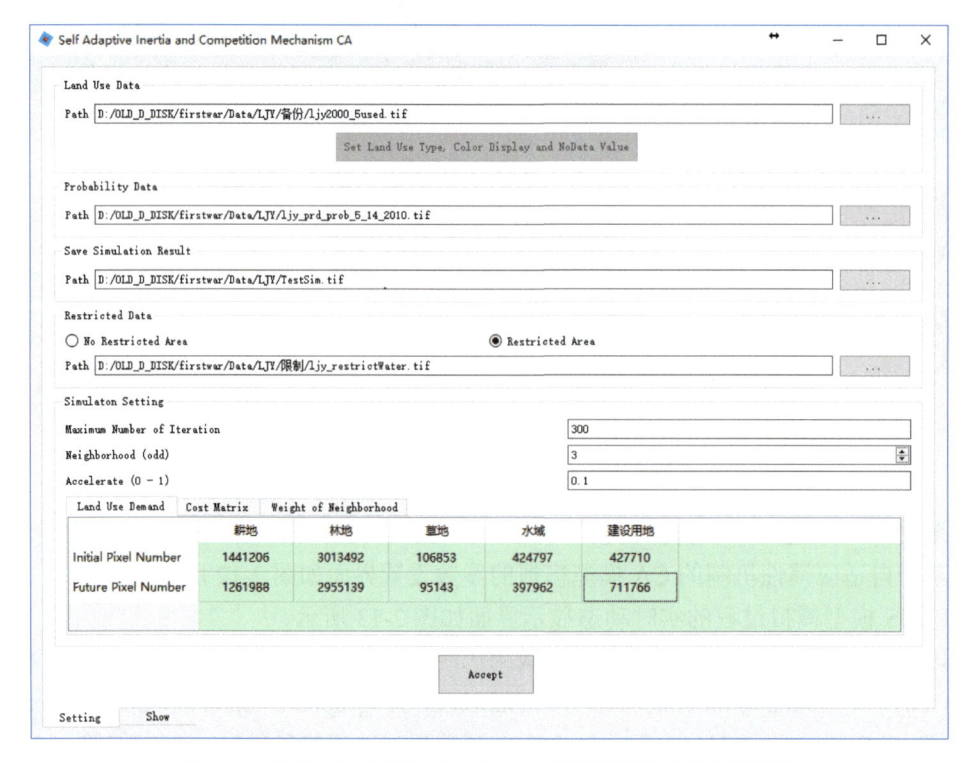

图 2-12 基于自适应惯性机制的 CA 模型模拟的参数设置界面

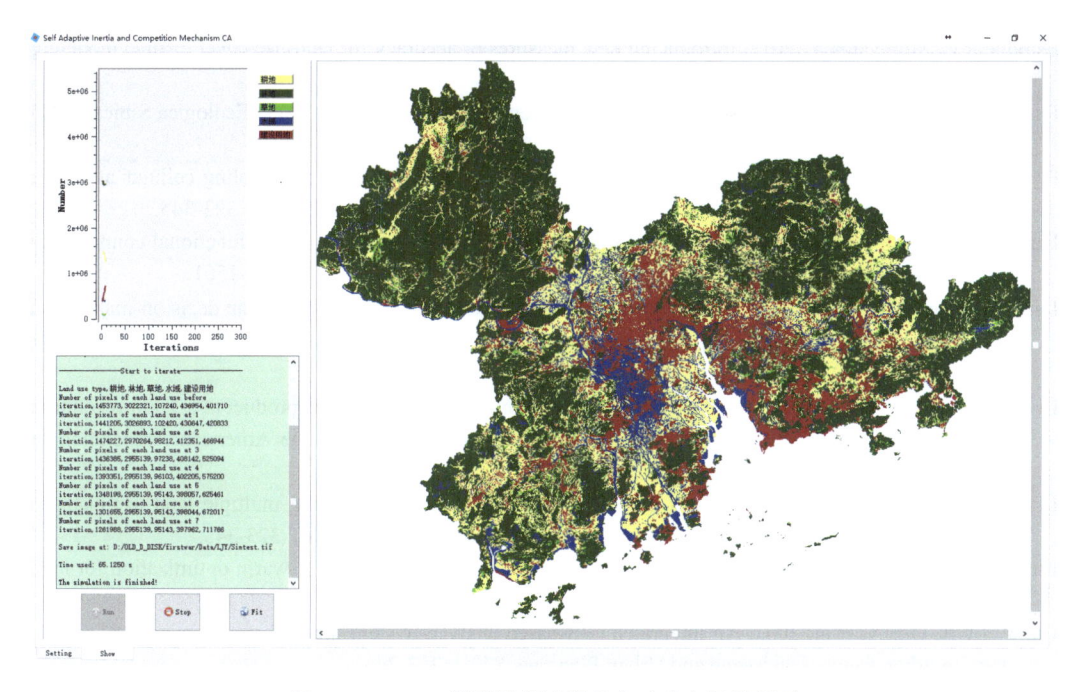

图 2-13  FLUS 模型模拟过程的实时动态显示界面

# 参 考 文 献

郭田保. 2010. 基于 GIS-SD 模型的多伦县用地结构变化情景模拟. 呼和浩特: 内蒙古师范大学.
李秀霞, 徐龙, 江恩赐. 2013. 基于系统动力学的土地利用结构多目标优化. 农业工程学报, (16): 247-254.
李志, 周生路, 陆长林, 等. 2010. 基于系统动力学城市边缘区土地利用变化模拟与预测——以南京市江宁区为例. 土壤, (2): 314-318.
廖姣. 2010. 基于系统动力学的眉山市东坡区土地利用结构优化研究. 雅安: 四川农业大学.
汤发树, 陈曦, 罗格平, 等. 2007. 新疆三工河绿洲土地利用变化系统动力学仿真. 中国沙漠, (4): 593-599.
田贺, 梁迅, 黎夏, 等. 2017. 基于 SD 模型的中国 2010—2050 年土地利用变化情景模拟. 热带地理, 37(4): 547-561.
许联芳, 张建新, 陈坤, 等. 2014. 基于 SD 模型的湖南省土地利用变化情景模拟. 热带地理, (6): 859-867.
杨莉. 2009. 基于系统动力学和元胞自动机的土地利用结构优化研究. 贵阳: 贵州大学.
周浩, 雷国平, 杨雪昕, 等. 2017. RCPs 气候情景下三江平原典型流域耕地动态模拟. 农业机械学报, (10): 1-17.
朱寿红, 舒帮荣, 马晓冬, 等. 2017. 基于"反规划"理念及 FLUS 模型的城镇用地增长边界划定研究——以徐州市贾汪区为例. 地理与地理信息科学, 33(5): 80-86.
Chen Y, Li X, Wang S, et al. 2013. Simulating urban form and energy consumption in the Pearl River Delta under different development strategies. Annals of the American Association of Geographers, 103(6): 1567-1585.
Dong N, You L, Cai W, et al. 2018. Land use projections in China under global socioeconomic and emission scenarios: utilizing a scenario-based land-use change assessment framework. Global Environmental Change, 50: 164-177.

Estoque R C, Murayama Y. 2012. Introducing new measures of accuracy for land-use/cover change modeling. Tsukuba Geoenvironmental Sciences, 8: 3-7.

Fu B, Liu G, Chen L, et al. 2001. Scheme of ecological regionalization in China. Acta Ecologica Sinica, 21(1): 1-6.

He C, Okada N, Zhang Q, et al. 2006. Modeling urban expansion scenarios by coupling cellular automata model and system dynamic model in Beijing, China. Applied Geography, 26(3-4): 323-345.

Huang Y, Huang J, Liao T, et al. 2018. Simulating urban expansion and its impact on functional connectivity in the Three Gorges Reservoir Area. Science of the Total Environment, 643: 1553-1561.

Lauf S, Haase D, Hostert P, et al. 2012. Uncovering land-use dynamics driven by human decision-making—a combined model approach using cellular automata and system dynamics. Environmental Modelling & Software, 27-28: 71-82.

Li X, Chen G, Liu X, et al. 2017. A new global land-use and land-cover change product at a 1-km resolution for 2010 to 2100 based on human-environment interactions. Annals of the American Association of Geographers, 107(5): 1040-1059.

Li X, Garon A Y. 2002. Neural-network-based cellular automata for simulating multiple land use changes using GIS. International Journal of Geographical Information Systems, 16(4): 323-343.

Liu X, Ou J, Li X, et al. 2013. Combining system dynamics and hybrid particle swarm optimization for land use allocation. Ecological Modelling, 257: 11-24.

Liu Y, Lv X, Qin X, et al. 2007. An integrated GIS-based analysis system for land-use management of lake areas in urban fringe. Landscape and Urban Planning, 82(4): 233-246.

Pithadia S. 2005. Calibrating a neural network-based urban change model for two metropolitan areas of the Upper Midwest of the United States. International Journal of Geographical Information Science, 19(2): 197-215.

Pontius R G, Boersma W, Castella J, et al. 2008. Comparing the input, output, and validation maps for several models of land change. The Annals of Regional Science, 42(1): 11-37.

Pontius R G, Millones M. 2011. Death to Kappa: birth of quantity disagreement and allocation disagreement for accuracy assessment. International Journal of Remote Sensing, 32(15): 4407-4429.

Rgjr P, Cornell J D, Cas H. 2001. Modeling the spatial pattern of land-use change with GEOMOD2: application and validation for Costa Rica. Agriculture Ecosystems & Environment, 85(1): 191-203.

Schaldach R, Alcamo J, Koch J, et al. 2011. An integrated approach to modelling land-use change on continental and global scales. Environmental Modelling & Software, 26(8): 1041-1051.

Shen Q, Chen Q, Tang B, et al. 2009. A system dynamics model for the sustainable land use planning and development. Habitat International, 33(1): 15-25.

Syphard A D, Clarke K C, Franklin J. 2007. Simulating fire frequency and urban growth in southern California coastal shrublands, USA. Landscape Ecology, 22(3): 431-445.

Verburg P H, Overmars K P. 2009. Combining top-down and bottom-up dynamics in land use modeling: exploring the future of abandoned farmlands in Europe with the Dyna-CLUE model. Landscape Ecology, 24(9): 1167-1181.

Verburg P H, Soepboer W, Veldkamp A, et al. 2002. Modeling the spatial dynamics of regional land use: the CLUE-S model. Environmental Management, 30(3): 391-405.

# 第 3 章　基于并行 FLUS 模型的大尺度高分辨率土地利用变化模拟

## 3.1　引　言

IPCC 在 2014 年颁布了 AR5，提出了强调以浓度为目标的典型浓度路径（RCPs）新情景，该系列情景将气候变化、大气和碳循环预估、温室气体排放和社会经济变化有机结合起来，较过去 IPCC AR3 和 AR4 评估报告中设定的具有相同温室气体排放速率的气候模式（SRES 情景模式）更加合理和科学（van Vuuren et al.，2011）。RCPs 情景可以提供气候变化、温室气体通量和社会经济情景之间的联系和反馈，包括对未来土地利用和土地覆盖变化（LUCC）的预测。它们提供了地球上主要土地利用变化的数据，包括历史时期（回溯到 1500 年）和预测 2100 年的未来情景（周浩等，2017）。然而，这些宏观尺度情景对应的土地利用/覆盖产品的分辨率都在 0.5°左右，但是 0.5°的空间分辨率过于粗糙，无法提供有关生物多样性、农业、土地退化、城市化和碳固存变化的成因和结果的详细信息。另外，地方政府也更关注局部规模的更细致的土地利用变化情况（Li et al.，2017）。

低分辨率的土地利用模型以及产品不能满足局部微观尺度的景观特征变化模拟的需求，因为它们无法充分体现土地利用和土地覆盖变化的特征。使用更精细的空间分辨率土地利用和土地覆盖变化数据可以提高本书利用更多空间细节精确模拟复杂城市动态的能力，从而了解和评估人类环境系统的变化并作出相应的应对决策。因此，在实际应用中有必要建立一个空间明确的、动态的土地利用变化模型，对大尺度土地利用变化进行高分辨率评估（Li et al.，2017）。

然而，大尺度高分辨率土地利用变化模型的分辨率往往意味着巨大的数据量。特别是近年来，随着遥感技术的进步，栅格数据的时空分辨率大幅提高，快速增长的空间数据量已经成为制约地理数据处理的主要瓶颈之一。传统的数据计算和处理方法已经不能满足大量数据处理的需要（胡树坚等，2015），与此同时，日益增加的数据量对地理栅格数据处理技术提出了更高的要求（赵春宇，2006）。在这个背景下，并行计算研究被广泛应用于地理栅格数据处理当中，其中就包括土地利用变化模拟领域。虽然之前的研究已经将并行技术引入大尺度城市发展模拟当中（Guan and Clarke，2010；Pijanowski et al.，2014），但是在多类土地覆盖模型上建立并行框架，并用于加快模拟速度的研究并不多见。当进行多类土地利用变化模拟时，算法机制将更加复杂，建立模型将面临更大的挑战。本书的研究目标是将分块并行策略引入 FLUS 模型，在人类活动和自然效应的影响下，生产一套中国 30m 分辨率的 4 个 RCPs 情景下的 2100 年土地利用变化模拟数据。

## 3.2 FLUS 模型并行化方法

FLUS 模型的原理已经在 2.2.2 节中加以阐述，本书旨在研究 FLUS 模型的分块并行化方法，并将其灵活应用在各种尺度的高分辨率土地利用变化模拟当中。本章主要阐述 FLUS 模型底层的分块并行化策略。并行化策略分为两大模块进行描述：①人工神经网络预测模块的并行化过程；②模拟模块的并行化过程。因为计算机内存的限制，在处理大量数据时必须在读写以及处理过程中应用栅格数据分块技术。当前的影像数据主要采用两种存储模式：条带存储和块状存储（周建鑫等，2013）。目前，已有的栅格数据读写工具大多都只支持条带存储的模式（胡树坚等，2015），而本书提出的 FLUS 模型并行化方法采用块状存储模式的读写方式，实现了对 GeoTIFF 数据的普遍性支持。

本书所用的栅格数据底层库为地理空间数据抽象库（Geospatial Data Abstraction Library，GDAL）。GDAL 最初由加拿大 Frank Warmerdam 开发（胡友兵等，2017），是一个独立专业的开源库，本书采用的是 2.3.1 版本。GDAL 已经成为一个全球通用的栅格/矢量数据处理工具。它利用一套栅格/矢量抽象数据模型表达所支持的各种文件格式，是一个在 X/MIT 许可协议下读写空间数据的有效工具。GDAL 支持上百种空间数据类型的读写，包括 GeoTIFF、ERDAS IMAGINE、ASCII Grid、Arc/Info、ASCII DEM 等（胡友兵等，2017）。有很多著名的 GIS 类产品都使用了 GDAL/OGR 库作为影像底层，包括 ESRI 的 ArcGIS、开源的 QGIS 软件、Google Earth、ENVI 和跨平台的 GRASS GIS 系统等，还支持在 Linux 系统下对矢量和栅格文件数据进行读写（胡友兵等，2017）。

### 3.2.1 人工神经网络预测过程的并行策略

本书采用的人工神经网络为 FANN（Fast Artificial Neural Network Library）开源库。FANN 是一个免费的开源人工神经网络库，它是完全用 C 语言实现的多层人工神经网络的工具，是一个快速有效且常用的支持全连接和稀疏连接的人工神经网络结构。鉴于人工神经网络库的训练速度已经足够快速，本书并不对人工神经网络的训练过程进行并行，本书主要对数据采样以及最耗时的人工神经网络预测过程进行分块并行设计。

由于本实验所用的硬盘只有一个磁头，所以原则上无法实现完全的并行读写，因此本书采用串行读写、并行数据计算的分块并行策略，即仅用一个线程分块读影像，读入影像后采用并行方法对栅格数据进行计算，而后单线程写入磁盘，结束后再读入下一块数据，依次循环直到数据处理完全结束。我们需要从影像上对数据进行采样。本实验的采样策略为方形分块随机采样策略。其中，设定分块的边长为 PatchSize，分块的面积为 PatchSize×PatchSize。然而，边缘的块可能无法达到 PatchSize 的大小，因而边缘的小块的长宽计算公式为

$$\text{edgeSize}X = (X-1) \ \% \ \text{PatchSize} + 1 \qquad (3\text{-}1)$$

$$\text{edgeSize}Y = (Y-1) \ \% \ \text{PatchSize} + 1 \qquad (3\text{-}2)$$

式中，$X$ 为影像 $x$ 方向上的边长，即列数；$Y$ 为影像 $y$ 方向上的边长，即行数；%为取余数运算符号；edgeSize$X$ 为边缘分块的列数；edgeSize$Y$ 为边缘分块的行数。当选择采样点时，主线程读取影像的某一小块。读取完毕后，程序多个线程动态分配各自需要扫描的像元并开始对像元进行扫描。当扫描到某个像元时，生成一个大小为 0~1 的随机数 rand，当 rand 的值小于或等于我们设置的采样点比例 $r$ 时，则选择该像元作为随机点之一。虽然该方法每次运行选择的采样点总数都不一样，但是根据大数定律，最后采样点的总数都会十分接近总像元数与采样点比例 $r$ 的乘积。

获得采样点后，程序根据采样点获取对应的训练数据进行训练，训练完毕后，用训练好的人工神经网络对数据进行分块并行预测。将预测过程的块的大小设为一个比 PatchSize 更小的数值：

$$\text{smallPatch} = \sqrt{\frac{\text{PatchSize} \times \text{PatchSize}}{N+C}} \qquad (3\text{-}3)$$

式中，smallPatch 为预测阶段的块的大小，因为预测阶段需要同时读进 $N$ 个波段的影像，另外保存数据时会新开辟 $C$ 个波段的影像，因此如果按原来的分块大小进行分块很可能会导致内存不足。本书给出的分块策略能最大限度地利用好计算机内存并提升并行的效率。预测阶段同样采用串行读取、并行计算块内的栅格、串行写入计算好的数据的策略，直到每个分块都被处理完毕，输出最终人工神经网络预测的各类用地的概率。

另外，人工神经网络模块涉及各种来源的驱动力数据，如交通、区位、地形、土壤、气温、降水和政策等方面的数据，但各种数据的坐标、分辨率、类型都可能不一致。于是我们在并行过程中设计了基于经纬度坐标的数据坐标对齐机制。该机制以土地利用数据的坐标为准，所有像元的坐标都会通过仿射变换转换为经纬度，然后再通过经纬度读取相应图层的像元值。坐标对齐机制可以使得模型同时处理不同图幅大小、不同分辨率的影像数据，而不需要将所有数据重采样到 30m 分辨率，也不需要对图幅进行裁切，这样节省了电脑的储存空间，加快了数据读取的效率，并减少了人工数据处理的步骤。另外，我们在坐标对齐机制的基础上，通过块的大小来估算每个块的四个脚点的坐标，动态地在不同驱动力数据上取数据块的范围，使得数据分块过程中不会产生遗漏。人工神经网络的并行机制如图 3-1 所示。

## 3.2.2　CA 分块模拟并行策略

类似于人工神经网络的并行策略，本模块用主线程分块读影像，读入影像后采用并行方法（图 3-2）对栅格数据进行计算，而后主线程写入磁盘。设置好分块大小后，采用同人工神经网络并行机制一样的边缘算法计算边缘块的大小。由于涉及的数据图层相对较少，仅有土地利用图层、人工神经网络输出的概率图层、政策图层。因此，不需要额外准备坐标对齐机制。我们将所有数据调整到统一坐标与投影系统，并统一行列数和分辨率进行土地利用变化模拟。

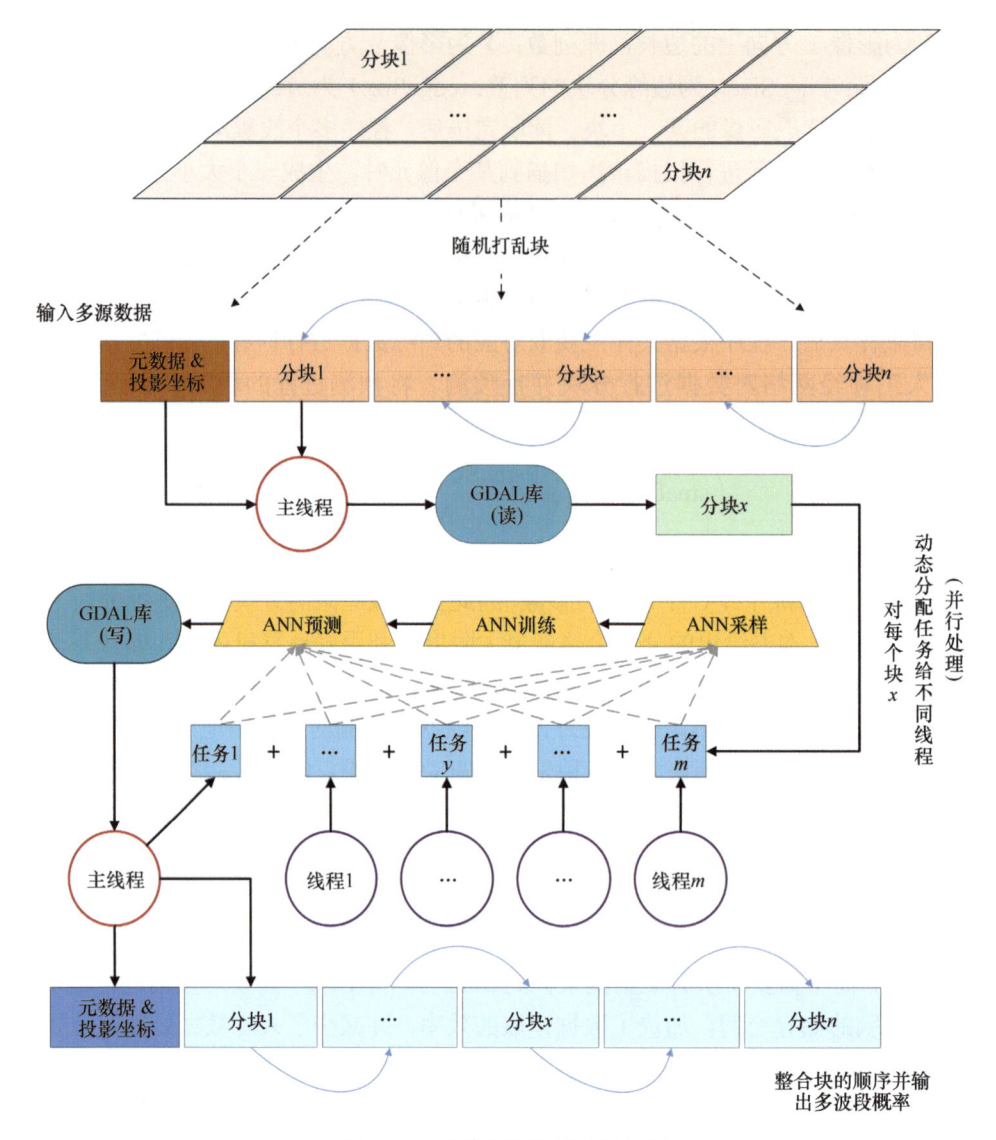

图 3-1 人工神经网络的并行机制

为了节省硬盘的存储空间,我们将人工神经网络输出的概率转化为 unsigned char 格式的影像,取值范围为 0~255,虽然牺牲了一定的数据异质性,但是相比 float 类型存储的影像(取值 0~1),unsigned char 类型的影像占用的空间仅为原来的 1/4(为 double 类型的 1/8),并且大大地节省了磁盘写入的时间。其他土地利用图层以及政策图层也都采用 unsigned char 类型存储。

此外,CA 需要扫描邻域像元,而传统的 CA 分块会切割元胞空间,导致块边缘的中心像元无法获取到完整的元胞邻域。因此,本书提出交错扩展分块方法用于解决这个问题。交错扩展分块方法的具体实施方式是:在一般分块大小 PatchSize 的基础上,取到相邻块上的一部分像元,不与其他块相邻则不取,多取的部分为元胞邻域 Neigh 的一半,则 $x$、$y$ 两个方向上的块大小 $PatchSize_x$ 与 $PatchSize_y$ 分别为

## 第3章 基于并行FLUS模型的大尺度高分辨率土地利用变化模拟

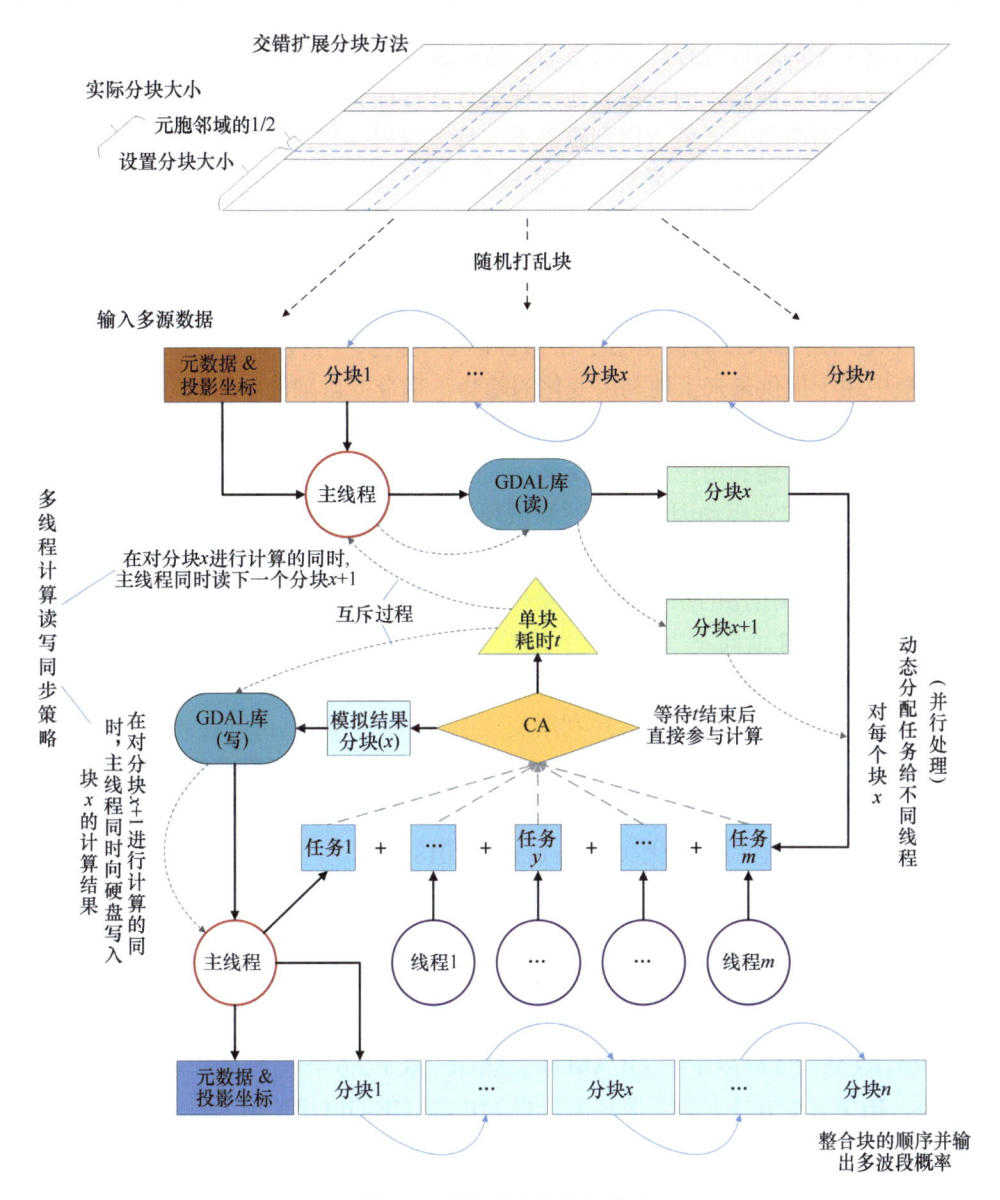

图 3-2 模拟部分的并行策略

$$\text{PatchSize}_x = \text{PatchSize} + N_x \times (\text{Neigh} - 1)/2 \quad (3\text{-}4)$$

$$\text{PatchSize}_y = \text{PatchSize} + N_y \times (\text{Neigh} - 1)/2 \quad (3\text{-}5)$$

式中，$N_x$ 和 $N_y$ 分别为 $x$ 与 $y$ 方向上与当前块相邻的块的个数，每个方向最多为2、最少为1，于是分块与分块之间相互交错，以 PatchSize 为大小的分块边缘的中心像元都可以取到完整的邻域，即使邻域范围落在相邻的其他分块上。

考虑到 CA 模型是一个迭代模型，涉及多次迭代，在大尺度高分辨率模拟时提高每次迭代的效率是非常有必要的。因为如果提升每次迭代的速度，迭代的次数越多则节省的时间越可观。因此，本书研究采用多线程计算读写同步策略，充分利用分块并行的计算时间来优化 CA 的迭代过程。该策略的具体实施步骤为：当主线程开始读或写下一个块数据时，同时对之前读入的块用其他线程进行并行计算。充分利用多线程技术同时对读写任务与计算任务处理，但考虑到磁盘不支持多线程读写，必须限定在读和写的过程中只有一个线程在运行且不能受到其他线程的干扰。

## 3.3 未来土地利用需求预测

未来土地利用需求预测模型用于在耦合模型中提供"自顶向下"的作用。它们在FLUS 模型中用于提供未来土地利用变化的趋势。耦合"自顶向下"与"自底向上"的模型，从宏观用地总量需求和微观土地供给相平衡的角度，将情景模拟和宏观驱动因素与 CA 模型在微观土地利用空间格局反映上的优势结合起来，使得这类模型可以同时考虑土地利用系统的宏观驱动因素复杂性和微观格局演化复杂性的特征，提高了当前土地利用情景模型的可靠性（何春阳等，2005）。

除了本书第 2 章所用的系统动力学模型外，综合评估模型常常被用于为土地利用变化模拟模型提供"自顶向下"的未来土地总量变化。例如，全球环境综合评估模型（Integrated Model to Assess the Global Environment，IMAGE），将人口和宏观经济驱动因素对土地利用变化的影响考虑到土地利用变化模拟当中（Bouwman et al.，2006）；全球变化评估模型（Global Change Assessment Model，GCAM）由四部分组成：全球经济、能量系统、农业和土地利用及气候模块，其也被用于结合 CA 模型模拟经济发展与能量消耗相互作用下的土地利用变化（Dong et al.，2018）。

本书提出的大尺度高分辨率土地利用变化模型旨在研究 RCPs 情景下的未来土地利用变化。我们将 IPCC AR5 报告中描绘的 RCP 2.6、RCP 4.5、RCP 6.0 以及 RCP 8.5 情景广泛应用于未来的气候变化研究当中（Dong et al.，2018）。4 个情景分别来自 4 个综合评估模型（IAM）的 4 种碳排放浓度的情况，4 个综合评估模型分别为：MESSAGE-GLOBIOM、REMIND-MAGPIE、GCAM 和 IMAGE。RCP 2.6 情景下的土地利用由 IMAGE 模型提供，RCP 4.5 情景下的土地利用来自 MESSAGE-GLOBIOM 模型，而 RCP 6.0、RCP 8.5 情景下的土地利用需求将分别由 GCAM 模型及 REMIND-MAGPIE 模型输出（表3-1）（姜群鸥等，2014）。RCP8.5 情景是在人类放任 $CO_2$ 排放的情况下，未来可能出现的 $CO_2$ 浓度最高的情景。相反，在 RCP2.6 情景，人类致力于节能减排、降低污染，全球平均气温的增加在未来 100 年内将控制在 2℃以内。RCP 4.5 及 RCP 6.0 为介于前面两种情景之下的中等偏低情景与中等偏高情景。

表 3-1　4 个典型 RCPs 情景的相关参数

| 情景路径 | 输出模型 | 到 2100 年辐射能/（W/m²） | 模拟的 $CO_2$ 浓度/ppm[①] |
|---|---|---|---|
| RCP2.6 | IMAGE | 2.6 | 421 |
| RCP4.5 | MESSAGE-GLOBIOM | 4.5 | 538 |
| RCP6.0 | GCAM | 6.0 | 670 |
| RCP8.5 | REMIND-MAGPIE | 8.5 | 936 |

---

① 1ppm=$10^{-6}$。

基于以上情景路径，本书将综合分析这些情景下各类土地利用类型在 2015~2100 年这 85 年间的空间变化模式，从而为国家尺度与区域尺度的生态安全、环境保护、空间决策提供有力的支撑。我们将从 LUH2 数据集获得最初的土地利用数量分布。LUH2 数据集是一个具有较长时间跨度（1500~2100 年）的降尺度数据集，该数据集集成了历史数据和四个 RCPs 情景下的未来土地需求（Li et al., 2016），并提供了未来可能的 0.25°×0.25°分辨率的土地覆盖的百分比网格数据，包含城市、农田、牧场、一级和二级土地利用变化。LUH2 数据集的早期版本——LUH 数据集（分辨率为 0.5°×0.5°）已被广泛用于气候变化研究当中（Meiyappan et al., 2014；Yang et al., 2013），LUH2 数据集具有比 LUH 数据集更高的分辨率。

LUH2 数据集提供的未来年建设用地数量在 4 个 RCPs 情景下都少于 2015 年的建设用地，这与中国的发展趋势不符。因此，我们根据 IPCC 官方提供的人口、GDP 和城市化率的预测数据，使用多元回归模型来揭示城市土地利用面积与主要社会经济因素之间的关系并预测未来城市数量。使用的因素包括 GDP、人均 GDP、人口和每个地区的城市化率。推算公式如下：

$$A'_t = CA'_t \times POP_t \tag{3-6}$$

式中，$A'_t$ 为未来城市需求；$CA'_t$ 为区域内的人均建设用地面积；$POP_t$ 为区域人口数量。$CA'_t$ 采用 1990~2000 年的历史数据建立多元回归模型，计算公式如下：

$$CA'_t = \beta_0 + \beta_1 \times GDPC_t + \beta_2 \times PU_t \tag{3-7}$$

式中，$GDPC_t$ 为人均 GDP；$PU_t$ 为 $t$ 年的城市人口比例；$\beta_0$ 为常数；$\beta_1$ 和 $\beta_2$ 为回归系数。$GDPC_t$ 的计算公式为

$$GDPC_t = \frac{GDP_t}{POP_t} \tag{3-8}$$

式中，$GDP_t$ 和 $POP_t$ 的历史数据可以从开放的统计数据中获得，用于拟合这些系数和常数。并且，在 IPCC 数据库中提供相应的未来情景的预测数据。因此，我们可以预测中国不同年份的城市土地利用预测量。

## 3.4 模型运行结果

中国 30m 的模拟在 WGS84 坐标系下运行，单幅土地利用变化影像的大小为 28.4G，模拟开始的年份为 2015 年，考虑了 15 种驱动因子数据，输入数据量总大小超过 1T（约 1072G）。用于运行数据的 CPU 型号为：Inter（R）Xeon E7-4820，主频为 2.00GHz，安装内存为 192G，安装系统为 64 位 Windows Server 2008 SP1。2015 年中国 30m×30m 区域的影像行列为：210769×120990；人工神经网络训练时，采样阶段与模拟阶段的分块大小为 30000×30000；此时，分块的行列为 5 行 8 列。CA 邻域采用 3×3 邻域，人工神经网络隐藏层设为 32。我们在模型运行前首先要对 LUH2 数据集的用地需求进行合并校正，以获得 RCPs 情景本书分类系统下的各类用地需求。

## 3.4.1 未来各类用地需求校正

本书研究根据 IPCC AR5 中发布的 4 种 RCPs 情景路径（RCP 2.6、RCP 4.5、RCP 6.0、RCP 8.5），从 LUH2 数据集提供的不同气候模式下输出的 0.25°×0.25° 土地利用需求网格数据获得 LUH2 分类系统下中国各类土地利用类型面积。然而，LUH2 数据集中的未来土地分类系统与本书的六大类分类系统无法一一对应，需要根据经验进行调整。本书研究首先将 LUH2 数据集分类系统合并，然后对应到本书的分类系统上，本书分类系统为中国科学院中国土地利用/覆盖数据集（China Land Use/Cover Dataset，CLUD）分类系统（Kuang et al., 2016），共分为六大类：耕地、林地、草地、水域、建设用地和未利用地，如表 3-2 所示。

**表 3-2  LUH2 数据集分类系统与 CLUD 数据集分类系统类别对应表**

| LUH2 数据集分类系统 | 本书分类系统（CLUD） |
| --- | --- |
| forested primary land（原生林地） | 林地 |
| potentially forested secondary land（潜在次生林地） | |
| non-forested primary land（非林地原生土地） | 未利用地 |
| potentially non-forested（潜在非林地次生土地） | |
| managed pasture（有管理的牧场） | 草地 |
| rangeland（无管理的牧场） | |
| urban land（城市用地） | 城市 |
| C3 annual crops（C3 一年生作物） | 耕地 |
| C3 perennial crops（C3 多年生作物） | |
| C4 annual crops（C4 一年生作物） | |
| C4 perennial crops（C4 多年生作物） | |
| C3 nitrogen-fixing crops（C3 固氮作物） | |
| water area（水体） | 水体 |

然后，将 LUH2 数据集中预测的各类用地的数量映射到本书所用的 2015 年各类土地利用数据的基准数量上。本书所用的校正方法是比例校正法。例如，LUH2 数据集上未来草地（$\text{LUH2}_k^{\text{future}}$，2016~2100 年）与现状草地（$\text{LUH2}_k^{2015}$）的比值，与本书分类系统的未来草地（$\text{CLUD}_k^{\text{future}}$）与现状草地（$\text{CLUD}_k^{2015}$）的比值一致，最后推出本书分类系统下的未来草地需求，推算公式如下：

$$\text{CLUD}_k^{\text{future}} = \frac{\text{LUH2}_k^{\text{future}}}{\text{LUH2}_k^{2015}} \times \text{CLUD}_k^{2015} \tag{3-9}$$

根据各类用地校正的比例值获得未来各类用地的数量后，我们再参考变化比例并根据经验对土地总量进行修正，如果调整后的总量多于或少于研究区域面积总和，则从变化比例较大且基数较大的一类用地中减去或加上相应的差值，如此处理可以尽可能减少总量调整对 RCPs 情景下的变化趋势的影响。校正后的 RCPs 路径的 4 个情景下的 2100

年各类用地面积如表 3-3 所示。

表 3-3  本书分类系统下中国 4 个典型 RCPs 情景下的 2100 年各类用地面积比例（单位：%）

| 类型 | 初始年份<br>（2015 年） | RCP 2.6<br>（2100 年） | RCP 4.5<br>（2100 年） | RCP 6.0<br>（2100 年） | RCP 8.5<br>（2100 年） |
| --- | --- | --- | --- | --- | --- |
| 耕地 | 18.66 | 20.53 | 16.97 | 17.07 | 20.55 |
| 林地 | 23.41 | 27.85 | 19.67 | 25.88 | 24.88 |
| 草地 | 28.18 | 19.71 | 38.07 | 26.12 | 26.19 |
| 水域 | 2.96 | 2.96 | 2.96 | 2.96 | 2.96 |
| 城市 | 2.61 | 4.20 | 4.07 | 3.95 | 4.36 |
| 未利用地 | 24.18 | 24.76 | 18.26 | 24.02 | 21.06 |

## 3.4.2 运行效率评估

本书研究采用加速比来评估并行后的 FLUS 模型的运行效率，加速比的计算公式为

$$S_p = \frac{T_1}{T_p} \tag{3-10}$$

式中，$S_p$ 为 $p$ 个线程下的加速比；$T_1$ 为单核串行的运行时间；$T_p$ 为 $p$ 个线程并行下的运行时间。以人工神经网络预测的第一个数据分块作为测试数据，对模型运行的时间进行统计，对模型加速比进行计算。图 3-3 显示了人工神经网络预测过程中，运行时间随着线程数成倍增加的变化曲线，以及相应的加速比。

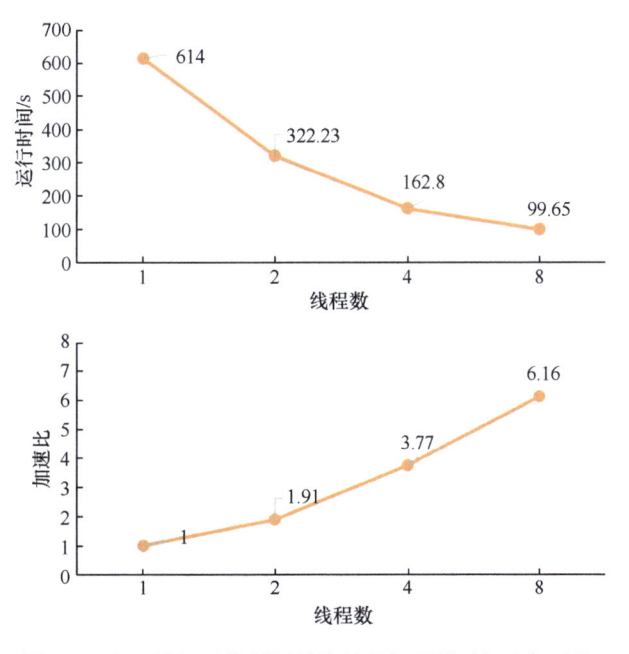

图 3-3  人工神经网络预测模块的并行所需时间和加速比

随着并行的线程数从 1 增加到 8，运行时间从 614s 每分块缩减到不到 100s。8 线程的加速比达到了 6.16，并行加速的效率是比较理想的。但当继续增加线程数运行时，因为任务的调度变多，模型速度无法变得更快，因此我们采用 8 线程运行人工神经网络。

在评估 FLUS 模型模拟过程的并行效率时，本书统计了一次迭代包括串行读写过程的运行时间。可以发现，从单线程串行到 2 线程下获得了接近于 2 的加速比，并且时间得到了大幅的缩短。随着线程数的成倍增加，最终在 16 线程获得了 6.39 的加速比。一次迭代的时间从单线程 54035.13s 缩短到 8461s（图 3-4）。随着迭代次数的增加，并行计算节省的时间越来越可观。相比之前研究的并行 CA 只有不到 2 的加速比，本书研究对 FLUS 的分块并行加速是有显著效果的（李丹等，2012）。

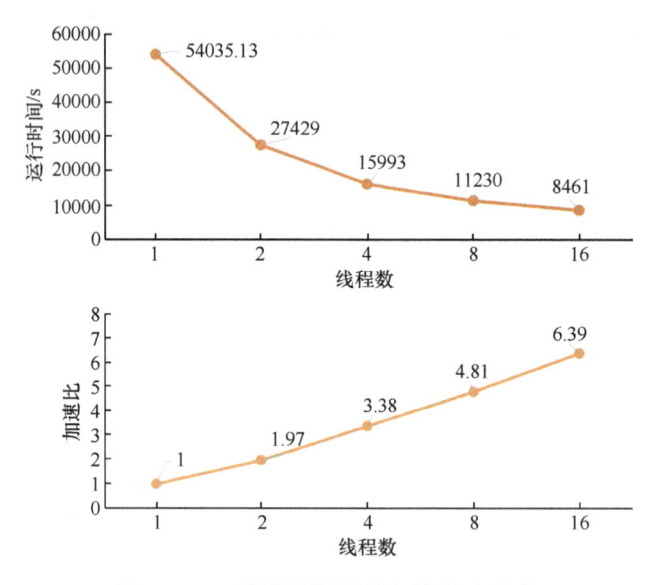

图 3-4  CA 模拟模块的运行时间和加速比

### 3.4.3  情景模拟结果分析

图 3-5 展示了 2015～2100 年，RCP 2.6、RCP 4.5、RCP 6.0、RCP 8.5 这四个典型情景下的中国 30m 分辨率的土地利用变化。可以发现，中国的社会经济高速发展与快速城镇化导致城乡建设用地大规模增长，其中碳排放量最高的 RCP8.5 情景的城市发展最为迅猛。4 个情景下的耕地在这个过程中最容易转换为建设用地，特别是华北平原地区耕地大面积转为建设用地。在 RCP 2.6 情景下，植被大面积恢复，在四个情景中植被增长幅度最大。例如，图 3-5 中，从 RCP 2.6 情景下的子区域 2、3 可以观察到内蒙古东部的大兴安岭地区和四川省西部的横断山脉地区林地显著增加，大面积的草地转化成林地；子区域 1 显示，在新疆北部的阿尔泰山脉附近也有明显的林地扩张。相反，在 RCP 4.5 情景下，中国的林地大幅退化成草地，草地面积大幅增加，并向西北的未利用地快速蔓延，大兴安岭（子区域 2）与横断山脉（子区域 3）的林地退化明显；陕西省北部（子区域 4）的农田也有明显的退化趋势；在子区域 1 阿尔泰山脉附近，除了林地退化成草

地以外，草地也大面积向南扩张，蔓延到额尔齐斯河和乌伦古河流域。RCP 4.5 情景在中国是耕地减少最剧烈的情景，在该情景下，耕地面积减少到 20.85 亿亩，在 4 个情景中最接近 "18 亿亩耕地红线"的底线。RCP 6.0 情景相对于其他 3 个情景，各类用地的变化都并不是最明显的，城市增长的幅度也是最小的，其总体特征与 2015 年的初始土地利用分布最接近，但是也有明显的变化。RCP 8.5 情景下，随着建设用地显著增加，耕地的开垦幅度也明显增大，为 4 个情景中耕地增加幅度最大的情景。从东北平原

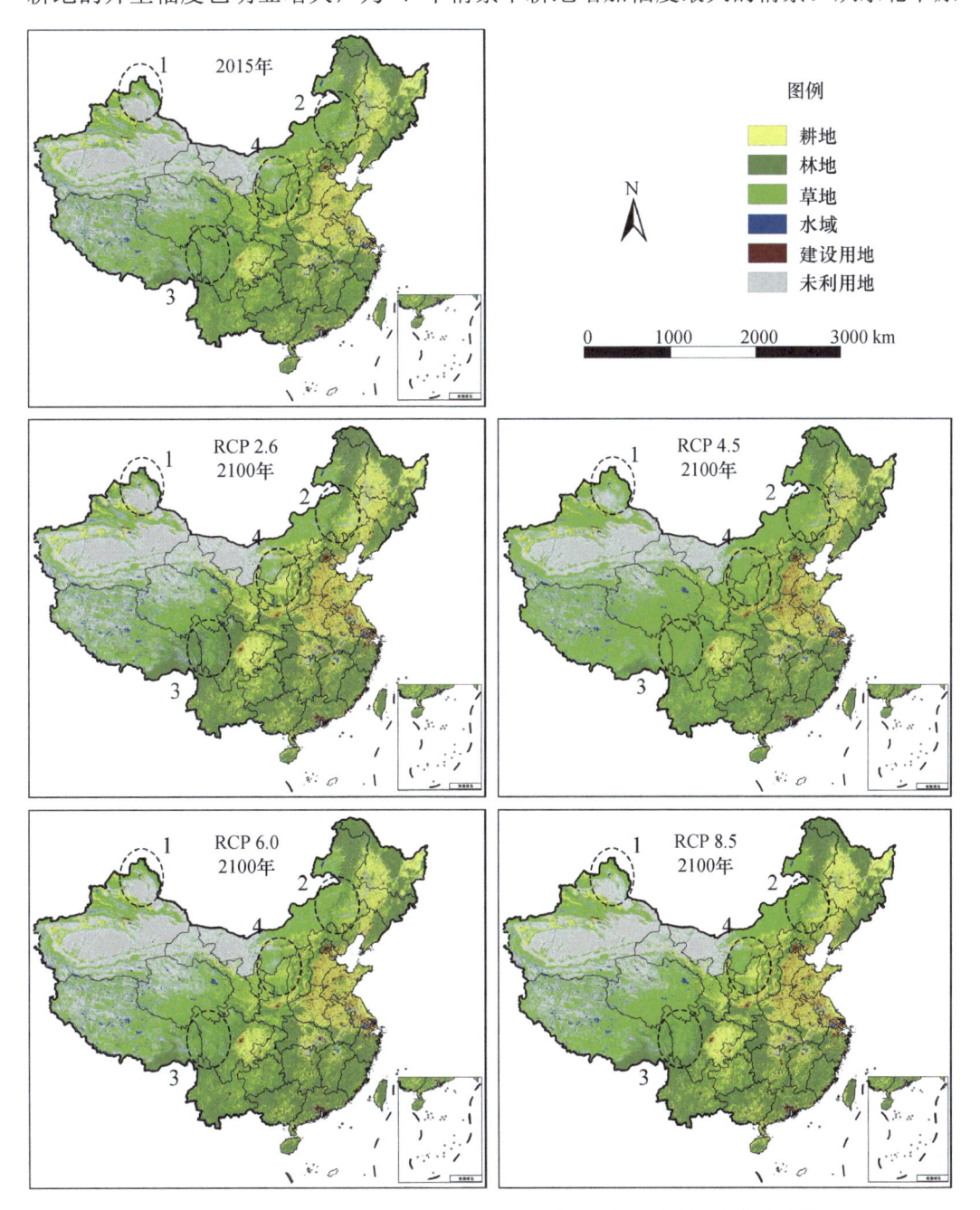

图 3-5 模拟的 2100 年中国 4 个典型 RCPs 情景下的土地利用变化分布格局

到华北平原、四川盆地，再到长江以南都观察到耕地有不同程度的扩张；此外，横断山脉附近在这个情景下会有新增的草地沿着横断山脉方向向南蔓延。图 3-5 展示了并行分块 FLUS 模型模拟的中国 RCPs 路径下 4 个情景的土地利用变化。下面将提出一些热点区域对模型输出的数据产品进行介绍，并展示 30m 分辨率提供的景观细节。

**1. 热点区域土地利用变化**

1）华北平原地区

图 3-6 显示了华北平原地区 2100 年 RCPs 情景下的土地利用变化。华北平原在 2015 年以耕地为主，平坦的地形使得该地区在 2015～2100 年这 85 年间仍将吸引更多的建设用地面积。同时，这里也是全国耕地最集中的地方，城市的不断扩张将导致耕地被大量占用。但华北平原地区以城市和耕地为主的格局在近几十年内不会改变。而华北平原往西的黄土高原，包括山西省与陕西省附近的土地利用格局有可能发生比较巨大的变化。例如，RCP2.6 情景下，位于黄土高原的山西省境内的林地密度变得更大，并且有明显的扩张；草地也被大量开垦为耕地，尤其是在陕西省和山西省交界的地区。在 RCP4.5 情景下，山西省和陕西省的耕地和林地大量退化成草地，但华北平原的耕地分布格局则相对稳定。在 RCP 6.0 情景下，该区域的耕地、林地、草地的分布相对于 2015 年的分布变化有限。在 RCP8.5 情景下，区域西北部内蒙古地区的林地会大量转化为草地，相反，北京以西（河北省北部）和山西省的林地会增多，随着城市的不断扩张，大量的草地也被转换为耕地。

2）四川盆地和横断山脉

青藏高原边缘的横断山脉和四川盆地区域是中国的一个生态敏感地区，也是中国土地利用变化一个值得关注的热点区域。横断山脉有可能在未来发生林地与草地之间的大量相互转化，而四川盆地是中国西部重要的粮食产地，四川盆地的耕地变化也将是未来中国土地政策的焦点。在 RCP2.6 情景下，四川省以西以及横断山脉的岷山和邛崃山以及大雪山地区的植被会迅速增多，而且四川盆地以及甘肃省南部的耕地也会大量增加；RCP4.5 情景下的变化趋势则正好相反，横断山脉的林地大量退化，整个四川省西部的大雪山地区的林地几乎被草地覆盖，仅有四川盆地周围留有少量稀疏的林地。对于耕地来说，四川盆地内的耕地会被大量弃耕，盆地内的耕地密度大大减小，尤其是在盆地边缘。但陕西省南部，以及甘肃省以南的耕地在该情景下的退化不明显，陕西省南部、关中平原地区的耕地损失主要来源于城市扩张；RCP6.0 情景下，土地利用分布的格局与 2015 年相似，主要变化在于城市的扩张占用了城市周围的耕地，四川省西北的林地，以及甘肃省南部、陕西省南部的耕地密度增大。RCP8.5 情景下，四川省西部靠近四川盆地的林地密度大幅增加，而往西北远离四川盆地的地区林地大幅减少，相比之下，林地与草地在邛崃山和大雪山地区显现出比其他情景更加明显的分界线；该情景下四川盆地以北的耕地得到大幅的扩张。模拟结果表明，不同的情景在该地区表现出较高的异质性（图 3-7）。

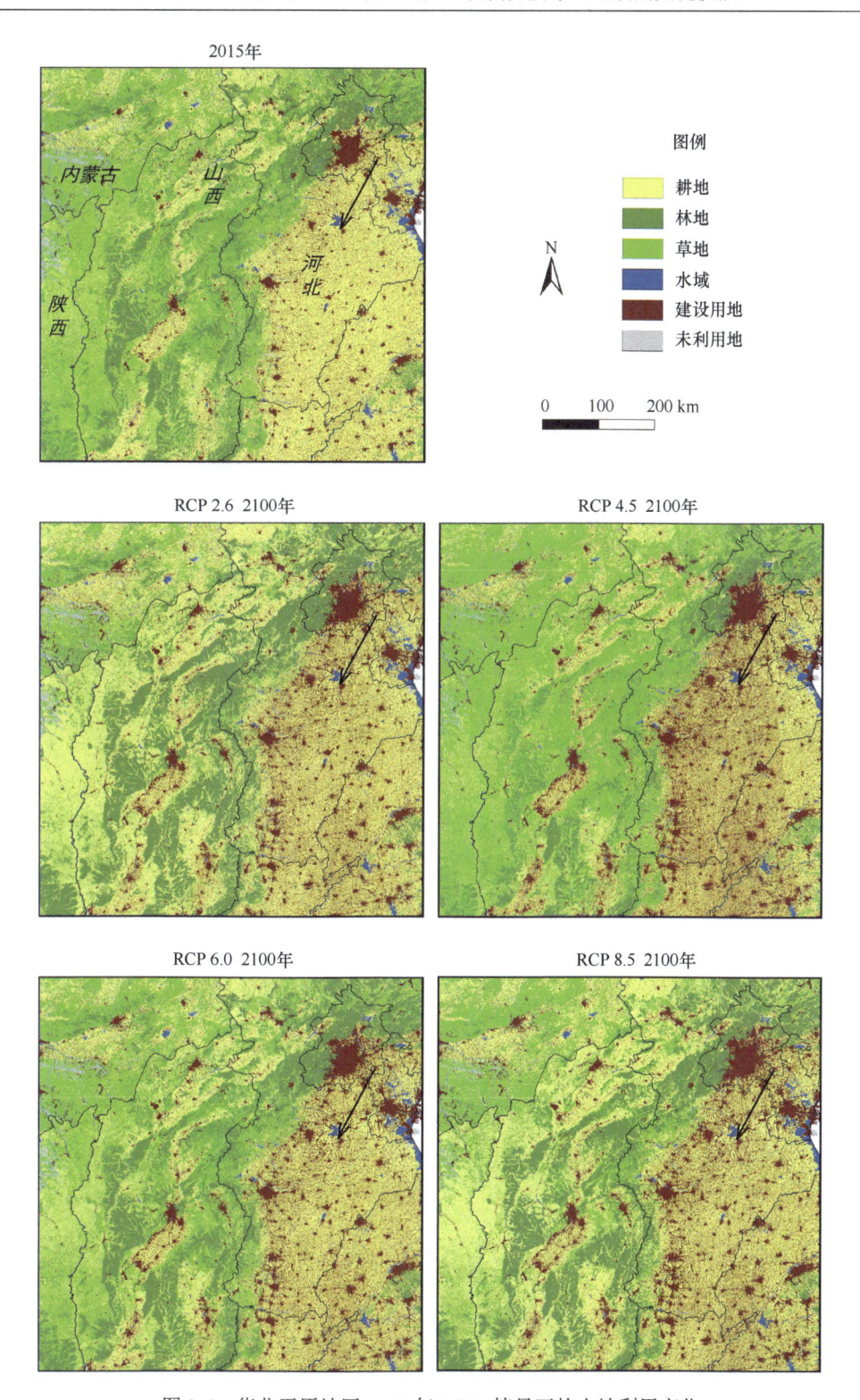

图 3-6 华北平原地区 2100 年 RCPs 情景下的土地利用变化

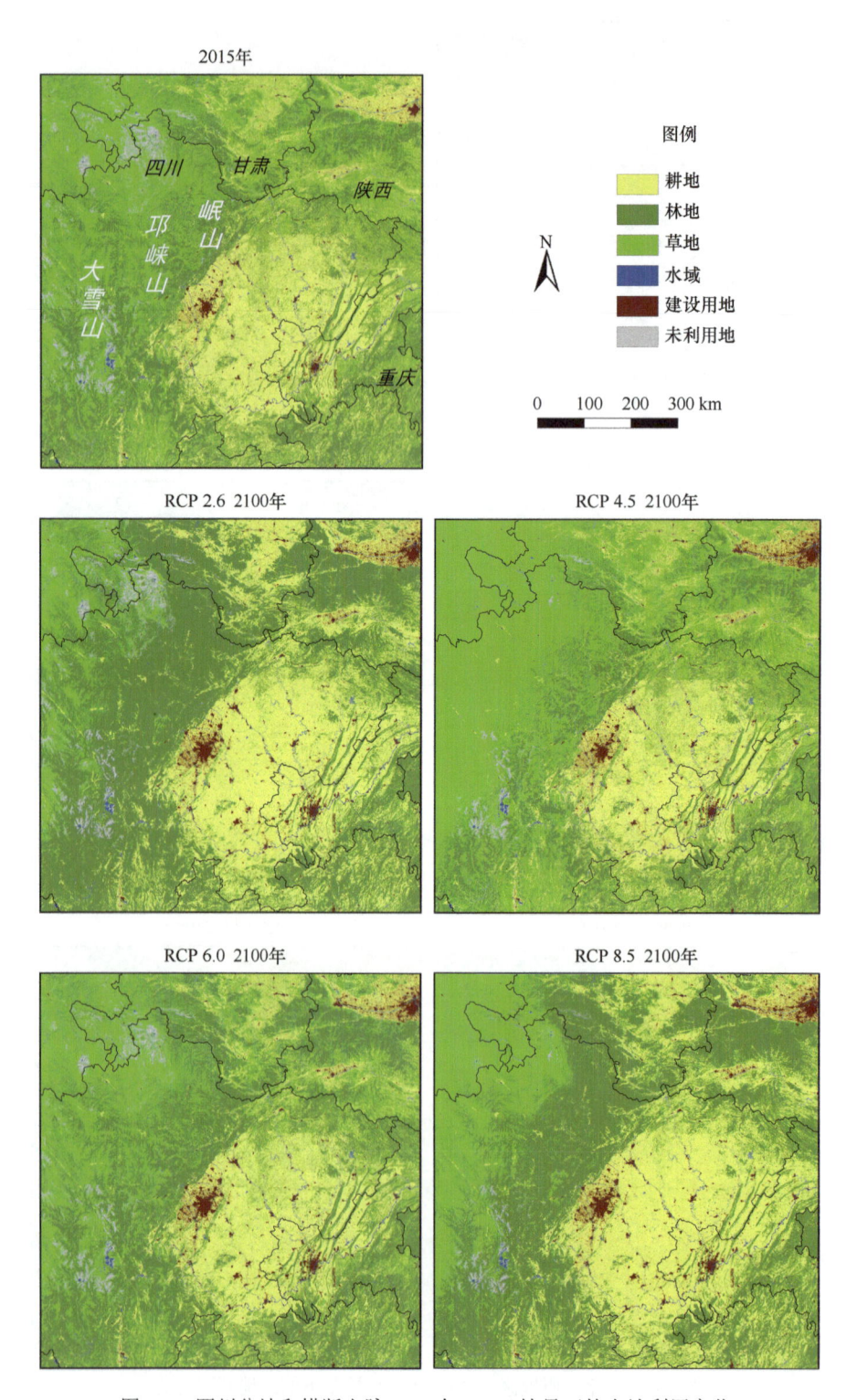

图 3-7 四川盆地和横断山脉 2100 年 RCPs 情景下的土地利用变化

## 3）新疆北部阿尔泰山地区

相似地，如图 3-8 所示，新疆北部的阿尔泰山地区在 RCP2.6 情景下的林地会显著

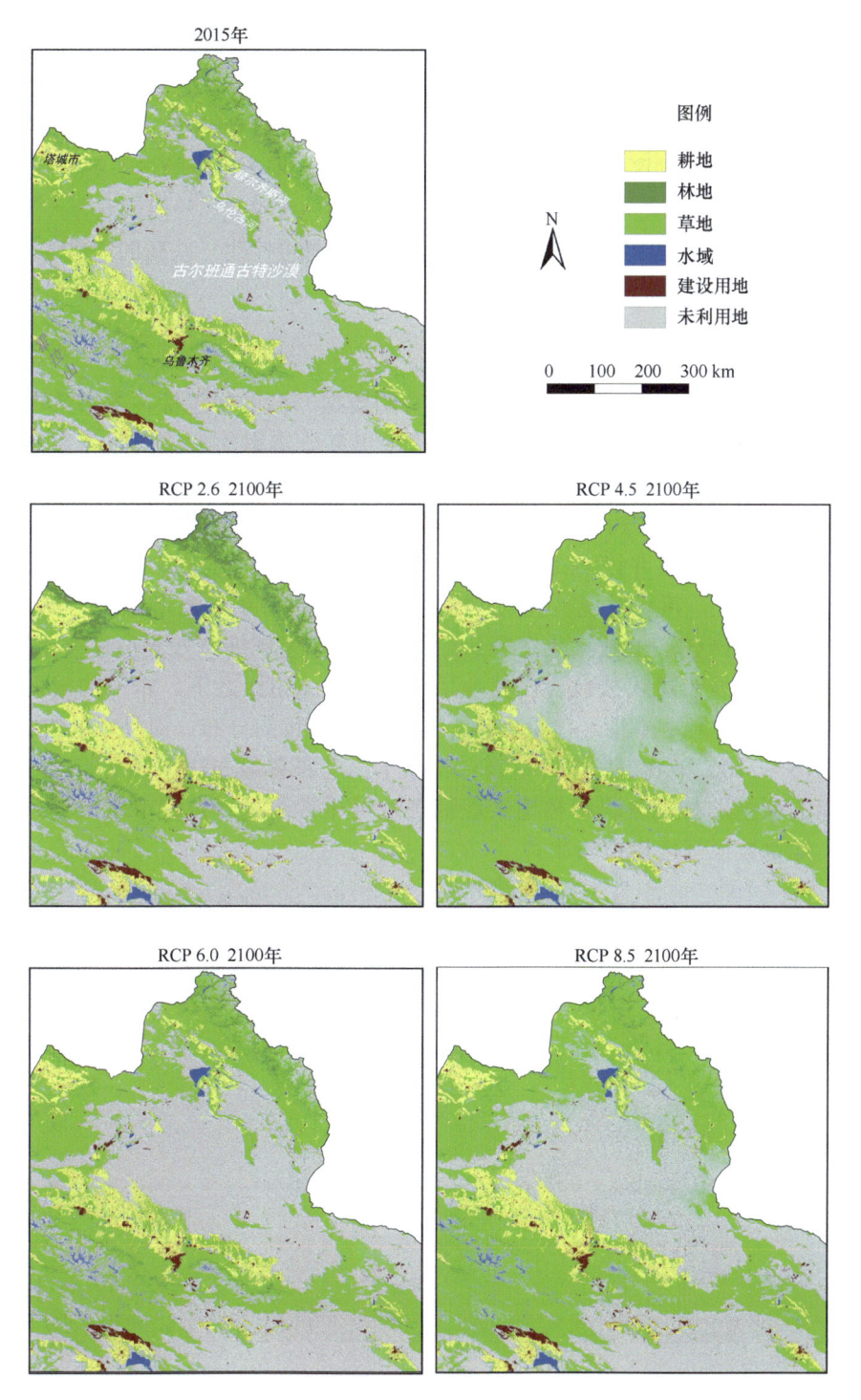

图 3-8 新疆北部阿尔泰山地区 2100 年 RCPs 情景下的土地利用变化

增多，而古尔班通古特沙漠（又称准噶尔盆地沙漠）西北部的城市周围也会出现茂密的植被；乌鲁木齐以西的霍拉山以及周围山脉很有可能会生长出新的植被。RCP 4.5 情景下，该地区的林地几乎完全退化，草地将从阿尔泰山南部由北向南蔓延，密度不大，但将零散地覆盖额尔齐斯河与乌伦古河之间的流域；另外，北塔山附近的草地也会由东向西零散地延伸到古尔班通古特沙漠腹地，沙漠在这个情景下会转变为荒地与草地混合的格局。RCP6.0 情景下，耕地、草地的格局变化相对较小，林地相比 2015 年略微减少。在 RCP8.5 情景下，该地区的林地退化严重，仅沿着阿尔泰山山脉的走势留下少量林地，阿尔泰山南部到北塔山之间会产生新的草地与未利用地（荒地、沙漠）混合，额尔齐斯河与乌伦古河之间的流域以及古尔班通古特沙漠也同样会产生一些新的零星的草地，但分布密度远远少于 RCP4.5 情景。

**2. 对比粗分辨率的数据产品**

为了评价全国 30m 数据产品相对于已有的数据产品的优越性，本书选取了一些尺度更小的区域进行模拟结果的对比，来检验更高分辨率的数据产品是否能更好地展现未来土地利用变化的景观细节。本书对比的土地利用数据为 0.25°×0.25° 的 LUH2 数据集和 5 弧分分辨率（约 9km）的 IMAGE3.0 土地覆盖数据集。图 3-9 展示了在青藏高原拉萨附近，分块并行 FLUS 模型模拟的 30m 土地利用分辨率数据与其他数据集的模拟细节对比。可以发现，LUH2 数据集仅仅只能用 9 个像元表达区域，而另一个作为对比的 IMAGE 3.0 数据集在表达如图 3-9 所示区域细节方面也显得比较粗糙，拉萨市的河流、城市斑块被包含在其他用地类型中。相比之下，本书的数据集不但可以清晰地表达林地、草地、建设用地、未利用地细致的分布，而且在 RCP2.6 的情景下，2015~2100 年城市发展，以及该情景下沿着雅鲁藏布江及其支流以及沿河的地势可能的新生的林地斑块和林地景观都表达得非常清晰。拉萨市周围有可能生成的城市飞地也被很好地模拟出来。

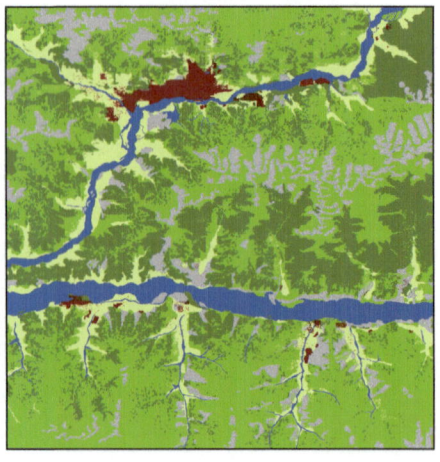

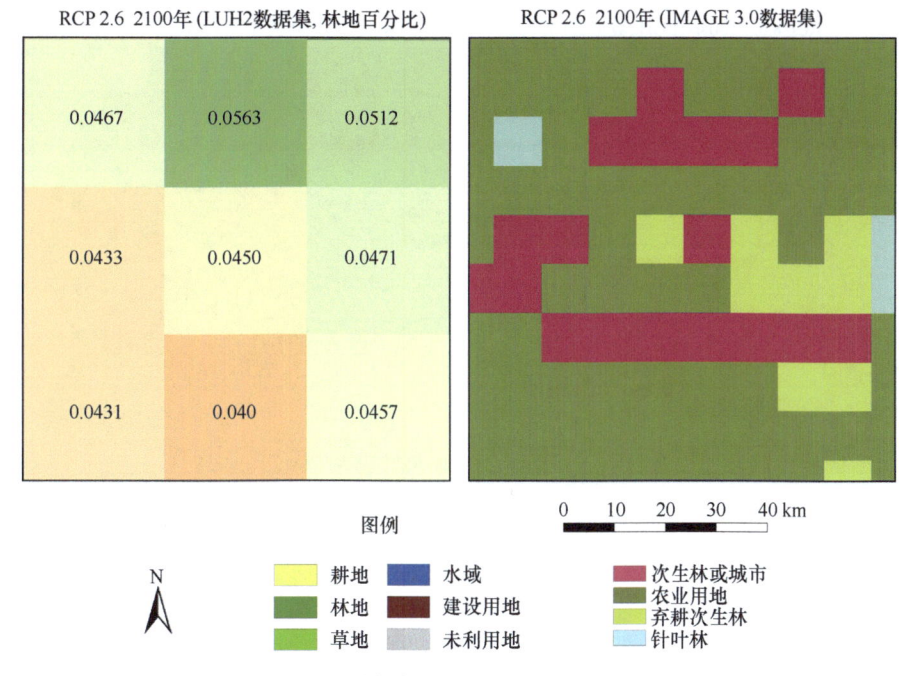

图 3-9 本书模拟结果与其他粗分辨率产品对比（青藏高原拉萨地区）

图 3-10 展示了 RCP8.5 情景下，2015~2100 年中国长江三角洲（简称长三角）城市群的城市增长。由于 IMAGE 3.0 数据集未提供 RCP8.5 情景下的土地覆盖数据，因此我们选用该模型中与 RCP8.5 最接近的 RCP6.0 情景排放路径下的土地数据与本书的模型进行对比。另外，LUH2 数据集中 RCP8.5 情景下的城市土地百分比网格数据也被选入此次对比当中。相比粗分辨率的数据产品，本书模拟的数据产品能更好地反映未来城市及城镇尺度的城市形态，如城市边缘的边界细节以及城市沿交通路网的扩张方向和趋势，以及大城市周围卫星城的发展；还能进一步更精确地估算城市扩张导致的农田损失。总而言之，本书模拟的中国 2100 年 30m 分辨率土地利用数据相比之前的粗分辨率模型，在表达局部尺度的斑块及景观分布和变化时，具有之前的模型及数据产品无法比拟的优势。

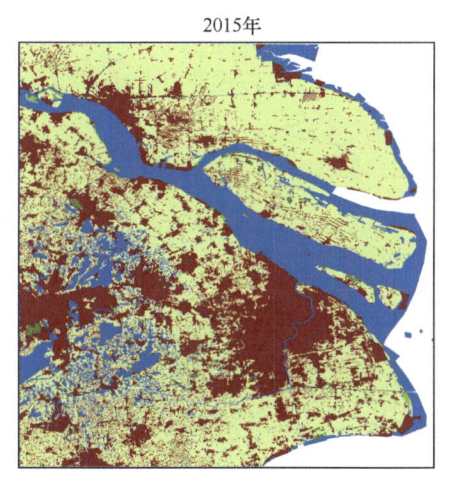

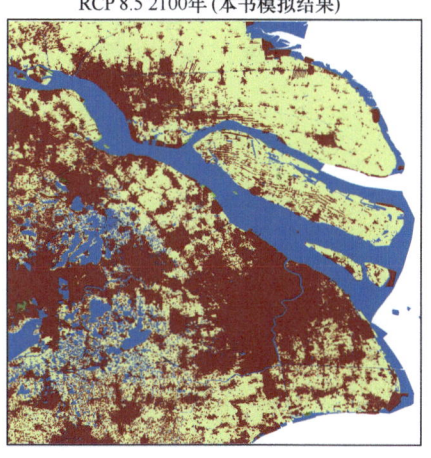

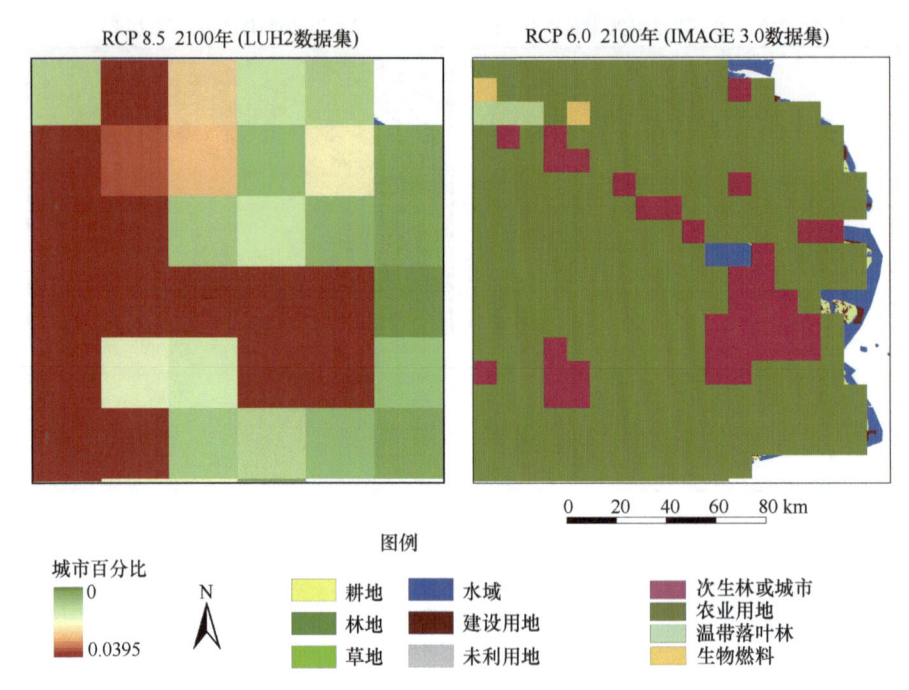

图 3-10 本书模拟结果与其他粗分辨率产品对比（长三角地区）各情景下耕地损失分析

最后，我们分析了中国 2100 年 4 个 RCPs 情景下的各县级行政边界内模拟的耕地变化（图 3-11）。因为 2013 年 12 月 23～24 日在北京举行的中央农村工作会议提出要坚守 18 亿亩耕地红线，确保粮食安全。因此，我们更加关注未来耕地损失的风险。在 RCP 2.6 情景下，华北平原、东北平原会因为城市扩张损失大量的耕地；湖南和湖北的西部也会有大量的耕地转化为林地。藏南地区也可能会观测到大面积的耕地被弃耕；而耕地增加的地方主要集中在内蒙古、河北北部、山西、陕西、甘肃南部、新疆北部等地区，以及中国的农牧交错带上。因此，在 RCP 2.6 情景下，中国的可耕区域逐渐由东南向西北移动。在 RCP 4.5 情景下，中国的耕地大量被弃耕，在全国范围内减少并主要退化为草地，减少趋势从南到北逐渐严峻，该情景下耕种线将由北向南移动。相反，在 RCP 6.0

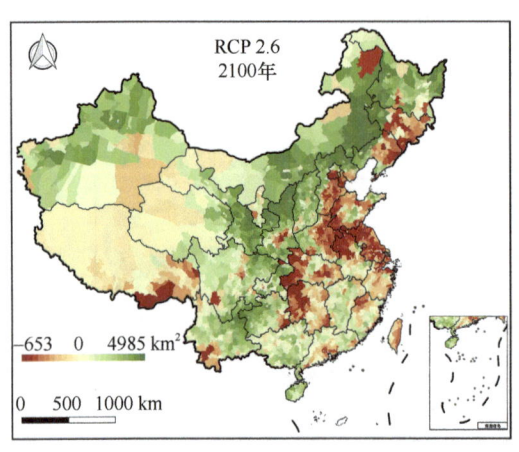

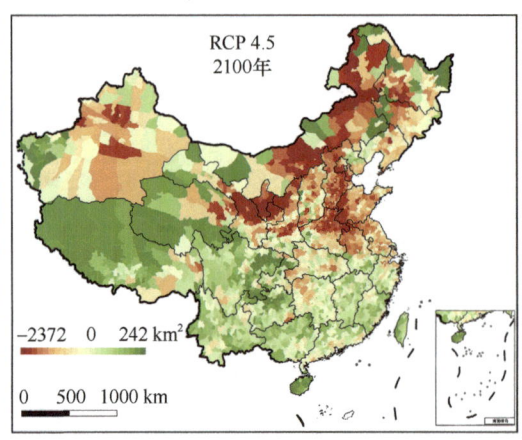

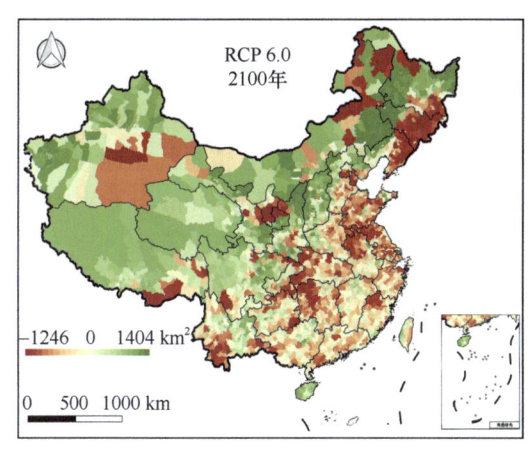

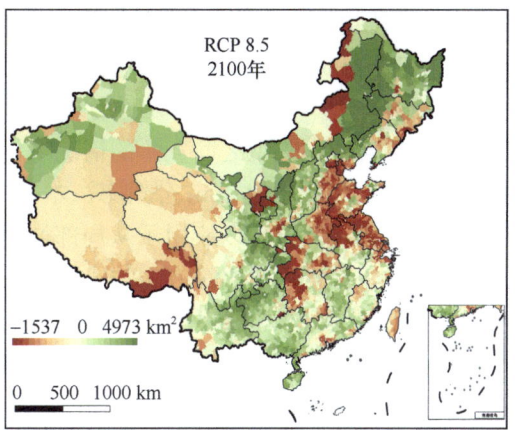

图 3-11 RCPs 情景下中国县级耕地损失分布

情景下，中国东南部和南部的耕地大量退化，辽宁、吉林的耕地损失也非常严重，因此农牧交错带将被开垦，所以这些地区的耕地呈增加趋势。RCP 8.5 情景下，耕地损失主要集中在华北、中国中部、宁夏和内蒙古北部。耕地增加主要集中在内蒙古东部、黄土高原以及中国的西南地区。这个情景下的耕地损失没有显现出明显的分布规律。

## 3.5 小　　结

本章基于第 2 章提出的耦合人类活动与自然效应的 FLUS 模型，对模型的数据读写与处理过程进行了优化，从计算能力方面提升了 FLUS 模型，使得 FLUS 模型拥有分块读写与计算并行两方面的能力，解决了改进之前的 FLUS 模型不能处理大数据量的土地利用变化模拟的不足，同时赋予模型在大尺度地区以较高分辨率（如 30m×30m）模拟土地利用景观格局变化的能力。本章评估了将模型并行后的运行速度，并行后的模型在人工神经网络预测过程中以及在土地利用变化的模拟过程中都将时间成本降低到原来的 1/6，显著地提升了 FLUS 模型的运行速度。

本书根据 IPCC 官方网站提供的未来社会经济人口数据和 LUH2 数据集提供的 RCPs 路径的 4 个情景的各类用地土地类型网格百分比数据，获取了与本书的 CLUD 分类系统对应的未来 RCPs 情景下的土地利用变化需求，并根据 2100 年的土地需求生产了 RCPs 路径的 4 个情景下的中国 30m 分辨率的土地利用变化模拟数据。该数据能很好地发现中国的土地利用热点地区在未来不同情景下的可能变化情况，如大兴安岭、华北平原、四川盆地、横断山脉以及阿尔泰山地区等。因此，该数据能较好地支持全国尺度的土地利用及相关生态、气候变化研究。不仅如此，该数据 30m 分辨率的优势使其同时也能支持城市或城镇尺度的土地利用景观变化研究，如城市的扩展斑块，以及城市周围或其他地区的农田、林地、草地斑块的变化等。我们还将本书生产的 30m 分辨率的模拟产品与其他分辨率的模拟产品进行对比，如 IMAGE 和 LUH2 数据集。本书产品能更细致地表现局部土地利用变化的特征，在更小的尺度上体现出景观变化在不同区域的异质性，因此具有其他数据集不具有的优势。此外，30m 分辨率的模拟结果允许我们可以在更小的局部尺度（如县级或街道级）统计全国范围内的重要用地类型（如耕地）的变化趋势，从而为国家政府和县级或街道级政府提供用地变化的预警信息。

总而言之，本书提出的分块并行的 FLUS 模型以较快的运行速度，在考虑多种因子的相互作用与土地类型之间竞争的情况下，将中国尺度的 4 个 RCPs 情景的土地利用变化需求降尺度到较高的 30m 分辨率。本书模拟的中国 RCPs 情景下的 30m 分辨率的土地利用变化模拟数据可以应用于从局部城镇尺度到区域尺度再到大陆尺度的城市动态、社会经济、生态景观变化等方面的研究当中。在全球气候变暖的大背景下，本书研究的模型和数据能对未来全国各个地区各种尺度的生态热点、敏感地区的土地利用变化进行预警；帮助各级政府部门在不同情景、不同尺度下把握土地利用空间格局的变化，为各级决策者合理地制定耕地保护、生态用地复垦以及未来可持续发展等方面的土地利用政策提供重要的参考和科学的支持。

## 参 考 文 献

樊军伟. 2013. 基于 GDAL 的 NetCDF 数据提取遥感影像数据信息的研究. 南昌: 东华理工大学.

何春阳, 史培军, 陈晋, 等. 2005. 基于系统动力学模型和元胞自动机模型的土地利用情景模型研究. 中国科学(D 辑: 地球科学), (5): 464-473.

胡树坚, 关庆锋, 龚君芳, 等. 2015. pGTIOL: GeoTIFF 数据并行 I/O 库. 地球信息科学学报, (5): 575-582.

胡友兵, 王秀庆, 阚光远, 等. 2017. 基于 GDAL 开源库的流域地貌特征提取. 水利信息化, (6): 41-45.

姜群鸥, 邓祥征, 柯新利, 等. 2014. RCPs 气候情景下珠江三角洲地区城市用地扩展的预测与模拟. 应用生态学报, 25(12): 3627-3636.

李丹, 黎夏, 刘小平, 等. 2012. GPU-CA 模型及大尺度土地利用变化模拟. 科学通报, (11): 959-969.

赵春宇. 2006. 高性能并行 GIS 中矢量空间数据存取与处理关键技术研究. 武汉: 武汉大学.

周浩, 雷国平, 杨雪昕, 等. 2017. RCPs 气候情景下三江平原典型流域耕地动态模拟. 农业机械学报, (10): 1-17.

周建鑫, 陈荦, 熊伟, 等. 2013. 地理栅格数据并行 I/O 的研究与实现. 地理信息世界, (6): 62-65.

Bouwman A F, Kram T, Klein Goldewijk K. 2006. Intergrated Modelling of Global Environmental Change: An Overview of IMAGE 2.4. Bilthoven, The Netherlands: Netherlands Envionmental Assessment Agency.

Dong N, You L, Cai W, et al. 2018. Land use projections in China under global socioeconomic and emission scenarios: utilizing a scenario-based land-use change assessment framework. Global Environmental Change, 50: 164-177.

Guan Q, Clarke K C. 2010. A general-purpose parallel raster processing programming library test application using a geographic cellular automata model. International Journal of Geographical Information Science, 24(5): 695-722.

Kuang W, Liu J, Dong J, et al. 2016. The rapid and massive urban and industrial land expansions in China between 1990 and 2010: a CLUD-based analysis of their trajectories, patterns, and drivers. Landscape and Urban Planning, 145: 21-33.

Li X, Chen G, Liu X, et al. 2017. A new global land-use and land-cover change product at a 1-km resolution for 2010 to 2100 based on human-environment interactions. Annals of the American Association of Geographers, 107(5): 1040-1059.

Li X, Yu L, Sohl T, et al. 2016. A cellular automata downscaling based 1 km global land use datasets (2010-2100). Science Bulletin, 61(21): 1651-1661.

Meiyappan P, Dalton M, O'Neill B C, et al. 2014. Spatial modeling of agricultural land use change at global scale. Ecological Modelling, 291: 152-174.

Pijanowski B C, Tayyebi A, Doucette J, et al. 2014. A big data urban growth simulation at a national scale: configuring the GIS and neural network based Land Transformation Model to run in a High Performance Computing (HPC) environment. Environmental Modelling & Software, 51: 250-268.

van Vuuren D P, Edmonds J, Kainuma M, et al. 2011. The representative concentration pathways: an overview. Climatic Change, 109(1-2): 5-31.

Yang J, Gong P, Fu R, et al. 2013. The role of satellite remote sensing in climate change studies. Nature Climate Change, 3(10): 875-883.

# 第4章 基于 SSPs 情景的未来全球城市扩张模拟

## 4.1 引　　言

城市用地仅占全球陆地面积的一小部分，但却生活着世界一半以上的人口（Flörke et al.，2018）。城市用地的扩张速度甚至超过了城市人口（Seto et al.，2010），其对生物多样性保护以及当地和全球气候系统中的水、碳、气溶胶和氮循环产生了深远的影响（McDonald et al.，2008；Seto and Shepherd，2009；Vitousek et al.，1997）。城市地区人为温室气体排放量占全球的 70%（Hopkins et al.，2016）。城市扩张导致当地 80%以上的自然栖息地丧失（Ke et al.，2018）。因此，正确理解未来城市用地将如何变化，对于缓解人类社会可持续发展等社会和环境问题至关重要。

探讨未来城市用地空间格局变化的不同可能性需要建立能够代表未来社会经济和环境条件的相应情景。最近发布的共享社会经济路径（SSPs）情景框架，从政策假设和社会经济角度描述了在未来一个世纪，全球社会、人口统计和经济将如何发生变化（如能源需求和供应以及技术变化）（Kriegler et al.，2014；Riahi et al.，2017）。SSPs 情景框架的出现使得不同研究者之间进行统一的、可比较的多情景城市模拟成为可能。

同时，SSPs 框架也是正在进行的 IPCC 全球气候变化评估的一个重要组成部分（O'Neill et al.，2016；van Vuuren et al.，2014）。尽管最近的一些研究已经在 SSPs 情景下开展了区域尺度的城市用地的研究（Zhang et al.，2017），但在全球尺度上的相关研究仍然稀缺。目前，基于 SSPs 情景的全球尺度城市用地研究或只预测城市用地面积，缺乏空间格局细节（Popp et al.，2017），或只使用 0.25°的粗糙空间分辨率（Hurtt et al.，2020），无法提供城市研究所需要的精细空间格局细节，也给相关环境影响评估带来不确定性（Verburg et al.，2006）。

因此，本章将基于 SSPs 情景开展未来全球城市用地需求量的预测，并采用 FLUS 模型进行城市扩张的空间模拟。该模型能在使用机器学习的方法来捕捉城市用地扩张与其驱动因素之间复杂关系的基础上，利用 CA 的机制（Liu et al.，2017；Yeh and Li，2003；Güneralp and Seto，2013），反映真实的城市用地扩张过程中的路径依赖和正反馈等复杂性（Brown et al.，2005）。最终，生产出一套 SSPs 情景下的 2015~2100 年全球 1 km 分辨率的城市用地数据集。

## 4.2 研 究 方 法

如图 4-1 所示,本章将基于 SSPs 情景开展 1 km 分辨率的未来全球城市扩张模拟。首先,利用面板数据回归模型,构建历史上城市用地面积与人口、城市化率(城市人口占总人口的百分比)和国内生产总值(GDP)等社会经济要素之间的相互关系。然后,基于 SSPs 官方数据库提供的未来人口、城市化率和 GDP 数据,将建立好的面板数据回归模型应用于每个情景的未来城市用地需求量预测。1975 年、1990 年、2000 年和 2014 年的历史城市用地面积是从全球人类居住层(GHSL)数据集获得的。人口、城市化率和 GDP 的同期统计数据来自世界银行和联合国。然后,基于 SSPs 官方数据库提供的未来人口、城市化率和 GDP 数据,将建立好的面板数据回归模型应用于每个情景的未来城市用地面积预测。

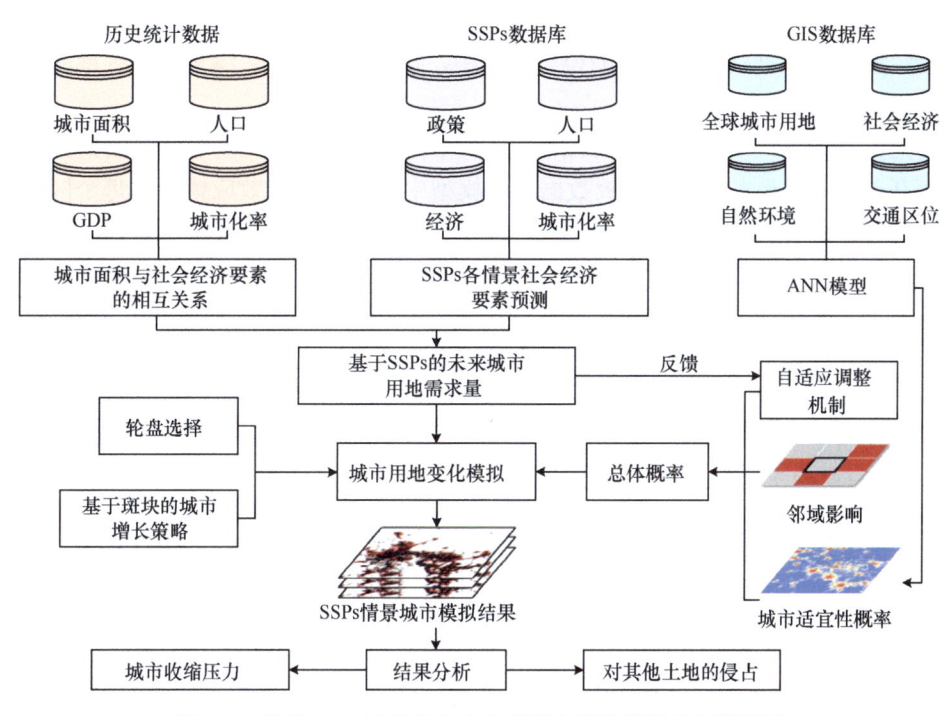

图 4-1 基于 SSPs 情景的未来全球城市扩张模拟技术流程图

接着,利用 FLUS-global 模型模拟城市用地扩张的空间分布。该模型采用 ANN 通过一组考虑了社会经济、自然环境等不同驱动力的空间驱动因子(如人口、GDP、距市中心的距离、距道路网络的距离、距机场的距离、海拔、坡度和水资源条件)来估计城市发展潜力(适宜性概率)。未来城市扩张的空间模拟模块则是在适宜性概率和城市用地需求量的共同约束下基于 CA 的原理进行的。为了保持现实中城市用地的尺度特性,本书在用 FLUS-global 模型模拟城市扩张时加入了基于斑块的城市增长策略,同时,加入这一模拟策略也丰富了城市用地模拟的机理。鉴于不同国家和地区经济发展状况和地理环境的差异性,本书遵循 SSPs 数据库中的区域定义,根据地理位置和收入水平(即高收入、中等收入和低收入水平）的条件，将全球划分为 32 个宏观区域，上述所有城市用地需求量预测及城市用地的空间模拟过程都将在全球 32 个分区中独立进行。

## 4.2.1 基于面板数据回归的未来城市用地需求量预测

由于 SSPs 官方数据库中 SSPs 情景下的城市用地需求的数据存在缺陷，或是数据缺失或是城市用地需求保持不变，因此必须在开展 SSPs 情景的城市扩张模拟之前，首先对不同情景下的未来城市用地需求进行估算。以往的研究已经证明，城市用地的面积与 GDP 和城市人口呈正相关（Seto et al.，2011）。SSPs 官方数据库中提供了 SSPs 情景下的未来人口、GDP 和城市化的预测数据，可以以此为依据，估算出不同情景下相应的未来城市用地需求量。因此，本书首先使用面板数据回归，根据历史数据来对每个区域的城市用地面积与主要社会经济因素（本书中主要考虑人口、人均 GDP 和人口城市化率等因素）之间的相关关系在宏观区域一级进行建模，然后将 SSPs 官方数据库提供的未来社会经济预测数据代入建立好的模型关系中，得到不同 SSPs 情景下各区域的未来城市用地需求量。

考虑到不同区域所处的发展阶段不同，城市需求量与社会经济要素之间的关系在区域间存在差异，因此本书采用面板数据回归模型中的个体固定效应模型对每个区域的城市用地面积与主要社会经济因素之间的相关关系进行建模，并在模型中引入区域虚拟变量来反映不可观测的重要确定性解释变量。从时间和个体的角度上看，个体固定效应模型对于不同的个体（即全球各个区域）只有截距项不同，影响被解释变量（城市用地需求量）的所有确定性变量的效应只是随个体变化而不随时间变化。具体来说，本书中面板数据回归模型的公式如下所示：

$$\text{CA}'_{r,t} = \beta_0 + \beta_1 \times \text{GDPC}_{r,t} + \beta_2 \times \text{PU}_{r,t} + \sum_{i=2}^{N} \alpha_i \times Z_{r,i} + \varepsilon_{r,t} \qquad r = 1,\cdots,N \qquad (4\text{-}1)$$

式中，$\text{CA}'_{r,t}$ 为 $t$ 年份 $r$ 区域的人均城市用地面积的需求量；$\text{GDPC}_{r,t}$ 为 $t$ 年份 $r$ 区域的人均 GDP；$\text{PU}_{r,t}$ 为 $t$ 年份 $r$ 区域的城市人口的比例；$\beta_0$ 为常数（截距），各区域的 $\beta_0$ 值不同；$\beta_1$ 和 $\beta_2$ 分别为 $\text{GDPC}_{r,t}$ 和 $\text{PU}_{r,t}$ 的系数；$\alpha_i$ 为虚拟变量 $Z_{r,i}$ 的系数；$\varepsilon_{r,t}$ 为误差项；$N$ 为区域的数量。进一步地，$\text{GDPC}_{r,t}$ 可由式（4-2）计算：

$$\text{GDPC}_{r,t} = \frac{\text{GDP}_{r,t}}{\text{POP}_{r,t}} \qquad (4\text{-}2)$$

式中，$\text{GDP}_{r,t}$ 为 $t$ 年份 $r$ 区域的 GDP；$\text{POP}_{r,t}$ 为 $t$ 年份 $r$ 区域的人口数量。因而，在利用面板数据回归构建好人均城市面积与各社会经济要素的关系模型后，每个区域的城市用地需求量可以用式（4-3）求得：

$$A'_{r,t} = \text{CA}'_{r,t} \times \text{POP}_{r,t} \qquad (4\text{-}3)$$

式中，$A'_{r,t}$ 为 $t$ 年份 $r$ 区域的城市用地面积的需求量。结合式（4-1）～式（4-3）可以得知，只需要知道 $\text{GDP}_{r,t}$、$\text{POP}_{r,t}$ 和 $\text{PU}_{r,t}$ 就可以计算出城市用地面积的需求量 $A'_{r,t}$。它们

的历史数据可以从统计数据中获得,而 SSPs 官方数据库则提供了它们在未来 SSPs 情景下的预测数据,因此可以计算出不同区域不同年份的城市用地面积的预测量。

由于 SSPs 数据库提供了 2010~2100 年的社会经济数据,因此可以利用这些数据,通过建立好面板数据回归模型估算出 2010~2100 年城市用地需求量 $A'_{r,t}$。但是,这个 $A'_{r,t}$ 会与 2010 年的实际观测值存在偏差,因此在将其应用于模拟之前,需要进一步调整 $A'_{r,t}$。调整公式如下:

$$\Delta A'_{r,t} = \frac{A'_{r,t}}{A'_{r,t-1}} \tag{4-4}$$

$$A_{r,t} = A_{r,t-1} \times A'_{r,t} \tag{4-5}$$

式中,$A_{r,t}$ 为可供模拟时使用的 $t$ 时刻 $r$ 区域的城市用地面积的需求量;$\Delta A'_{r,t}$ 为 $(t-1)$~$t$ 时刻使用面板数据模型估算的区域 $r$ 的城市用地需求量的变化率。实际观测的城市面积采用重采样到 1 km 分辨率的欧洲航天局气候变化倡议(ESA-CCI)全球土地覆盖数据集,该数据集涵盖了 1992~2015 年逐年的土地数据,其中,2015 年的数据也将作为后续城市用地空间模拟时的初始年份土地数据。

为确保全球城市用地需求量预测建模的有效性、准确性和权威性,在选择所使用的数据时均采用了权威机构所发布的数据,这些数据涵盖了历史数据和未来预测数据。

在历史数据方面,GDP 数据来自世界银行的国际比较计划数据库(International Comparison Program Database)。该数据于 2018 年 9 月从世界银行的官方网站上获取。该数据以 2010 年的美元不变价记录了 1960~2017 年世界各国的 GDP,需要按照 32 个区域的定义,将区域内各个国家的 GDP 合并成区域的总 GDP。

历史人口和历史人口城市化率的数据来自联合国《2018 年世界城市化展望》报告(United Nations et al.,2019),该报告由联合国经济和社会事务部人口司出版。该报告自 1988 年以来定期印发,其中记录了 1950~2050 年逐年份对世界所有国家的城市和农村人口的历史订正数据和预测数据。该数据于 2018 年 9 月获取。本书选取其中的历史人口和历史人口城市化率数据,用于城市用地需求量预测的建模。同样地,需要按照 32 个区域的定义,将区域内各个国家的人口和人口城市化率合并成区域的总人口和总人口城市化率。

历史城市面积数据来自欧盟委员会联合研究中心生产的全球人类居住层(Global Human Settlement Layer,GHSL)多年份建成区土地数据集(Pesaresi et al.,2016)。该数据集的空间分辨率为 38m,包含 1975 年、1990 年、2000 年和 2014 年共 4 个历史年份。该数据集使用 Landsat、SRTM 和 ASTER-GDEM 等多个不同来源的卫星遥感数据,通过机器学习算法进行土地分类而获得,总体精度达到 90.0%,具有较高的可靠性。40 年的时间跨度使其能获取更长时间上的城市用地变化轨迹,有利于在城市需求量的历史建模中提取更可靠的城市需求量与社会经济要素之间的关系。通过对该数据进行分区面积统计,可以获得全球 32 个区域的准确的历史城市用地面积,用于基于面板数据回归的城市需求量预测建模。

在未来预测数据方面,未来的 GDP、人口和人口城市化率的预测数据来自 SSPs

官方数据库，共包含 5 个 SSPs 情景的预测数据。其中，GDP 和人口预测数据由国际应用系统分析研究所（International Institute for Applied Systems Analysis，IIASA）计算和提供，人口城市化率预测数据由美国国家大气研究中心（National Center for Atmospheric Research，NCAR）计算和提供。这些数据已经过 SSPs 官方数据库统一整理，全球分为 32 个区域，2010~2100 年，每 10 年提供一个预测值。图 4-2~图 4-4 分别展示了 SSPs 官方数据库提供的 2010~2100 年各 SSPs 情景下全球人口数量、GDP 总量和人口城市化率的预测数据。从图 4-2~图 4-4 中可以看出，SSP3 情景下全球人口增长最多，SSP2 和 SSP4 情景的全球人口数量居中且较为接近，SSP1 和 SSP5 情景的全球人口数量较少且较为接近，在 21 世纪下半叶有明显的减少。在全球 GDP 总量方面，SSP5 情景下最高且增长迅速，SSP1 和 SSP2 居中，在 SSP3 和 SSP4 情景下发展缓慢。而在全球人口城市化率方面，SSP1、SSP4 和 SSP5 三个情景的整体发展趋势较为接近，到 2100 年城市化率达到 91%~93%，SSP2 情景居中，达到 79.8%，SSP3 情景下城市化速度缓慢，城市化率仅达到 58.4%。

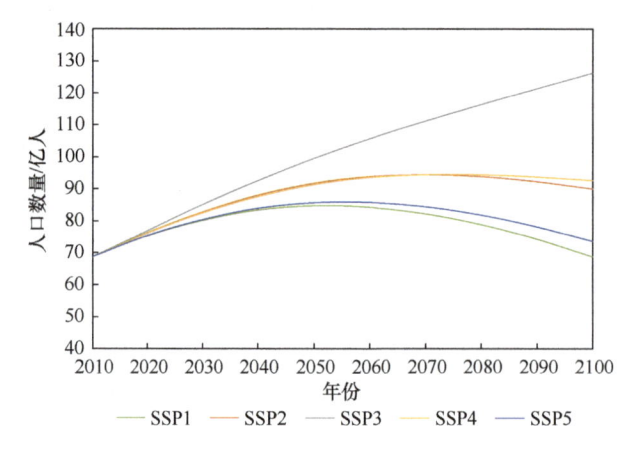

图 4-2　各 SSPs 情景全球人口数量变化情况（2010~2100 年）

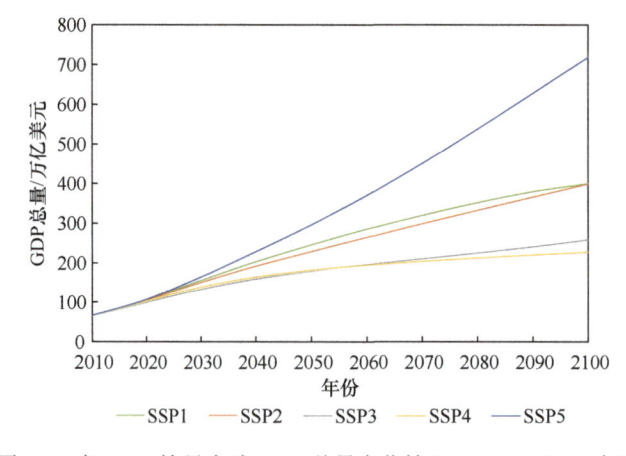

图 4-3　各 SSPs 情景全球 GDP 总量变化情况（2010~2100 年）

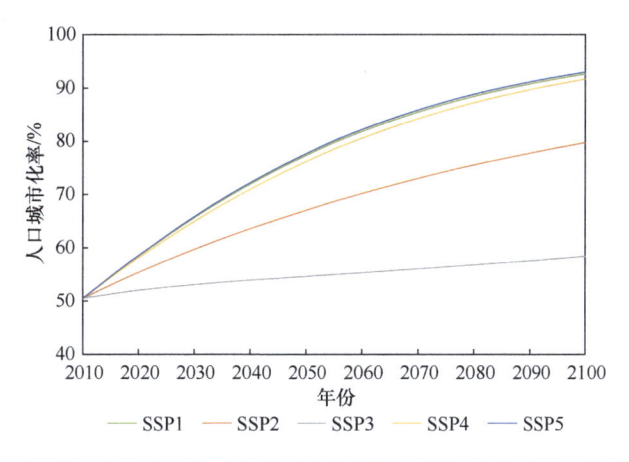

图 4-4 各 SSPs 情景全球人口城市化率变化情况（2010～2100 年）

## 4.2.2 基于 FLUS-global 模型的城市用地变化模拟

本节基于 FLUS-global 模型框架进行 SSPs 情景下 1 km 分辨率的未来全球城市用地扩张模拟。FLUS 模型是公认的、优秀的、能有效进行全球尺度土地利用模拟的 CA 模型（Li et al.，2017）。它还能与宏观预测模型一起，实现"自顶向下"的宏观控制与"自底向上"的空间动态模拟的有机结合，完成多情景目标的土地利用模拟。关于 FLUS 模型的原理、特点和优势在第 2 章中已有详细介绍，本章不再赘述。本章的全球城市扩张模拟以 1 km 的分辨率进行，与第六次国际耦合模式比较计划（Coupled Model Intercomparison Project Phase 6，CMIP6）的研究时段相对应，时间跨度为 2015～2100 年，以 10 年为间隔输出模拟结果。初始年份的土地数据采用重采样到 1 km 分辨率的 2015 年 ESA-CCI 全球土地覆盖数据，采用 WGS_1984_Cylindrical_Equal_Area 等积投影，确保每个栅格对应的地表实际面积均为 1 km$^2$，且便于在模拟过程中通过此前计算得到的城市用地需求量进行目标约束。本书在模拟城市用地的变化时采用以下几个假设：首先，从非城市用地到城市用地的转换是不可逆的，因此不允许从城市用地恢复为非城市用地。其次，对于任何区域，如果估计的城市用地需求量小于已建成的城市用地面积，则该区域不进行土地利用变化的模拟。最后，空间驱动因子在城市用地扩张的未来预测中保持不变。

下面针对本章全球城市扩张模拟建模的细节、所用数据和为适应本书需求而在 FLUS-global 模型中做出的调整进行介绍。

**1. 适宜性概率的估算及其所用的数据**

适宜性概率的准确估算是确保 FLUS 模型有效执行的关键。FLUS 模型采用 ANN 进行各区域城市用地适宜性概率的训练和估算。城市用地的适宜性概率是由一系列空间驱动因子所反映的不同地理位置上的城市发展潜力，因此需要选择合适的与城市用地变化相关的空间驱动因子输入 ANN 中，以驱动适宜性概率的训练和估算。参考已有的土地模拟研究，本章选择了一系列合适的空间驱动因子以驱动 ANN 的训练和估算，如反映社会经济要素的 GDP、人口、城镇中心、道路、机场等空间驱动因子，以及反映自然环境条件的地形、坡度、水陆距离等空间驱动因子。本章所使用的空间驱动因子如表 4-1 所示,所有空间驱动因子在输入 ANN 之前都将被重采样到 1 km 分辨率。

表 4-1　本章所使用的全球城市扩张模拟空间驱动因子

| 空间驱动因子 | 年份 | 分辨率 | 数据来源 |
| --- | --- | --- | --- |
| 人口 | 2010 | 0.5′ | LandScan 2010 Global Population Project |
| GDP | 2006 | 1 km | Ghosh et al.,2010 |
| 人类影响指数 | 2004 | 0.5′ | NASA Socioeconomic Data and Applications Center, Global Human Influence Index, v2 |
| DEM | 2000 | 0.5′ | Hijmans et al.,2005 |
| 坡度 | 2000 | 0.5′ | Retrieved from DEM |
| 到城镇的距离(人口>3 万人) | 2014 | 1 km | United Nations, Department of Economic and Social Affairs, Population Division(2014) |
| 到主要道路的距离<br>到一般道路的距离 | 1980~2010 | 1 km | NASA, Socioeconomic Data and Applications Center, Global Roads Open Access Data Set(gROADS),v1 |
| 到机场的距离 | 2010 | 1 km | Huang et al.,2013 |
| 到河流与湖泊的距离<br>到海边的距离 | 2015<br>2015 | 1 km<br>1 km | ESA, Climate Research Data Package, CCI-LC maps, v2.0.7 |

这些空间驱动因子可以分为两大类:社会经济驱动因子和地形条件驱动因子。其中,社会经济驱动因子包括全球人口空间分布、全球 GDP 空间分布、全球城市中心空间分布、全球道路、全球机场分布和人类影响指数。地形条件驱动因子包括 DEM、坡度、到河流的距离和到海岸线的距离。

本章将对 32 个分区分别单独训练和估算城市用地的适宜性概率。为了避免出现过拟合的问题,训练人工神经网络时所采集的训练样本数量只占该区域栅格总数的 10%,每个区域内城市用地与非城市用地将平均分配样本数进行采样,在后续的精度验证中将从该区域重新采集样本验证人工神经网络估算结果的准确性。在训练过程中,样本的 2/3 放入人工神经网络进行训练,分别启动人工神经网络训练 5 次,每次训练完成用剩下的 1/3 样本计算均方根误差(RMSE)来对训练效果进行评判,选取 5 次训练中 RMSE 最小的一次作为最终采用的该区域人工神经网络训练的结果,即后续城市扩张模拟所使用的适宜性概率。

**2. 基于斑块的城市增长策略**

"位序–规模"分布法则(也称"Zipf 法则")在城市地理研究中有着重要的地位,并被广泛讨论。研究者们先是发现了区域内各城市的人口分布遵循"位序–规模"法则(Rozenfeld et al.,2008)。后来,他们又进一步在世界范围内(Jiang et al.,2015)以及城市内部尺度(Fragkias and Seto,2009)的城市用地分布中发现了城市斑块的分布也遵循"位序–规模"法则,其表现为城市用地斑块中的小斑块总是比大斑块多得多的特征(Jiang,2015)。对"位序–规模"分布指数($\lambda$)的估计,通常是在对数散点图上进行线性回归而获得的,回归线的斜率就是该指数的估计值(Fragkias and Seto,2009)。而且,Fragkias 和 Seto(2009)的研究通过对斑块位序和斑块大小取对数进行比较发现,其"位序–规模"的分布特征不随时间的推移和城市的增长而发生改变。这一研究结果表明,城市用地斑块存在着"强者愈强"效益,即面积较大的斑块往往比面积较小的斑块以更快的速度增长，因此可以在不同时期维持这种"位序–规模"分布。不少研究结果也表明，在城市模拟当中考虑"位序–规模"法则可以改善模型的表现（Benguigui and Blumenfeld- Lieberthal，2007；Mansury and Gulyás，2007；Chen et al.，2014）。因此，为了表现城市用地变化过程中存在的这种效应，以及保留实际中城市用地斑块的分布特征，在 FLUS-global 模型中加入了一个基于斑块的城市增长策略，以增加大型城市斑块的发展潜力，并将其应用于全球城市模拟。

基于斑块的城市增长策略的核心是，大城市通常拥有更多的资源，从而使它们具有更大的竞争力和发展潜力，因此大的城市斑块比小的城市斑块具有更大的发展可能性。也就是说，如果某个非城市类型的栅格位于一个大的城市斑块附近，它的转换概率（TP）就会增加，且这个城市斑块越大，这个非城市栅格的转换概率就会增加越多（表示为 $TP_{patch}$）。因此，在 FLUS-global 模型中加入一个斑块指数来实现该策略。在每次迭代开始之前，模型将计算模拟区域内所有城市斑块的面积大小的分布。当迭代窗口扫描到某一栅格时，模型将在其附近搜索城市栅格并计算搜索到的城市栅格所在的斑块的大小。当该迭代栅格附近的城市斑块相对较大时，它的斑块指数也较大，从而反映出大城市和大斑块对城市增长的增强作用。这个斑块指数可以用式（4-6）来定义：

$$PI_{i,U}^{t} = \begin{cases} 1 + \dfrac{\lg(Patch_{i,U}^{t,\max})}{\lg(Patch^{t,ave} + n \cdot Patch^{t,std})}, & \dfrac{\lg(Patch_{i,U}^{t,\max})}{\lg(Patch^{t,ave} + n \cdot Patch^{t,std})} \leqslant 1 \\ 2, & \dfrac{\lg(Patch_{i,U}^{t,\max})}{\lg(Patch^{t,ave} + n \cdot Patch^{t,std})} > 1 \end{cases} \quad (4\text{-}6)$$

式中，$PI_{i,U}^{t}$ 为 $t$ 时刻栅格 $i$ 上城市用地的斑块指数；$Patch_{i,U}^{t,\max}$ 为 $t$ 时刻出现在栅格 $i$ 附近的城市栅格所对应的所有城市斑块中，最大城市斑块（$U$）的面积；$Patch^{t,ave}$ 为在 $t$ 时刻当前模拟区域内所有城市斑块的平均面积；$Patch^{t,std}$ 为在 $t$ 时刻当前模拟区域内所有城市斑块面积的标准差；$n$ 为调整因子，本书中设置为 2。通过这个调整因子，可以减少某些极端值对整体的影响。因此，在基于斑块的城市增长策略中，原有的 FLUS 模型中的城市用地转换概率 $TP_{i,U}^{t}$ 将乘以 $PI_{i,U}^{t}$，调整为新的基于斑块策略的城市用地转换概率 $TP_{patch_{i,U}^{t}}$。

然后，使用基于斑块策略的城市用地转换概率，按照以下步骤在 FLUS 模型中模拟从非城市用地到城市用地的转化（即轮盘选择）：第一，随机选择一个非城市栅格，并将其调整后的转换概率 $TP_{patch}$ 与随机生成的[0, 1]随机值进行对比；第二，如果 $TP_{patch}$ 大于随机值，则将此非城市栅格转换为城市栅格，否则，栅格类型保持不变；第三，重复第一步和第二步，直到模拟的城市用地扩张满足城市用地需求量。

### 4.2.3 城市收缩压力的评估方法

由于未来预测人口的减少，一些区域在部分 SSPs 情景的部分时间段中会出现城市用地需求量的明显下降。然而，本书在模型假设中规定，土地类型从非城市用地转为城市用地的过程是不可逆转的，即不允许城市用地转为非城市用地。因此，对于某一区域，如果其估算的城市用地需求量小于其已建成城市的总面积，则该区域不模拟城市用地的变化，现有城市用地的空间范围也保持不变。然而，城市用地需求量是结合了人口、GDP和城市化率等社会经济指标的综合体现，它反映了一个地区城市发展的整体状态与活力，尽管本书不对城市用地需求量少于已建成城市用地的面积的情况进行空间模拟，但城市用地需求的减少往往会伴随着建筑物空置、基础设施闲置乃至街道破败的景象（Banzhaf et al., 2009；李智和龙瀛，2018）。城市地理研究中把这种以人口减少为核心特征，伴随街道、社区景观品质下降甚至破败的现象称为城市收缩，本书试图利用城市用地需求量来评估各个区域可能面临的城市收缩压力。具体评估方法是，对于城市用地需求下降的地区，城市收缩压力可以表示为城市用地的剩余面积（即相对于城市用地需求而言，不必要的城市用地）占现有城市用地面积的百分比，范围为0%～100%，可以用式（4-7）表达：

$$PS_{r,t} = \frac{EA_{r,t} - A_{r,t}}{EA_{r,t}} \times 100\% \tag{4-7}$$

式中，$PS_{r,t}$为$t$时刻区域$r$面临的城市收缩压力；$A_{r,t}$为$t$时刻区域$r$的城市用地需求量；$EA_{r,t}$为$t$时刻区域$r$实际已建成的城市用地面积。

## 4.3　城市需求量预测结果

表4-2展示了本章针对人均城市用地需求而进行的面板数据回归所得到的各区域各社会经济要素的系数及其不确定性。结果显示，在$t$检验中，各区域所得系数均在99%的置信水平上显著有效。其中，利用面板数据回归模型提供的各系数拟合结果的标准差，可以进一步估算本书所得到的各SSPs情景下未来城市用地需求量的不确定性。

表4-2　针对人均城市用地需求的面板数据回归结果

|  | 拟合值 | 标准差 | $t$值 | Pr（>$|t|$） |
| --- | --- | --- | --- | --- |
| $\beta_1$（GDPC）/（美元/人） | 0.0006 | 0.00 | 2.96 | <0.005 |
| $\beta_2$（PU）/% | 0.9154 | 0.24 | 3.84 | <0.001 |
| $\beta_0$（截距） |  |  |  |  |
| ANUZ | 182.80 | 20.99 | 8.71 | <0.001 |
| BRA | 32.90 | 12.16 | −12.33 | <0.001 |
| CAN | 101.23 | 11.69 | −6.98 | <0.001 |
| CAS | 54.70 | 15.46 | −8.28 | <0.001 |
| CHN | 40.60 | 16.39 | −8.68 | <0.001 |
| EEU | 28.20 | 14.92 | −10.36 | <0.001 |
| EEU-FSU | 48.70 | 13.44 | −9.98 | <0.001 |
| EFTA | −21.70 | 12.59 | −16.24 | <0.001 |
| EU12-H | 39.10 | 12.75 | −11.27 | <0.001 |

续表

|  | 拟合值 | 标准差 | $t$ 值 | Pr（>$|t|$） |
| --- | --- | --- | --- | --- |
| EU12-M | 14.50 | 13.95 | −12.06 | <0.001 |
| EU15 | 38.20 | 11.85 | −12.20 | <0.001 |
| IDN | 96.84 | 15.99 | −5.38 | <0.001 |
| IND | 28.20 | 17.54 | −8.82 | <0.001 |
| JPN | 84.64 | 11.61 | −8.46 | <0.001 |
| KOR | 18.80 | 12.08 | −13.58 | <0.001 |
| LAM-L | 14.70 | 14.73 | −11.41 | <0.001 |
| LAM-M | 19.40 | 12.28 | −13.31 | <0.001 |
| MEA-H | 54.90 | 11.71 | −10.92 | <0.001 |
| MEA-M | 19.20 | 13.48 | −12.14 | <0.001 |
| MEX | 35.80 | 12.23 | −12.02 | <0.001 |
| NAF | 55.80 | 14.25 | −8.91 | <0.001 |
| OAS-CPA | 64.50 | 18.26 | −6.48 | <0.001 |
| OAS-L | 33.20 | 17.36 | −8.62 | <0.001 |
| OAS-M | 45.10 | 15.71 | −8.76 | <0.001 |
| PAK | 28.50 | 16.79 | −9.19 | <0.001 |
| RUS | 41.90 | 13.05 | −10.80 | <0.001 |
| SAF | 103.21 | 13.49 | −5.90 | <0.001 |
| SSA-L | 28.30 | 17.45 | −8.86 | <0.001 |
| SSA-M | 47.40 | 15.50 | −8.74 | <0.001 |
| TUR | 15.00 | 13.06 | −12.85 | <0.001 |
| USA | 136.71 | 11.89 | −3.88 | <0.001 |

GDPC 为人均 GDP；Pr 为显著性水平。

注：区域名称和首字母缩写遵循 SSPs 官方数据库。

图 4-5 展示了 SSPs 情景下 2010~2100 年全球和三个具有代表性的宏观区域的城市用地需求量预测结果。取前述面板数据回归模型得到的各系数正负 2 个标准差，计算得到本书预测的城市用地需求量的 95%置信区间，在图 4-5 中用阴影部分表示。从图 4-5 中不难看出，在五种情景下，未来城市发展的预测路径存在很大差异 [图 4-5（a）]。在 SSP5 情景下会出现城市用地需求量单调增长的趋势和最大的城市用地需求量，这也与 SSP5 情景设定中基于化石能源的发展道路带来的经济繁荣相对应。SSP2 和 SSP3 情景中城市用地需求量的变化趋势与 SSP5 情景中的相似，但是城市需求量面积相对 SSP5 中要小得多。而 SSP1 和 SSP4 情景，分别在 21 世纪 80 年代和 70 年代出现一个转折点，此后，由于预计社会经济增长放缓叠加人口的减少，预测的城市用地需求量也将随之下降。

从图 4-5 中还可以发现，不同宏观区域的城市用地需求量预测存在较大差异。本书选取中国、美国和拉丁美洲低收入国家（LAM-L）三个具有代表性的宏观区域，展示它们未来的独特发展路径 [图 4-5（b）~图 4-5（d）]。对于中国这个目前世界上人口最多的发展中国家来说，其城市用地需求量预计将在 21 世纪 40 年代或 50 年代前迅速增长，此后在所有 SSPs 情景下都将急剧下降。对于美国而言，未来城市发展在不同情景下有着不

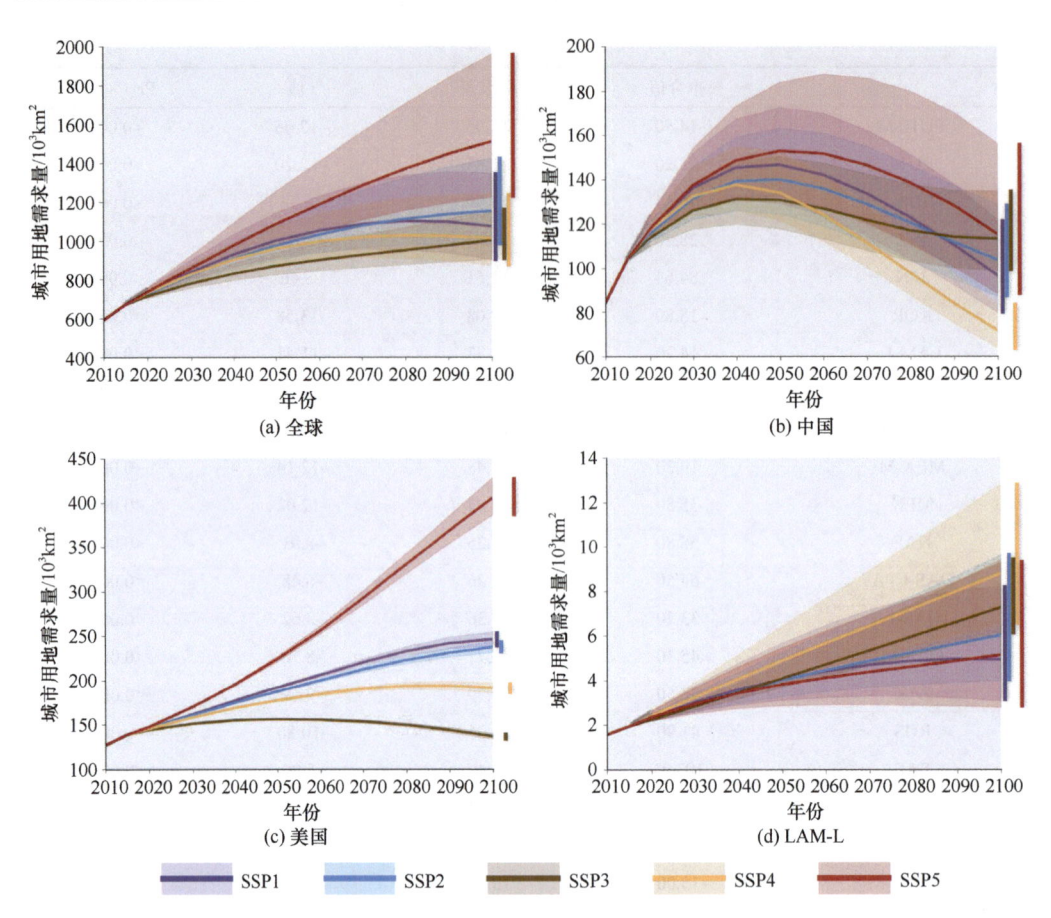

图 4-5 SSPs 情景下 2010~2100 年全球和三个具有代表性的宏观区域的城市用地需求量预测结果

阴影区域表示预测的城市用地需求量的 95%置信区间

同的路径,其中,在 SSP1、SSP2 和 SSP5 情景中持续保持城市用地需求量的上升趋势,而在 SSP3 和 SSP4 情景下则分别预测城市用地需求量在 21 世纪 50 年代和 80 年代后出现下降趋势。然而,与中国和美国观察到的城市发展轨迹相比,LAM-L 的未来城市发展轨迹有着明显的差别。对于 LAM-L 而言,其在 SSP3 和 SSP4 情景下的城市用地需求量最大,且呈线性增长趋势,而在 SSP1 和 SSP5 情景下其城市用地需求量最小。这体现了 SSPs 情景在情景设定上的区别,即中、高收入的国家在 SSP1 和 SSP5 情景下能得到更好的发展,包括经济发展迅速、人口规模也相对于在其他情景中更大。而低收入国家的情况恰恰相反,它们在 SSP1 和 SSP5 情景中人口相对较少,但在 SSP3 和 SSP4 情景中人口增长最多,尽管在后两个情景中,低收入国家将面临相比同情景下的中、高收入国家更加糟糕的经济发展状况,但巨大的人口增量使其在这两个情景中的城市用地需求量更大。另外,在不确定性方面,在 95%的置信水平上,中国和美国在 SSP5 情景中城市用地需求量预测的不确定性最大,而 LAM-L 在 SSP4 情景中观察到的不确定性最大。

除了分析国家和地区尺度的城市扩张以外,本书进一步以纽约、伦敦和长三角这三个典型国际大都市区为例,分析了城市群尺度的城市扩张趋势,如图 4-6 所示。尽管这三个大都市区位于不同发展阶段的国家和地区之中,但它们有着相似的城市扩张趋势:

到 2100 年，城市用地面积在 SSP5 中最大，随后依次是 SSP1、SSP2、SSP4 和 SSP3。其不同之处在于，SSP2 中纽约和伦敦的城市扩张趋势更接近于 SSP1 中的城市扩张趋势，而 SSP2 中长三角的趋势则更接近于 SSP4 中的城市扩张趋势。此外，如表 4-3 所示，除了在 SSP5 情景下，发达国家中的城市扩张速度明显快于所在国家或地区的平均水平。因此，快速的城市扩张可能会进一步增加这些人口密集大都市区的环境和资源压力。

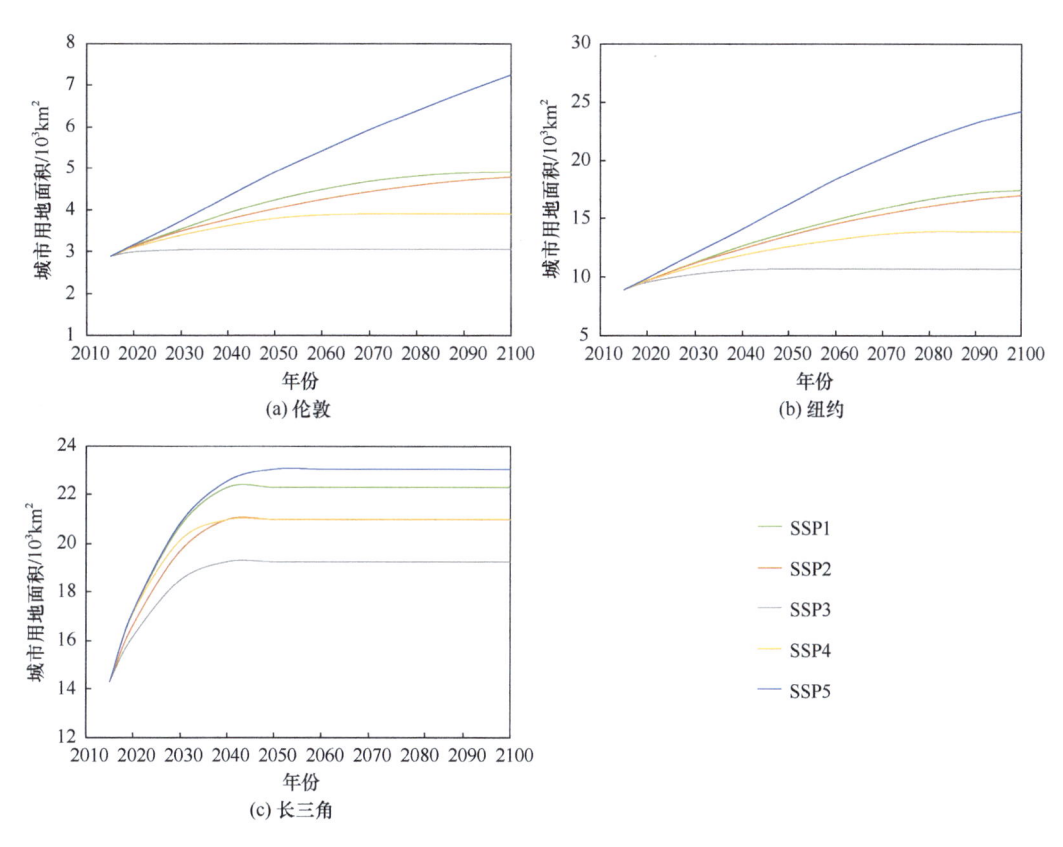

图 4-6　各 SSPs 情景下三个典型大都市区的城市用地扩张曲线（2015～2100 年）

表 4-3　2015～2100 年三个典型大都市及其所在区域在各 SSPs 情景下的城市用地面积增长率

（单位：%）

| 大都市区/所在区域 | SSP1 | SSP2 | SSP3 | SSP4 | SSP5 |
| --- | --- | --- | --- | --- | --- |
| 伦敦 | 70.31 | 65.74 | 6.07 | 34.74 | 150.97 |
| 纽约 | 95.68 | 90.35 | 19.83 | 55.49 | 171.19 |
| 长三角 | 55.98 | 46.81 | 34.68 | 46.79 | 61.39 |
| EU-15 | 65.60 | 58.72 | 3.46 | 28.78 | 170.04 |
| 美国 | 76.61 | 70.33 | 12.36 | 39.14 | 189.81 |
| 中国 | 32.55 | 27.29 | 20.54 | 26.64 | 36.84 |

注：EU-15 区域表示 2004 年以前加入欧盟的成员国，包括奥地利、比利时、丹麦、芬兰、法国、德国、希腊、爱尔兰、意大利、卢森堡、荷兰、葡萄牙、西班牙、瑞典和英国。

## 4.4 城市用地扩张模拟精度验证

在历史模拟验证中，本书依然使用来自 ESA-CCI 的全球土地覆盖产品，对其重采样到 1 km 分辨率，提取其 2000 年的城市用地覆盖数据对模型进行了再次校准。然后，通过模拟 2000~2015 年全球城市用地的空间变化来测试模型的性能。其中，为了验证本书提出的基于斑块的城市增长策略的有效性，在历史模拟中分别进行了使用基于斑块的城市增长策略和不使用基于斑块的城市增长策略两种历史城市扩张模拟。为了确保验证结果的可靠性，本章在进行历史模拟时，在各区域均运行了 100 次模型，统计其平均精度，这样就可以将历史模拟结果与 ESA-CCI 产品的历史城市用地变化进行比较，以验证模型模拟的精度并确定基于斑块的城市增长策略对提高模拟精度发挥了积极作用的区域。

本节将 FoM 作为衡量城市扩张模拟精度的指标。常规的精度指标（如总体精度和 Kappa 系数）在评估模拟的性能时会把土地中发生了变化的部分和未发生变化的部分都纳入评估范围，而这在城市扩张模拟中面对大量的非城市用地时，可能导致对模拟精度的高估（Chen et al., 2017）。但是，FoM 在评估模拟精度时仅关注土地中发生了变化的部分，从而避免了对模拟精度的高估（Pontius et al., 2008；Pontius et al., 2011）。FoM 可以用数学公式表示为正确预测的变化与观察到的变化和预测的变化之和的比率，其值范围为[0，1]，数值越高精度越高：

$$\text{FoM} = \frac{B}{A + B + C + D} \quad (4\text{-}8)$$

式中，$A$ 为实际发生变化，但在模拟中不变的栅格数量；$B$ 为实际发生变化，在模拟中也正确模拟了其变化的栅格数量；$C$ 为实际发生变化，但在模拟中变化成错误土地类型的栅格数量（本章中由于只有从非城市到城市这一种土地变化，因此 $C$ 取值为 0）；$D$ 为实际不变，但在模拟中发生了变化的栅格数量。

表 4-4 展示了使用两种模拟方法对 2000~2015 年全球 32 个区域的城市扩张进行 100 次模拟的 FoM 平均值。对表 4-4 中数据进行统计可知，在分区模拟中，本书的改进版 FLUS 模型得到的 FoM 平均值为 24.48%。本书所得到的精度结果也与其他土地利用变化建模的案例研究相似。已有的比较分析表明，现有土地覆盖变化模型的 FoM 值的常见范围为 10%~30%（Li et al., 2017；Chen et al., 2014）。Li 等（2017）进行的全球土地变化模拟就得到了相似的 FoM 值结果，范围为 10%~29%，平均值为 19%。此外，对 FoM 的经验研究还发现，FoM 值受到实际发生变化的土地占研究区土地总面积的比例的强烈影响（Pontius et al., 2008），即通常在实际发生变化的土地所占比例较小的情况下会得到较小的 FoM 值。例如，Pontius 等（2008）的研究表明，如果实际发生变化的土地少于土地总面积的 2%，则 FoM 值可能会降低到 8%以下。但是，在本书的历史城市扩张模拟中，实际发生的城市用地扩张面积仅占全球陆地总面积的 0.06%，而本书的改进版 FLUS 模型的 FoM 值超过 24%。从这个角度来看，鉴于实际发生变化的土地占比较小却能得到相对较高的 FoM 值，说明该模型的性能是可靠的。

表 4-4　2000～2015 年全球 32 个区域城市扩张进行 100 次模拟的 FoM 平均值　（单位：%）

| 区域 | FoM | 区域 | FoM |
| --- | --- | --- | --- |
| ANUZ | 24.90 | LAM-M | 26.22 |
| BRA | 23.13 | MEA-H | 27.77 |
| CAN | 20.71 | MEA-M | 28.07 |
| CAS | 24.36 | MEX | 29.94 |
| CHN | 29.45 | NAF | 20.32 |
| EEU | 16.76 | OAS-CPA | 25.46 |
| EEU-FSU | 14.26 | OAS-L | 22.52 |
| EFTA | 11.30 | OAS-M | 32.33 |
| EU12-H | 16.65 | PAK | 31.95 |
| EU12-M | 13.22 | RUS | 13.52 |
| EU15 | 14.82 | SAF | 26.55 |
| IDN | 26.11 | SSA-L | 27.74 |
| IND | 30.91 | SSA-M | 28.51 |
| JPN | 34.40 | TUR | 27.15 |
| KOR | 28.62 | TWN | 36.24 |
| LAM-L | 22.95 | USA | 26.67 |

注：区域名称和首字母缩写遵循 SSPs 官方数据库。

## 4.5　不同 SSPs 情景下的城市用地空间变化情况

本章以 2015 年为起点，在 2020～2100 年每间隔 10 年，以 1 km 的空间分辨率模拟了未来 SSPs 情景下的城市用地扩张。图 4-7 选取中国、美国和 LAM-L 这三个代表性区域，展示了它们在 SSP3 和 SSP5 情景下 2015～2100 年的城市用地扩张模拟结果。由于城市区域覆盖的范围比其他土地覆盖的范围要小得多，为了增强城市扩张的可视化效果，本书在出图时对城市扩张的模拟结果进行了以 15 个栅格为半径的焦点汇总分析（Focal Summation Analysis），效果如图 4-7 所示。在 SSP5 情景下，中国和美国分别作为中等收入和高收入水平的两个代表性国家，其城市用地扩张比在 SSP3 情景中的更多。这也与中、高收入国家在 SSP5 情景下经济发展和人口增长比在 SSP3 情景下更快的设定相对应。但是，在由低收入国家组成的 LAM-L 地区情况则恰恰相反，其在 SSP3 情景下的城市用地扩张比在 SSP5 情景更多。这与 SSPs 情景所设定的低收入国家在 SSP3 情景下人口最多，而在 SSP5 情景下人口最少，从而导致城市需求量的差别相对应。但这些不同国家和地区城市扩张的一个共同的空间特点是，大部分新扩张的城市用地都预计将发生在现有高度城市化地区的边缘。

为了评估本产品模拟结果的空间不确定性，本书在模拟过程中对每种 SSPs 情景均进行了 100 次模拟。然后，对模拟结果进行空间叠置分析，以确定城市用地出现在空间中每个栅格位置的概率。图 4-8 展示了到 2100 年三个主要国际大都市区（英国伦敦、美国纽约和中国长三角）在不同 SSPs 情景下的城市扩张的空间概率分布，即模拟结果

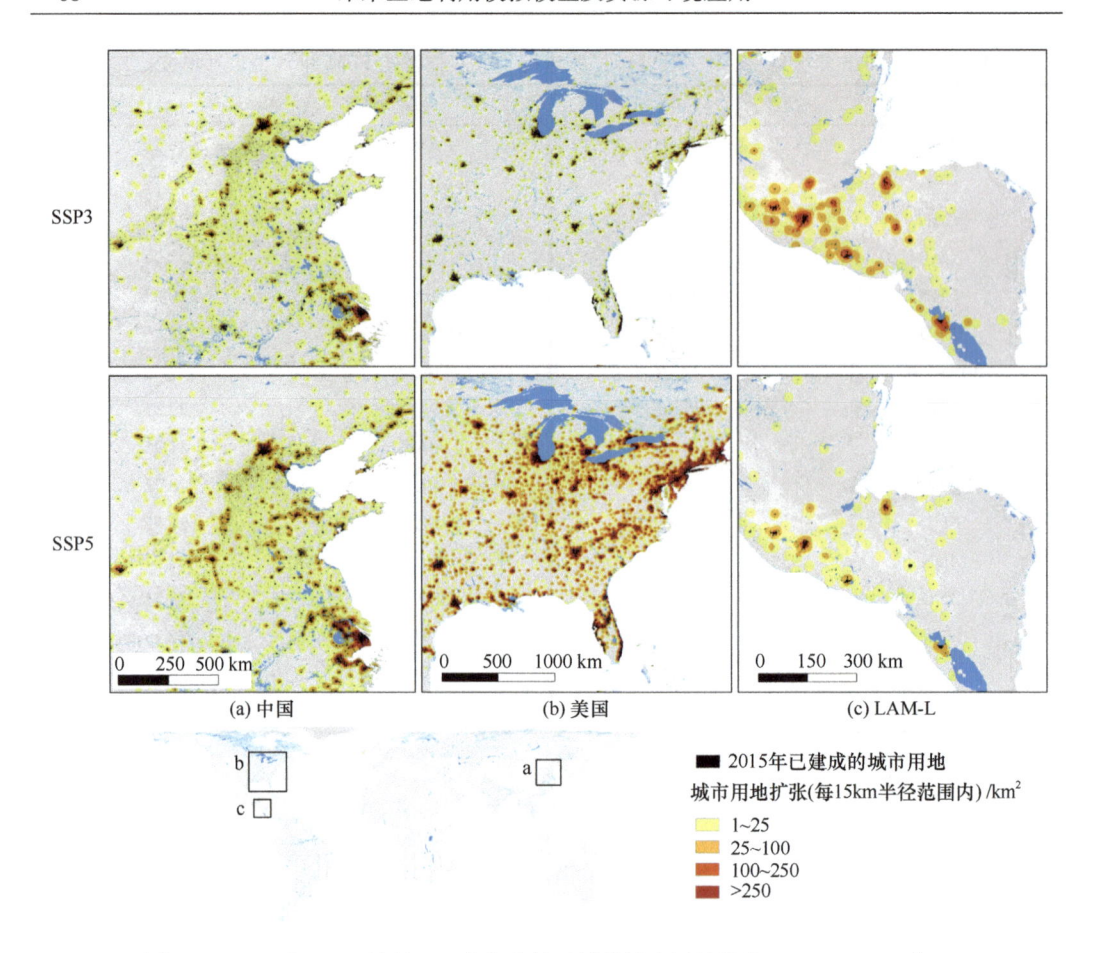

图 4-7　SSP3 和 SSP5 情景下三个代表性区域的城市用地扩张（2015～2100 年）

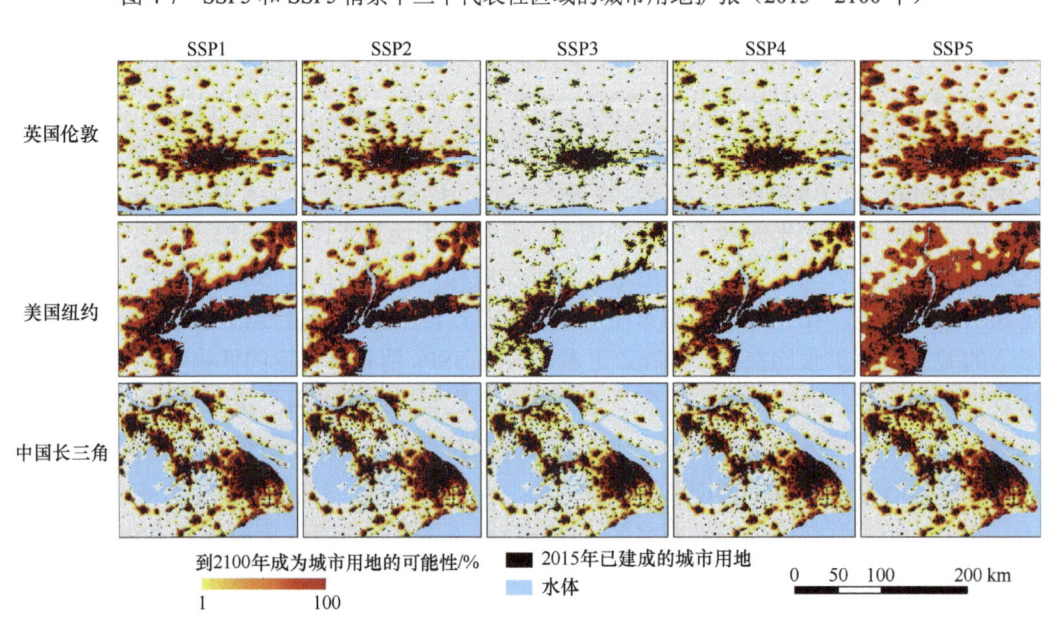

图 4-8　本书城市扩张模拟的空间不确定性（以 2100 年三个主要国际大都市区为例）

中的空间不确定性。图中每个栅格的数值都是由 100 次模拟运行的结果经过空间叠置累加而得的,代表了其转变为城市的可能性。在这里,假定在 100 次模拟中具有较高模拟增长一致性的栅格更可能实现城市化。与 Seto 等(2012)进行的 2000~2030 年 5 km 分辨率的全球城市模拟相比,本产品的结果显示了类似的城市空间格局,如在华北平原和长三角地区城市用地扩张迅速。

通过对比历史真实的和本书未来模拟所得到的城市斑块的"位序–规模"分布,证明本书所提出的基于斑块的城市增长策略成功地体现并保留了城市用地在斑块的"位序–规模"分布方面的变化[即 $\ln(\text{rank}_{\text{patch}}) = \lambda \ln(\text{size}_{\text{patch}})$]。图 4-9 展示了在前述三个代表性区域的历史真实的和未来模拟所得的城市斑块的"位序–规模"分布情况。对于中国而言,尽管其在 1992~2015 年城市用地总面积大幅增加,但 $\lambda$ 值仅从 1992 年的 –1.24 略微变化到 2015 年的 –1.22。类似地,对于美国,$\lambda$ 值在 1992 年和 2015 年分别为 –0.99 和 –0.96,并未发生明显变化。在未来的情况下,中国和美国的 $\lambda$ 值会继续保持与历史相似的缓慢增加,且在城市用地扩张更多的 SSP5 情景下 $\lambda$ 值的上升会更快,说明在城市快速扩张时,小斑块会得到更快的增长。而 LAM-L 地区的 $\lambda$ 值预计将从 2015 年的 –0.91 增加到 2100 年的 –0.83(SSP3)和 –0.89(SSP5),这表明 LAM-L 的小城市斑块增长相对较快。

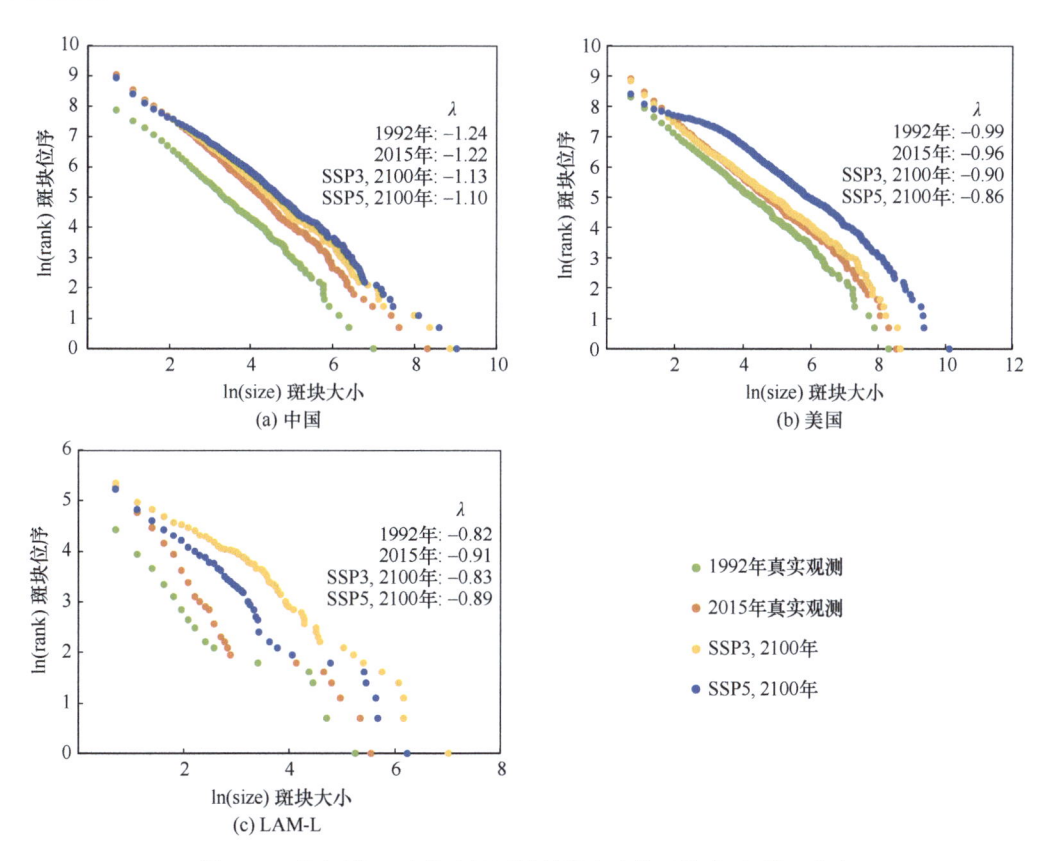

图 4-9 不同时期三个代表性区域的城市斑块"位序–规模"分布

本产品除了具有更高的空间分辨率外，同时也与现有的全球城市用地预测产品是可比的。本章选择了三个具有代表性的全球城市用地预测产品与本产品进行了比较。第一个是由 Seto 等（2012）基于联合国提供的一个单一的未来情景而生产的 5 km 分辨率 2030 年全球城市用地预测产品。第二个是由 Zhou 等（2019）基于城市用地的历史发展轨迹生产的 1 km 分辨率 2050 年全球城市用地预测产品。第三个是采用 SSPs 情景、涵盖 2015~2100 年的 0.25°分辨率（在赤道上约 25 km）LUH2 数据集（Hurtt et al.，2020），在此处提取了其中的城市土地类型进行对比。由于 SSPs 情景中并没有基于历史轨迹的情景，因此此处选择 SSPs 情景的中间路径（SSP2）的结果与上述全球城市用地预测产品进行比较。图 4-10 展示了不同产品在 2030 年不同区域的城市用地面积，可以看到，它们城市用地面积的分布是相似的，此处还通过 Pearson 相关系数来计算本产品与其他产品在各区域城市用地面积上的总体相似程度。结果表明，本产品与 LUH2 数据集中的城市用地面积最为一致，Pearson 相关系数达到 0.93，为显著正相关。另外，本产品与 Seto 等的产品之间的一致性也较高，Pearson 相关系数达到 0.82。而本产品与 Zhou 等的产品的一致性则相对较低，但也达到了显著正相关，Pearson 相关系数为 0.56。

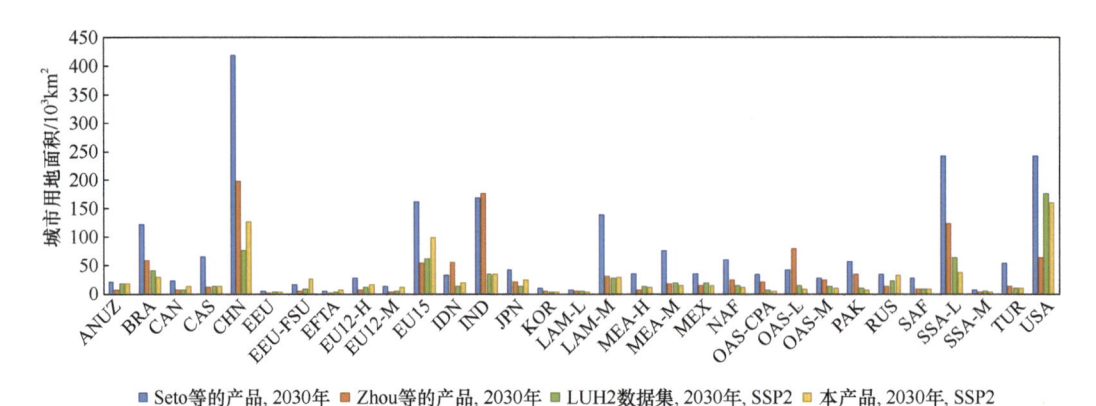

图 4-10 本产品与 Seto 等的产品、Zhou 等的产品和 LUH2 数据集在 2030 年全球不同区域的城市用地面积比较

图 4-11 进一步显示了本产品与选定的其他三个产品在 2030 年的绝对差异。图 4-11 中的产品比较都是基于 0.25°网格中的城市用地比例。图中的差异等级按两个产品在同一网格中城市用地比例差异的每 10%划分。也就是说，"0 级"是指两个产品之间的城市用地比例之差小于 10%，"1 级"是指小于 20%，依此类推。从图 4-11 中可以看到，在华北平原等地区，本产品的结果与 Seto 等的产品和 Zhou 等的产品之间存在明显的空间差异。主要是因为他们的预测没有考虑到这些地区未来出现的人口下降可能导致城市用地增长的停滞（Long，2019；Long and Gao，2019；Long and Wu，2016）。而在同样采用 SSP2 情景的 LUH2 数据集中，本产品与其城市用地的空间分布差异则较小，绝大部分的城市用地比例差异都在"1 级"以下。

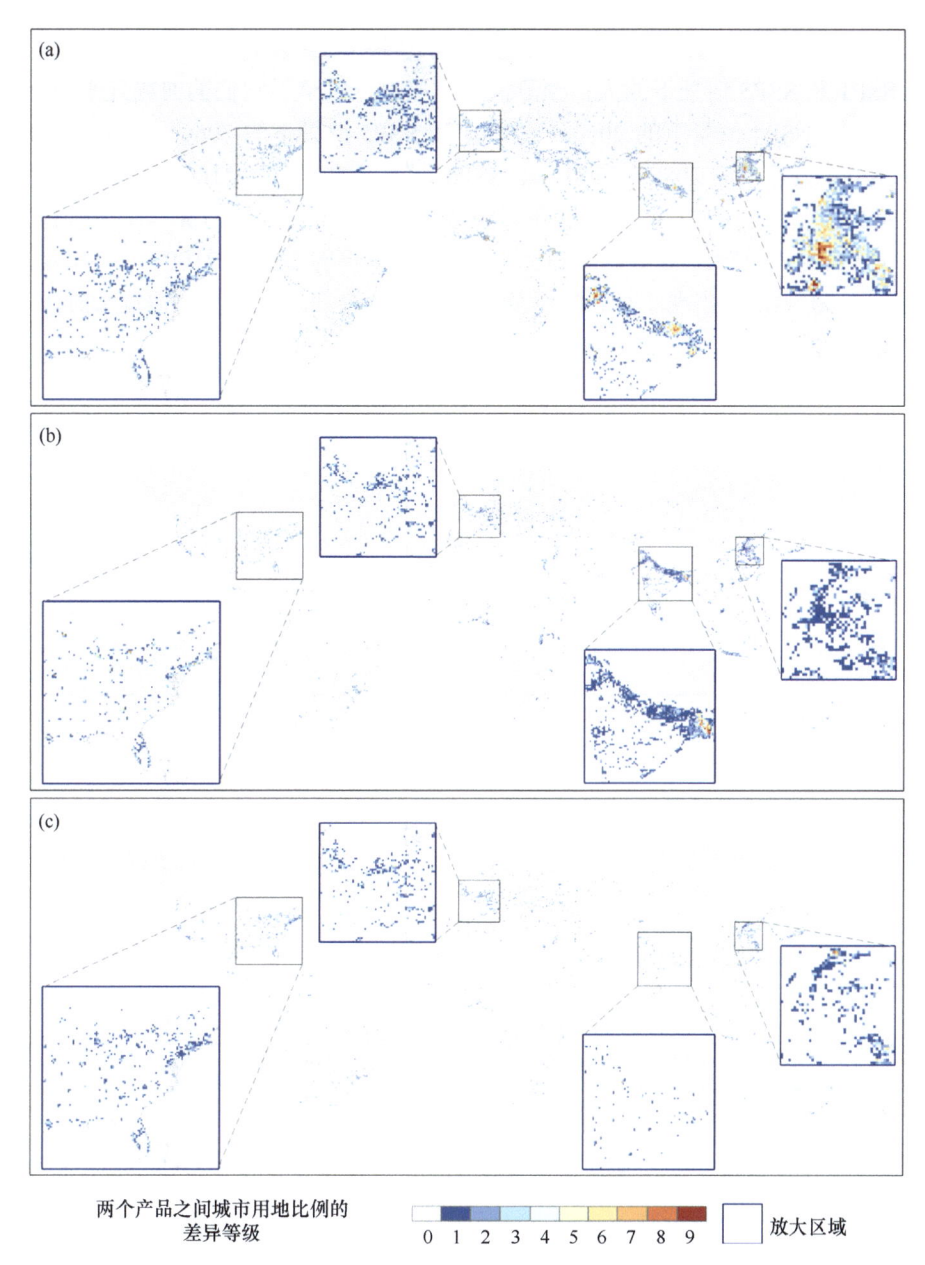

图 4-11　本产品与其他全球城市预测产品在 2030 年的绝对差异

（a）本产品 SSP2 情景与 Seto 等的产品；（b）本产品 SSP2 情景与 Zhou 等的产品；（c）本产品与 LUH2 数据集的 SSP2 情景

## 4.6　不同 SSPs 情景下的城市收缩压力

在本书进行的 SSPs 情景预测中，一些地区的城市用地需求量在未来会出现显著的下降，这主要是未来人口的减少造成的。其中一个典型的例子是中国［图 4-5（b）］在 21 世纪 40~50 年代之后，由于人口减少，城市用地需求量在所有情景下都急剧下降［图 4-12（a）］。图 4-12 展示了 4 个未来在若干 SSPs 情景中会面临城市用地需求量减少的代表性区域的人口预测曲线。需要说明的是，中国［图 4-12（a）］和印度［图 4-12（b）］，它们在 SSP1 和 SSP5 情景下的人口预测值非常接近，以至于它们的曲线几乎完全重叠。中国在 SSP1~SSP4 情景下的 2050~2100 年和 SSP5 情景下的 2060~2100 年，印度在 SSP1 和 SSP4 情景下的 2080~2100 年、SSP5 情景下的 2090~2100 年，美国［图 4-12（c）］在 SSP3 情景下的 2060~2100 年、SSP4 情景下的 2090~2100 年，EU-15［2004 年前加入欧盟的成员国，图 4-12（d）］在 SSP3 情景下的 2050~2100 年、SSP4 情景下的 2080~2100 年，都出现了城市需求量的倒退，而这基本上与这些情景和时段下人口的明显减少相对应。

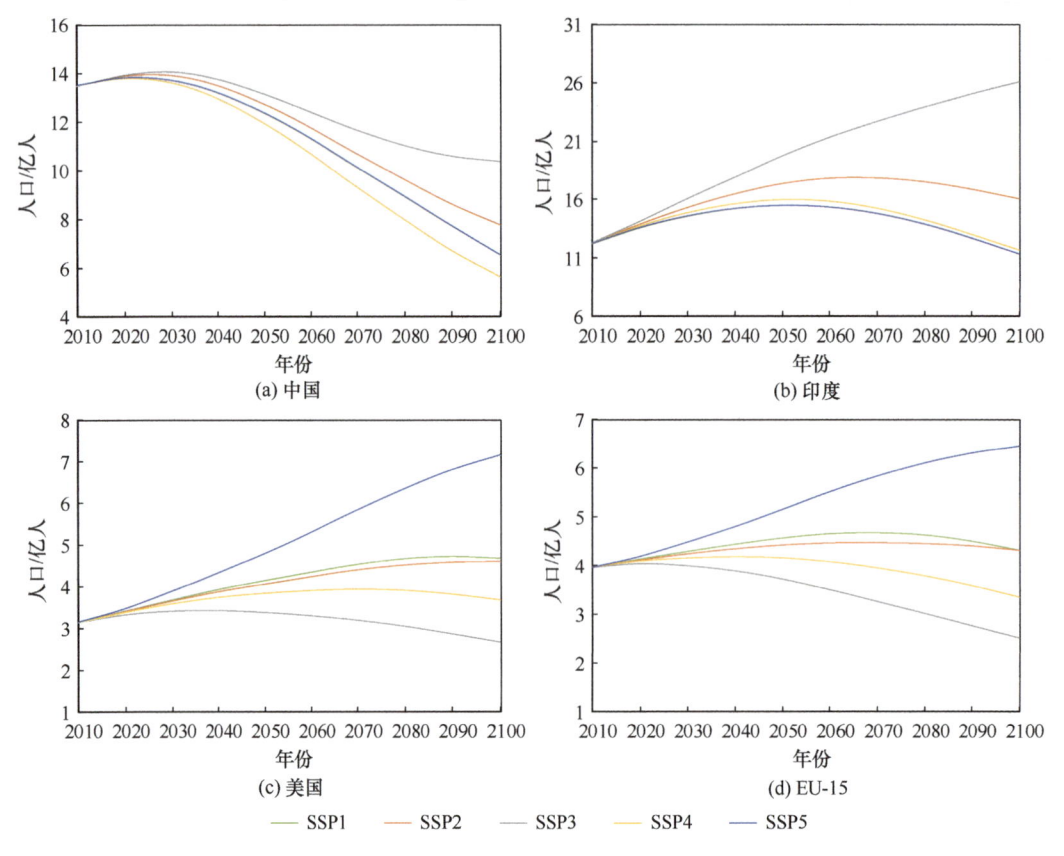

图 4-12 SSPs 情景下未来将面临城市收缩压力的四个代表性区域的人口预测曲线（2010~2100 年）

尽管有学者通过对历史遥感影像进行时序的土地分类及比较发现，当代德国在个别城市的社区尺度上发生了城市用地"复绿"的案例（Banzhaf et al.，2009，2005），但这种百米甚至十米尺度的城市用地倒退无法在 1 km 分辨率上进行有效反映。因此认为，城市人口的减少并不会必然导致从城市用地向非城市用地的大规模土地转换，而是可能出现另一种后果，即出现建成区的空置甚至废弃。这种情况在世界各地的一些国家中均有发生（Haase et al.，2014；Wiechmann and Pallagst，2012），甚至是在正经历快速城市化过程的中国（Haase et al.，2014；Wiechmann and Pallagst，2012）。

基于以上原因，本书假设从非城市用地向城市用地的土地转换是不可逆的，并且不允许从城市用地向非城市用地的土地转换。对于某个区域,如果其估计的城市用地需求小于其已建成城市用地的总面积,则不会对该区域进行任何模拟,并且现有城市用地的空间范围也将保持不变。但是,正如前文所说,城市用地需求量反映了一个地区城市发展的整体状态与活力,城市用地需求量的减少往往会伴随着建筑物空置、荒废乃至街道破败的景象,尽管城市用地作为土地覆盖类型未发生变化,但城市收缩的压力依然客观存在。根据前文所构建的城市收缩压力评估方法,本书评估了到2100年各区域在各情景下面临的城市收缩压力程度,如图4-13所示。从图4-13中可以看到,与世界其他国家相比,中国无疑将面临最严重的城市收缩压力。在SSP1和SSP4情景中,南美洲和几乎所有亚洲地区将面临城市收缩的巨大压力,而在SSP3情景中,欧洲国家和北美洲将面临城市收缩压力的增加。

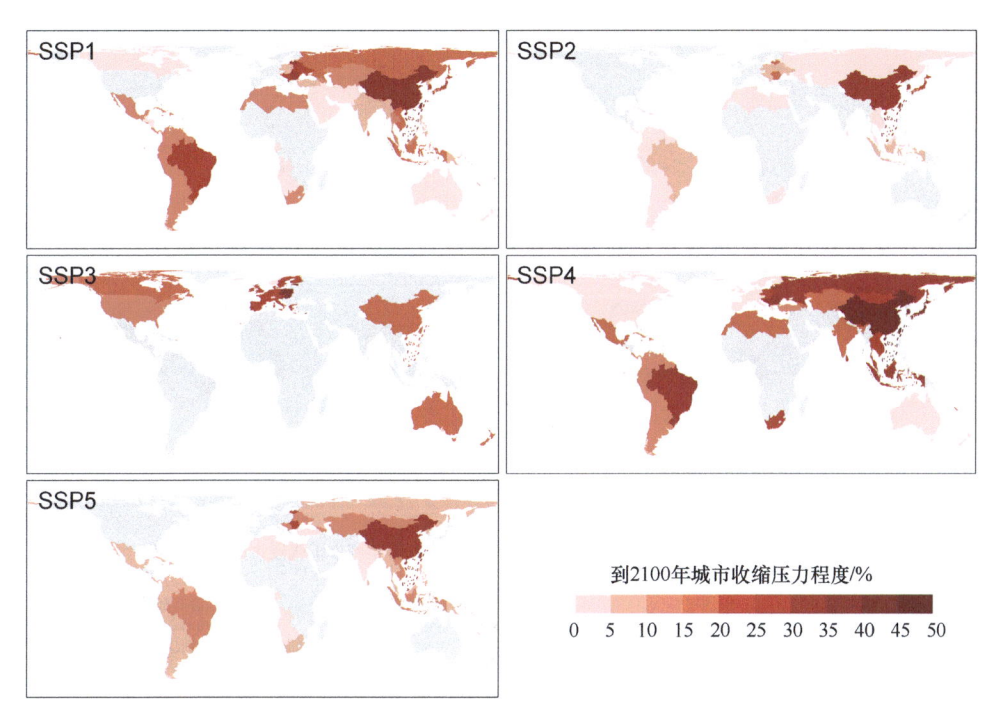

图4-13　各SSPs情景下全球城市收缩压力程度分布(2100年)

## 4.7　不同SSPs情景下的城市扩张对其他土地类型的侵占

本节通过将模拟得到的未来城市用地产品与初始年份2015年的ESA-CCI全球土地覆盖产品进行空间叠置和统计,估算了未来全球新增城市用地的土地来源结构,如表4-5所示。结果表明,到2100年,全球将有50%~63%的新增城市用地来自农田,农田是各类土地来源中占比最大的一类。城市对农田的侵占主要发生在中国、印度、撒哈拉以南的非洲和西欧(图4-14)。其次是林地,其占全球新增城市用地的土地来源的21%~30%。预计城市用地造成的林地损失主要发生在北美洲、南美洲、西欧、撒哈拉以南的非洲和澳大利亚。再次是草地,其占全球新增城市用地的土地来源的5%~15%,主要发生在美国和西欧。湿地是全球生物多样性最丰富的生态系统之一，预计全球新增城市用地将有2%~4%来自湿地，其大部分来自在美国和撒哈拉以南的非洲。而城市扩张导致的荒地损失则主要发生在中东地区。

**表 4-5  各 SSPs 情景下到 2100 年各类土地占全球新增城市用地的土地来源比例**（单位：%）

| 类型 | 占新增城市用地的比例 |||||
|---|---|---|---|---|---|
| | SSP1 | SSP2 | SSP3 | SSP4 | SSP5 |
| 林地 | 26.98 | 26.36 | 21.42 | 22.89 | 29.29 |
| 草地 | 12.01 | 10.86 | 5.71 | 7.49 | 14.64 |
| 湿地 | 2.10 | 2.46 | 2.77 | 3.51 | 2.23 |
| 荒地 | 3.76 | 4.68 | 7.28 | 5.86 | 2.98 |
| 农田 | 55.14 | 55.63 | 62.82 | 60.25 | 50.84 |
| 其他 | 0.01 | 0.01 | 0.00 | 0.00 | 0.02 |

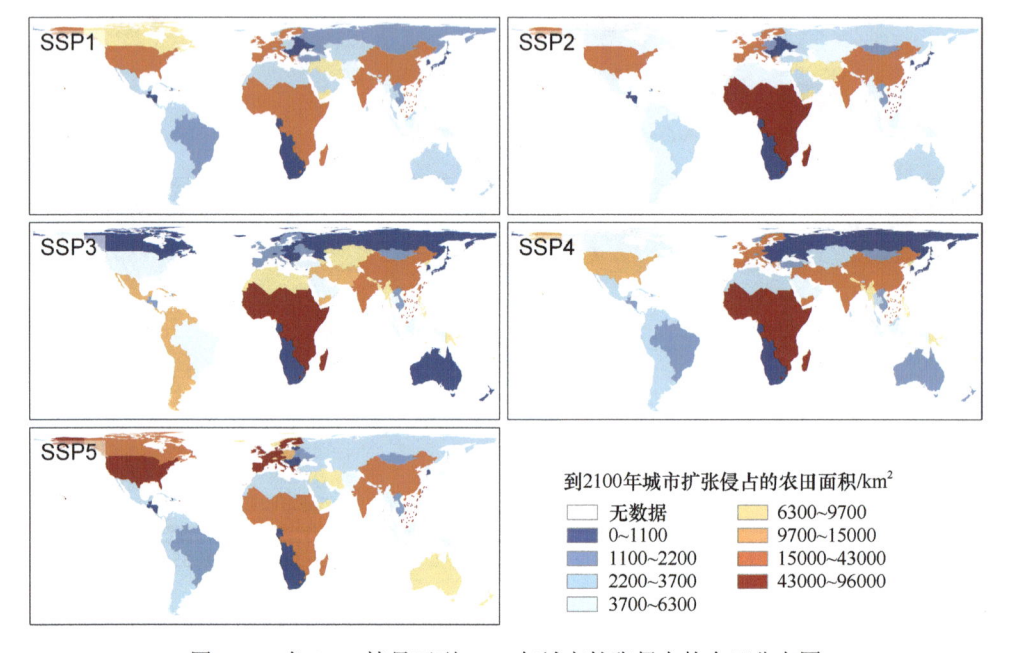

图 4-14  各 SSPs 情景下到 2100 年城市扩张侵占的农田分布图

综合以上预测结果，未来大部分城市用地扩张将发生在农田（50%~63%）以及林地和草地上（27%~44%），从而可能导致粮食生产和供应的损失。但是，由于在可见的将来，土地生产力可能难以大幅度提高，为了弥补这些损失，开垦农田仍然是最直接的办法。因此，农田、林地、草地等的损失也将对生态系统服务产生深远影响，如碳封存、栖息地提供和人类社会的粮食供应（He et al.，2013；Lal，2005；Phalan et al.，2011；Vesk et al.，2008）。

## 4.8  小  结

本章开展了 SSPs 情景下的 1 km 分辨率 2015~2100 年全球城市用地扩张模拟，并生成了系列产品，现已公开发布可供免费下载（http://www.geosimulation.cn/GlobalSSPsUrbanProduct.html 或 https://doi.pangaea.de/10.1594/PANGAEA.905890）。为了完成这套产品的生产，本书采用面板数据回归模型，从历史数据中挖掘了城市用地面积与社会经济要素之间的定量关系，并利用 SSPs 官方数据库提供的未来社会经济要素预测数据，估算了未来各 SSPs 情景下全球各分区的城市用地需求量。随后，本书在 FLUS-global 模型中加入了旨在保持城市斑块"位序–规模"分布特征的基于斑块的城市增长策略，并将该策略应用于全球城市用地扩张模拟。实验结果表明，本书利用面板数据回归构建的未来城市用地需求量预测模型达到了显著性检验要求，利用基于斑块的城市增长策略进行的城市扩张模拟很好地保留了城市斑块的"位序–规模"分布特征，并且在 100 次重复模拟中达到了良好的模拟精度。

在此基础上，本产品对未来城市用地扩张的数量预测和空间模拟均较好地体现了 SSPs 情景对不同发展阶段的国家和地区的不同设定。例如，由于在相同情景下人口和经济的发展情况截然不同，中、高收入国家在 SSP1 和 SSP5 情景中城市用地能得到更大的扩张，而低收入国家的情况恰恰相反，它们在 SSP1 和 SSP5 情景中城市扩张相对较少，但在 SSP3 和 SSP4 情景中城市扩张最多。而在城市扩张的空间分布上，它们都呈现出了大部分新扩张的城市用地将发生在现有高度城市化地区的边缘的共性。本书还进一步针对未来在一些地区的一些 SSPs 情景中出现的城市用地需求量减少的情况，评估了各个地区未来的城市收缩压力。评估结果显示，与世界其他国家相比，中国将面临最严重的城市收缩压力。在 SSP1 和 SSP4 情景中，南美洲和几乎所有亚洲地区将面临城市收缩的巨大压力，而在 SSP3 情景中，欧洲国家和北美洲也将面临城市收缩压力的增加。

此外，本书通过对城市扩张模拟结果和土地覆盖现状的空间叠置分析还发现，全球新增城市用地的主要土地来源是农田（50%~63%）。众所周知，农田是粮食生产的主要场所，因此，在接下来的章节中，本书将进一步探索不同 SSPs 情景下的城市扩张对粮食生产所带来的影响。

## 参 考 文 献

李智, 龙瀛. 2018. 基于动态街景图片识别的收缩城市街道空间品质变化分析——以齐齐哈尔为例. 城市建筑, (6): 21-25.

Banzhaf E, Grescho V, Kindler A. 2009. Monitoring urban to peri-urban development with integrated remote sensing and GIS information: a Leipzig, Germany case study. International Journal of Remote Sensing, 30(7): 1675-1696.

Banzhaf E, Kindler A, Haase D. 2005. Research on negative urban growth by means of remote sensing and GIS methods. Int. Archives of the Photogrammetry, Remote Sensing and Spatial Information Sciences, 36(8): 1-6.

Benguigui L, Blumenfeld-Lieberthal E. 2007. A dynamic model for city size distribution beyond Zipf's law. Physica A: Statistical Mechanics and its Applications, 384(2): 613-627.

Brown D G, Page S, Riolo R, et al. 2005. Path dependence and the validation of agent-based spatial models of land use. International Journal of Geographical Information Science, 19(2): 153-174.

Chen Y, Li X, Liu X, et al. 2014. Modeling urban land-use dynamics in a fast developing city using the modified logistic cellular automaton with a patch-based simulation strategy. International Journal of

Geographical Information Science, 28(2): 234-255.
Chen Y, Liu X, Li X. 2017. Calibrating a Land Parcel Cellular Automaton (LP-CA) for urban growth simulation based on ensemble learning. International Journal of Geographical Information Science, 31(12): 2480-2504.
Flörke M, Schneider C, McDonald R I. 2018. Water competition between cities and agriculture driven by climate change and urban growth. Nature Sustainability, 1(1): 51.
Fragkias M, Seto K C. 2009. Evolving rank-size distributions of intra-metropolitan urban clusters in South China. Computers, Environment and Urban Systems, 33(3): 189-199.
Ghosh T, Powell R L, Elvidge C D, et al. 2010. Shedding light on the global distribution of economic activity. The Open Geography Journal, 3(1): 147-161.
Güneralp B, Seto K C. 2013. Futures of global urban expansion: uncertainties and implications for biodiversity conservation. Environmental Research Letters, 8(1): 14025.
Haase D, Haase A, Rink D. 2014. Conceptualizing the nexus between urban shrinkage and ecosystem services. Landscape and Urban Planning, 132: 159-169.
He J, Liu Y, Yu Y, et al. 2013. A counterfactual scenario simulation approach for assessing the impact of farmland preservation policies on urban sprawl and food security in a major grain-producing area of China. Applied Geography, 37: 127-138.
Hijmans R J, Cameron S E, Parra J L, et al. 2005. Very high resolution interpolated climate surfaces for global land areas. International Journal of Climatology, 25(15): 1965-1978.
Hopkins F M, Ehleringer J R, Bush S E, et al. 2016. Mitigation of methane emissions in cities: how new measurements and partnerships can contribute to emissions reduction strategies. Earth's Future, 4(9): 408-425.
Huang Z, Wu X, Garcia A J, et al. 2013. An open-access modeled passenger flow matrix for the global air network in 2010. PLoS One, 8(5): e64317.
Hurtt G C, Chini L, Sahajpal R, et al. 2020. Harmonization of global land-use change and management for the period 850-2100 (LUH2) for CMIP6. Geoscientific Model Development Discussions, 13(11): 1-65.
Jiang B, Yin J, Liu Q. 2015. Zipf's law for all the natural cities around the world. International Journal of Geographical Information Science, 29(3): 498-522.
Jiang B. 2015. Geospatial analysis requires a different way of thinking: the problem of spatial heterogeneity. GeoJournal, 80(1): 1-13.
Ke X, van Vliet J, Zhou T, et al. 2018. Direct and indirect loss of natural habitat due to built-up area expansion: a model-based analysis for the city of Wuhan, China. Land Use Policy, 74: 231-239.
Kriegler E, Edmonds J, Hallegatte S, et al. 2014. A new scenario framework for climate change research: the concept of shared climate policy assumptions. Climatic Change, 122(3): 401-414.
Lal R. 2005. Forest soils and carbon sequestration. Forest Ecology and Management, 220(1-3): 242-258.
Li X, Chen G, Liu X, et al. 2017. A new global land-use and land-cover change product at a 1-km resolution for 2010 to 2100 based on human-environment interactions. Annals of the American Association of Geographers, 107(5): 1040-1059.
Liu X, Liang X, Li X, et al. 2017. A future land use simulation model (FLUS) for simulating multiple land use scenarios by coupling human and natural effects. Landscape and Urban Planning, 168: 94-116.
Long Y, Gao S. 2019. Shrinking Cities in China: The Other Facet of Urbanization. Berlin: Springer.
Long Y, Wu K. 2016. Shrinking cities in a rapidly urbanizing China. Environment and Planning A: Economy and Space, 48(2): 220-222.
Long Y. 2019. While We Are Talking About Urban Expansion and Economy Growth of China, Have You Ever Noticed the Phenomenon of Shrinking Cities?//Long Y, Gao S. Shrinking Cities in China: The Other Facet of Urbanization. Berlin: Springer: 213-240.
Mansury Y, Gulyás L. 2007. The emergence of Zipf's law in a system of cities: an agent-based simulation approach. Journal of Economic Dynamics and Control, 31(7): 2438-2460.
McDonald R I, Kareiva P, Forman R T T. 2008. The implications of current and future urbanization for global protected areas and biodiversity conservation. Biological Conservation, 141(6): 1695-1703.
O'Neill B C, Tebaldi C, van Vuuren D P, et al. 2016. The Scenario Model Intercomparison Project

(ScenarioMIP) for CMIP6. Geoscientific Model Development, 9(9): 3461-3482.

Pesaresi M, Ehrlich D, Ferri S, et al. 2016. Operating Procedure for the Production of the Global Human Settlement Layer from Landsat Data of the Epochs 1975, 1990, 2000, and 2014. Ispra(VA), Italy: Publications Office of the European Union.

Phalan B, Onial M, Balmford A, et al. 2011. Reconciling food production and biodiversity conservation: land sharing and land sparing compared. Science, 333(6047): 1289-1291.

Pontius Jr R G, Boersma W, Castella J, et al. 2008. Comparing the input, output, and validation maps for several models of land change. The Annals of Regional Science, 42(1): 11-37.

Pontius R G, Peethambaram S, Castella J. 2011. Comparison of three maps at multiple resolutions: a case study of land change simulation in Cho Don District, Vietnam. Geographers Annals of the Association of American, 101(1): 45-62.

Popp A, Calvin K, Fujimori S, et al. 2017. Land-use futures in the shared socio-economic pathways. Global Environmental Change, 42: 331-345.

Riahi K, van Vuuren D P, Kriegler E, et al. 2017. The Shared Socioeconomic Pathways and their energy, land use, and greenhouse gas emissions implications: an overview. Global Environmental Change, 42: 153-168.

Rozenfeld H A N D, Rybski D, Andrade J E S, et al. 2008. Laws of population growth. Proceedings of the National Academy of Sciences, 105(48): 18702-18707.

Seto K C, Fragkias M G U, Neralp B, et al. 2011. A meta-analysis of global urban land expansion. PLoS One, 6(8): e23777.

Seto K C, Güneralp B, Hutyra L R. 2012. Global forecasts of urban expansion to 2030 and direct impacts on biodiversity and carbon pools. Proceedings of the National Academy of Sciences, 109(40): 16083-16088.

Seto K C, Sánchez-Rodríguez R, Fragkias M. 2010. The new geography of contemporary urbanization and the environment. Annual Review of Environment and Resources, 35: 167-194.

Seto K C, Shepherd J M. 2009. Global urban land-use trends and climate impacts. Current Opinion in Environmental Sustainability, 1(1): 89-95.

United Nations, Department of Economic and Social Affairs, Population Division. 2019. World Urbanization Prospects: The 2018 Revision (ST/ESA/SER.A/420). New York: United Nations.

van Vuuren D P, Kriegler E, O'Neill B C, et al. 2014. A new scenario framework for Climate Change Research: scenario matrix architecture. Climatic Change, 122(3): 373-386.

Verburg P H, Schulp C J E, Witte N, et al. 2006. Downscaling of land use change scenarios to assess the dynamics of European landscapes. Agriculture, Ecosystems & Environment, 114(1): 39-56.

Vesk P A, Nolan R, Thomson J R, et al. 2008. Time lags in provision of habitat resources through revegetation. Biological Conservation, 141(1): 174-186.

Vitousek P M, Mooney H A, Lubchenco J, et al. 1997. Human domination of Earth's ecosystems. Science, 277(5325): 494-499.

Wiechmann T, Pallagst K M. 2012. Urban shrinkage in Germany and the USA: a comparison of transformation patterns and local strategies. International Journal of Urban and Regional Research, 36(2): 261-280.

Yeh A G, Li X. 2003. Simulation of development alternatives using neural networks, cellular automata, and GIS for urban planning. Photogrammetric Engineering & Remote Sensing, 69(9): 1043-1052.

Zhang D, Huang Q, He C, et al. 2017. Impacts of urban expansion on ecosystem services in the Beijing-Tianjin-Hebei urban agglomeration, China: a scenario analysis based on the Shared Socioeconomic Pathways. Resources, Conservation and Recycling, 125: 115-130.

Zhou Y, Varquez A C G, Kanda M. 2019. High-resolution global urban growth projection based on multiple applications of the SLEUTH urban growth model. Scientific Data, 6(1): 1-10.

# 第 5 章　SSPs 情景下城市扩张对粮食产量的影响

## 5.1　引　言

根据已有研究文献和前文所得研究结果可以得知，在历史和未来的城市扩张过程中，农田往往都是重要的土地来源。农田是农业生产活动的主要场所，其上种植的农作物是保障人类社会粮食安全的关键（Thenkabail et al.，2010）。在世界人口持续增加并将在未来继续保持增长的背景下，粮食安全一直是众多学者和机构关注的话题（Godfray et al.，2010；McGuire et al.，2015；Sasson，2012；Schmidhuber and Tubiello，2007；WHO，2018）。已有的研究结果表明，未来全球粮食安全所面临的风险具有较大的不确定性，根据不同的社会经济发展情况，预计到 2080 年全球将有 500 万人至 1.7 亿人面临饥饿的风险（Fischer et al.，2002，2005；Parry et al.，2004，2005）。

本章将基于第 4 章 SSPs 情景下的全球城市用地产品，并结合土地覆盖分类产品和全球粮食产量空间分布数据集，对不同情景下城市用地扩张对粮食产量造成的影响进行空间和定量分析，并探究受此粮食产量损失影响的人口。

## 5.2　数据与方法

### 5.2.1　全球粮食产量分布产品

为分析城市用地扩张对粮食产量的影响情况，本书采用了国际粮食政策研究所（International Food Policy Research Institute，IFPRI）生产的 2005 年全球粮食产量空间分布数据 SPAM 2005 v3.2（You et al.，2014）（下载地址：https://www.mapspam.info/）。该数据旨在将以国家为单元的粮食统计数据降尺度到更精细的空间单位，以更合理地表示农作物生产的空间异质性。为此，IFPRI 专门开发了空间生产分配模型（Spatial Production Allocation Model，SPAM），将粮食产量的统计数据分配到空间上，空间分辨率为 5′（赤道上约 10 km）。SPAM 使用一种基于交叉熵的优化方法分解农作物的统计数据，并将它们分配到每个管理单元（Anderson et al.，2015；de Boer et al.，2005）。该模型提出了一种数据融合方法，通过部署各种匹配和校准过程，将来自不同数据源和不同空间尺度的信息结合起来，然后通过优化模型对所有数据元素进行处理，并生成栅格尺度的农作物相关信息数据（Wood-Sichra et al.，2016）。为了区分资源使用情况的差异（即种子、水、劳动力、机械、肥料和杀虫剂的类型和数量），SPAM 将对农作物的估算分为四个生产系统，包括灌溉作物、雨养高投入作物、雨养低投入作物和雨养生存作物。

该数据集包含 42 种作物的全球空间分布数据，其中 27 种为食用用途的作物，如稻米、小麦、土豆、玉米、蔬菜等，并提供作物的种植面积、收获面积、产量、单产和作物的经济价值四个变量的空间数据。本书主要对其中所有生产系统的作物总产量空间分布数据进行分析。

## 5.2.2 城市扩张造成的粮食产量损失估算

本书关注城市用地的扩张对粮食产量造成的影响，因此希望从 SPAM 2005 数据集所提供的 27 种食用用途作物中挑选具有代表性的主要作物进行重点关注和分析。图 5-1 展示了 SPAM 2005 数据集中 27 种食用用途作物的产量占比。本书根据各类作物产量的占比排名，从中选取最重要的前五种作物并分析城市扩张对它们造成的产量损失，它们分别是：水稻（Rice）、小麦（Wheat）、玉米（Maize）、土豆（Potato）和蔬菜（Vegetable）。这五种作物的产量空间分布如图 5-2～图 5-6 所示。

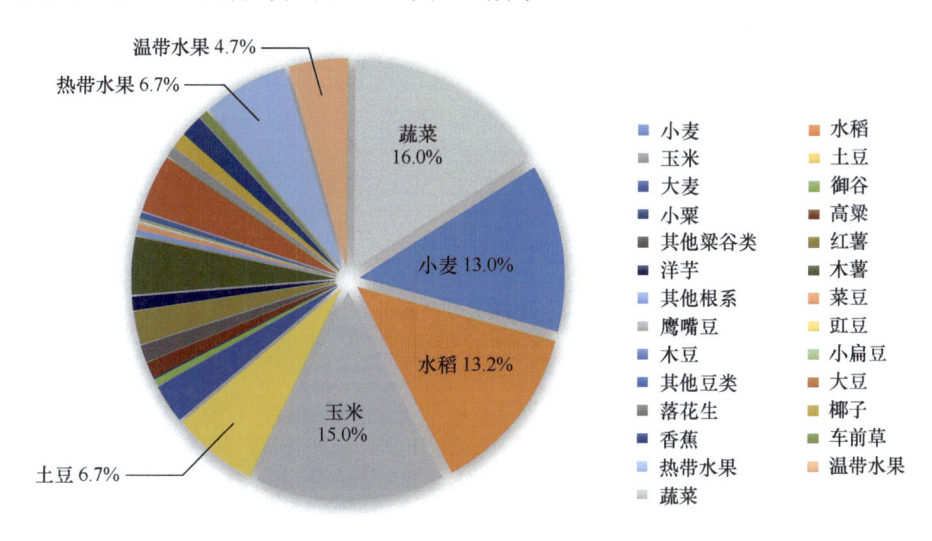

图 5-1 SPAM 2005 数据集中 27 种食用用途作物的产量占比

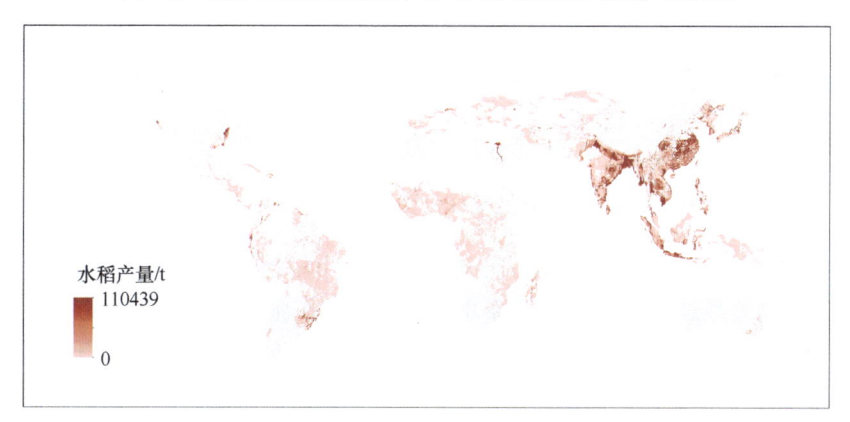

图 5-2 全球水稻产量分布图

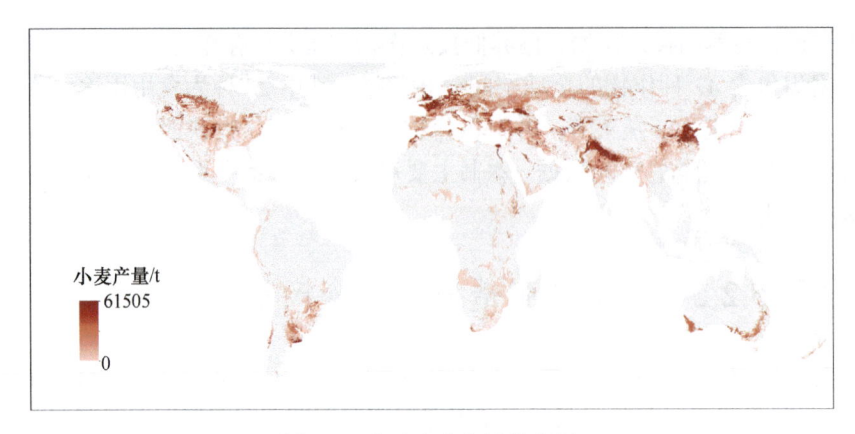

图 5-3　全球小麦产量分布图

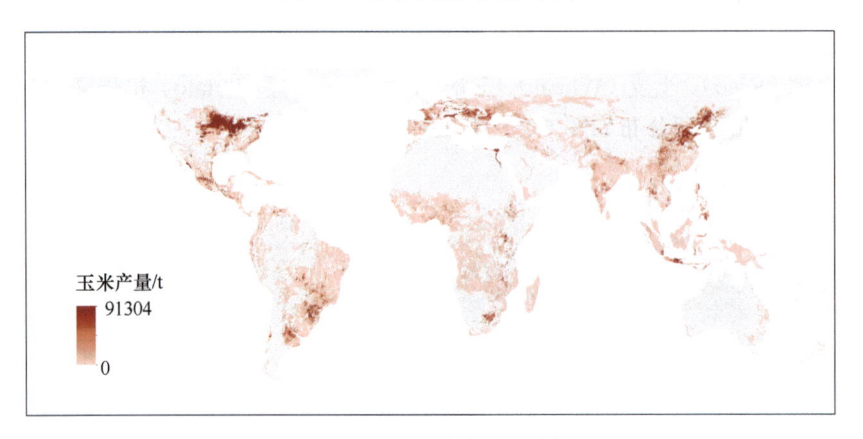

图 5-4　全球玉米产量分布图

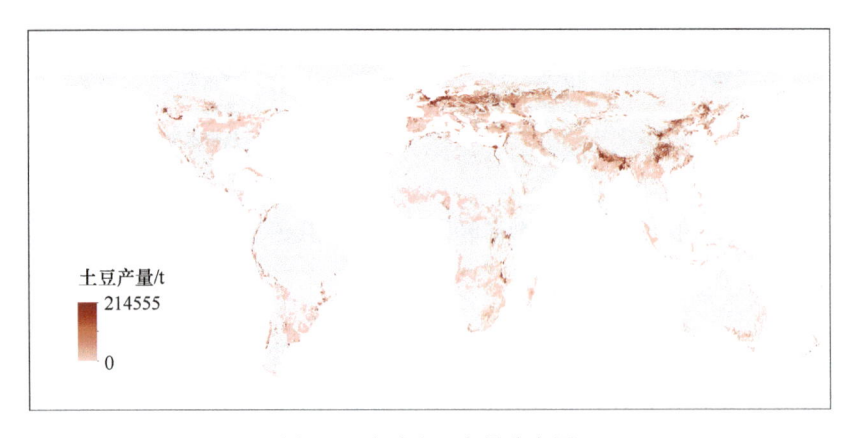

图 5-5　全球土豆产量分布图

由于作物产量分布数据的 10 km 分辨率比本城市用地产品使用的 1 km 分辨率要粗糙得多，因此需要经过一定的空间换算才能评估城市扩张对作物产量的影响。本书假设在 SPAM 数据集中每 10 km 网格内的作物产量是均匀地分布在其内的农田上的，因此作物产量损失与农田被城市用地侵占的面积在 10 km 的网格内成比例。采用该假设，就可以根据模拟中从农田到城市用地的转换来估算农作物的产量损失。在操作中，首先需要

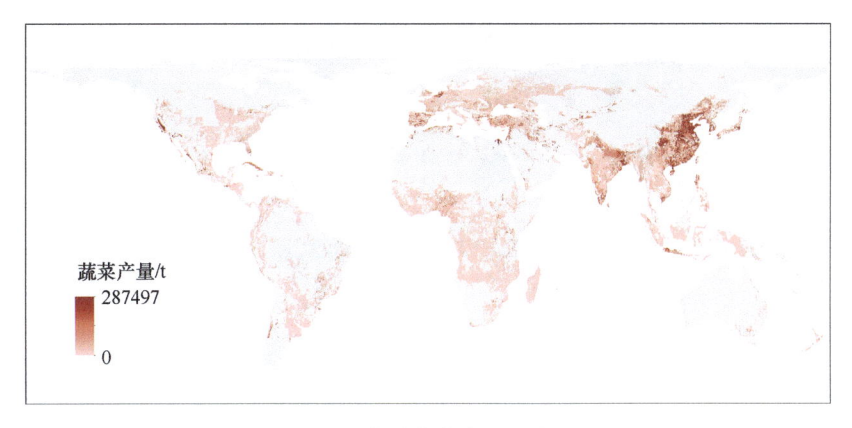

图 5-6 全球蔬菜产量分布图

使用空间分析工具中的块统计功能，计算出 2015 年 ESA-CCI 土地覆盖数据中每 10 km 网格内的农田面积，然后用空间叠置提取出在目标年份被城市用地侵占的农田分布，再用块统计功能计算出每 10 km 网格内被城市用地侵占的农田面积，两者相除即可得到每 10 km 网格内被城市用地侵占的农田比例，从而估算相应的作物产量损失。每 10 km 网格内的粮食产量损失的估算可以用式（5-1）表达。

$$\mathrm{PL}_i^k = \frac{\mathrm{CAL}_i}{\mathrm{CA}_i} \times P_i^k \tag{5-1}$$

式中，$\mathrm{PL}_i^k$ 为网格 $i$ 中作物 $k$ 损失的产量；$\mathrm{CAL}_i$ 为网格 $i$ 中被城市用地侵占的农田面积；$\mathrm{CA}_i$ 为网格 $i$ 中在 2015 年现有的农田面积；$P_i^k$ 为网格 $i$ 中作物 $k$ 的产量。

## 5.3 SSPs 情景下城市扩张对主要粮食作物产量影响的空间分布

使用上述方法，本书计算了各 SSPs 情景下受城市扩张而损失的主要粮食作物产量的空间分布。由于城市用地的扩张部分占陆地面积比重较小，为了便于可视化，此处将各主要粮食作物产量的损失情况汇总到各分区进行展示，如图 5-7～图 5-11 所示。

从图 5-7 中可以看到，城市扩张造成的水稻产量损失主要集中在中国、印度和东南亚一带，但中国和印度在不同情景下水稻产量损失的程度不同。印度在 SSP3 情景下水稻产量损失最大且大于中国，而中国则在其余 4 个情景中水稻产量损失大于印度。非洲的水稻产量损失主要在 SSP3 和 SSP4 这两个情景中较大，其中占非洲中部大片土地的 SSA-L 区域在 SSP4 这个发展不平衡的情景中水稻产量损失最大。

从图 5-8 中可以看到，城市扩张造成的小麦产量损失主要集中在北半球的中纬度上。其中，欧洲国家的小麦产量损失在 SSP1、SSP2 和 SSP5 情景中最为突出。印度在各 SSPs 情景中都有着较明显的小麦产量损失，其中在 SSP3 情景中损失最大。中国也是一个小麦产量损失较为严重的国家，尤其在城市扩张最为剧烈的 SSP5 情景中，中国的小麦产量损失在 32 个区域中处于较为突出的位置。

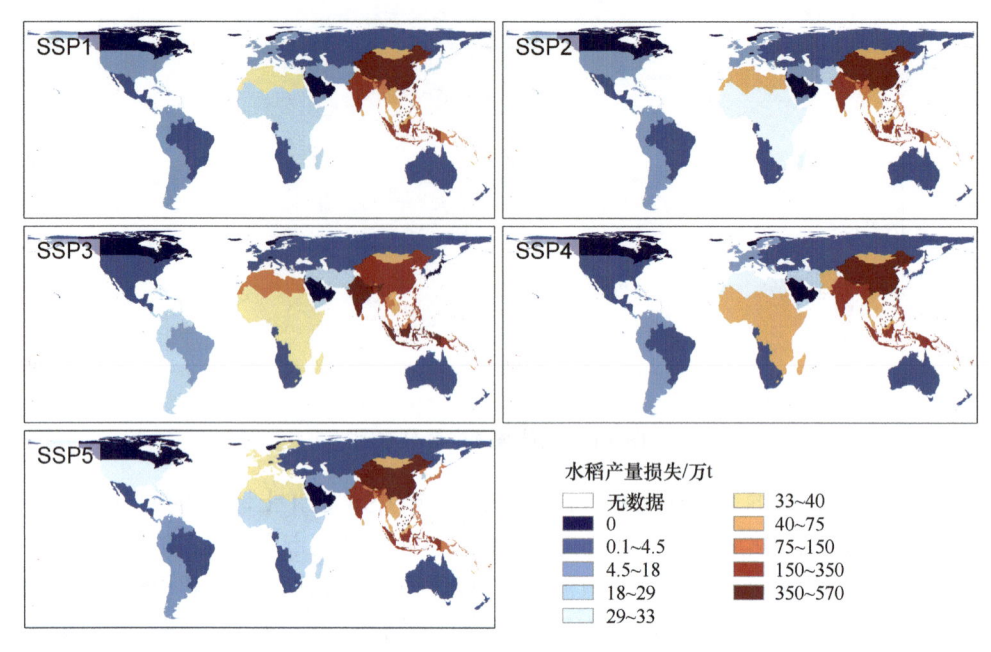

图 5-7 各 SSPs 情景下到 2100 年城市扩张造成的水稻产量损失分布

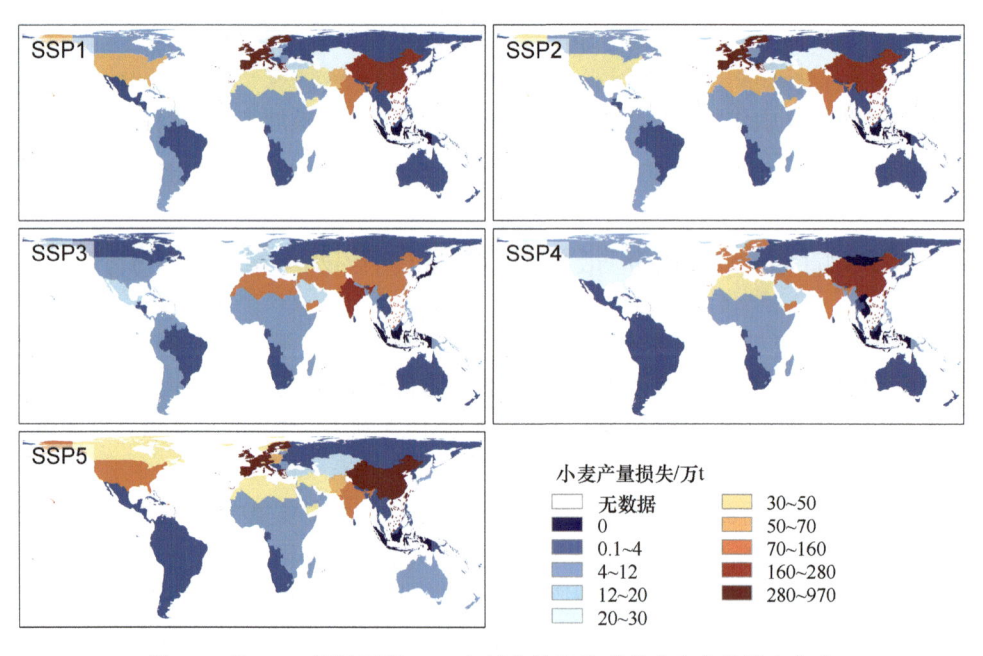

图 5-8 各 SSPs 情景下到 2100 年城市扩张造成的小麦产量损失分布

从图 5-9 可以看到，城市扩张造成的玉米产量损失在全球的分布范围较前两种作物更广，包括美国、欧洲、非洲（主要是 SSA-L）和中国等国家和地区。其中，美国和欧洲在 SSP3 情景下玉米产量损失相对较小，在其余情景中损失较大，尤其以美国在 SSP5 情景中玉米产量损失最为严重。而非洲地区则有所不同，其在 SSP2、SSP3 和 SSP4 情景中玉米产量损失较大。中国在各 SSPs 情景下的玉米产量损失未出现明显的等级变化。

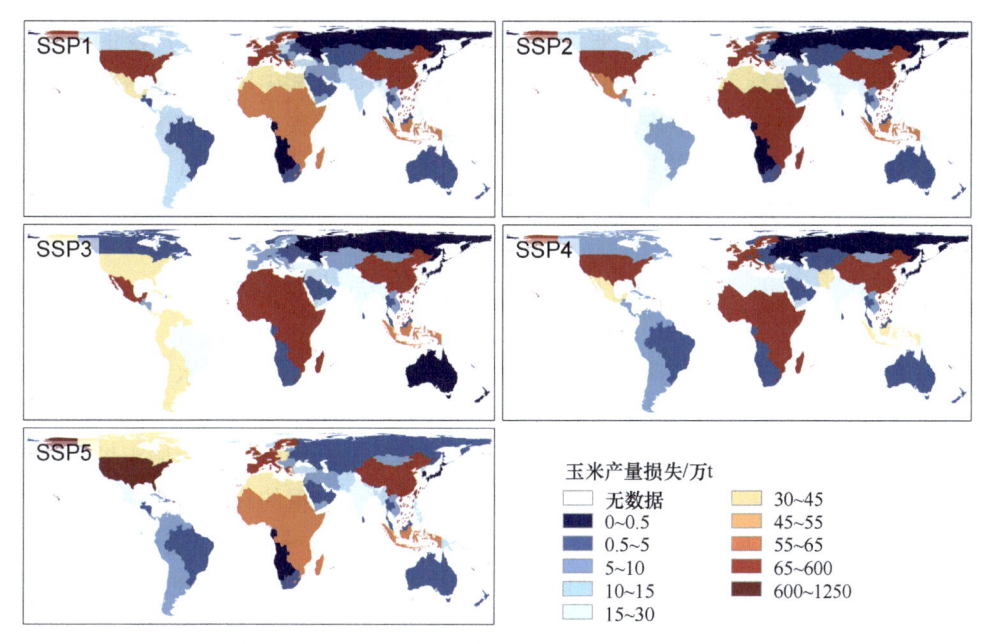

图 5-9 各SSPs情景下到2100年城市扩张造成的玉米产量损失分布

城市扩张造成的土豆产量损失在全球也有较广泛的分布。其中，印度是土豆产量损失最为显著的国家，其在各SSPs情景中都有较高等级的土豆产量损失，尤其在SSP2和SSP3情景中损失最大。欧洲是另外一个土豆产量损失较为突出的地区，其在SSP1、SSP2和SSP5情景中都遭遇了最高等级的土豆产量损失。而美国在不同情景中土豆产量损失的波动较大，其在SSP3情景下土豆产量损失仅为次轻微级，而在SSP5情景下土豆产量损失达到了次严重级。

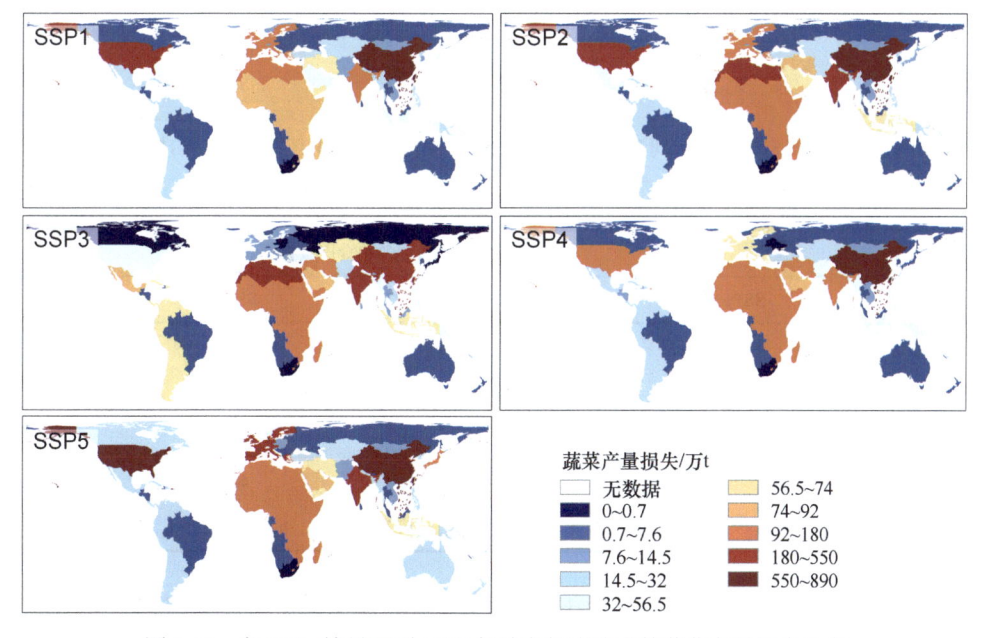

图 5-10 各SSPs情景下到2100年城市扩张造成的蔬菜产量损失分布

从图 5-10 可以看到，城市扩张造成的蔬菜产量损失在全球也有较广泛的分布，损失较大的地区主要包括美国、非洲（主要是 SSA-L）、印度和中国。其中，中国、印度和非洲都在各个 SSPs 情景中表现出较高等级的蔬菜产量损失，尤以中国的损失最为突出。而美国则呈现出情景间的较大差异，其在 SSP5 情景下的蔬菜产量损失达到了最高等级，但在 SSP3 情景中的损失明显较小。

## 5.4 农田损失与粮食产量损失的关系

基于 SPAM 数据集提供的粮食产量数据，本书估计了城市扩张对水稻、小麦、玉米、土豆和蔬菜造成的产量损失比例，如图 5-11 所示。结果表明，在 SSP3 和 SSP4 情景下，粮食产量造成的损失最小，这主要是由于这两个情景下社会经济发展和城市扩张过程的减缓。相比之下，SSP5 情景下快速的城市扩张将导致最严重的粮食产量损失。总体而言，到 2100 年，全球城市用地扩张将导致水稻产量下降 2%~3%，小麦产量下降 1%~3%，玉米产量下降 1%~4%，土豆产量下降 1%~3%，蔬菜产量下降 2%~4%。各主要粮食作物在各 SSPs 情景下的具体产量损失数据如表 5-1 所示。

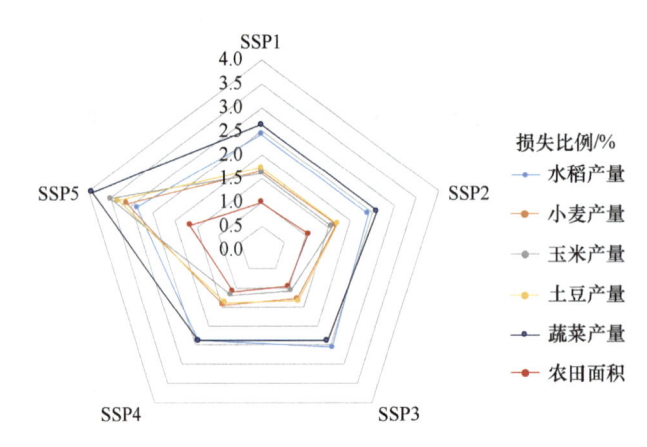

图 5-11 各 SSPs 情景下到 2100 年城市扩张造成的农田面积与粮食产量的损失比例

表 5-1 各 SSPs 情景下到 2100 年全球城市扩张造成的粮食产量损失（单位：万 t）

| 作物类型 | 全球城市扩张造成的粮食产量损失 ||||| 
|---|---|---|---|---|---|
| | SSP1 | SSP2 | SSP3 | SSP4 | SSP5 |
| 水稻 | 1519 | 1509 | 1604 | 1499 | 1788 |
| 小麦 | 1031 | 1035 | 799 | 898 | 1919 |
| 玉米 | 1153 | 1121 | 756 | 841 | 2484 |
| 土豆 | 546 | 547 | 429 | 442 | 1050 |
| 蔬菜 | 1999 | 1984 | 1817 | 1806 | 2967 |

虽然城市主要位于生产力强的土地上，但城市发展往往在与粮食生产的直接竞争中占主导地位。因此，全球城市扩张可能对粮食生产产生重要影响，而这些影响

超出了农田本身受城市用地侵占的损失。本书的评估结果表明（图 5-11），未来城市用地扩张将导致全球农田面积损失达到 1%。然而，全球粮食产量的直接损失可能超过 1%，甚至可能高达 4%。尽管不同粮食作物产量损失的比例不同，但都呈现出比农田面积损失比例更大的特征。这些结果表明，保护优质农田对减少城市扩张对粮食生产能力的影响具有重要性。

## 5.5 SSPs 情景下主要粮食作物产量损失影响的人口

考虑到不同地方的人群饮食结构的差异，以及粮食在国家和地区间的贸易和分配，本书使用水稻（大米）、小麦、玉米、土豆和蔬菜的全球人均食用供应量作为估算的依据，来估算全球受粮食作物产量损失影响的人口数量。使用全球人均食用供应量虽然无法对各区域的受影响人口进行精细刻画，但能去除饮食结构差异和粮食贸易的影响，从全球尺度上反映人们对每类粮食的总体食用消耗情况，足以在本书中估算出每类粮食作物产量的损失所影响的人口。这些粮食的全球人均食用供应量统计数据可以在联合国粮食及农业组织（Food and Agriculture Organization of the United Nations，FAO）的官方数据库中免费下载，其中涵盖了多种粮食作物的多年数据。本书使用其中的 2013 年主要粮食作物的全球人均食用供应量统计信息（表 5-2）。然后，通过将某种作物类型（如水稻、小麦、玉米、土豆和蔬菜）预估的产量损失除以该作物类型的全球人均食用供应量来估算受影响的人口。

表 5-2　FAO 提供的 2013 年主要粮食作物的全球人均食用供应量统计数据（单位：kg/a）

| 项目 | 水稻（大米） | 小麦 | 玉米 | 土豆 | 蔬菜 |
| --- | --- | --- | --- | --- | --- |
| 人均食用供应量 | 53.92 | 65.43 | 17.89 | 34.17 | 108.92 |

根据上述不同粮食的人均食用供应结构进行估计，表 5-3 展示了各主要粮食作物在各 SSPs 情景下到 2100 年受粮食产量损失影响的人口。从表 5-3 中可以看到，这些损失预计将影响 1.22 亿~13.89 亿人对某一粮食的年食用需求。受快速城市化扩张的影响，各类粮食产量损失影响的人口均在 SSP5 情景中最多。在这些粮食中，水稻产量损失影响的人口较多，在不同情景下预计将影响 2.78 亿~3.32 亿人。注意，这些人口数字不是代表饥饿或因饥饿而死亡的人数，而是指受单一粮食作物类型的产量损失影响的最多人数，前提是这些产量损失无法用其他粮食作物的生产来补偿，此外，也没有考虑农业管理实践的变化而导致的产量变化，这种变化也可能会弥补预估的产量损失。例如，在五种粮食作物中，受玉米产量损失影响的人口数字明显不成比例地多于其他粮食作物。这主要是由于玉米还是畜牧业、养殖业等行业的重要饲料来源，也是食品、医疗卫生、轻工业、化工业等行业必不可少的原料之一（Wood-Sichra et al.，2016），所以食用用途的消耗并不是玉米的主要消耗方向，全球人均玉米的食用供应量也较少，因此在相同的产量损失下，玉米影响的人口会更多。

表 5-3　各 SSPs 情景下到 2100 年受粮食产量损失影响的人口　（单位：亿人）

| 作物类型 | 受粮食产量损失影响的人口 ||||| 
| --- | --- | --- | --- | --- | --- |
|  | SSP1 | SSP2 | SSP3 | SSP4 | SSP5 |
| 水稻 | 2.82 | 2.80 | 2.98 | 2.78 | 3.32 |
| 小麦 | 1.58 | 1.58 | 1.22 | 1.37 | 2.93 |
| 玉米 | 6.45 | 6.27 | 4.23 | 4.70 | 13.89 |
| 土豆 | 1.60 | 1.60 | 1.26 | 1.29 | 3.07 |
| 蔬菜 | 1.84 | 1.82 | 1.67 | 1.66 | 2.72 |

## 5.6　小　　结

本章基于第 4 章 SSPs 情景下的全球城市用地产品、现状农田土地覆盖数据、粮食产量空间分布数据以及联合国提供的全球人均食物供应数据，评估了城市扩张对其最大土地来源——农田造成的粮食产量损失情况，并对其影响的人口数量进行了估算。结果表明，城市扩张导致的单一农作物减产将影响 1.22 亿~13.89 亿人对某一粮食的年食用需求。更重要的是，作物产量的损失（1%~4%）与农田土地面积的损失（约 1%）不成比例。有学者的研究表明，全球温度每升高 2℃，将造成全球玉米产量损失 8%~14% （Bassu et al.，2014）。相比之下，本书的评估结果表明，仅城市用地扩张就将导致全球玉米产量损失 1%~4%，考虑到城市面积仅占陆地总面积很小的一部分且远小于农田的面积，这从另外一个角度也表明，保护肥沃和优质的耕地至关重要。另外，良好的管理和适当规划城市用地开发的空间位置也是减少未来粮食产量损失的关键措施（Bren D'Amour et al.，2017；van Vliet et al.，2017）。但是，许多国家由于治理结构分散导致治理质量一般甚至低下，从而会进一步导致粮食生产的巨大损失（Kaufmann et al.，2011）。因此，有效保护农田和粮食产量需要加大对决策者的教育力度，提升管理水平，并发展更全面的治理制度（Barthel et al.，2015）。

然而，本章对于城市扩张对粮食产量影响的评估，乃至于在探讨城市用地与其他土地类型在未来不同情景下的相互关系和影响上，仍然存在着一定的局限性。第 3 章和本章的分析中，仅考虑了城市扩张对其他土地类型的直接影响，而若能够考虑更多的土地类型在未来不同情景下的变化情况，就能为理解未来的不同可能性提供更全面和清晰的蓝图。以 Popp 等（2017）的研究结果为例，其可以与前文所得结果互为补充。该研究结果提供了 SSPs 情景下农田对其他土地利用类型扩张的预测。他们的结果表明，SSP3 情景下的农田面积增幅最大（2005~2100 年增加约 700 万 km²），而 SSP1 情景下的农田面积增幅最小（2005~2100 年增加约 20 万 km²）。而在 SSP2、SSP4 和 SSP5 情景下，2005~2100 年，农田面积将增加 250 万~400 万 km²。而本书的评估结果表明，在只考虑城市扩张对农田的直接影响的前提下，在 SSP5 情景下城市扩张造成的农田面积损失最大（约 37.6 万 km²），而在 SSP3 情景下损失最小（约 22 万 km²）。在其他 SSPs 情景中，估计的农田面积损失为 22.40 万~24.9 万 km²。因此，将本书的结果与 Popp 等的研究结果相结合，揭示了城市用地和农田扩张的相对格局，即在城市扩张造成的农田损失更多的情景下，农田自身的增加相对较小，反之亦然。

综上所述，本书第 4 章从 SSPs 情景出发，进行了不同情景下全球城市用地扩张模拟，并在此基础上分析了城市用地扩张对农田和粮食产量的影响。但若想更全面地探究土地利用与土地覆盖在未来不同可能情况下的变化、相互作用与影响，以至于为全球气候变化相关研究提供更丰富的数据支持，则需要在前文研究的基础上进一步引入气候变化的因素，在耦合社会经济与气候变化的情景下继续开展全球土地利用与土地覆盖变化模拟，也由此引出后文的相关研究。

## 参 考 文 献

马先红, 李峰, 宋荣琦. 2019. 玉米的品质特性及综合利用研究进展. 粮食与油脂, 32(1): 1-3.

Anderson W, You L, Wood S, et al. 2015. An analysis of methodological and spatial differences in global cropping systems models and maps. Global Ecology and Biogeography, 24(2): 180-191.

Barthel S, Parker J, Ernstson H. 2015. Food and green space in cities: a resilience lens on gardens and urban environmental movements. Urban Studies, 52(7): 1321-1338.

Bassu S, Brisson N, Durand J, et al. 2014. How do various maize crop models vary in their responses to climate change factors? Global Change Biology, 20(7): 2301-2320.

Bren D'Amour C, Reitsma F, Baiocchi G, et al. 2017. Future urban land expansion and implications for global croplands. Proceedings of the National Academy of Sciences, 114(34): 8939-8944.

de Boer P, Kroese D P, Mannor S, et al. 2005. A tutorial on the cross-entropy method. Annals of Operations Research, 134(1): 19-67.

Fischer G, Shah M M, van Velthuizen H T. 2002. Climate Change and Agricultural Vulnerability. Laxenburg, Austria: IIASA.

Fischer G, Shah M N, Tubiello F, et al. 2005. Socio-economic and climate change impacts on agriculture: an integrated assessment, 1990-2080. Philosophical Transactions of the Royal Society B: Biological Sciences, 360(1463): 2067-2083.

Godfray H C J, Beddington J R, Crute I R, et al. 2010. Food security: the challenge of feeding 9 billion people. Science, 327(5967): 812-818.

He C, Liu Z, Xu M, et al. 2017. Urban expansion brought stress to food security in China: evidence from decreased cropland net primary productivity. Science of the Total Environment, 576: 660-670.

Kaufmann D, Kraay A, Mastruzzi M. 2011. The worldwide governance indicators: methodology and analytical issues. Hague Journal on the Rule of Law, 3(2): 220-246.

Li S. 2018. Change detection: how has urban expansion in Buenos Aires metropolitan region affected croplands. International Journal of Digital Earth, 11(2): 195-211.

McGuire S, FAO, IFAD, et al. 2015. The State of Food Insecurity in the World 2015: Meeting the 2015 International Hunger Targets: Taking Stock of Uneven Progress. Rome: FAO, 2015. Oxford: Oxford University Press.

Parry M, Rosenzweig C, Livermore M. 2005. Climate change, global food supply and risk of hunger. Philosophical Transactions of the Royal Society B: Biological Sciences, 360(1463): 2125-2138.

Parry M L, Rosenzweig C, Iglesias A, et al. 2004. Effects of climate change on global food production under SRES emissions and socio-economic scenarios. Global Environmental Change, 14(1): 53-67.

Popp A, Calvin K, Fujimori S, et al. 2017. Land-use futures in the shared socio-economic pathways. Global Environmental Change, 42: 331-345.

Sasson A. 2012. Food security for Africa: an urgent global challenge. Agriculture & Food Security, 1(1): 1-16.

Schmidhuber J, Tubiello F N. 2007. Global food security under climate change. Proceedings of the National Academy of Sciences, 104(50): 19703-19708.

Thenkabail P S, Hanjra M A, Dheeravath V, et al. 2010. A holistic view of global croplands and their water use for ensuring global food security in the 21st century through advanced remote sensing and non-remote sensing approaches. Remote Sensing, 2(1): 211-261.

van Vliet J, Eitelberg D A, Verburg P H. 2017. A global analysis of land take in cropland areas and production displacement from urbanization. Global Environmental Change, 43: 107-115.

WHO. 2018. The State of Food Security and Nutrition in the World 2018: Building Climate Resilience for Food Security and Nutrition. Rome: Food & Agriculture Org.

Wood-Sichra U, Joglekar A B, You L. 2016. Spatial Production Allocation Model (SPAM) 2005: Technical Documentation. Washington, D.C.: International Food Policy Research Institute (IFPRI) and St. Paul: International Science and Technology Practice and Policy (InSTePP) Center, University of Minnesota.

You L, Wood S, Wood-Sichra U, et al. 2014. Generating global crop distribution maps: from census to grid. Agricultural Systems, 127: 53-60.

# 第 6 章　基于 SSPs-RCPs 耦合情景的未来全球 LUCC 模拟

## 6.1　引　　言

对未来土地变化模拟，可以提供在不同可能条件下土地政策效果的重要评估信息。而基于情景的模拟，已经成为一种分析未来潜在土地利用变化的强有力的工具（Sohl et al.，2012）。在全球气候变化的背景下，基于不同情景的未来土地变化模拟可以为环境变化的风险评估提供重要参考（Yeung et al.，2020），同时也是气候模式的重要驱动要素（Oleson et al.，2010）。因此，CMIP6 所采用的最新情景是 SSPs 和 RCPs 的耦合情景，将两者结合起来综合讨论。其中，SSPs 情景从人口、经济、政策和科技等维度考虑人类社会经济在未来的可能性，而这可能会带来不同的气候结果；而 RCPs 情景则以辐射强迫为指标，对应不同温室气体浓度和温升目标，描述了未来气候变化的可能性。理论上，不同的 SSPs 和 RCPs 可以构成一个无限细分的耦合情景矩阵。所以，为了集中研究的重点，CMIP6 把一些最可能出现的情景推荐为重点的 SSPs-RCPs 耦合情景，并且按照重要程度给这些重点情景划分了等级。本章将基于 CMIP6 划定的优先度最高的 Tie 1 和 Tie 2 级别的耦合情景，以及为实现更高的 1.5℃温升目标而特别追加的耦合情景（Rogelj et al.，2018）进行全球土地变化模拟。其中，Tie 1 级别的耦合情景包括 SSP1-2.6、SSP2-4.5、SSP3-7.0 和 SSP5-8.5，Tie 2 级别的耦合情景包括 SSP4-3.4、SSP4-6.0 和 SSP5-3.4，追加的 1.5℃温升目标的耦合情景为 SSP1-1.9。

此外，土地变化模拟产品的分辨率也是决定产品性能的一个重要因素。然而，目前已有的全球土地 LUCC 预测产品普遍存在分辨率不足的问题，绝大多数产品的分辨率在 5′～0.5°（对应赤道上 10～50 km）（Letourneau et al.，2012；Stehfest et al.，2014；Verburg et al.，2013），这就导致产品在刻画空间细节能力方面的不足，限制了使用这些全球土地模拟产品的价值，也给使用这些产品而进行的相关研究带来巨大的不确定性。因此，本章将采用目前全球土地变化模拟产品中最高的 1 km 分辨率开展每 5 年间隔的 2015～2100 年的未来全球土地变化模拟。如果考虑到本章采用了最新的 SSPs-RCPs 耦合情景，其将可能是全球第一个达到 1 km 分辨率的 SSPs-RCPs 耦合情景下的长时序、较高时间分辨率的全球土地变化模拟产品。

## 6.2　研　究　方　法

基于 FLUS-global 模型框架实现 SSPs-RCPs 耦合情景下的未来全球 LUCC 模拟可以

分为两大部分。第一部分是使用综合评估模型（Integrated Assessment Model，IAM），利用其多部门复杂系统的特点，综合考虑社会环境和自然环境的影响，"自顶向下"地预测出各个情景下各种土地在未来的需求量。第二部分是使用改进后的 FLUS 模型，利用其 CA 的特点，在前述未来土地需求量的约束下，充分体现微观尺度上各种土地类型的竞争与转化，"自底向上"地预测未来 LUCC 的空间分布格局。由此，在"自顶向下"的 IAM 模型和"自底向上"的 FLUS 模型的耦合联动下，实现基于 SSPs-RCPs 耦合情景的 2015~2100 年 1 km 分辨率的全球 LUCC 模拟。其方法流程图如图 6-1 所示。

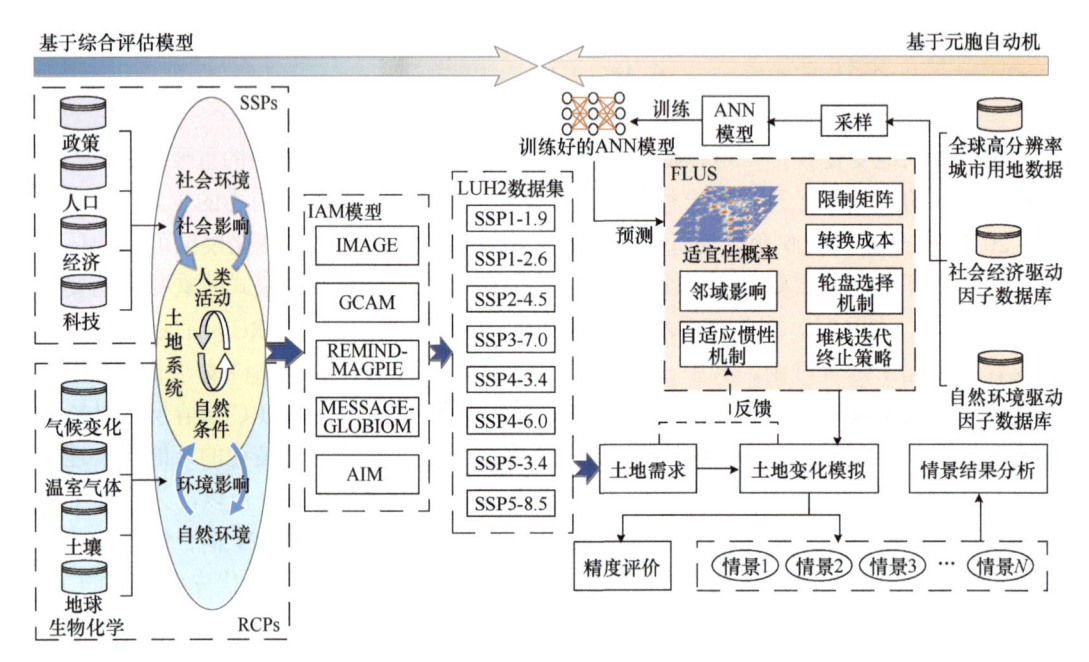

图 6-1 全球多类土地利用/土地覆盖模拟流程示意图

## 6.2.1 基于 LUH2 数据集的未来土地需求量预测

许多 IAM 模型都具备了预测多个 SSPs 情景及其对应 RCPs 耦合情景下的未来土地需求量的能力。例如，IMAGE 模型具备对 SSP1、SSP2 和 SSP3 情景的预测能力，MESSAGE-GLOBIOM 模型具备对 SSP1、SSP2 和 SSP3 情景的预测能力，AIM 模型具备对全部 5 个 SSPs 情景的预测能力，GCAM 模型也具备对全部 5 个 SSPs 的预测能力，REMIND-MAGPIE 模型具备对 SSP1、SSP2 和 SSP5 情景的预测能力（Popp et al.，2017）。这些 IAM 模型也同时具备预测这些 SSPs 情景对应的若干 RCPs 耦合情景的能力。这些 IAM 模型都是多部门的复杂系统。以 IMAGE 模型为例，其内部分为人类系统和地球系统这两大系统，其中，人类系统中包含农业经济、林地管理、牲畜系统、能源需求、能源转换和能源供应等细分部门，地球系统中包含温室气体排放、大气构成与气候、水循环、碳循环和土壤养分等细分部门（Stehfest et al.，2014）。在人口、经济、政策（包括气候政策、空气污染与能源政策、土地与生物多样性政策）、科技、生活方式和资源等因素的驱动下，IMAGE 模型能在其内部两大系统的紧密运行下进行不同 SSPs-RCPs 耦合情景的土地需求预测（Stehfest et al., 2014）。

但是，在 CMIP6 官方的未来土地利用数据集中，一个 SSP 情景及其对应的 RCP 耦合情景的数据只从可选择的 IAM 模型中选择一个 IAM 模型的结果作为该情景的"标记情景"（Marker Scenario），在该数据集中，每个 IAM 模型对应一个 SSP 情景的产品，即 IMAGE 模型对应 SSP1 情景，MESSAGE-GLOBIOM 模型对应 SSP2 情景，AIM 模型对应 SSP3 情景，GCAM 模型对应 SSP4 情景，REMIND-MAGPIE 模型对应 SSP5 情景（Hurtt et al., 2020）。CMIP6 官方提供并推荐的一套未来土地利用数据集就是 LUH2 数据集，这套数据集可以在 http://luh.umd.edu/index.shtml 免费下载。本节将基于这套官方数据集预测 SSPs-RCPs 情景下的未来土地需求量。

LUH2 数据集提供了 0.25° 空间分辨率的不同 SSPs-RCPs 情景下 2015～2100 年连续年份的全球多类土地的预测。LUH2 数据集的重要性在于，它把不同 IAM 模型的预测结果整合到了一起，使其拥有相同的初始土地利用分布。但是它独特的土地分类体系、粗糙的分辨率以及在 2015 年的土地现势性不强，使得它必须经过一定的转换才能用于支持 1 km 分辨率土地模拟。

第一步是把土地分类从 LUH2 数据集中的分类体系对应到本章土地模拟所使用的分类体系。本章的土地模拟的初始土地数据是基于 2015 年的 ESA-CCI 全球土地覆盖数据合并而成的七大类土地，具体的对应关系如表 6-1 所示，通过这个对应关系，把土地类型合并为 7 类，其中水体和永久冰雪在模拟中将保持不变。

表 6-1 本章多类土地模拟、LUH2 数据集和 ESA-CCI 的土地分类体系对照表

| 本章多类土地分类 | LUH2 数据集的土地分类 | ESA-CCI 的土地分类 |
| --- | --- | --- |
| 林地 | 原生林地 | 常绿阔叶林 |
|  |  | 落叶阔叶林 |
|  |  | 常绿针叶林 |
|  |  | 落叶针叶林 |
|  | 潜在次生林地 | 混合叶型林地 |
|  |  | 灌木 |
|  |  | 混合树木与灌木（>50%）/ 草本植物（<50%） |
|  |  | 混合自然植物（树木、灌木、草本植物）（>50%）/农田（<50%） |
| 草地 | 有管理的牧场 | 草地 |
|  | 无管理的牧场 | 混合草本植物（>50%）/ 树木与灌木（<50%） |
| 荒地 | 非林地原生土地 | 裸地 |
|  | 潜在非林地次生土地 | 地衣与苔藓 |
|  |  | 稀疏植被（树木、灌木、草本植物）（<15%） |
| 农田 | C3 一年生作物 | 旱作农田 |
|  | C3 多年生作物 | 灌溉农田 |
|  | C4 一年生作物 | 混合农田（>50%）/ 自然植被（树木、灌木、草本植物）（<50%） |
|  | C4 多年生作物 | — |
|  | C3 固氮作物 |  |
| 城市 | 城市用地 | 城市 |
| 水体 | — | 水体 |
| 永久冰雪 | — | 永久冰雪 |

第二步是按照本书划定的全球分区标准，统计 LUH2 数据集中各类土地在各个情景各个分区里的未来面积变化情况。区域的划分标准主要基于两个原则：第一，考虑到不同发展状态的国家会倾向于采用不同的政策，发展阶段相近的国家会被划分在同一个区域；第二，考虑到空间异质性，空间上相邻的国家会被优先分在同一个区域。由于 LUH2 数据集的数据和本书的土地模拟所使用的 ESA-CCI 土地覆盖数据在初始年份存在面积差异，因此本书将从 LUH2 数据集中提取各类土地变化的趋势来对未来土地需求量进行校正，并保持各类土地在各情景的变化趋势不变。校正的公式如下所示：

$$\text{Area}_{r,j}^{t} = \text{Area}_{r,j}^{t-1} \times \left( \text{rate}_{r,j}^{t} \times \frac{\text{LUH2}_{r,j}^{t-1}}{\text{Area}_{r,j}^{t-1}} + 1 \right), \frac{\text{LUH2}_{r,j}^{t-1}}{\text{Area}_{r,j}^{t-1}} < 1 \quad (6\text{-}1)$$

$$\text{Area}_{r,j}^{t} = \text{Area}_{r,j}^{t-1} \times \text{rate}_{r,j}^{t}, \frac{\text{LUH2}_{r,j}^{t-1}}{\text{Area}_{r,j}^{t-1}} \geqslant 1 \quad (6\text{-}2)$$

式中，$\text{Area}_{r,j}^{t}$ 为 $t$ 时刻区域 $r$ 的 $j$ 类土地的需求量；$\text{rate}_{r,j}^{t}$ 为 LUH2 数据集中从 $t-1$ 到 $t$ 时刻区域 $r$ 的 $j$ 类土地的需求量的净变化率；$\text{LUH2}_{r,j}^{t-1}$ 为 LUH2 数据集中 $t-1$ 时刻区域 $r$ 的 $j$ 类土地的面积；$t$ 的取值范围为 $2015 < t \leqslant 2100$。初始年份的土地面积来自重采样到 1 km 分辨率的 2015 年 ESA-CCI 全球土地覆盖数据。通过这样的调整，可以在保持 LUH2 数据集原有趋势的前提下，减小不同产品中不同土地的面积基数差异带来的不合理的剧烈波动。

对于经过上述校正之后可能出现的预测陆地总面积大于实际陆地总面积的情况，可以通过比例分配的方法简单、有效地将各类土地的总面积调整到与实际陆地总面积相等。在进行未来土地模拟时，预测好的未来土地需求量将作为不同情景模拟的目标和迭代停止的约束条件。

## 6.2.2 基于 FLUS-global 模型的土地变化模拟建模

在土地需求量的约束下，本章使用 FLUS-global 模型逐分区地进行 SSPs-RCPs 情景下未来土地利用变化模拟。FLUS 模型是公认的、优秀的、能有效进行全球尺度土地利用模拟的 CA 模型（Li et al., 2017）。它还可以与 IAM 模型进行耦合，进行复杂情景下的土地模拟（Liao et al., 2020）。关于 FLUS 模型的原理、特点和优势在第 2 章中已有详细介绍，本章不再赘述。本章的全球土地变化模拟以 1 km 分辨率进行，时间跨度为 2015~2100 年，以 5 年为间隔输出模拟结果。初始年份的土地数据采用重采样到 1 km 分辨率并按表 6-1 归类到七大类土地的 2015 年 ESA-CCI 全球土地覆盖数据，采用 WGS_1984_Cylindrical_Equal_Area 等积投影，确保每个栅格对应的地表实际面积均为 1 km²，且便于在模拟过程中通过此前计算得到的土地面积需求量进行目标约束。本书不对水体和永久冰雪的变化进行模拟。参考以往研究的做法（Chen et al., 2020；Liu et al., 2017；Sohl and Sayler, 2008；Verburg et al., 2002），考虑到现实中土地类型从非城市用地转变为城市用地往往存在不可逆性，本书假设城市用地不可转换为其他土地类型，当出现城市需求量减少的情况时，城市用地的空间分布保持不变。

下面针对本章全球土地变化建模的细节、所用数据和为适应本书需求而在 FLUS-global 模型中做出的调整进行介绍。

**1. 适宜性概率的估算及其所用的数据**

适宜性概率的准确估算是确保 FLUS 模型有效执行的关键。FLUS 模型采用 ANN 进行各类土地的适宜性概率的训练和估算。考虑到本章涉及多种土地类型的模拟，包括人类活动的土地（如城市）和自然土地（如林地、草地和荒地），因此需要选择合适的空间驱动因子并输入 ANN 中，以驱动适宜性概率的估算。参考已有的土地模拟研究（Li and Yeh，2002；Liao et al.，2020；Sohl et al.，2012；Verburg et al.，2011），本章选择了一系列合适的空间驱动因子以驱动 ANN 的训练和估算，如反映社会经济要素的 GDP、人口、城镇中心、道路等空间驱动因子，以及反映自然环境条件的气温、降水和土壤质量等空间驱动因子。本章所使用的空间驱动因子如表 6-2 所示。在驱动因子数据的来源上，尽可能选择时间上更接近模拟的初始年份的数据，且在数据的原始分辨率上也尽可能接近本章土地模拟时使用的 1 km 分辨率。除土壤质量因子以外（5′分辨率），其余空间驱动因子均达到了 1 km 分辨率的水平。但考虑到土壤的空间异质性不及人口和 GDP 等因子显著，因此 5′分辨率（赤道上大约 10 km）仍然可以如实反映土壤质量的实际分布，是可接受的。所有这些因子在被输入 ANN 进行训练和估算之前都将被重采样到 1 km 分辨率。

表 6-2 全球 LUCC 模拟所使用的空间驱动因子

| 空间驱动因子 | 年份 | 分辨率 | 数据来源 |
| --- | --- | --- | --- |
| GDP | 2006 | 1 km | Ghosh et al.，2010 |
| 人口 | 2010 | 0.5′ | LandScan 2010 Global Population Project |
| 人类影响指数 | 2004 | 0.5′ | NASA Socioeconomic Data and Applications Center，Global Human Influence Index，v2 |
| 到城镇的距离（人口>3 万人） | 2014 | 1 km | United Nations，Department of Economic and Social Affairs，Population Division（2014） |
| 到道路的距离 | 1980~2010 | 1 km | NASA，Socioeconomic Data and Applications Center，Global Roads Open Access Data Set（gROADS），v1 |
| DEM | 2000 | 0.5′ | Hijmans et al.，2005 |
| 坡度 | 2000 | 0.5′ | Retrieved from DEM |
| 年均气温<br>气温年较差<br>气温季节性 | 2000 | 0.5′ | WorldClim 2（Fick and Hijmans，2017） |
| 年降水量<br>降水季节性 | 2000 | 0.5′ | WorldClim 2（Fick and Hijmans，2017） |
| 土壤质量（盐碱度）<br>土壤质量（养分可获得性）<br>土壤质量（根部氧气可获得性）<br>土壤质量（可耕作性） | 2008 | 5′ | Harmonized World Soil Database v 1.2（FAO et al.，2012；Fischer et al.，2008） |

相比于第 4 章在进行全球城市用地模拟时所使用的空间驱动因子，本章所使用的空间驱动因子主要针对自然土地的特点，增选和调整了反映气温、降水和土壤的空间驱动因子。

本章将对 32 个分区分别单独训练和估算各种土地类型的适宜性概率。为了避免出现过拟合的问题，训练 ANN 时所采集的训练样本数量只占该区域栅格总数的 1%，每个区域内每类用地将平均分配样本数进行采样，在后续的精度验证中将从该区域重新采集样本验证 ANN 估算结果的准确性。在训练过程中，样本的 2/3 放入 ANN 进行训练，分别启动 ANN 训练 5 次，每次训练完成用剩下的 1/3 样本计算均方根误差（RMSE）对训练效果进行评判，选取 5 次训练中 RMSE 最小的一次作为最终采用的该区域 ANN 训练的结果，即后续模拟所使用的适宜性概率。

**2. 基于堆栈的迭代终止策略**

为了适应全球多分区、多情景、多年份、多地类的土地变化模拟的实际需求，本书提出的 FLUS-global 模型框架在保留 FLUS 模型的内部原理不变的前提下，对各地类空间模拟的迭代终止策略进行了调整。在原有的 FLUS 模型中，各地类只参照各自的土地需求量，在自适应惯性系数的作用下，一旦达到目标需求量，则该地类立即停止其与所有土地类型之间的转换，表现为该地类在达到目标需求量后，在空间上不能再增加也不能再减少。这种迭代终止策略在实际操作中会带来巨大的参数调整的工作量。因为，在土地的实际分布中，可能出现这样的情况：土地类型 A→B→C 是空间上连续分布和依次过渡的土地类型，这样的土地空间分布特征往往由当地的自然条件（如气温、降水等）所决定，因此 A 和 B、B 和 C 之间自然条件相近，容易发生相互转换，而 A 和 C 之间难以或几乎不可能发生相互转换。所以，在 FLUS 原有的迭代终止策略下，需要在进行土地模拟时加入专家先验知识，将邻域权重和加速因子等调整到适当的参数值，确保 B 不会过早达到目标需求量，以免造成大量 A 和 C 之间的不合理转换，但是这需要针对不同区域、不同情景甚至不同时间段内土地变化趋势的转变进行针对性的调参，这放在本章巨大的模拟工作量中是不可接受的，将花费巨大的人力成本和时间成本。因此，为适应本章巨大模拟工作量的需求，本书在 FLUS-global 模型中加入了一个基于堆栈的迭代终止策略，以替换原有 FLUS 模型的简单迭代终止策略，从而提高在土地空间模拟时的自动性，减少人为因素的干扰。

这个基于堆栈的迭代终止策略包含以下准则：①各土地类型在第一次达到各自的目标需求量时，将其地类类型依次记入堆栈；②在被记入堆栈后，该地类由双向变化（既可增加也可减少）变为单向变化（即只能减少，除出现剩余未达到目标需求量的地类全需减少才能达到目标量的特殊情况时，才只能增加）；③当所有土地类型均达到过一次目标需求量后，按堆栈中土地类型的顺序，"自顶向下"依次放行各个土地类型，使其迭代至各自目标需求量并最终锁定；④针对特殊土地类型，如城市，可进行特殊标记，使其不参与堆栈策略，仍保留在第一次达到目标需求量后立即锁定其与其他地类之间的转换；⑤可根据土地空间分布实际情况，在两种地类之间设置"中间地类"（以前述 A、B、C 地类的情况为例，阻隔在 A、C 两地类中间，使 A、C 出现空间阻隔的地类 B，即地类 A 和 C 之间的"中间地类"），当出现只剩这两类地类未达到目标需求量的特殊情况时，必须加入"中间地类"进行这两类地类与"中间地类"两两之间的土地类型转换。

在 FLUS 模型原有的迭代终止策略中，需要通过设置邻域强度来调整和平衡"强势地类"与"弱势地类"达到目标需求量的速度，避免出现"强势地类"过早达到目标需求量而被锁定，导致"弱势地类"无法进行合理的地类转换的情况。而本书在 FLUS-global 模型中加入的基于堆栈的迭代终止策略的基本假设是，巧妙利用了堆栈结构的特点，使得"强势地类"在率先第一次达到目标需求量后被记入堆栈底部，让"弱势地类"能率先通过自由转换达到目标需求量并完成锁定，再让"强势地类"完成最后的迭代收尾工作。这样，通过堆栈策略和自适应调整机制的充分配合，使得土地类型间和土地类型本身在不断迭代并趋向目标需求量的过程中取得更好的自主适应性，消除了为不同区域、不同需求目标设置不同的邻域强度带来的巨大工作量，实现了模拟过程的自动化。这也为在有限的人力和时间成本下实现全球多分区、多情景、多年份、多地类的土地变化模拟提供了基础条件。

## 6.3　土地需求量预测结果

通过 6.2.1 节所述方法，FLUS-global 模型对 LUH2 数据集的数据进行提取和校正后，得到了本书多类土地变化模拟所使用的 SSPs-RCPs 耦合情景下 2015~2100 年全球 32 个分区的各土地类型的需求量。为展示在各 SSPs-RCPs 耦合情景下全球各土地类型未来变化的趋势，同时展示对 LUH2 数据集的土地需求量进行提取和校正后的效果，图 6-2 中对比了本书 FLUS-global 模型得到的土地需求量与 LUH2 数据集中的土地需求量。

从图 6-2 所示结果可知，使用本书所提出的方法对 LUH2 数据集中的数据进行提取和校正得到了良好的结果，达到了预期目标。在各个土地类型的各个情景中，本书所得的土地需求量都保持了与 LUH2 数据集高度同步，即 LUH2 数据集的各个土地类型在各个情景中的变化趋势都得到了很好的保留。因此，本书多类土地变化模拟所使用的土地需求量，能充分反映各 SSPs-RCPs 耦合情景的设定对土地类型所造成的宏观影响，并与各 IAM 模型所做的土地预测保持一致性和可比较性。此外，各土地类型的需求量在各 SSPs-RCPs 情景中的走势也与情景的假定相吻合（图 6-2）。

SSP1-2.6：它是 SSP1 基准情景的衍生，其到 2100 年的目标升温是 2℃（van Vuuren et al.，2011）。在 SSP1 情景下，适中的人口增长速度在 21 世纪中叶以后趋于平缓，并且在绿色发展道路下，经济也得到了高速发展，这在土地需求上表现为城市用地的稳健增长以及在 2050 年出现城市用地增速趋缓的拐点。由于走绿色发展道路，环境意识觉醒，各国采取措施限制生物多样性的损失，减少对动物产品的消费（van Vuuren et al.，2011），因此对提供动物产品的牧场的需求减少，表现为草地面积的减少，同时，包括农业生产力在内的技术获得快速发展，增加对生物质能的使用，从而避免了对森林的砍伐和追求退化森林的恢复，转而通过生物质能实现对碳的捕获和储存（Doelman et al.，2018），因此承担生物能源作物种植的农田面积有适量增长，林地的面积趋于平稳。

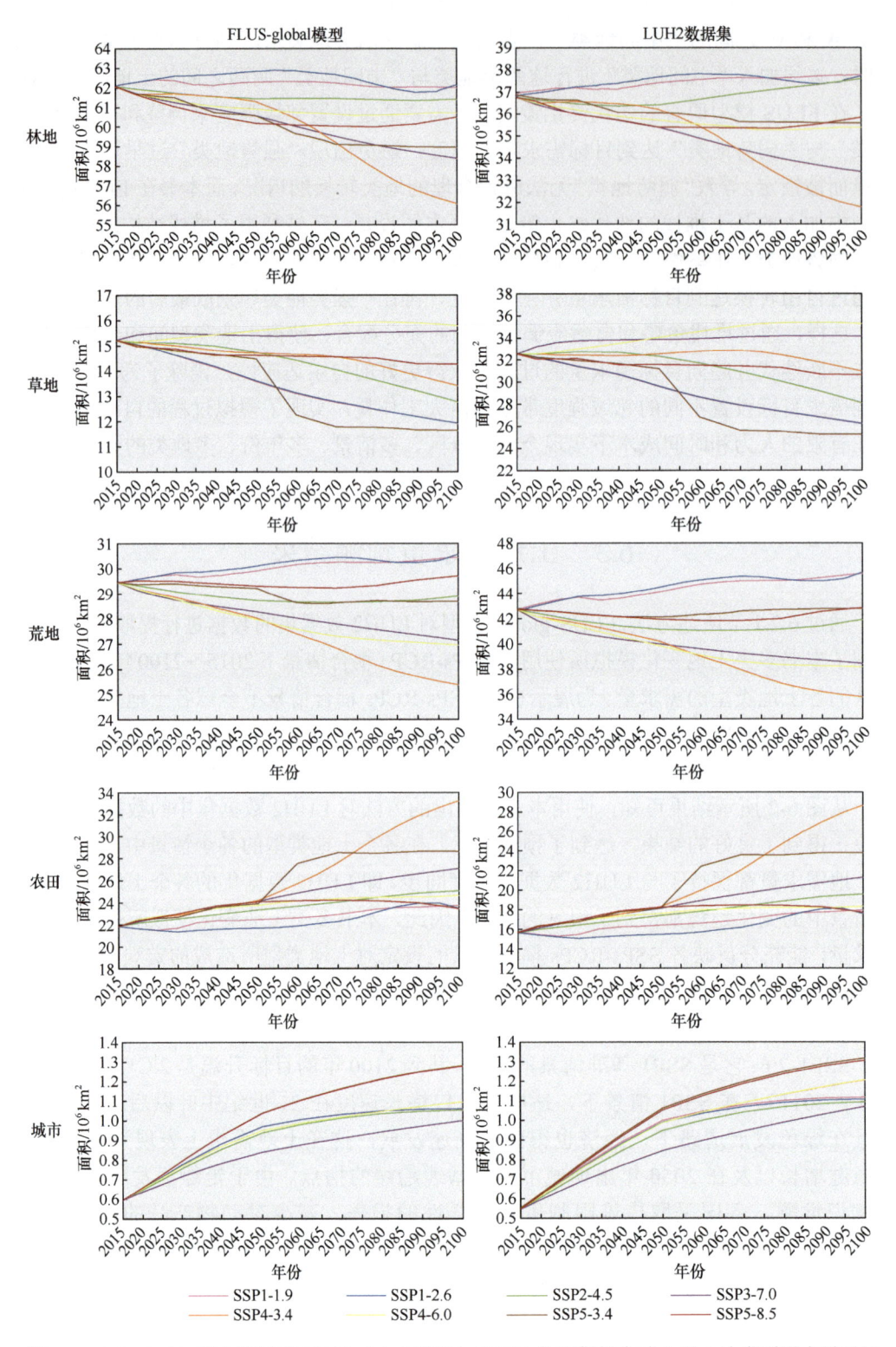

图 6-2 SSPs-RCPs 耦合情景下 FLUS-global 模型与 LUH2 数据集的全球主要土地类型需求量对比（2015~2100 年）

SSP1-1.9：它也是 SSP1 基准情景的衍生，它与 SSP1-2.6 在各个方面完全平行，拥有相同的发展道路、政策和社会经济情况。它与 SSP1-2.6 的唯一不同在于，它拥有更低的辐射强迫目标（1.9W/m$^2$），它对应的目标升温是 1.5℃（Doelman et al.，2018；Rogelj et al.，2018）。因此，在土地需求量的表现上，它的各种土地类型的需求量都与 SSP1-2.6 高度趋同。

SSP3-7.0：它是 SSP3 基准情景的衍生，SSP3 描述的是一个区域竞争与对抗的世界，各国只关注国内和地区问题，是一个逆全球化的情景（Fujimori et al.，2017）。在这个情景下，各国经济发展缓慢，发达国家人口低增长，发展中国家人口高增长，因此综合来看，全球城市用地的增长在这个情景下最低。农业用地集约程度低，而且向发展中国家的农业技术转移很少，但同时消费趋向物质密集型，不健康的饮食习惯盛行，食物浪费情况严重，动物占饮食结构比例高，加之该情景下国家间的贸易减少，对土地变化缺乏监管（Hurtt et al.，2020），造成了全球农田和草地的大量增长，也导致了大规模的森林砍伐。

SSP2-4.5：SSP2 作为 SSP1 和 SSP3 的中间情景（Fricko et al.，2017），而且在气候环境方面，4.5W/m$^2$ 的辐射强迫目标也处于 2.6～7.0W/m$^2$，因此各土地类型需求量的走势在 SSP2-4.5 中基本也处于 SSP1-2.6 和 SSP3-7.0 之间。

SSP4-6.0：它是 SSP4 基准情景的衍生，描绘的是一个不均衡发展的世界，在区域之间和区域内部都表现为不均衡的发展（Calvin et al.，2017）。高收入地区保持了繁荣，对能源和食物的需求增长，包括农业生产力在内的技术发展速度快。但是在低收入地区情况刚好相反，农业生产力发展缓慢，总体消费的增加仅仅是人口的增加而不是财富的增加带来的（Hurtt et al.，2020）。因此，总体上农田和草地（牧场）有适当的增加。在环境政策方面，中高收入国家能实施减少森林砍伐和植树造林计划，尽管在一些低收入国家出现大量的森林砍伐，但全球林地面积总体比较平稳。

SSP4-3.4：它也是 SSP4 基准情景的衍生，但相比于 SSP4-6.0，它执行更为严格的气候减缓政策，需要在 2100 年将辐射强迫控制在 3.4W/m$^2$。在更为严格的减缓政策驱动下，碳交易价格大幅提升，预计到 2100 年将超过 1000 美元/t CO$^2$，而目前全球的碳交易价格只在 10 美元/t CO$^2$ 的量级（Hurtt et al.，2020）。碳价格的高企将驱使生产者及其所在国家力争减少温室气体的净排放。因此，在这个情景下，需要有大量的土地承担生物能源作物的种植，从而实现对碳的捕获和储存，这在土地变化上表现为农田的大幅增长，相应地带来草地（牧场）的相对下降和林地的大幅减少。这一点与一般常识中依靠大量植树造林来实现固碳的印象有所不同，其是通过技术化的方法，将固碳效率更高的生物能源作物作为固碳的主要手段。

SSP5-8.5：它是 SSP5 基准情景的衍生。它是一条基于化石能源的发展路径，对化石能源的使用率非常高，也带来了技术的进步和农业生产力的提高，但随之而来的是在 21 世纪内温室气体排放量增加了 3 倍，全球粮食需求也翻了一番（Kriegler et al.，2017）。由于食物和饲料需求的强劲增长，以及畜牧业生产系统的高度集约化，畜牧业生产更多依靠浓缩饲料而不是粗饲料（Weindl et al.，2017），因此 SSP5-8.5 情景显示出全球农田向草地（牧场）和林地的扩张。

SSP5-3.4：也记作 SSP5-3.4 OS 超量（Overshoot）情景，是基于 SSP5-8.5 衍生出来的一个超量情景，拥有更为严格的气候减缓政策，需要在 2100 年将辐射强迫控制在 3.4W/m² 以内。为了在化石能源发展道路上实现这一减排目标，该情景设想在 2040 年以前遵循与 SSP5-8.5 完全一致的设想，但在 2040 年后采取强有力的减缓行动，在 2070 年左右迅速将 $CO_2$ 排放降至 0，并在此后达到净负水平（O'Neill et al.，2016）。这将需要通过大量种植生物能源作物来实现固碳，因此，随着 2040 年后第二代生物能源作物的大规模推广（Hurtt et al.，2020），在 2040～2070 年出现了农田面积的大量增加。同时，由于 SSP5 情景下畜牧业的高度集约化（Weindl et al.，2017），农田面积的增长主要来自草地（牧场）的大幅减少。

## 6.4 土地模拟精度验证

为了验证本章针对全球多类土地模拟所构建的 FLUS-global 模型的精度，本节对 32 个分区按照 FLUS-global 模型空间模拟的全流程，分别独立进行历史模拟，并对历史模拟的结果进行精度评价。为尽可能反映本章构建的 FLUS-global 模型对长时序多类土地模拟的性能，本章的历史模拟时间跨度为 1992～2015 年。1992 年的真实土地覆盖数据来自 ESA-CCI 土地覆盖数据集中 1992 年的数据，按照表 6-1 中的对照关系，将原有土地类型重分类到本章所使用的七大类土地类型中，并重采样至 1 km 分辨率。考虑到地形、气温、降水、土壤等反映自然条件的空间驱动因子的数值在 20 年时间跨度上不会出现明显变化，而 GDP 和人口等反映社会经济的空间驱动因子也不会在空间分布格局上发生明显变化，本节在进行历史模拟时，仍采用同一套空间驱动因子数据对 1992 年的土地覆盖数据进行 ANN 采样和适宜性概率的估算。估算好各区域各土地类型的适宜性概率后，以 1992 年为初始年份，以 2015 年各类土地类型的真实面积为目标需求量，用本书构建的 FLUS-global 模型开展历史土地变化模拟。

由于本章涉及多类土地的模拟，为了更全面地反映模型在各土地类型以及在总体上的表现，同时兼顾对建模过程中适宜性概率的估算和空间变化模拟两大部分表现的考查，本节分别对适宜性概率的估算结果以及在历史土地变化模拟中的表现进行不同角度的精度验证。

### 6.4.1 适宜性概率的精度

适宜性概率是 FLUS 模型开展土地变化模拟时考虑的重要因素，适宜性概率估算结果的好坏在很大程度上决定了土地变化模拟的效果。如图 6-3 所示，选取了 32 个分区中包含各种地类相对全面、较有代表性的三个分区（中国、美国和巴西），展现了在开展本小节历史土地变化模拟前，ANN 估算得到的适宜性概率的空间分布。

从图 6-3 可以看出，ANN 估算出的各类土地的适宜性概率的空间分布在各个分区都取得了良好的效果。对比各分区实际各土地类型的空间分布，不难看出，各土地类型的适宜性概率分布大致与相应土地的实际空间分布格局吻合，呈现出在土地类型集聚的地

第 6 章　基于 SSPs-RCPs 耦合情景的未来全球 LUCC 模拟

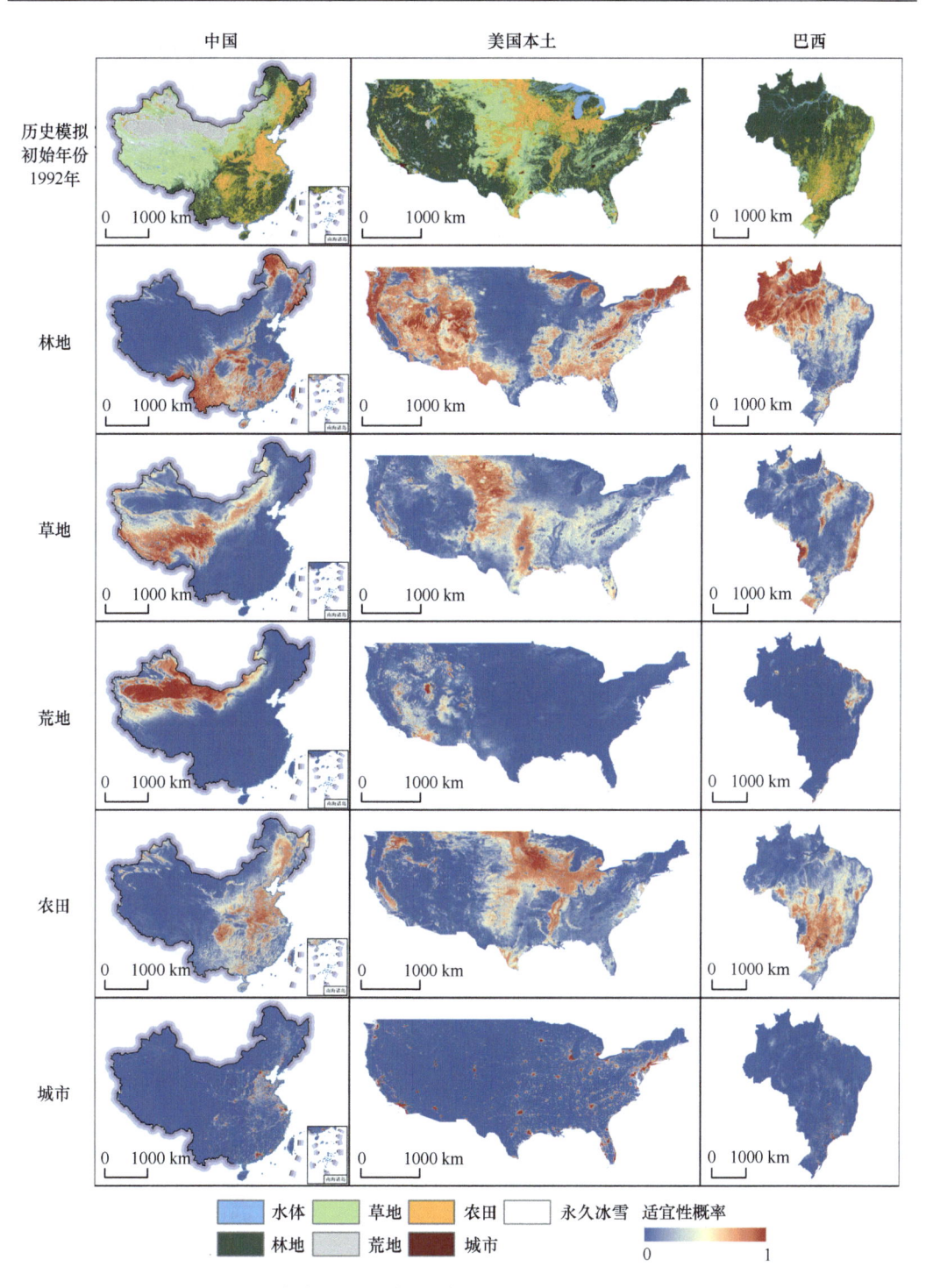

图 6-3　适宜性概率与历史模拟初始年份真实土地空间格局的对比

方适宜性概率相对较高，在土地类型集聚边缘地带和零星分布的地方适宜性概率相对较低的空间形态。基于一般经验判断，这样的适宜性概率空间形态说明其估算结果较好，能有利于后续准确地进行空间模拟。

为了进一步定量化地度量 ANN 估算的适宜性概率的精度，本节采用信号检测理论中的受试者工作特征曲线（Receiver Operating Characteristic Curve，ROC 曲线）作为检测工具，ROC 曲线的线下面积（Area Under the Curve，AUC）可以作为衡量适宜性概率精度的指标。AUC 的值介于 0～1，从数值可以直观地评价估算结果的好坏，值越大精度越高。本节中，按照各区域栅格总数的 10%对各土地类型进行均匀采样，计算得到如表 6-3 所示的 AUC 计算结果。由表 6-3 可知，经本章 ANN 训练和估算所得的各

表 6-3 适宜性概率在各区域各土地类型中的 AUC

| 区域 | 林地 | 草地 | 荒地 | 农田 | 城市用地 |
| --- | --- | --- | --- | --- | --- |
| ANUZ | 0.951 | 0.933 | 0.936 | 0.980 | 0.942 |
| BRA | 0.928 | 0.942 | 0.927 | 0.918 | 0.970 |
| CAN | 0.979 | 0.954 | 0.989 | 0.979 | 0.931 |
| CAS | 0.906 | 0.929 | 0.948 | 0.864 | 0.960 |
| CHN | 0.969 | 0.969 | 0.986 | 0.950 | 0.989 |
| EEU | 0.929 | 0.912 | 0.947 | 0.918 | 0.968 |
| EEU-FSU | 0.930 | 0.852 | 0.923 | 0.903 | 0.954 |
| EFTA | 0.926 | 0.932 | 0.973 | 0.944 | 0.971 |
| EU12-H | 0.881 | 0.892 | 0.941 | 0.889 | 0.964 |
| EU12-M | 0.927 | 0.884 | 0.939 | 0.907 | 0.972 |
| EU15 | 0.943 | 0.919 | 0.957 | 0.933 | 0.984 |
| IDN | 0.949 | 0.973 | 0.919 | 0.889 | 0.928 |
| IND | 0.970 | 0.920 | 0.937 | 0.965 | 0.978 |
| JPN | 0.962 | 0.925 | 0.888 | 0.921 | 0.983 |
| KOR | 0.959 | 0.860 | 0.852 | 0.856 | 0.950 |
| LAM-L | 0.944 | 0.951 | 0.875 | 0.932 | 0.928 |
| LAM-M | 0.945 | 0.920 | 0.986 | 0.963 | 0.984 |
| MEA-H | 0.837 | 0.812 | 0.982 | 0.903 | 0.970 |
| MEA-M | 0.905 | 0.915 | 0.942 | 0.911 | 0.970 |
| MEX | 0.952 | 0.957 | 0.979 | 0.896 | 0.982 |
| NAF | 0.964 | 0.933 | 0.950 | 0.945 | 0.922 |
| OAS-CPA | 0.965 | 0.952 | 0.980 | 0.931 | 0.909 |
| OAS-L | 0.969 | 0.938 | 0.884 | 0.920 | 0.911 |
| OAS-M | 0.974 | 0.821 | 0.965 | 0.963 | 0.988 |
| PAK | 0.938 | 0.930 | 0.906 | 0.965 | 0.988 |
| RUS | 0.957 | 0.906 | 0.962 | 0.982 | 0.921 |
| SAF | 0.932 | 0.918 | 0.981 | 0.933 | 0.981 |
| SSA-L | 0.950 | 0.946 | 0.993 | 0.918 | 0.922 |
| SSA-M | 0.925 | 0.941 | 0.987 | 0.935 | 0.944 |
| TUR | 0.926 | 0.903 | 0.899 | 0.889 | 0.991 |
| USA | 0.950 | 0.882 | 0.976 | 0.938 | 0.973 |
| 平均值 | 0.940 | 0.917 | 0.945 | 0.927 | 0.959 |

注：区域名称和首字母缩写遵循 SSPs 官方数据库；数据因修约略有误差。

区域各土地类型中的适宜性概率都取得了良好的精度，5 种主要土地类型的 AUC 平均值均达到了 0.91 以上。其中，城市用地的 AUC 平均值最高，达到 0.959；荒地和林地的 AUC 平均值次之，分别达到 0.945 和 0.940；农田和草地的 AUC 平均值也分别达到了 0.927 和 0.917。在各区域的各土地类型中，AUC 的最低值出现在 OAS-M 区域（其他中高收入的亚洲国家，主要包括新加坡、马来西亚、泰国等东南亚国家）的草地，为 0.821，主要是这个区域的草地数量较少造成的。总体来看，适宜性概率的 AUC 在各区域各土地类型中达到了理想的精度。

### 6.4.2 历史土地空间模拟的精度

图 6-4 继续选取了中国、美国和巴西这三个代表性区域，对历史土地变化模拟所得的 2015 年土地分布与真实的土地分布进行了对比。从图 6-4 中可以直观地看出，模拟的土地分布与真实土地分布较为接近，达到了较为理想的模拟效果。为了对本节的多地类历史土地空间模拟的精度进行多方面的定量评估，本节进一步采用 Kappa 系数、总体精度（OA）和 FoM 这三个常用的精度评价指标评估历史土地变化模拟的精度。

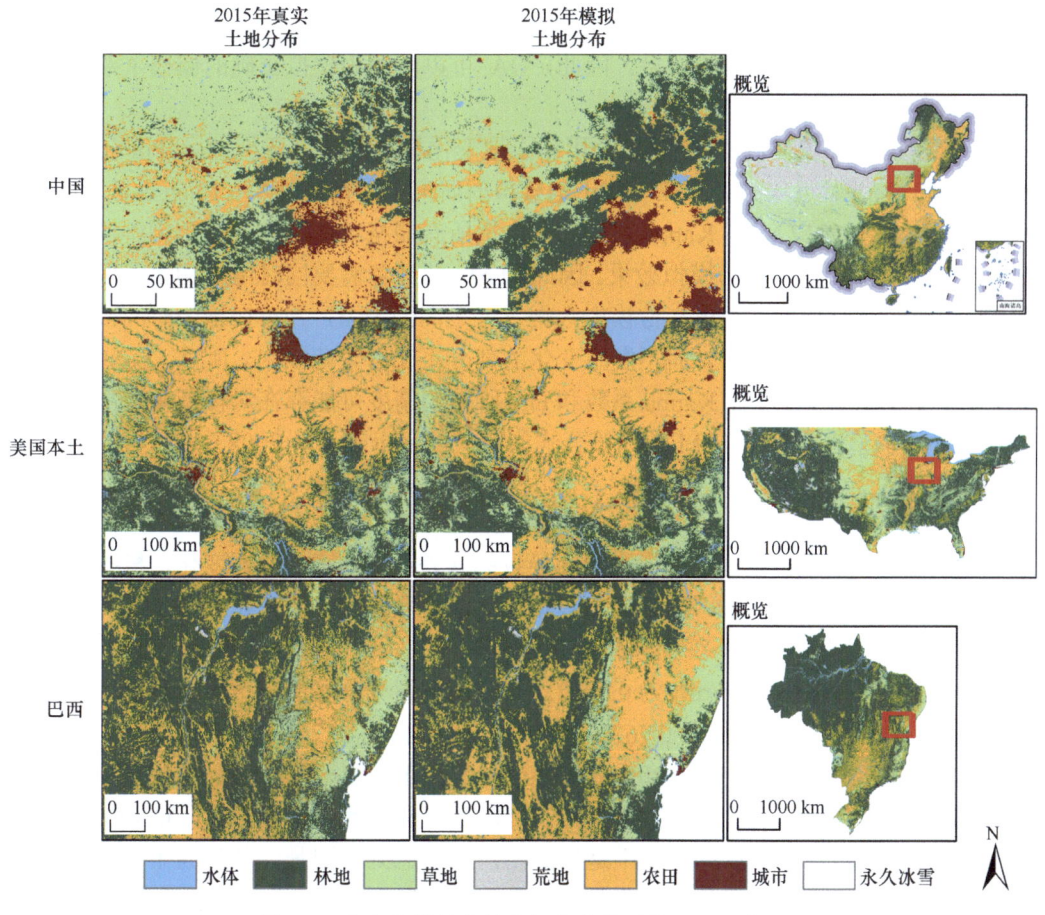

图 6-4　真实和模拟土地空间分布的对比（2015 年）

Kappa 系数是过去在土地模拟的相关研究中经常使用的评估土地模拟精度的一致性检验的指标。它通过对目标年份的真实土地数据和模拟得到的土地数据这两幅影像进行"栅格对栅格"的统计，直观反映模拟所得的土地数据与真实土地数据之间的吻合程度，吻合程度越高，模拟效果越理想。Kappa 系数基于真实数据与模拟数据中各类土地的数量形成的混淆矩阵进行计算，取值为-1~1，通常大于0。基于混淆矩阵的 Kappa 系数的计算公式如下：

$$\text{Kappa} = \frac{p_0 - p_e}{1 - p_e} \quad (6\text{-}3)$$

式中，$p_0$ 为混淆矩阵对角线元素之和除以整个矩阵元素之和；$p_e$ 为所有土地类型分别对应的"真实与模拟数量的乘积"之总和除以"整个矩阵元素之和的平方"。

OA 也是过去常用的评估土地模拟精度的一致性检验指标。它与 Kappa 系数相似，也是基于真实数据与模拟数据中各类土地的数量形成的混淆矩阵进行计算。OA 也能反映真实数据与模拟数据之间的吻合程度，取值在 0~1。基于混淆矩阵的 OA 的计算公式如下：

$$\text{OA} = \frac{\sum_{i=1}^{r} x_{ii}}{N} \quad (6\text{-}4)$$

式中，$N$ 为混淆矩阵所有元素之和；$x_{ii}$ 为真实数据中为地类 $i$、模拟数据中也为地类 $i$ 的栅格数量；$r$ 为土地类型的数量。因此，OA 可以理解为模拟正确的栅格个数占所有栅格个数的比例。

相比于前两者，FoM 被认为更适合用作土地变化模拟的精度评价指标（Pontius et al.，2008，2011），并且近年来逐渐在一些土地模拟的研究中被推广使用（Chen et al.，2020，2014；Li et al.，2017）。与 Kappa 系数和 OA 把所有栅格纳入精度评价范围不同，FoM 只关注发生了变化的部分的模拟效果。因此，FoM 的计算需要同时考虑初始年份真实数据、结束年份真实数据和结束年份模拟数据三者之间的关系，并对在这个时间段中发生了变化的部分进行精度评价，而不发生变化的部分不在考查范围内。所以，FoM 更直接地考查模型的模拟能力，而 Kappa 系数和 OA 所得的精度可能存在对模型模拟能力的高估。FoM 的取值在 0~1。FoM 的计算公式如下（Pontius et al.，2008）：

$$\text{FoM} = \frac{B}{A + B + C + D} \quad (6\text{-}5)$$

式中，$A$ 为真实数据变化，但模拟不变而导致的误差；$B$ 为真实数据变化，模拟也变化并且与真实变化一致的区域；$C$ 为真实数据变化，模拟也变化但变化不正确的类型而导致的误差；$D$ 为真实数据不变而模拟变化导致的误差。精度评估结果在全国的 OA 为 0.75，Kappa 系数为 0.67，FoM 为 0.1962。其中，在四个分区的三个精度分别为：北部干旱半干旱地区（Kappa 系数=0.7672，OA=0.6593，FoM=0.2617）；东北湿润半湿润地区（Kappa 系数=0.7474，OA=0.6205，FoM=0.1672）；南部湿润地区（Kappa 系数=0.7354，OA=0.5868，FoM=0.1700）；青藏高原地区（Kappa 系数=0.8200，OA=0.7156，FoM=0.1842）。尽管精度指标表现不是很突出，但考虑到中国是一个气候条件复杂和区域差异显著的大尺度区域，达到这个精度是可以接受的。另外，FoM 和土地利用净变化之间存在正相关关系（Pontius et al.，2008）。由于这种关系，长周期模拟结果的 FoM 值很可能高于短周期的 FoM 值。在本书中，模拟周期相对较短（2000~2010 年），观察到净变化为 17.38%，因此 FoM 达到 0.1962 的模拟精度也证明模型是可以接受的。

表 6-4 展示了各区域在历史土地变化模拟中的 Kappa 系数、OA 和 FoM 的评估结果。精度评估结果显示，从 32 个分区的平均值来看，Kappa 系数为 0.864，OA 为 0.929，FoM 为 0.102。模拟结果在 Kappa 系数和 OA 上都取得了较高的精度。需要解释的是，通过查阅以往使用 FoM 进行精度评价的文献可知，一般而言，由于 FoM 对模拟效果的考查更为严苛，FoM 的数值在 0.1~0.3 即可接受的结果（Li et al.，2017；Chen et al.，2014）。而且，FoM 的数值与模拟区域在模拟时间段内真实发生变化的土地比例成正比，且总体上该正比关系可达到 1.5∶1，即真实发生变化的土地比例为 10% 时，良好的模拟结果的 FoM 可达到 0.15（Pontius et al.，2008）。在本节的历史土地变化模拟中，考虑到 1992~2015 年全球真实发生变化的土地仅占全球陆地总面积的 3.10%，而全球 FoM 的平均值已经达到了 0.102，明显好于一般正比关系的水平，说明 FLUS-global 的模拟精度是完全可以接受的。

表 6-4 各区域在历史土地变化模拟中的 Kappa 系数、OA 和 FoM 评估结果

| 区域 | Kappa 系数 | OA | FoM | 区域 | Kappa 系数 | OA | FoM |
| --- | --- | --- | --- | --- | --- | --- | --- |
| ANUZ | 0.889 | 0.925 | 0.044 | LAM-M | 0.887 | 0.937 | 0.055 |
| BRA | 0.794 | 0.908 | 0.066 | MEA-H | 0.839 | 0.993 | 0.104 |
| CAN | 0.962 | 0.976 | 0.179 | MEA-M | 0.898 | 0.961 | 0.125 |
| CAS | 0.836 | 0.880 | 0.112 | MEX | 0.919 | 0.967 | 0.103 |
| CHN | 0.847 | 0.886 | 0.137 | NAF | 0.903 | 0.986 | 0.123 |
| EEU | 0.841 | 0.911 | 0.100 | OAS-CPA | 0.895 | 0.928 | 0.074 |
| EEU-FSU | 0.763 | 0.896 | 0.066 | OAS-L | 0.874 | 0.940 | 0.084 |
| EFTA | 0.914 | 0.935 | 0.070 | OAS-M | 0.885 | 0.940 | 0.109 |
| EU12-H | 0.856 | 0.919 | 0.057 | PAK | 0.835 | 0.881 | 0.133 |
| EU12-M | 0.856 | 0.918 | 0.056 | RUS | 0.891 | 0.943 | 0.096 |
| EU15 | 0.870 | 0.913 | 0.075 | SAF | 0.858 | 0.922 | 0.063 |
| IDN | 0.810 | 0.925 | 0.080 | SSA-L | 0.911 | 0.940 | 0.083 |
| IND | 0.918 | 0.959 | 0.093 | SSA-M | 0.914 | 0.959 | 0.160 |
| JPN | 0.773 | 0.903 | 0.213 | TUR | 0.876 | 0.920 | 0.085 |
| KOR | 0.677 | 0.818 | 0.215 | USA | 0.937 | 0.961 | 0.102 |
| LAM-L | 0.843 | 0.945 | 0.085 | 平均值 | 0.864 | 0.929 | 0.102 |

注：区域名称和首字母缩写遵循 SSPs 官方数据库。

## 6.5 不同 SSPs-RCPs 耦合情景的全球 LUCC 空间变化情况

图 6-5 展示了本章模拟所得的 1 km 分辨率全球 LUCC 产品在各 SSPs-RCPs 耦合情景下 2100 年的土地分布。本产品是采用目前最高的全球土地模拟分辨率、最新 IPCC 情景且具有较高时间分辨率的一套全球 LUCC 模拟产品。本产品 2015~2100 年每 5 年生成一个土地模拟空间产品，本章通过其在个别年份的土地空间分布以及 2015~2100 年的总体空间变化展示本产品的空间效果。本节将通过与现有粗分辨率产品的效果对比，以及本产品如何在空间上反映各土地类型在各情景设定下的变化，来综合展示本产品的效果。在展示土地空间变化时，为了更清晰地突出土地格局的空间变化，对每个 10km×10km 栅格上的土地变化量（km$^2$），即变化百分比，进行计算和展示。

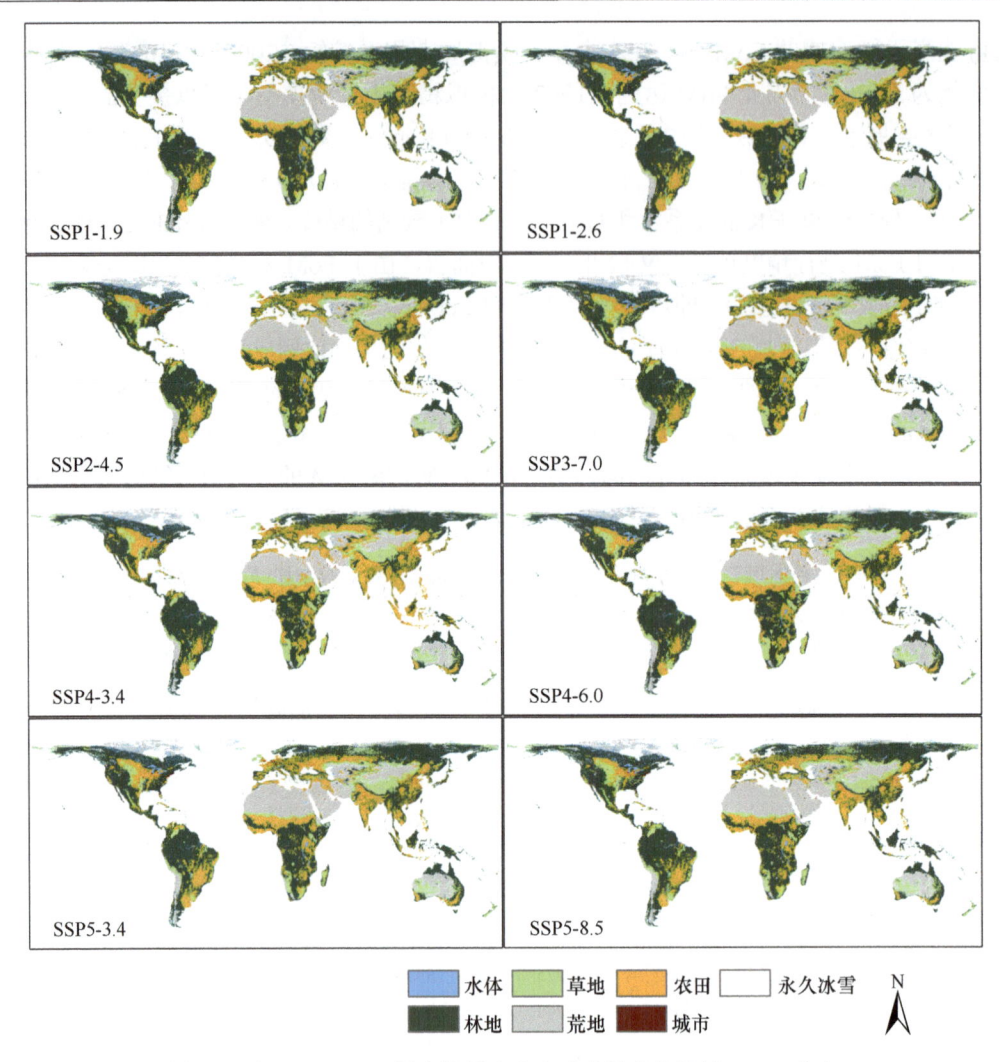

图 6-5　各 SSPs-RCPs 耦合情景未来全球土地变化模拟（2100 年）

## 6.5.1　与粗分辨率 LUCC 产品的效果对比

为了检验全球 1 km 分辨率 LUCC 产品相对于目前已有的全球 LUCC 产品在空间展现能力上的优越性，本节将选取一个小尺度区域进行本产品与其他全球 LUCC 产品所用分辨率效果的横向对比。本节选取目前全球 LUCC 产品常用的几种分辨率，包括 IMAGE 3.0、LUSs 和 CLUMondo 模型使用的 5′分辨率（赤道上约 10 km），LUH2 数据集所使用的百分比形式的 0.25°分辨率（赤道上约 25 km），以及 IMAGE 2.2 使用的 0.5°分辨率（赤道上约 50 km），图 6-6 中展示了本产品的 1 km 分辨率与这几种分辨率的效果对比。为了便于对比，图 6-6 选择基于 8 个情景中的中间情景 SSP2-4.5 在 2050 年的模拟结果，并放大至美国旧金山大都市区周边进行展示。除展示本产品的 1 km 分辨率效果外［图 6-6（a）］，本书还通过重采样展示了 10 km 分辨率［图 6-6（b）］、百分比形式的 25 km 分辨率［图 6-6（c）］和 50 km 分辨率［图 6-6（d）］下的效果。通过简单的目视检查不难发现，使用 10 km 或更粗分辨率的土地产品将会把许多小块的城市用地（图 6-6 中深红色所示）合并到其他土地利用类型中，从而导致城市空间细节的丢失。此外，在 10 km 分辨率下即可造成土地边缘细节的丢失，无法反映不同土地类型在过渡地带在空间上相互交错的格局。在 25 km 分辨率下的百分比数据而且包括林地在内的其他用地的空间细节信息也同样遭到丢失，在 50 km 分辨率下甚至仅能通过 20 余个像元来表示区域内的土地空间分布，从而可能给全球评估带来高度不确定性。

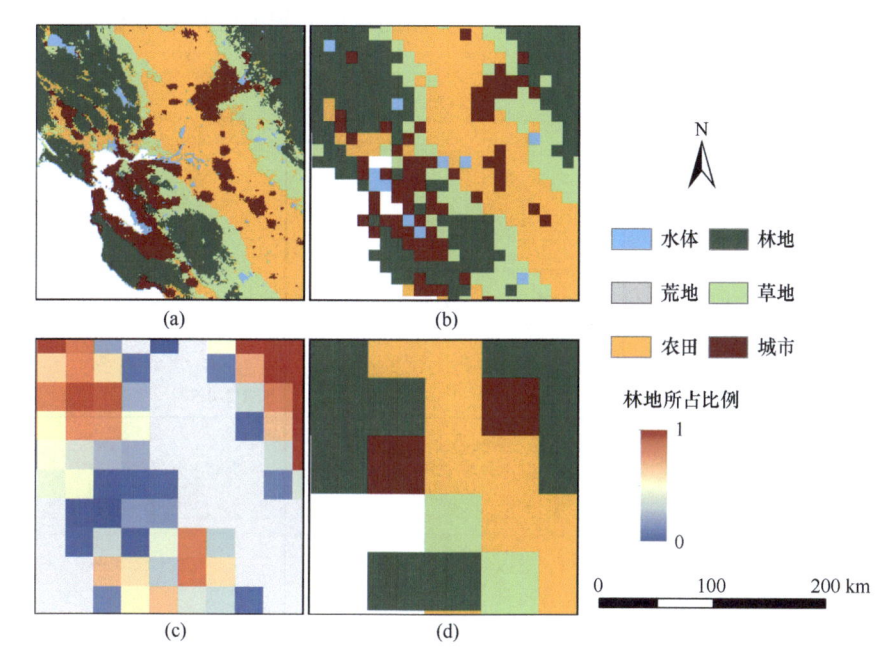

图 6-6 不同分辨率的土地空间格局显示效果差异

以 SSP2-4.5 情景 2050 年的美国旧金山大都市区为例。(a) 1 km 分辨率；(b) 10 km 分辨率；(c) 25 km 分辨率（按百分比显示的林地分布）；(d) 50 km 分辨率

## 6.5.2 各情景下草地空间变化情况

为了更清晰地展示草地空间变化的细节，以及展示不同 SSPs-RCPs 耦合情景的设定对草地空间变化的影响，本节选取了较有代表性的美国中部大草原作为典型区域，对其 2015～2100 年的草地空间变化进行展示（图 6-7）。相应地，图 6-8 展示了 2015～2100 年美国全国在各情景下的草地面积变化情况。

结合图 6-7 和图 6-8 可以看出，在 SSP1 绿色发展路径的两个耦合情景下，减少对动物产品的消费导致对牧场需求减少，且增加生物质能的使用导致农田增加，所以在草地总量减少的情况下，在与农田交界的区域出现了较为明显的草地减少，而在草原区域内部出现较为明显的增加。在 SSP3 情景下，尽管不健康饮食结构盛行、食物浪费情况严重、动物占饮食结构比例高等因素会促使草地（牧场）有增加的趋势，但经济发展缓慢，美国作为发达国家，其人口在该情景下最少，以及美国相对于其他国家在技术上仍有优势等因素抑制了草地的增加，所以美国中部大草原在 SSP3-7.0 情景下仍保持了相对的稳定，草地空间变化强度不大，增加和减少的区域较为均等。在 SSP4 不均衡发展路径下，美国作为高收入地区保持了繁荣，对能源和食物的需求增长，且农业技术发展速度快，因此能种植食物和生物能源作物的农田面积的增长导致了草地的减少，所以在与农田交界的区域出现了草地的大量减少，且尤以在减排目标更为严苛的 SSP4-3.4 情景下表现得最为剧烈。在 SSP5 情景下，尽管人口和经济快速增长，导致食物和饲料需求强劲增长，但依赖于包括农业生产力在内的技术也得到了快速发展，以及畜牧业生产系统的高度集约化，所以在 SSP5-8.5 情景下，美国的草地面积能维持基本稳定，在中部草

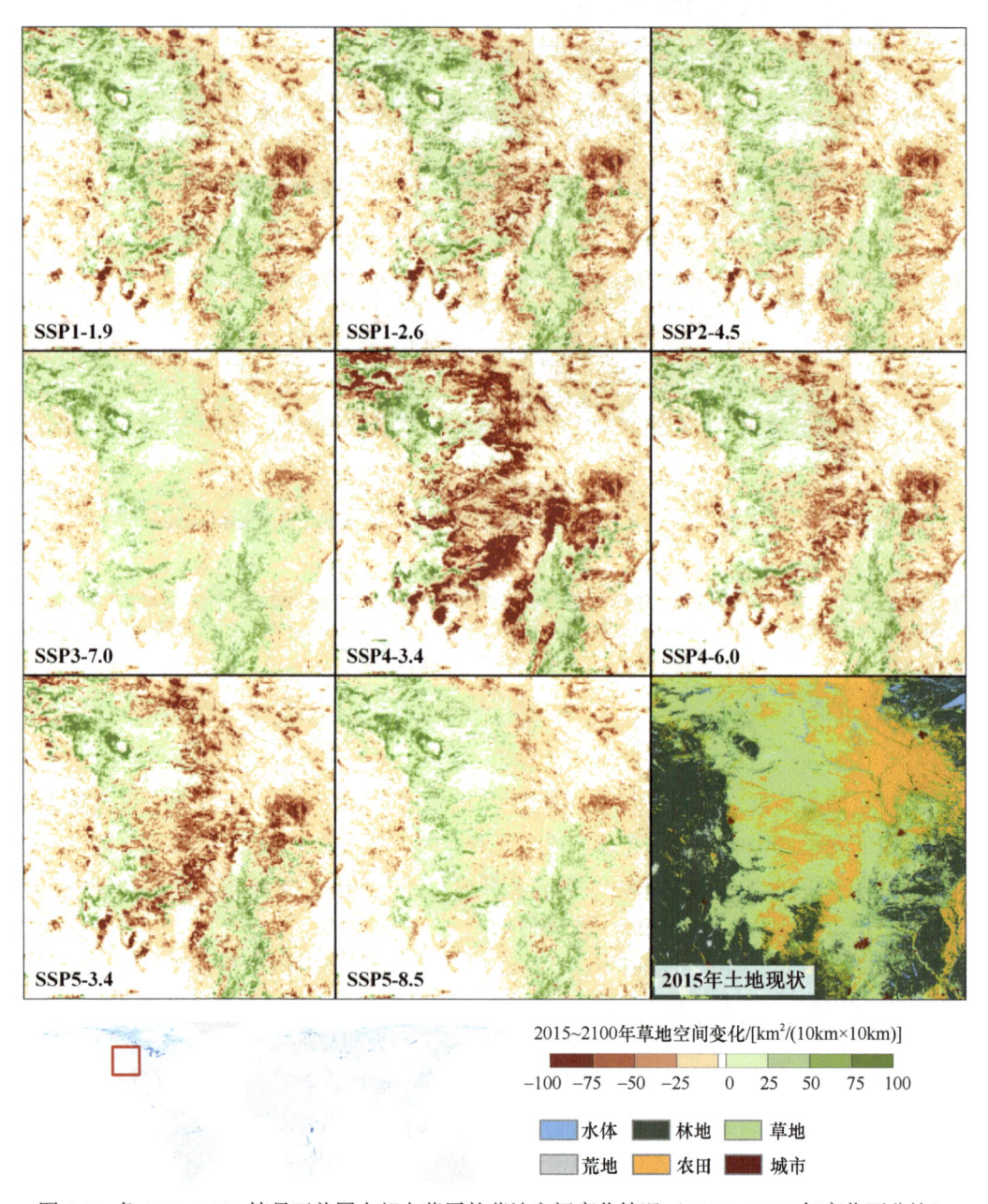

图 6-7　各 SSPs-RCPs 情景下美国中部大草原的草地空间变化情况（2015～2100 年变化百分比）

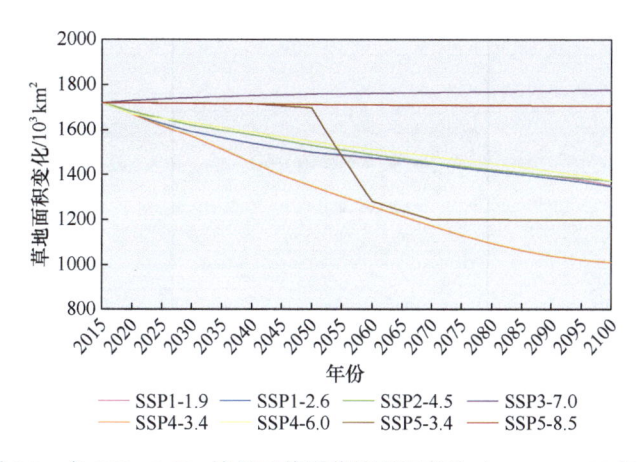

图 6-8　各 SSPs-RCPs 情景下美国草地面积变化（2015~2100 年）

原的空间变化中也表现出与草地需求同样保持相对稳定的 SSP3-7.0 情景相似的、较低强度的草地空间变化。但在 SSP5-3.4 情景下，因为在 2040 年后第二代生物能源作物开始大规模推广种植，以达到在 2070 年左右迅速将 $CO_2$ 排放降至 0 的减排目标，所以出现了 2040~2070 年美国草地面积的剧烈减少，在空间上表现为在美国中部大草原与农业种植区的过渡地带上草地的大幅减少。

## 6.5.3　各情景下农田空间变化情况

为了更清晰地展示农田空间变化的细节，以及展示不同 SSPs-RCPs 耦合情景的设定对农田空间变化的影响，本节选取了较有代表性的非洲西部几内亚湾附近的一个农田聚集区作为典型区域，对其 2015~2100 年的农田空间变化进行展示（图 6-9）。选取非洲的一个区域进行展示主要是考虑到非洲作为目前世界上贫困现象最为集中且人口有迅速增长趋势的地区，其人民的温饱问题一直是世界持续关注的重点问题之一（Bain et al.，2013；Jean et al.，2016；Liu et al.，2008；Sasson，2012）。通过 2015 年的土地现状数据目视检查可知，图 6-9 所示区域是非洲大陆的一个农田的主要聚集区，且该区域位于 SSA-L 分区（即撒哈拉以南的非洲低收入国家）内，更是 SSA-L 区域的主要农田聚集区，其农田的变化具有代表性和指示性。相应地，图 6-10 展示了 2015~2100 年 SSA-L 分区在各情景下的农田面积变化情况。非洲低收入国家在 2010~2100 年各个情景中均出现了 98%~340%的人口大幅增长，由此带来粮食需求的必然上升，导致非洲低收入国家的农田面积在不同情景设定下都出现了不同程度的增长。

结合图 6-9 和图 6-10 可以看出，在 SSP1 绿色发展路径的两个耦合情景下，其人口增长在 5 个 SSPs 情景中近乎最少（仅略多于人口最少的 SSP5 情景中的人口），但也仍然增长了 104%，在"各国采取措施限制生物多样性的损失，减少对动物产品的消费，农业生产力获得快速发展，增加对生物质能的使用"等多重因素的共同作用下，SSA-L 的农田面积仅有缓慢增长。其中，在农田聚集区内部，农田的比例进一步提升，在农田与草地的过渡地带有少量的农田让位于草地（牧场）的发展，在农田与林地的过渡地带

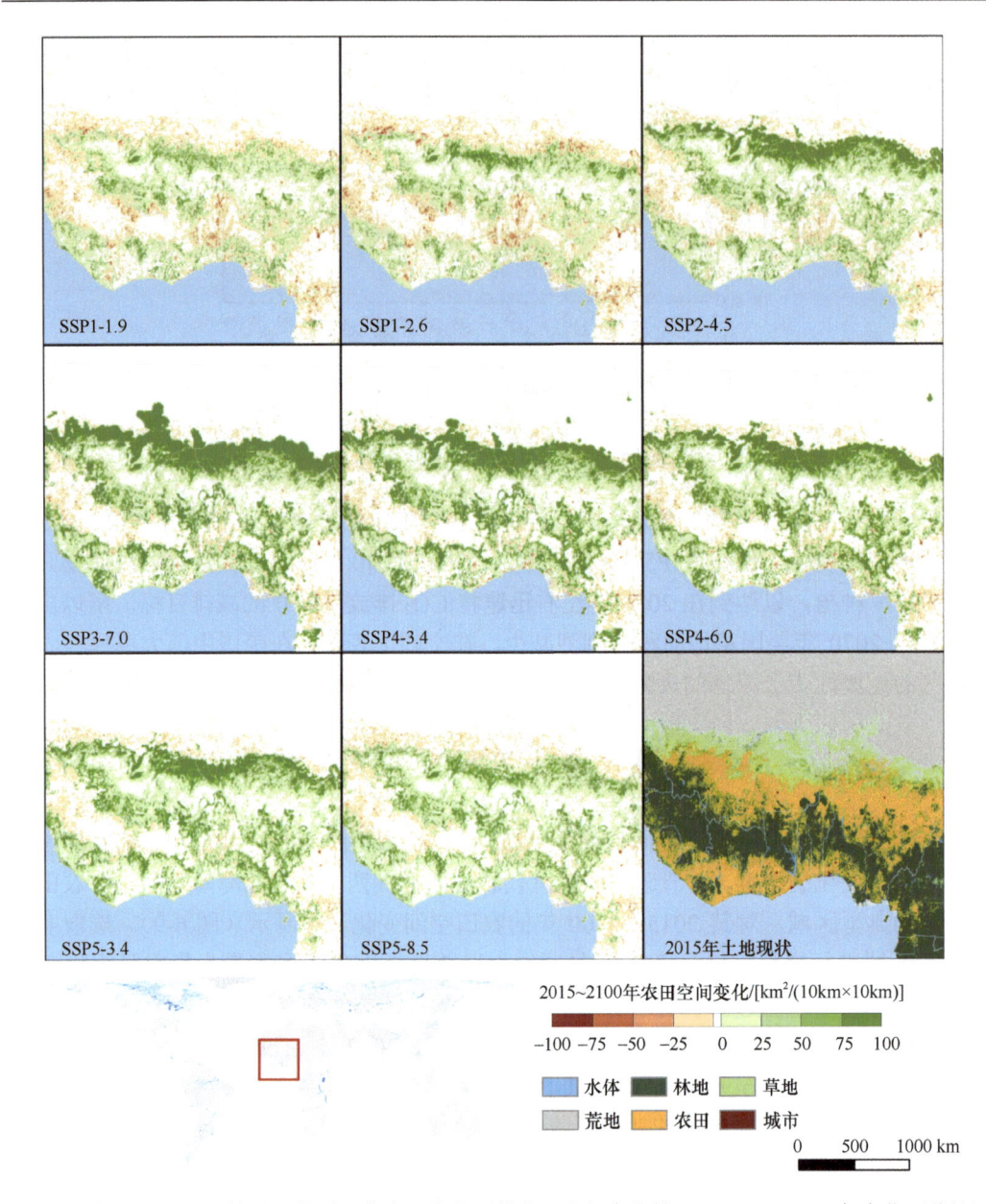

图 6-9　各 SSPs-RCPs 情景下非洲一个农田聚集区的农田空间变化情况（2015～2100 年变化百分比）

有少量农田恢复为林地。在 SSP3-7.0 这个区域竞争与对抗的情景中，SSA-L 作为低收入地区，其人口增长最为剧烈，伴随着经济萧条、技术发展缓慢、国际贸易受阻等诸多不利因素，导致了其对农田需求的暴涨，在空间上表现为明显的农田向草地和林地的强烈扩张。SSP4 是一个"强者愈强，弱者愈弱"的不均衡发展情景，这使得作为低收入地区的 SSA-L 的处境与其在 SSP3 情景中有诸多相似之处，经济萧条但人口的大幅增长带来了总体消费需求的增长，但相比于 SSP3 情景，在 SSP4 情景中国际贸易不会受到阻碍，因此，依靠外部的粮食供应，SSA-L 自身的农田面积需求在 SSP4-6.0 情景中比在 SSP3-7.0 情景中略低。而在 SSP4-3.4 情景中，由于达到更高标准的减排目标需要依靠种

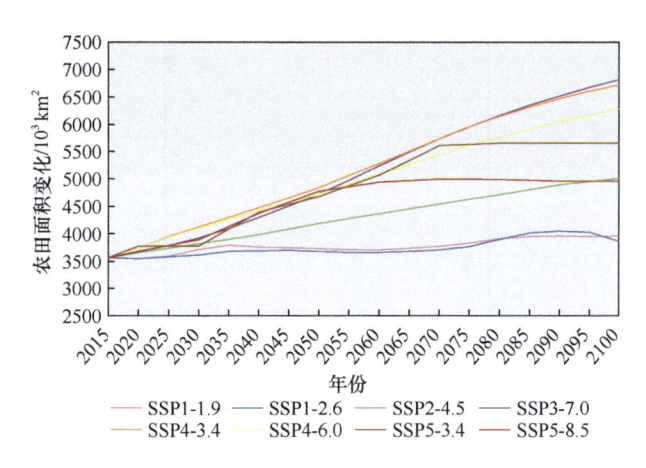

图 6-10　各 SSPs-RCPs 情景下非洲 SSA-L 地区农田面积变化（2015～2100 年）

植生物能源作物，但考虑到 SSA-L 在该情景下经济发展不佳，因此其农田面积仅是略高于其在 SSP4-6.0 情景中的需求，在空间上也对应表现为 SSP4-3.4 和 SSP4-6.0 情景中农田面积的强烈扩张，其中 SSP4-3.4 情景比 SSP4-6.0 情景的扩张强度略大。在 SSP5 情景这个化石能源发展路径中，尽管全球整体上经济获得快速发展，全球粮食需求也翻了一番，对食物和饲料需求强劲增长，但考虑到作为低收入地区的 SSA-L 在该情景下人口增长幅度最小，且农业技术的快速发展与转移带来的生产模式的高度集约化，使得 SSA-L 在不考虑减排目标的 SSP5-8.5 情景中，农田面积的增长量适中，在空间上主要呈现出在农田聚集区的"向内扩张"，即农田聚集区内的农田比例进一步提升，但对草地和林地的侵占总体有限。相比之下，在 SSP5-3.4 情景中为达到严格的减排目标，用于种植生物能源作物的农田面积会有更大的增长，直到 2070 年达到温室气体总体零排放的目标，因此在空间上也表现出比 SSP5-8.5 情景更为强烈的农田扩张。

## 6.5.4　各情景下林地空间变化情况

为了更清晰地展示林地空间变化的细节，以及展示不同 SSPs-RCPs 耦合情景的设定对林地空间变化的影响，本节选取了具有代表性的非洲中部以刚果盆地为中心的林地聚集区作为典型区域，对其 2015～2100 年的林地空间变化进行展示（图 6-11）。选取该区域作为展示林地空间变化的区域首先要考虑到，刚果盆地是世界三大主要热带雨林区之一，其面积广袤的热带雨林连同周边的其他林地是影响该区域乃至地球生态系统的重要因素之一；其次，该区域主要位于 SSA-L 分区（即撒哈拉以南的非洲低收入国家）内，该区域是全球主要的贫困地区之一，其林地的变化可能直接关系到这部分贫困人口的生存问题。为了便于对照，图 6-12 中展示了 2015～2100 年 SSA-L 分区在各情景下的林地面积的变化情况。可以看到，图 6-12 中 SSA-L 分区在各情景中的林地面积变化趋势与图 6-10 中其在各情景中的农田面积变化趋势存在明显的负相关。这说明在 SSA-L 区域中，人口增长带来的农田扩张主要以林地的损失为代价，其次才为草地。

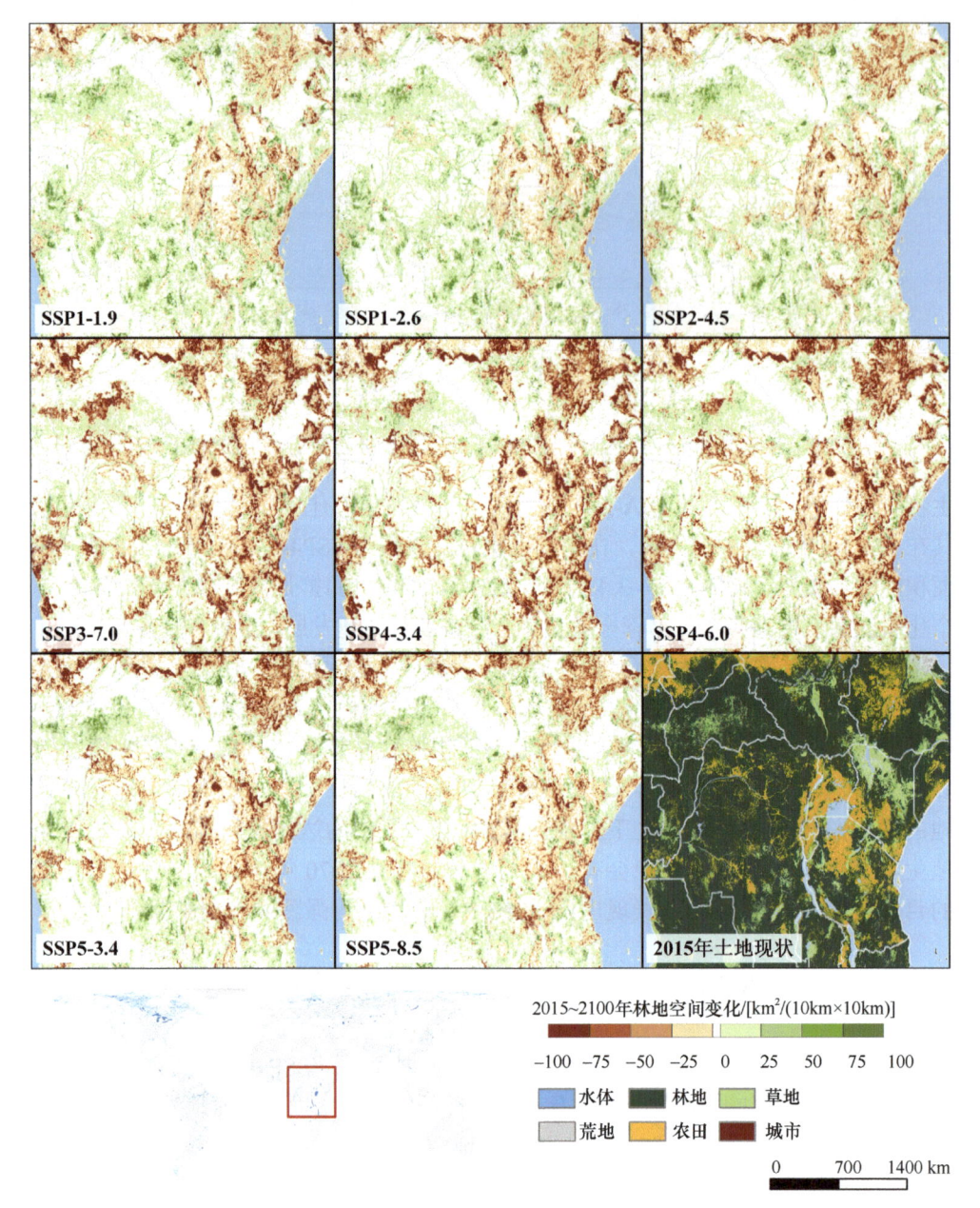

图 6-11　各 SSPs-RCPs 情景下非洲主要林地聚集区的林地空间变化情况（2015~2100 年变化百分比）

结合图 6-11 和图 6-12 可以看出，在 SSP1 情景的绿色发展道路中，得益于环境意识的觉醒和生物多样性保护政策的实施，非洲主要林地聚集区中的林地得到了广泛的、较好的保护和恢复，仅在与农田的过渡地带受农田需求增长的压力，有轻微的林地减少现象。在与 SSP3 和 SSP4 相关的 3 个耦合情景中，非洲主要林地聚集区的林地出现了最为严重的、广泛的倒退。这主要是由于在 SSP3 和 SSP4 情景中，作为低收入地区的 SSA-L 同时出现经济和技术发展缓慢以及人口的快速增长，其带来了农田的急剧扩张，即使是在林地聚集区内部原本零星分布的农田，也出现了对林地的大规模侵占。而在两个 SSP5

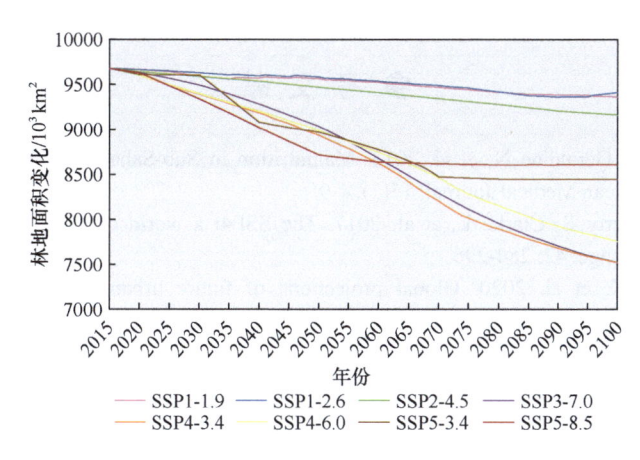

图 6-12 各 SSPs-RCPs 情景下非洲 SSA-L 地区林地面积变化（2015～2100 年）

的耦合情景中，得益于农业技术和集约式生产模式的发展，仅仅在农业聚集区的边缘出现对林地的明显侵占，而位于林地聚集区内部的农田未出现强烈地对林地的侵占。

## 6.6 小　　结

本章节采用 CMIP6 最新提出的 SSPs-RCPs 耦合情景，对 2015～2100 年的全球土地变化进行了高空间分辨率（1 km）、高时间分辨率（每 5 年间隔）的情景模拟，并生成了一套对应的未来土地数据集。为了完成这套数据集的生产，本章基于集合了多个 IAM 模型预测结果的 LUH2 数据集和具备全球土地模拟能力的 FLUS 模型，构建了一个能适应全球多区域、多情景、多年份、高分辨率土地模拟的 FLUS-global 模型，其中，为提高在全球多类土地模拟中的自动化程度，对 FLUS-global 模型加入了基于堆栈的迭代终止策略。精度验证结果表明，该模型在土地需求预测上能有效保留 IAM 模型对各情景做出的趋势预测，同时能与该模型所使用的更高分辨率、现势性更强的初始土地数据有效对接；该模型在土地空间模拟上也达到了优良的精度，在实现比 FLUS 模型更高自动程度的土地模拟的前提下，取得了全球各区域平均精度 Kappa 系数为 0.864，OA 为 0.929，FoM 为 0.102 的良好成绩。另外，得益于 1 km 的分辨率，用该模型生产的未来土地变化产品相比于目前已有的其他全体土地模拟产品拥有更出色地刻画各种土地类型空间细节的能力，尤其是城市用地的空间格局和形态特征在本产品中得以很好地保留。

此外，本产品还具有良好的在空间上反映各 SSPs-RCPs 耦合情景对土地变化的影响的能力。通过选取美国中部大草原、非洲西部的农田聚集区和非洲中部以刚果盆地为中心的周边林地，结合 2015～2100 年的土地空间变化情况和土地需求变化曲线，从高收入地区和低收入地区的不同角度，展示了本产品在空间上反映各 SSPs-RCPs 耦合情景的不同社会经济、政策、科技和气候结果设定对各类土地空间动态变化的影响。结果表明，本产品在各个情景下都能在土地的空间变化上很好地对应和体现不同发展路径在土地利用方面带来的影响。

# 参 考 文 献

Bain L E, Awah P K, Geraldine N, et al. 2013. Malnutrition in Sub-Saharan Africa: burden, causes and prospects. Pan African Medical Journal, 15(1): 1-9.

Calvin K, Bond-Lamberty B, Clarke L, et al. 2017. The SSP4: a world of deepening inequality. Global Environmental Change, 42: 284-296.

Chen G, Li X, Liu X, et al. 2020. Global projections of future urban land expansion under shared socioeconomic pathways. Nature Communications, 11(1): 512-537.

Chen Y, Li X, Liu X, et al. 2014. Modeling urban land-use dynamics in a fast developing city using the modified logistic cellular automaton with a patch-based simulation strategy. International Journal of Geographical Information Science, 28(2): 234-255.

Doelman J C, Stehfest E, Tabeau A, et al. 2018. Exploring SSP land-use dynamics using the IMAGE model: regional and gridded scenarios of land-use change and land-based climate change mitigation. Global Environmental Change, 48: 119-135.

FAO, IIASA, ISRIC, et al. 2012. Harmonized World Soil Database (version 1.2). FAO, Rome, Italy and IIASA, Laxenburg, Austria, 2012.

Fick S E, Hijmans R J. 2017. WorldClim 2: new 1-km spatial resolution climate surfaces for global land areas. International Journal of Climatology, 37(12): 4302-4315.

Fischer G, Nachtergaele F, Prieler S, et al. 2008. Global Agro-ecological Zones Assessment for Agriculture (GAEZ 2008). IIASA, Laxenburg, Austria and FAO, Rome, Italy, 10.

Fricko O, Havlik P, Rogelj J, et al. 2017. The marker quantification of the Shared Socioeconomic Pathway 2: a middle-of-the-road scenario for the 21st century. Global Environmental Change, 42: 251-267.

Fujimori S, Hasegawa T, Masui T, et al. 2017. SSP3: AIM implementation of shared socioeconomic pathways. Global Environmental Change, 42: 268-283.

Ghosh T, Powell R L, Elvidge C D, et al. 2010. Shedding light on the global distribution of economic activity. The Open Geography Journal, 3(1): 147-161.

Hijmans R J, Cameron S E, Parra J L, et al. 2005. Very high resolution interpolated climate surfaces for global land areas. International Journal of Climatology, 25(15): 1965-1978.

Hurtt G C, Chini L, Sahajpal R, et al. 2020. Harmonization of global land-use change and management for the period 850-2100 (LUH2) for CMIP6. Geoscientific Model Development, 13(11): 5425-5464.

Jean N, Burke M, Xie M, et al. 2016. Combining satellite imagery and machine learning to predict poverty. Science, 353(6301): 790-794.

Kriegler E, Bauer N, Popp A, et al. 2017. Fossil-fueled development (SSP5): an energy and resource intensive scenario for the 21st century. Global Environmental Change, 42: 297-315.

Letourneau A, Verburg P H, Stehfest E. 2012. A land-use systems approach to represent land-use dynamics at continental and global scales. Environmental Modelling & Software, 33: 61-79.

Li X, Chen G, Liu X, et al. 2017. A new global land-use and land-cover change product at a 1-km resolution for 2010 to 2100 based on human-environment interactions. Annals of the American Association of Geographers, 107(5): 1040-1059.

Li X, Yeh A G. 2002. Neural-network-based cellular automata for simulating multiple land use changes using GIS. International Journal of Geographical Information Science, 16(4): 323-343.

Liao W, Liu X, Xu X, et al. 2020. Projections of land use changes under the plant functional type classification in different SSP-RCP scenarios in China. Science Bulletin, 65(22): 1935-1947.

Liu J, Fritz S, van Wesenbeeck C, et al. 2008. A spatially explicit assessment of current and future hotspots of hunger in Sub-Saharan Africa in the context of global change. Global and Planetary Change, 64(3-4): 222-235.

Liu X, Liang X, Li X, et al. 2017. A future land use simulation model (FLUS) for simulating multiple land use scenarios by coupling human and natural effects. Landscape and Urban Planning, 168: 94-116.

Oleson K W, Lawrence D M, Gordon B, et al. 2010. Technical description of version 4.0 of the Community Land Model (CLM). University Corporation for Atmospheric Research, Boulder, USA. https://doi.org/10.5065/D6FB50WZ.

O'Neill B C, Tebaldi C, van Vuuren D P, et al. 2016. The Scenario Model Intercomparison Project (ScenarioMIP) for CMIP6. Geoscientific Model Development, 9(9): 3461-3482.

Pontius R G, Boersma W, Castella J, et al. 2008. Comparing the input, output, and validation maps for several models of land change. The Annals of Regional Science, 42(1): 11-37.

Pontius R G, Peethambaram S, Castella J. 2011. Comparison of three maps at multiple resolutions: a case study of land change simulation in Cho Don District, Vietnam. Annals of the Association of American Geographers, 101(1): 45-62.

Popp A, Calvin K, Fujimori S, et al. 2017. Land-use futures in the shared socio-economic pathways. Global Environmental Change, 42: 331-345.

Rogelj J, Popp A, Calvin K V, et al. 2018. Scenarios towards limiting global mean temperature increase below 1.5℃. Nature Climate Change, 8(4): 325.

Sasson A. 2012. Food security for Africa: an urgent global challenge. Agriculture & Food Security, 1(1): 1-16.

Sohl T, Sayler K. 2008. Using the FORE-SCE model to project land-cover change in the southeastern United States. Ecological Modelling, 219(1): 49-65.

Sohl T L, Sleeter B M, Sayler K L, et al. 2012. Spatially explicit land-use and land-cover scenarios for the Great Plains of the United States. Agriculture, Ecosystems & Environment, 153: 1-15.

Stehfest E, van Vuuren D, Kram T, et al. 2014. Integrated Assessment of Global Environmental Change with IMAGE 3.0 Model Description and Policy Applications. Hague: PBL Netherlands Environmental Assessment Agency.

van Vuuren D P, Edmonds J, Kainuma M, et al. 2011. The representative concentration pathways: an overview. Climatic Change, 109(1-2): 5-31.

Verburg P H, Neumann K, Nol L. 2011. Challenges in using land use and land cover data for global change studies. Global Change Biology, 17(2): 974-989.

Verburg P H, Soepboer W, Veldkamp A, et al. 2002. Modeling the spatial dynamics of regional land use: the CLUE-S model. Environmental Management, 30(3): 391-405.

Verburg P H, van Asselen S, van der Zanden E H, et al. 2013. The representation of landscapes in global scale assessments of environmental change. Landscape Ecology, 28(6): 1067-1080.

Weindl I, Popp A, Bodirsky B L, et al. 2017. Livestock and human use of land: productivity trends and dietary choices as drivers of future land and carbon dynamics. Global and Planetary Change, 159: 1-10.

Yeung P S, Fung J C, Ren C, et al. 2020. Investigating future urbanization's impact on local climate under different climate change scenarios in MEGA-urban regions: a case study of the Pearl River Delta, China. Atmosphere, 11(7): 771.

# 第7章 SSPs-RCPs耦合情景下未来全球陆地碳储量分析

大气中 $CO_2$ 的浓度对全球气候变化有着重要的影响，因而对碳排放的管理、交易已经成为国际上为实现减排目标而普遍采用的一个主要手段（Kossoy and Guigon，2012）。而生态系统能通过增加和减少大气中的 $CO_2$ 等温室气体来调节地球的气候，其中森林、草原、泥炭沼泽和其他陆地生态系统所储存的碳总量远远超过大气中所储存的碳（Lal，2004）。生态系统将碳储存在这些木材、其他生物量以及土壤当中，避免了其以 $CO_2$ 的形式排放到大气之中，从而调节了气候变化。因此，以陆地为基础的碳储存也是所有生态系统服务中最广泛认可的服务之一（Canadell and Raupach，2008；Hamilton et al.，2008；IPCC，2006；Pagiola，2008；Ramstein et al.，2018；Stern N and Stern N H，2007）。

为探究未来土地变化对陆地碳储量的影响，本书将基于 InVEST 模型，在第 6 章所得全球 LUCC 产品的基础上，进一步细化土地类型，采用能满足气候模式土地驱动数据需求的植被功能型（Plant Functional Type，PFT）分类，对未来各 SSPs-RCPs 耦合情景下的全球陆地碳储量变化进行评估，分析不同政策和发展路径对陆地碳储量可能带来的影响及其潜在社会成本。同时，这套衍生的基于 PFT 分类的 SSPs-RCPs 耦合情景全球土地覆盖产品，将为气候模式等相关领域的研究提供高分辨率的土地数据支持，且具有巨大的应用拓展潜力。

## 7.1 研究方法

### 7.1.1 基于 InVEST 模型的全球陆地碳储量估算

InVEST（Integrated Valuation of Ecosystem Services and Trade-offs，生态系统服务和权衡的综合评估）模型是一个用于探索生态系统变化可能导致与人类相关的利益发生何种变化的工具（Sharp et al.，2018）。InVEST 模型由自然资本项目（Natural Capital Project）、斯坦福大学、明尼苏达大学、大自然保护协会和世界自然基金会等单位联合开发，采用生产函数的方法来量化和评估生态系统服务。通过生产函数能反映特定的环境条件和过程所产生的生态系统服务的输出。InVEST 模型使用"供给—服务—价值"的逻辑框架连接生产函数与最终为人类提供的效益。其中，"供给"表示生态系统的潜在可用性，即生态系统的结构和功能可以发挥哪些作用；"服务"包含需求以及使用该服务的受益者的信息，如人类聚居地、重要文化地点、基础设施等；"价值"包括社会偏好对经济和社会指标的估算，如评估受洪水灾害影响的人口（Sharp et al.，2018）。

InVEST 模型工具集包含为对陆地、淡水和海洋系统所产生的影响进行量化、制图和评估而建立的一系列子模型。这些子模型和工具可以分为四个主要类别：支持服务、最终服务、生态系统服务分析工具和支持工具（Sharp et al., 2018）。其中，支持服务是其他生态系统服务的基础，但并不直接为人类提供服务（如栖息地的风险评估、栖息地质量评估、作物传粉评估）。最终服务则是直接为人类提供服务，它包含生物物理供给和有可能为人类提供的服务（如森林碳边缘效应、碳储存与碳固定、海岸蓝碳、年产水量、养分输送率、泥沙输送率、海上风能生产、海鱼养殖生产、农作物生产等）。生态系统服务分析工具包括叠置分析工具、海岸脆弱性分析工具和模拟人类对生物多样性影响的 InVEST-GLOBIO 模型。支持工具包括路径数字高程地图、划定 IT、情景设置、InVEST 脚本指南与应用程序编程接口。

本书进行的未来全球陆地碳储量变化分析需要用到的是 InVEST 模型中的碳储存与碳固定模块。InVEST 模型认为，一个地块的碳储量在很大程度上取决于四个碳库的大小，即地上生物量（Aboveground Biomass，AGB）、地下生物量（Belowground Biomass，BGB）、土壤有机碳（Soil Organic Carbon，SOC）和死亡有机碳（Dead Organic Carbon，DOC）（Babbar et al., 2020）。地上生物量包括土地表层以上所有活的植物成分（如树干、树枝、树皮和树叶）。地下生物量是指植物的地下活根系。土壤有机碳是土壤中有机质所包含的碳，这也是陆地上最大的碳库。死亡有机碳包括垃圾以及不管是仍然站立或已经倾倒的枯木（Liu et al., 2019）。基于此假设，InVEST 模型提供了一种简单有效的计算碳储量的方法，即根据用户提供的土地利用/土地覆盖（LULC）图和不同土地类型（如林地、草地、农田等）在不同碳库中的碳密度数据，将储存在这些碳库中的碳总量进行汇总（Liang et al., 2017）。式（7-1）展示了 InVEST 模型计算碳储量的公式。由式（7-1）可知，该模型在只已知一个碳库数据的情况下即可估算陆地碳储量，而当考虑的碳库数量越多时估算的结果越接近真实情况。基于此，考虑到全球碳库数据的可获得性以及土壤有机碳和地上生物量两者已涵盖陆地碳储量中的绝大部分，尤其以土壤有机碳的碳储量最大，其超过了植物中和大气中的碳储量（Crowther et al., 2016；Eglin et al., 2010；Hengl et al., 2014；Scharlemann et al., 2014），因此本书仅使用土壤有机碳和地上生物量计算未来全球陆地碳储量。

$$C = \sum_{i=0}^{M} A_m \times \left( \text{Dagb}_m + \text{Dbgb}_m + \text{Dsoc}_m + \text{Ddoc}_m \right) \quad (7\text{-}1)$$

式中，$C$ 为陆地碳储量；$\text{Dagb}_m$ 为土地类型 $m$ 的地上生物量的碳密度；$\text{Dbgb}_m$ 为土地类型 $m$ 的地下生物量的碳密度；$\text{Dsoc}_m$ 为土地类型 $m$ 的土壤有机碳的碳密度；$\text{Ddoc}_m$ 为土地类型 $m$ 的死亡有机质的碳密度；$A_m$ 为土地类型 $m$ 的面积；$M$ 为土地类型种类的数量。

根据 InVEST 模型计算陆地碳储量的方法，可以简单地将不同碳库不同土地类型的碳密度数据与 LULC 地图进行空间分析运算，从而生成陆地碳储量的空间分布图。而当同时拥有当前与未来不同情景的 LULC 地图时，就可以估算在不同情景下随时间推移而发生的碳储量的变化。这种简化使得陆地碳储量的估算变得简单易行，但同时也带来了不可避免的局限性。例如，InVEST 模型假设，所有土地类型都不会随着时间的推移而增加或减少其碳密度，也就是说，所有的土地类型都固定在某个特定的碳密度级别上，该碳密度级别等于该土地类型的某一碳库的总量在单位面积上的平均值。基于此假设，碳储量随时间推移而发生变化的唯一原因是从一种土地类型转变到另一种土地类型，也就是说，如果一个栅格上的土地类型没有随时间推移而发生变化的话，那么这个栅格在这段时间内的固碳值为 0。从另一个角度看，这使得 InVEST 模型适用于估算土地利用变化所带来的陆地碳储量变化，但这也使得实际当中土地上很多随时间推移而发生的微小变化无法被捕捉，如林地的恢复过程。这个问题可以通过将土地类型细分为不同年龄子类（本质上就是添加更多的土地类型）来解决，即土地随着从一个年龄子类移动到另一个年龄子类，从而改变它们的碳储量（Sharp et al., 2018）。

InVEST 模型的另外一个局限性是，因为该模型估算结果依赖于对每种土地类型的碳密度数据，所以估算结果的细致程度和可靠性仅与所使用的土地分类详细程度和所提供的碳密度值的可靠性相关。在实际中不难发现，即使在同一个大类中，不同的土地类型子类之间的碳密度也会有显著的差异（如热带雨林和稀疏林地）。因此，这个问题的解决方法就是，对于粗分类的土地分类系统，通过一定方法细化其分类及其对应的碳密度表，从而起到部分改善碳储量估算精度的作用（Liu et al., 2019）。这种细化可以根据相关的环境和管理变量，对粗分类的土地类型进行细分，如林地类型可以根据海拔、气候带或时间间隔进行细分。在使用这种方法细化完土地分类之后，还需要给出细分类的土地类型在每个碳库中的碳密度数据。

InVEST 模型还有一个局限性，即它不能捕获从一个碳库转移到另一个碳库的碳。例如，如果树木由于疾病或寿命等不同原因而死亡成为枯木，或者在砍伐树木时，树枝、茎、树皮等在地面留下残余物，那么这部分原本属于地上生物量碳库中的碳就应当转入死亡有机质碳库，但是在该模型假设下，这部分碳"立即"进入大气，无法被捕获。

总而言之，InVEST 模型的碳储存模块既有简单易行、能直接反映由土地变化带来的碳储量变化的优点，也有假设土地类型的碳密度不随时间变化、碳储量的变化只由土地类型的变化来决定的缺点。因此，本章将从细化土地类型分类的方法着手，对第 6 章获得的 SSPs-RCPs 耦合情景下的未来全球 LUCC 产品的土地类型进行细化（具体细化方法见后续 7.1.3 节），然后再利用全球 32 个分区，统计并获取每一分区内各类细分土地类型对应的碳密度表，基于新的详细的碳密度表和细分后的未来 LUCC 产品估算未来各情景下的全球陆地碳储量。对全球 LUCC 产品土地类型的细分将基于气候条件（植被功能类型）和地域差异（全球 32 个分区）的原则进行。

在碳密度数据的选择上，土壤有机碳的碳密度数据来自 FAO 2019 年更新的全球土壤有机碳地图（Global Soil Organic Carbon Map，GSOCmap）v1.5.0（FAO and ITPS, 2018）（图 7-1）。GSOCmap 空间分辨率为 30′（赤道上约 1 km），是第一个全球土壤有机碳地图，描绘了地下 0～30 cm 深度的土壤有机碳的分布情况。在该产品中，全球 0～30 cm 土壤有机碳的总量为 680 PgC，这也与另一全球土壤有机碳产品 HWSD 的数值相当（FAO and ITPS, 2018）。GSOCmap 可用于监测土壤状况、识别退化地区、设定恢复目标和探索 SOC 的储存潜力，已经为指示《联合国气候变化框架公约》

(The United Nations Framework Convention on Climate Change,UNFCCC)和联合国可持续发展目标(Sustainable Development Goals,SDGs)中温室气体排放的指标做出了关键贡献。

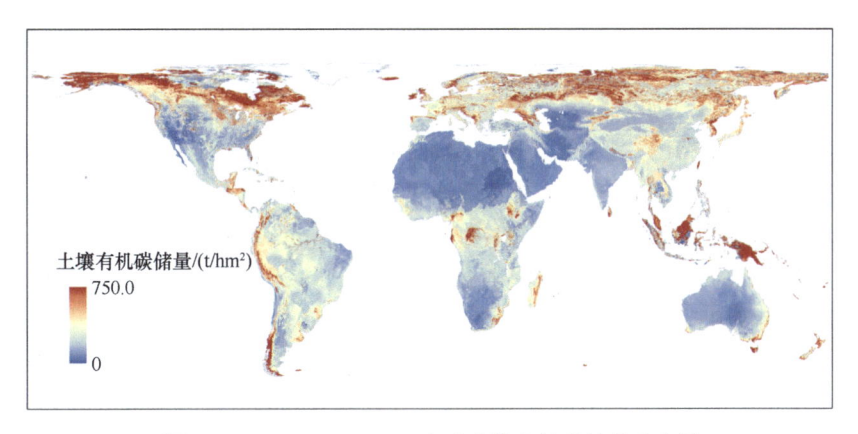

图 7-1　GSOCmap v1.5.0 全球土壤有机碳储量分布图

地上生物量的碳密度数据来自澳大利亚国立大学水与景观动力学中心生产的 2012 年全球地上生物量碳密度分布数据[Global Above-ground Biomass (v 1.0)],其空间分布如图 7-2 所示(下载地址:http://wald.anu.edu.au/data_services/data/global-above-ground-biomass-carbon-v1-0/)(Liu et al., 2015)。在该产品中,全球地上生物量的碳储量总量约为 362 PgC(1Pg=$10^9$t)。但由于该产品空间分辨率仅为 0.25°,为与本书所生产的 LUCC 产品分辨率匹配,将其重采样到 1 km 后参与后续的计算与分析。

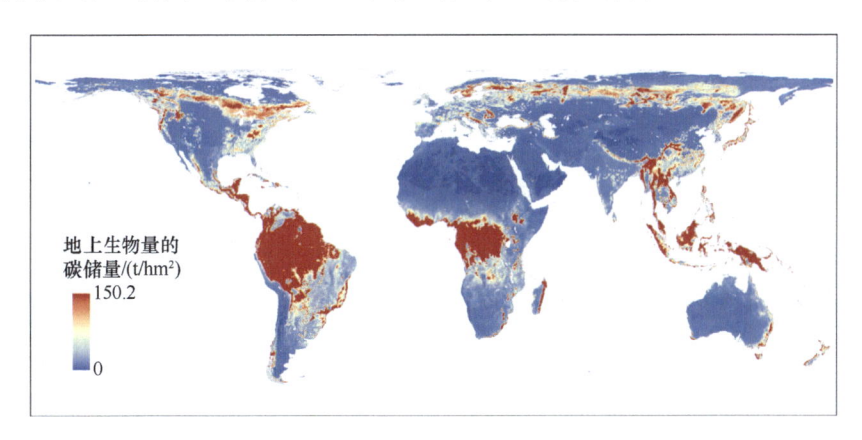

图 7-2　全球地上生物量的碳储量分布图

## 7.1.2　植被功能型

通过纳入更多的能反映特定生态功能和气候特征的土地类型,如植被功能型(Plant Functional Type,PFT),来提高对生物圈建模的复杂性(Lavorel et al., 2007)。在本书为提高 InVEST 模型的陆地碳储量估算精度而进行的土地类型细分操作中,选择 PFT 作为主要的参考依据。相比于第6章中模拟得到的全球LUCC产品所使用的一级土地分类，PFT能对土地类型进行更细致的划分。PFT是一种植被类型的集合方式，关于PFT的划分和研究主要有三个学派：①生理学关注内部功能，特别是在基础代谢水平上；②生态学关注与植物形态和环境条件有关的功能；③地球物理关注植物功能如何影响邻近的大气（Box，1996）。通常按照植物的基本形态（如乔木、灌木和草地）、光合作用的途径（如C3或C4）、物候（如常绿或落叶）和叶子的形态（如阔叶或针叶）对PFT类型进行划分（杨延征等，2018）。一般认为，全球尺度的PFT数据集中应涵盖世界上最具代表性的植物类型，从而使用户能通过其功能表现获取特征信息（Box，1996）。

同时，众多全球和区域气候模式，如CLM（Community Land Model，通用陆面模式）（Box，1996）、ECHAM（大气环流模式）（Roeckner et al.，2003）、RegCM（韩振宇等，2015）和WRF（Weather Research and Forecasting Model，天气预报模式）（罗立辉等，2013；Yeung et al.，2020），都使用比一级土地分类更细的土地覆盖数据作为重要驱动数据（陈锋和谢正辉，2009；沈润平等，2019；Feng et al.，2011；Jackson et al.，2010；Oleson et al.，2008）。在气候模式中，陆面模式部分会对气候的模拟结果产生重要影响，其需要使用到能反映土地粗糙度、地表反照率、土壤水文和热力等特征的植被覆盖类型数据作为驱动。以CLM模式为例，它使用基于PFT的土地覆盖数据作为其驱动数据，包含热带常绿阔叶林、温带常绿阔叶林、热带落叶阔叶林、温带落叶阔叶林、寒带落叶阔叶林、温带常绿针叶林、寒带常绿针叶林、落叶针叶林、温带常绿阔叶灌木、温带落叶阔叶灌木、寒带落叶阔叶灌木、极地C3草、C3草、C4草等丰富的植被功能类型。但是目前已有的绝大部分未来土地数据集所用的土地分类都是一级分类，土地类型不够精细，不能适应气候模式的需求。因此，本章将在第6章获得的SSPs-RCPs耦合情景下的未来全球LUCC产品的基础上，基于PFT分类，对产品的土地类型进行细化，以拓展产品在包括基于InVEST模型的陆地碳储量估算和作为CLM等气候模式的驱动数据在内的适用范围。

另外，值得一提的是，目前的全球气候模式大多使用粗糙的分辨率，从几百千米到几十千米（如40 km和25 km等）分辨率不等（韩振宇等，2015；Feng et al.，2011）。而提高空间分辨率一直也是气候模式的改进方向之一，如CLM模式的最新版本已经可以使用5 km分辨率的土地驱动数据（Liao et al.，2020），在一些局部区域的研究中，研究者甚至会把分辨率提高到1 km（沈润平等，2019）。本章在数据处理过程中生产的1 km分辨率基于PFT分类的未来全球土地覆盖产品，将为全球和区域气候模式将来的进一步发展打好数据支持的基础。

## 7.1.3 基于PFT分类的未来全球土地覆盖产品制图

本节将以CLM模式中土地驱动数据的PFT分类体系为参考，进行基于PFT分类的未来全球土地覆盖产品制图。在CLM模式中，每个土地网格单元包含五种土地类型，即冰川、湖泊、湿地、城市和植被。其中，由于本书未对永久冰雪和水体进行模拟，所以前三者可以直接使用ESA-CCI土地覆盖数据集对初始年份的数据进行叠置替换。而至于五种土地类型中的植被类型，CLM 模式将细分为了 16 种 PFT。对此，本书参考 Bonan 等（2002）提出的方法，利用历史平均气候态数据和较粗的植被类型分布数据，将林地和草地细分为 15 种对应的植被功能型，从而最终形成包含 20 种土地类型在内的基于 PFT 分类的未来全球土地覆盖产品，产品制作流程如图 7-3 所示。

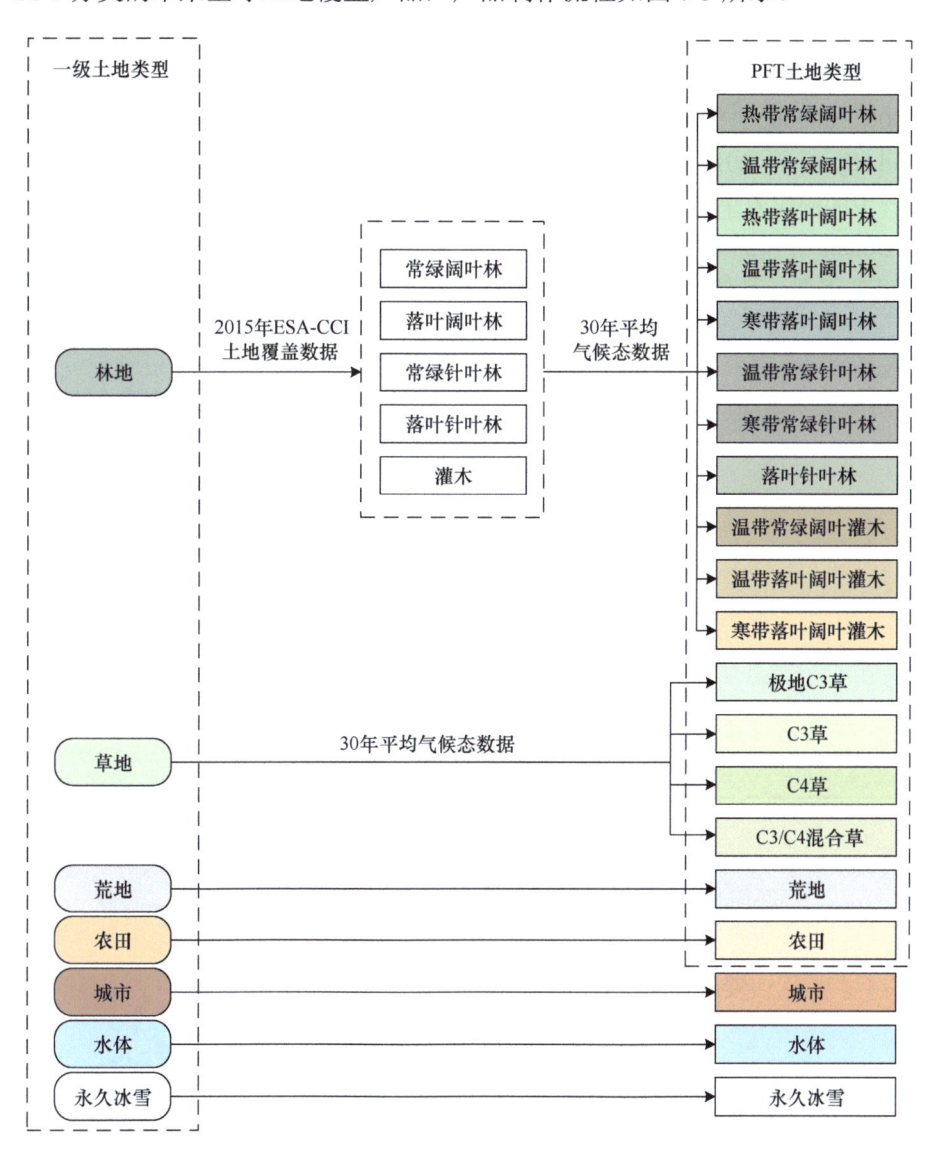

图 7-3 基于 PFT 分类的 1 km 未来全球土地覆盖产品制作流程

在基于 PFT 分类的未来土地覆盖产品制作流程中，荒地、农田、城市、水体和永久冰雪类型可以直接从原产品的土地类型保留并对应到新的分类体系中，因此，基于 PFT 的土地类型细分工作主要分为对林地和草地的细分两部分。

### 1. 对林地类型的细分

对林地类型的细分包括两个步骤：第一步，利用 2015 年 ESA-CCI 土地覆盖数据中的 PFT 分类信息，基于最近邻原则，将未来各情景各时间点上的林地类型栅格逐一分配到五种 PFT 类型上（常绿阔叶林、落叶阔叶林、常绿针叶林、落叶针叶林和灌木）；第二步，利用历史平均气候态数据，将其进一步细分到 11 种林地相关的 PFT 类型上。历史平均气候态数据采用 WorldClim 2.0 提供的 1970~2000 年全球 1 km 分辨率气候态数据集（下载地址：https://worldclim.org/）。这个数据集包含了 30 年间平均的月度平均气温、最高气温、最低气温、降水量、太阳辐射、水汽压和风速信息，其生产过程采用了全球 9000~60000 个气象站以及 MODIS 卫星平台获取的气象信息，具有较高的精度（Fick and Hijmans，2017）。

第一步的操作效果如图 7-4 所示。在第一步的初步林地 PFT 类型划分完成后，本书将参考 Bonan 等（2002）提出的方法，根据不同的气候态指标，将其进一步细分为 11 种林地 PFT 类型。具体划分 11 种林地 PFT 类型的准则如表 7-1 所示。

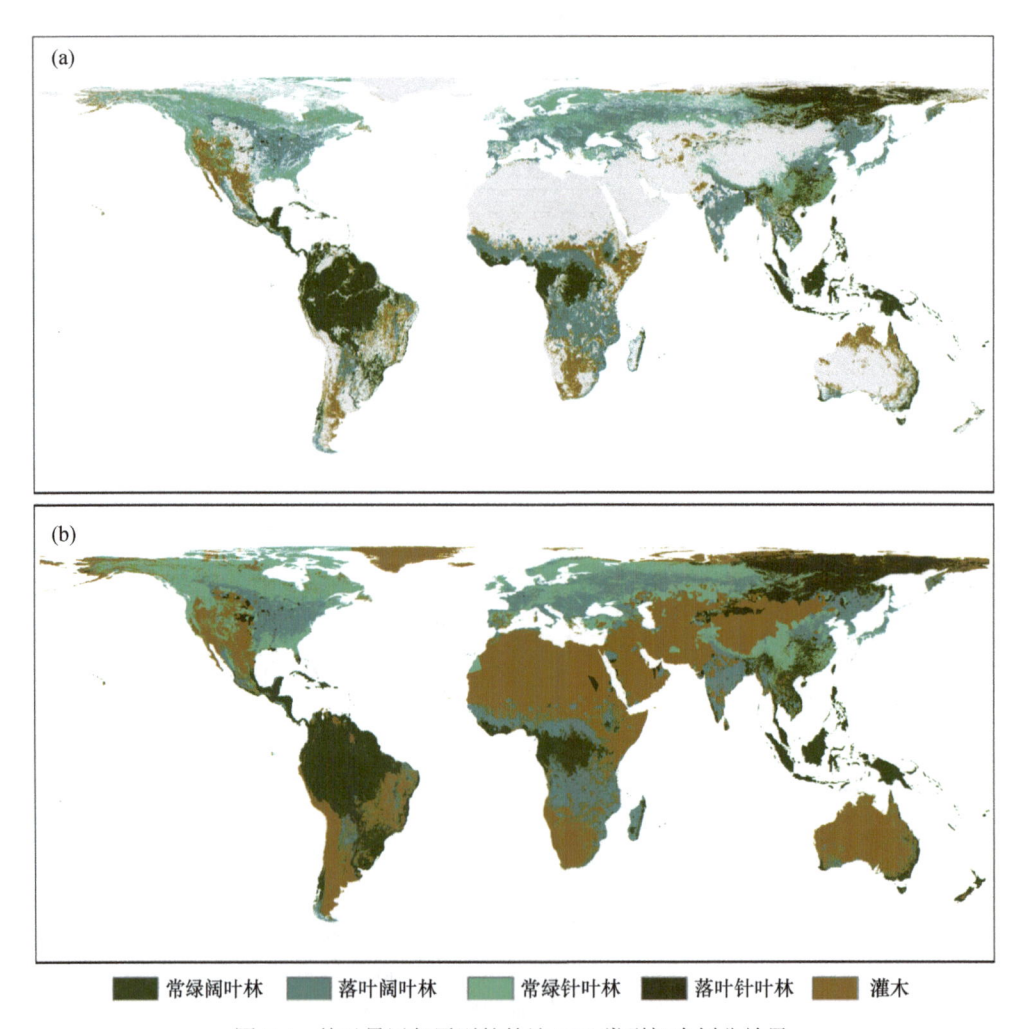

图 7-4 基于最近邻原则的林地 PFT 类型初步划分效果

（a）2015 年 ESA-CCI 中林地 PFT 类型的分布；（b）基于最邻近原则得到的用于林地 PFT 类型初步划分的林地 PFT 类型适宜性空间分布

表 7-1　林地 PFT 类型划分准则（Bonan et al., 2002）

| 初步划分的 PFT 类型 | 细分后的 PFT 类型 | 划分准则 |
| --- | --- | --- |
| 常绿阔叶林 | 热带常绿阔叶林 | $T_c>15.5℃$ |
| 常绿阔叶林 | 温带常绿阔叶林 | $T_c\leqslant15.5℃$ |
| 落叶阔叶林 | 热带落叶阔叶林 | $T_c>15.5℃$ |
| 落叶阔叶林 | 温带落叶阔叶林 | $-15℃<T_c\leqslant15.5℃$ 且 $GDD>1200℃$ |
| 落叶阔叶林 | 寒带落叶阔叶林 | $T_c\leqslant-15℃$ 或 $GDD\leqslant600℃$ |
| 常绿针叶林 | 温带常绿针叶林 | $T_c>-19℃$ 且 $GDD>600℃$ |
| 常绿针叶林 | 寒带常绿针叶林 | $T_c\leqslant-19℃$ 或 $GDD\leqslant600℃$ |
| 落叶针叶林 | 落叶针叶林 | 无 |
| 灌木 | 温带常绿阔叶灌木 | $T_c>-19℃$ 且 $GDD>600℃$ 且 $P_{ann}>520\ mm$ 且 $P_{win}>2/3\ P_{ann}$ |
| 灌木 | 温带落叶阔叶灌木 | $T_c>-19℃$ 且 $GDD>600℃$ 且 $P_{ann}\leqslant520\ mm$ 或 $P_{win}\leqslant2/3\ P_{ann}$ |
| 灌木 | 寒带落叶阔叶灌木 | $T_c\leqslant-19℃$ 或 $GDD\leqslant600℃$ |

表 7-1 中，$T_c$ 为最冷月平均气温；$P_{ann}$ 为年平均降水量；$P_{win}$ 为冬半年的平均降水量（在北半球指 11 月到次年 4 月，在南半球指 5～10 月）；GDD 为年积温，这里指超过 5℃年的积温（Bonan et al., 2002）。GDD 的定义是每年日平均气温超过作物发育基点温度（此处为 5℃）的日子里，日平均气温与基点温度之差的总和，用公式表述为

$$\mathrm{GDD}_d = \begin{cases} T_d - T_b, & T_d > T_b \\ 0, & T_d \leqslant T_b \end{cases} \tag{7-2}$$

式中，$\mathrm{GDD}_d$ 为每日的积温，年积温 GDD 为其一年的总和；$T_d$ 为日平均气温；$T_b$ 为作物发育的基点温度，在本书中取 5℃。但由于全球数据集中没有提供历史上每日的平均气温，因此在计算 GDD 时本书采用了近似替代的计算方法，即用月平均气温代替 $T_d$，再将计算得到的 $\mathrm{GDD}_d$ 乘以对应月份的天数。对林地 PFT 类型进行细分过程中用到的各气候态指标如图 7-5（a）～图 7-5（e）所示。

**2. 对草地类型的细分**

对草地类型的细分同样也遵循气候态指标的原则。在 CLM 模式所使用的 PFT 类型中，将草地细分为极地 C3 草、C3 草和 C4 草。C3 草属于 C3 植物，C4 草属于 C4 植物，它们的区别在于光合作用的路径不同。C3 植物只有一种与 $CO_2$ 固定相关的酶，而 C4 植物有两种与 $CO_2$ 固定相关的酶，相比之下，C4 植物在强光、高温下有更高的光合速率，有利于其在干热环境下生长。因此，通过气候态数据也能对草地的 PFT 类型进行细分。参考 Bonan 等（2002）提出的方法，本书使用表 7-2 中的划分准则对草地的 PFT 类型进行了细分。

表 7-2 中，$P_{mon}$ 为月度降水量；$T_{mon}$ 为当月平均气温；其余符号缩写含义及使用的

数据与表 7-1 中相同。C3/C4 混合草是指在 1 km 栅格范围内 C3 草和 C4 草各占 50%。最干旱月的气候态数据如图 7-5（f）所示。

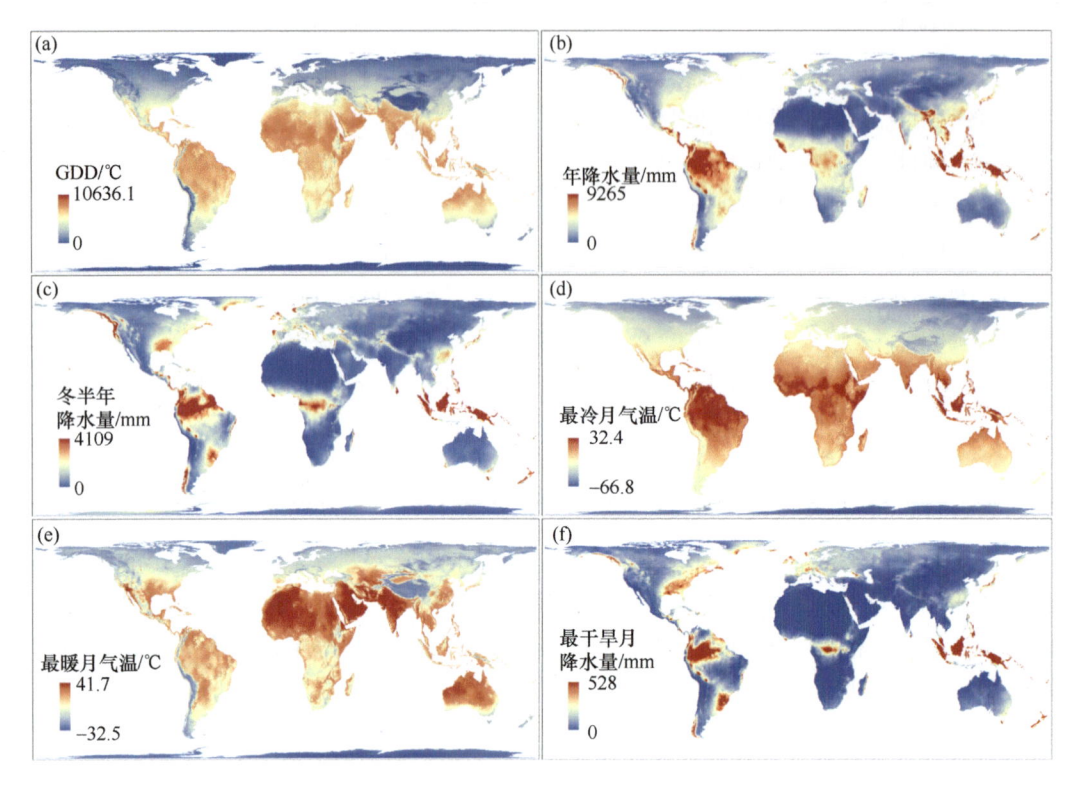

图 7-5　本书所使用的全球气候态分布数据

表 7-2　草地 PFT 类型划分准则

| 初步划分的 PFT 类型 | 细分后的 PFT 类型 | 划分准则 |
| --- | --- | --- |
| 草地 | 极地 C3 草 | GDD＜400 |
| 草地 | C3 草 | GDD≥400 且 $T_w$≤22℃或有 6 个月 $P_{mon}$≤25 mm 且 $T_{mon}$＞22℃ |
| 草地 | C4 草 | GDD≥400 且 $T_c$≥22℃ 且最干旱月 $P_{mon}$＞25 mm |
| 草地 | C3/C4 混合草 | 不符合以上极地 C3 草、C3 草和 C4 草划分标准的其他草地 |

## 7.2　基于 PFT 分类的 SSPs-RCPs 耦合情景全球土地覆盖产品

通过前文所述方法，本书在第 6 章所得未来全球 LUCC 产品的基础上，获得了 2015~2100 年包含 20 种土地类型、基于 PFT 分类的 1 km 分辨率 SSPs-RCPs 耦合情景下的全球土地覆盖产品，其空间效果如图 7-6 所示，其中全球各类土地覆盖类型随时间的面积变化如图 7-7 所示。

为了更清晰地展示 SSPs-RCPs 耦合情景下各 PFT 土地覆盖类型的变化，图 7-8 把

2015 年全球 PFT 土地覆盖类型的面积与 2100 年时间截面中各情景下的最终面积进行了单独展示。由图 7-8 可知，在各土地覆盖类型中，农田在各情景中的波动幅度最大，随农田的面积波动，各类植被的面积也发生了相应的变化。在各种草地类型当中，C3/C4 混合草在各情景中发生面积减少的情况较为明显，这反映了农田扩张对草地造成的侵占主要发生在暖温带附近，即水热条件相对较好的地区。在农田扩张较大的 SSP3-7.0、SSP4-3.4 和 SSP5-3.4 情景中，温带落叶阔叶灌木、热带落叶阔叶林和温带落叶阔叶林的减少较为明显。

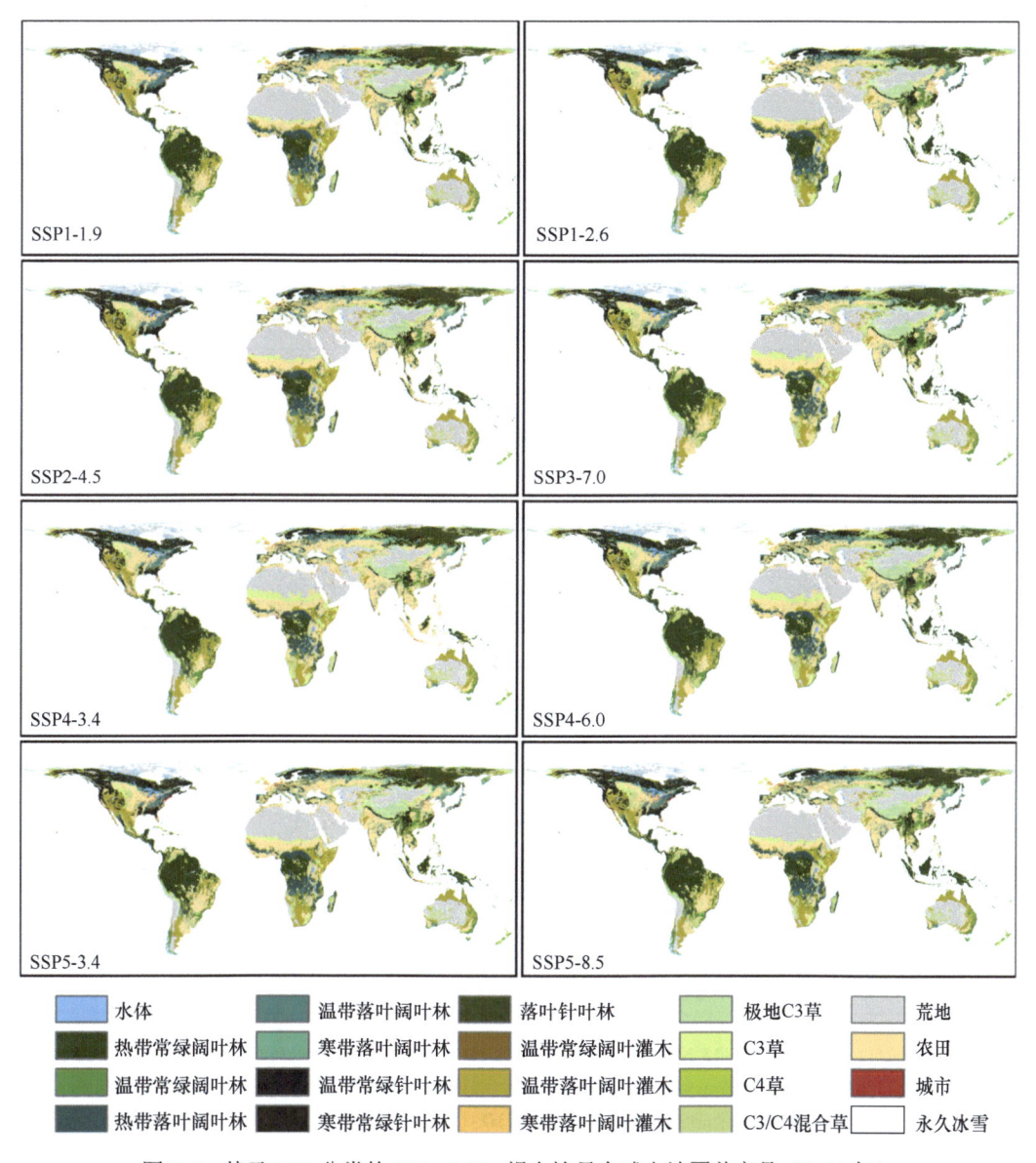

图 7-6 基于 PFT 分类的 SSPs-RCPs 耦合情景全球土地覆盖产品（2100 年）

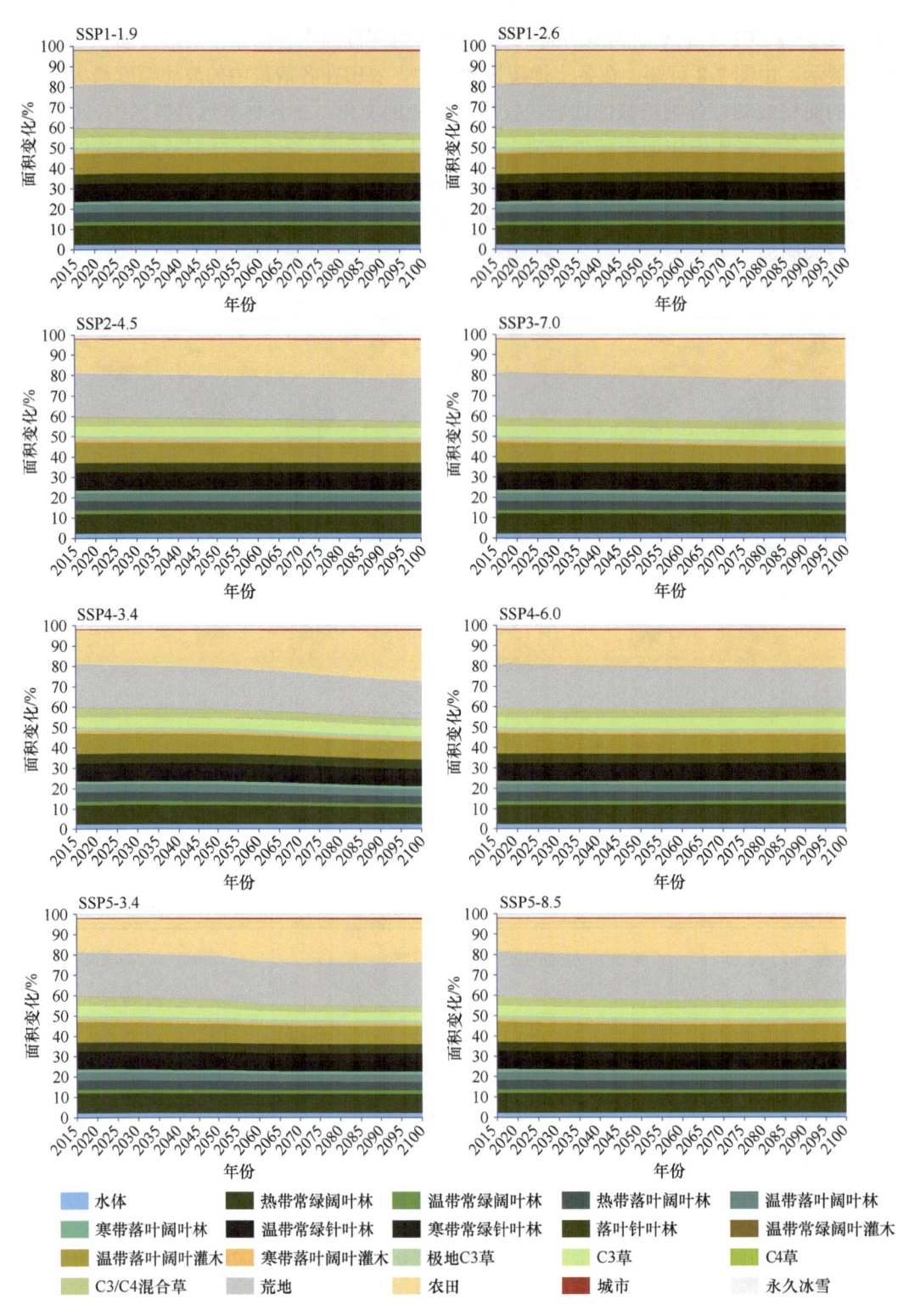

图 7-7 SSPs-RCPs 耦合情景下基于 PFT 分类的全球土地覆盖类型随时间的面积变化（2015~2100 年）

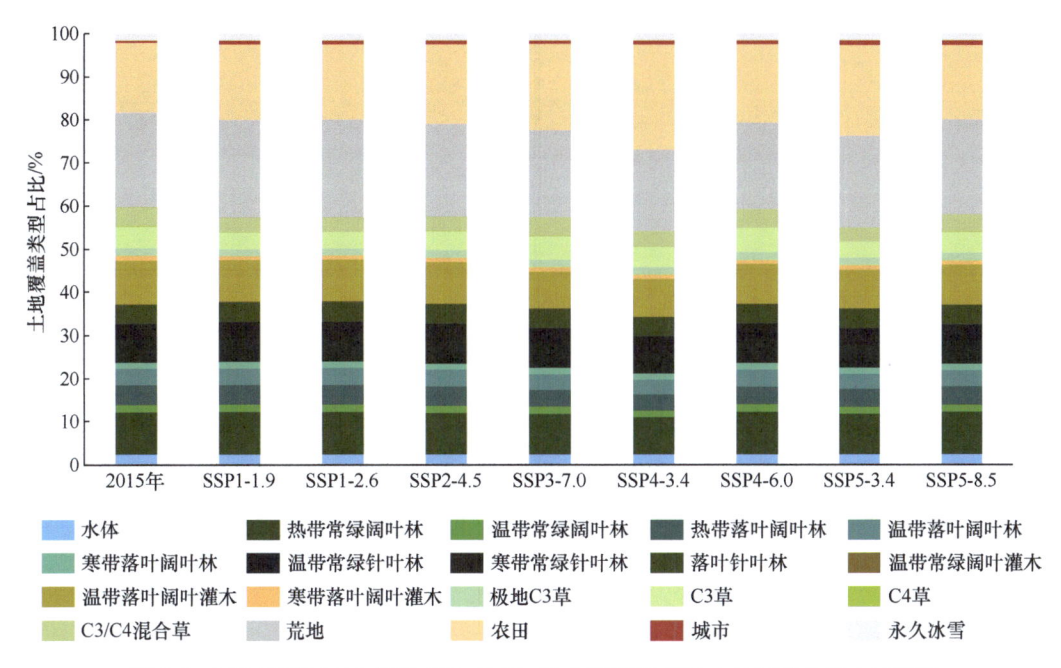

图 7-8　2015 年和 2100 年各 SSPs-RCPs 耦合情景下 PFT 土地覆盖类型占比对比

## 7.3　SSPs-RCPs 耦合情景下未来全球陆地碳储量变化分析

利用 7.2 节获得的 PFT 分类未来全球土地覆盖产品以及全球 32 个分区对全球土地类型和单元的细分，本书使用 InVEST 模型估算了 2015～2100 年各 SSPs-RCPs 耦合情景下的全球陆地碳储量变化，如图 7-9 所示。从图 7-9 可知，陆地碳储量增加和减少的区域在全球各地均有分布，其中，在 SSP3-7.0、SSP4-3.4 和 SSP4-6.0 情景中，非洲撒哈拉以南地区受农田扩张的影响，有较为明显的陆地碳储量增加聚集区域。在 SSP4-3.4 情景中，由于需要达到较高的减排目标，受大面积种植生物能源作物以及农业技术发展水平不高的共同影响，东南亚靠近赤道的印度尼西亚一带发生了大面积的热带雨林转变为农田的情况，导致该情景下该地区陆地碳储量的大幅减少。

为了更清晰地统计在全球尺度上陆地碳储量的变化，本书以每 1°为单位，统计了到 2100 年陆地碳储量按纬度分布的变化情况，如图 7-10 所示。从统计结果可以看出，在 SSP1-1.9 和 SSP1-2.6 这两个情景中，全球陆地碳储量的变化最为平稳，仅在低纬度地区出现少量的陆地碳储量的扰动，在中高纬度地区陆地碳储量波动幅度小。在 SSP3-7.0、SSP4-3.4 和 SSP4-6.0 情景中，15°N 左右的地区出现了陆地碳储量增加的波峰，对比图 7-9 可知，这主要是由这三个情景下非洲撒哈拉以南农田的大幅扩张造成的。由于人口大量增长带来的粮食需求压力，大量土地由草地变为农田，或者由荒地变为草地（牧场）甚至农田，这些变化都是从碳密度较低的土地类型变成碳密度较高的土地类型，因此带来陆地碳储量的明显增长。

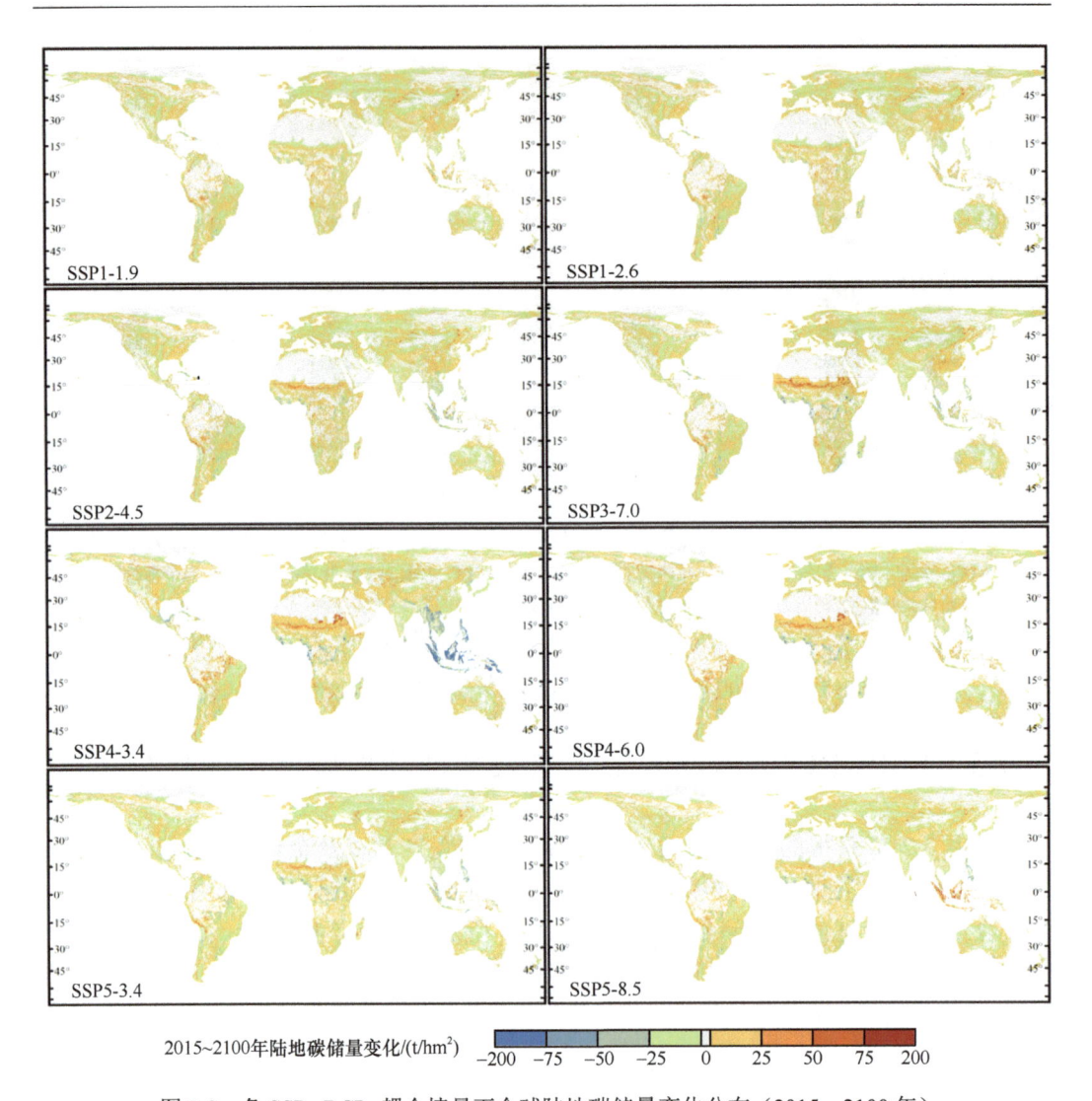

图 7-9　各 SSPs-RCPs 耦合情景下全球陆地碳储量变化分布（2015~2100 年）

值得注意的是，在图 7-10 的 SSP4-3.4 情景中，10°S~10°N 的区域发生了陆地碳储量的剧烈减少，对比图 7-9 可知，这是因为在此情景下，印度尼西亚一带地区由于农业技术水平不高但又面临较高的减排压力，同时该情景下未来碳交易价格极高而带来巨大经济利益，导致大量热带雨林改为生物能源作物的种植用途，从而使得土地类型从碳密度较高的热带雨林变为碳密度较低的农田，导致陆地碳储量的大幅减少。这里有两点需要加以讨论：一方面，在该情景下，未来将通过大规模种植生物能源作物进行固碳，从而达到减排目标，因此有理由推测在该情景中生物能源作物这部分地上生物量能承载大量的碳密度。但由于数据所限，本书无法获得未来种植生物能源作物的农田的地上生物量碳密度数据，因此将历史上印度尼西亚地区农田的地上生物量碳密度输入 InVEST 模型进行陆地碳储量的估算，这样可能会造成在该情景下对陆地碳储量的低估。另一方面，这或许能给我们一些启示，就是在减排目标和科技发展之间应当取得一定的平衡，当没

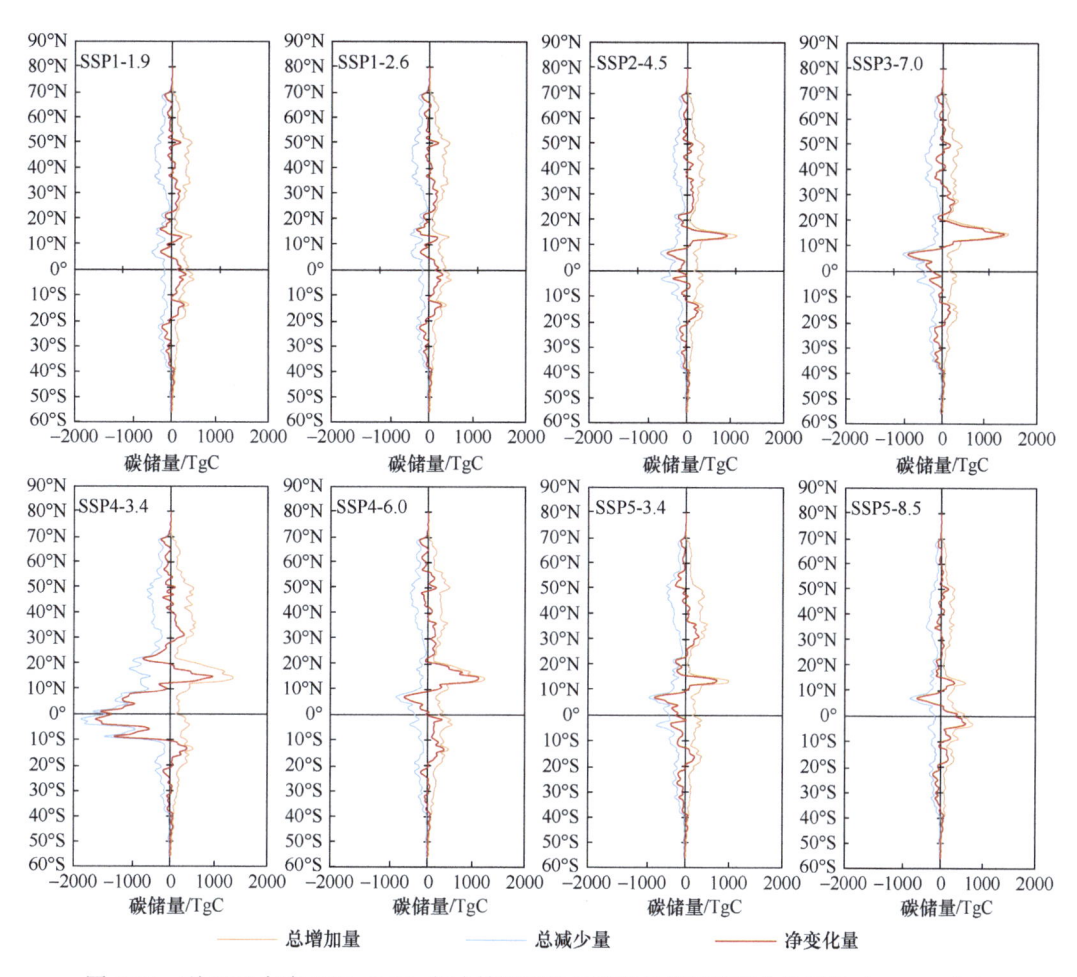

图 7-10 到 2100 年各 SSPs-RCPs 耦合情景下陆地碳储量随纬度变化的情况（1 Tg=10$^6$ t）

有较好的科技和集约化的管理作为支撑时，想要达到更高的减排目标就可能带来一些其他方面的负面影响。

图 7-11 统计了各大洲在各 SSPs-RCPs 耦合情景下陆地碳储量的情况。从图 7-11 中可以看出，在 SSP1 的两个耦合情景下，各大洲的陆地碳储量变化都相对较小，这也与 SSP1 情景下设定的走绿色发展道路但减少人类对自然用地的直接干预（包括森林砍伐和退化森林恢复）相对应。在 SSP2、SSP3 和 SSP5 的耦合情景下，各大洲陆地碳储量的涨跌不一，但总体上变化幅度较小，全球陆地碳储量的总量略有增加。在 SSP4 的两个耦合情景中，陆地碳储量的变化出现了较大的波动甚至分化。在 SSP4-3.4 情景中，受前面提到的印度尼西亚一带热带雨林大量转变为种植生物能源作物的农田的影响，从碳密度高的土地类型转变为碳密度低的土地类型，造成了 InVEST 模型估算的全球陆地碳储量的大幅减少。而在 SSP4-6.0 情景中，南美洲的陆地碳储量出现了较大增长，而且其在 SSP4-3.4 情景中也出现了明显增加，主要的增长区域出现在巴西境内。出现这种分化的情况主要还是由于 SSP4 描绘的是一个不均衡发展的世界，不同国家之间的政策选择会出现很大的差异。就以巴西和印度尼西亚为例，由于在设定情景时判定巴西的发展阶

段高于印度尼西亚，因此在 SSP4 情景中，巴西能做出属于中、高收入国家在该情景下的政策选择，即减少森林砍伐和增加植树造林计划，而印度尼西亚则做出低收入国家在该情景下的政策选择——大量的森林砍伐，尤其是在 SSP4-3.4 情景的高减排压力、高碳交易价格的影响下，不同政策选择的结果差异被迅速拉大。比较有意思的关注点是，非洲在所有情景中几乎都出现了比较明显的陆地碳储量增加，而且其增加量与各情景下 SSA-L 区域（撒哈拉以南的非洲低收入国家）的人口增长幅度呈正相关。这主要是因为非洲在各个情景中都出现了人口的大幅增长，由此带来的粮食需求导致了农田需求的增长，其次是草地（牧场），因此土地类型在从草地变为农田以及从荒地变为草地的过程中导致了陆地碳储量的增加。其中，以人口增量排前列的 SSP3、SSP4、SSP2 对应的耦合情景中陆地碳储量增加最为显著。综上，环境保护政策采取与否，尤其是对碳密度高的热带雨林的保护，以及人口增长带来的粮食需求，都可能成为影响未来陆地碳储量变化的重要因素。

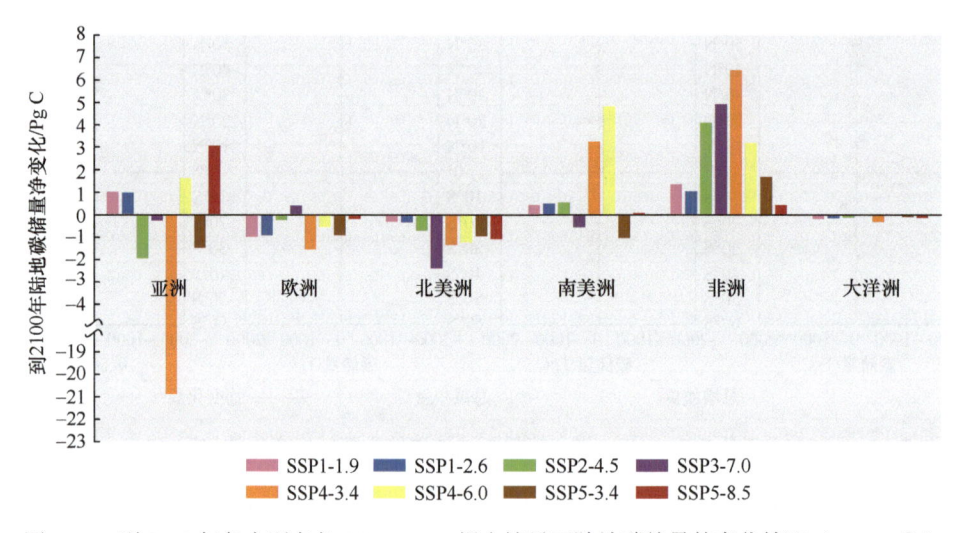

图 7-11 到 2100 年各大洲在各 SSPs-RCPs 耦合情景下陆地碳储量的变化情况（$1Pg=10^9 t$）

图 7-12 统计了 2015～2100 年各 SSPs-RCPs 耦合情景下全球陆地碳储量的变化情况。从图 7-12 中可以看出，大部分情景下陆地碳储量变化较为平稳，较 2015 年的陆地碳储量有缓慢上升。陆地碳储量出现减少的两个情景分别是 SSP4-3.4 和 SSP5-3.4 这两个不走绿色发展道路但又有较高减排目标的耦合情景。相比于 SSP5-3.4 情景下有高水平的农业技术和集约化的农业管理模式作支撑，SSP4-3.4 情景在不均衡发展导致低收入国家农业技术水平不高、没有集约化的管理模式，以及低收入国家没有环境保护政策的情况下，出现了大量热带雨林转变为种植生物能源的农田（主要集中在印度尼西亚一带）而导致的全球陆地碳储量的大幅减少。与之形成鲜明对比的是，在没有高减排目标的 SSP4-6.0 情景中，中、高收入国家能注重环境保护而实施植树造林计划，低收入国家也不必迫于减排压力和高昂的碳交易价格而砍伐森林用于种植生物能源作物，因而全球陆地碳储量得以稳步上升。

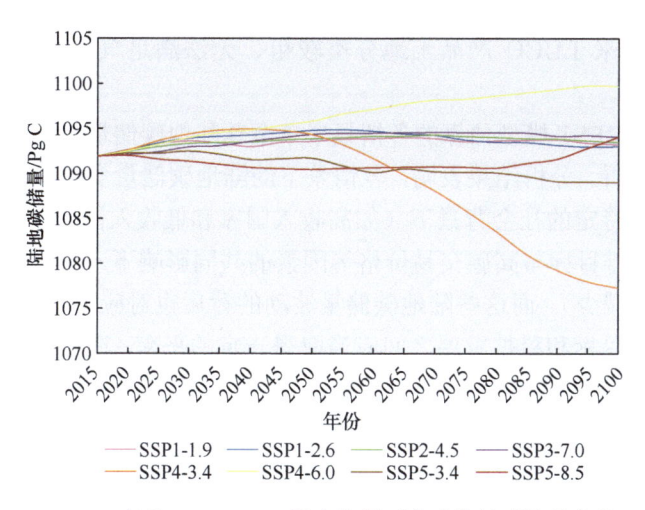

图 7-12  2015~2100 年各 SSPs-RCPs 耦合情景下全球陆地碳储量变化（1Pg=10$^9$t）

在所有情景中，SSP1-1.9 的陆地碳储量增加了 1.299 PgC，SSP1-2.6 增加了 1.094 PgC，SSP2-4.5 增加了 1.554 PgC，SSP3-7.0 增加了 2.141 PgC，SSP4-6.0 增加了 7.794 PgC，SSP5-8.5 增加了 2.150 PgC，而 SSP4-3.4 减少了 14.70 PgC，SSP5-3.4 减少了 2.90 PgC。被封存在陆地上的碳就意味着这些碳不再向大气中排放，避免了对社会可能的损害，也产生了对应的社会成本和价值（Stern N and Stern N H，2007），但这部分社会价值的估算既复杂又有争议（Stern N and Stern N H，2007）。例如，Nordhaus（2007a）及 Stern N 和 Stern N H 分别估算的每吨排放到大气中的 $CO_2$ 的价值在 9.55~84.55 美元，而 InVEST 模型中在估算碳的社会成本时采用碳元素（不是 $CO_2$）的质量为计价单元，有两个碳价格，分别是每吨碳元素的社会成本对应 2010 年不变价的 66 美元和 130 美元（Polasky et al.，2011；Sharp et al.，2018；Tol，2009）。若以这两个价格作为参考，本书中的 8 个情景到 2100 年陆地碳储量的社会成本的波动幅度为从数百亿美元至数万亿美元不等。若是再考虑未来不同情景下碳交易价格的变化，如在 SSP4-3.4 情景中到 2100 年碳交易价格可达 1000 美元每吨碳元素，那么对应损失的陆地碳储量的社会成本将高达 14.7 万亿美元。无论如何，这都是一笔不容忽视的社会成本。

## 7.4 小  结

本章在第 6 章获得的 SSPs-RCPs 耦合情景全球 LUCC 产品的基础上，采用 InVEST 模型对未来全球陆地碳储量进行了估算与分析。为了尽可能弥补 InVEST 模型在估算陆地碳储量时的局限性，提高陆地碳储量估算结果的准确性和可靠性，本章利用历史气候态数据，对前述所得全球 LUCC 产品的土地分类进行了进一步的细分，得到了包含 20 种土地类型的 1 km 分辨率基于 PFT 分类的 SSPs-RCPs 耦合情景全球土地覆盖产品。这个产品在有效提升 InVEST 模型对陆地碳储量估算精度的同时，也可以作为土地输入数据为众多全球及区域气候模式提供高分辨率的数据支持，其填补了以往及未来 LUCC 产品土地分类较粗、无法满足气候模式等相关领域应用与拓展需求的不足。

本章对使用 InVEST 模型估算的各情景未来全球陆地碳储量变化，从空间和数量等不同角度进行了分析。分析结果表明，各情景下的陆地碳储量变化较好地反映了各情景的设定。尤其是在特定的社会背景下（如高收入国家和低收入国家不均衡发展的 SSP4-3.4 情景），在高减排目标与高碳交易价格等因素的共同影响下，陆地碳储量可能会出现较为明显的波动（减少）。而这些陆地碳储量波动的背后也对应了不容忽视的社会成本。这启示我们在减排目标和科技发展之间应当取得一定的平衡，在没有较高的科技水平和集约化的管理方式作为支撑的情况下，想要达到更高的减排目标可能会带来一些其他方面的负面影响。当然，受数据所限，本书未能考虑未来生物能源作物技术的发展对陆地碳储量的影响，因此仅能从土地变化的视角探索未来陆地碳储量的变化，还存在进一步深入研究的空间。

## 参 考 文 献

陈锋, 谢正辉. 2009. 基于中国植被数据的陆面覆盖及其对陆面过程模拟的影响. 大气科学, 33(4): 681-697.

韩振宇, 高学杰, 石英, 等. 2015. 中国高精度土地覆盖数据在 RegCM4/CLM 模式中的引入及其对区域气候模拟影响的分析. 冰川冻土, 37(4): 857-866.

罗立辉, 张耀南, 周剑, 等. 2013. 基于 WRF 驱动的 CLM 模型对青藏高原地区陆面过程模拟研究. 冰川冻土, 35(3): 553-564.

沈润平, 郭倩, 陈萍萍, 等. 2019. 高分辨率大气强迫和植被功能型数据对青藏高原土壤温度模拟影响. 高原气象, 38(6): 1129-1139.

杨延征, 王焓, 朱求安, 等. 2018. 植物功能性状对动态全球植被模型改进研究进展. 科学通报, 63(25): 2599-2611.

Babbar D, Areendran G, Sahana M, et al. 2020. Assessment and prediction of carbon sequestration using Markov chain and InVEST model in Sariska Tiger Reserve, India. Journal of Cleaner Production, 278: 123333.

Bonan G B, Levis S, Kergoat L, et al. 2002. Landscapes as patches of plant functional types: an integrating concept for climate and ecosystem models. Global Biogeochemical Cycles, 16(2): 1-5.

Box E O. 1996. Plant functional types and climate at the global scale. Journal of Vegetation Science, 7(3): 309-320.

Canadell J G, Raupach M R. 2008. Managing forests for climate change mitigation. Science, 320(5882): 1456-1457.

Crowther T W, Todd-Brown K E O, Rowe C W, et al. 2016. Quantifying global soil carbon losses in response to warming. Nature, 540(7631): 104-108.

Eglin T, Ciais P, Piao S L, et al. 2010. Historical and future perspectives of global soil carbon response to climate and land-use changes. Tellus B: Chemical and Physical Meteorology, 62(5): 700-718.

FAO, ITPS. 2018. Global Soil Organic Carbon Map (GSOCmap) Technical Report. Rome: FAO.

Feng L, Zhou T, Wu B, et al. 2011. Projection of future precipitation change over China with a high-resolution global atmospheric model. Advances in Atmospheric Sciences, 28(2): 464-476.

Fick S E, Hijmans R J. 2017. WorldClim 2: new 1-km spatial resolution climate surfaces for global land areas. International Journal of Climatology, 37(12): 4302-4315.

Gao X, Zhao Z, Ding Y, et al. 2001. Climate change due to greenhouse effects in China as simulated by a regional climate model. Advances in Atmospheric Sciences, 18(6): 1224-1230.

Hamilton K, Sjardin M, Marcello T, et al. 2008. Forging a Frontier: State of the Voluntary Carbon Markets 2008. Washington, DC: Ecosystem Marketplace and New Carbon Finance.

Hengl T, de Jesus J M, MacMillan R A, et al. 2014. SoilGrids1km-global soil information based on automated mapping. PLoS One, 9(8): e105992.

IPCC. 2006. 2006 IPCC Guidelines for National Greenhouse Gas Inventories, Volume 4: Agriculture, Forestry and Other Land Use. Tokyo: IGES.

Jackson T L, Feddema J J, Oleson K W, et al. 2010. Parameterization of urban characteristics for global climate modeling. Annals of the Association of American Geographers: Climate Change, 100(4): 848-865.

Köchy M, Hiederer R, Freibauer A. 2015. Global distribution of soil organic carbon-Part 1: masses and frequency distributions of SOC stocks for the tropics, permafrost regions, wetlands, and the world. Soil, 1(1): 351-365.

Kossoy A, Guigon P. 2012. State and trends of the carbon market 2012. World Bank Other Operational Studies, 1(1): 3-16.

Lal R. 2004. Soil carbon sequestration impacts on global climate change and food security. Science, 304(5677): 1623-1627.

Lavorel S, Díaz S, Cornelissen J H C, et al. 2007. Plant Functional Types: Are We Getting Any Closer to the Holy Grail? Berlin, Heidelberg: Springer Berlin Heidelberg.

Liang Y, Liu L, Huang J. 2017. Integrating the SD-CLUE-S and InVEST models into assessment of oasis carbon storage in northwestern China. PLoS One, 12(2): e172494.

Liao W, Liu X, Xu X, et al. 2020. Projections of land use changes under the plant functional type classification in different SSP-RCP scenarios in China. Science Bulletin, 65(22): 1935-1947.

Liu X, Wang S, Wu P, et al. 2019. Impacts of urban expansion on terrestrial carbon storage in China. Environmental Science & Technology, 53(12): 6834-6844.

Liu Y Y, van Dijk A I J M, de Jeu R A M, et al. 2015. Recent reversal in loss of global terrestrial biomass. Nature Climate Change, 5(5): 470-474.

Nordhaus W D. 2007a. A review of the Stern review on the economics of climate change. Journal of Economic Literature, 45(3): 686-702.

Nordhaus W D. 2007b. Economics Critical assumptions in the Stern Review on climate change. Science, 317(5835): 201-202.

Oleson K W, Bonan G B, Feddema J, et al. 2008. An urban parameterization for a global climate model. Part I: formulation and evaluation for two cities. Journal of Applied Meteorology and Climatology, 47(4): 1038-1060.

Oleson K W, Lawrence D M, Gordon B, et al. 2010. Technical Description of Version 4.0 of the Community Land Model (CLM). Boulder, CO: National Center for Atmospheric Research.

Pagiola S. 2008. Payments for environmental services in Costa Rica. Ecological Economics, 65(4): 712-724.

Polasky S, Nelson E, Pennington D, et al. 2011. The impact of land-use change on ecosystem services, biodiversity and returns to landowners: a case study in the State of Minnesota. Environmental and Resource Economics, 48(2): 219-242.

Ramstein C S M, Goyal R, Gray S, et al. 2018. State and Trends of Carbon Pricing 2018. Washing D. C.: The World Bank.

Roeckner E, Bäuml G, Bonaventura L, et al. 2003. The Atmospheric General Circulation Model ECHAM 5. PART I: Model Description. Hamburg, Germany: Max-Planck-Institut für Meteorologie.

Scharlemann J P, Tanner E V, Hiederer R, et al. 2014. Global soil carbon: understanding and managing the largest terrestrial carbon pool. Carbon Management, 5(1): 81-91.

Sharp R, Tallis H T, Ricketts T, et al. 2018. InVEST 3.6.0 User's Guide. http://data.naturalcapitalproject.org/nightly-build/invest-users-guide/html/index.html.[2018-10-04].

Stern N, Stern N H. 2007. The Economics of Climate Change: The Stern Review. Cambridge: Cambridge University Press.

Tol R S. 2009. The economic effects of climate change. Journal of Economic Perspectives, 23(2): 29-51.
Weitzman M L. 2007. A review of the Stern Review on the economics of climate change. Journal of Economic Literature, 45(3): 703-724.
Yeung P S, Fung J C, Ren C, et al. 2020. Investigating future urbanization's impact on local climate under different climate change scenarios in MEGA-urban regions: a case study of the Pearl River Delta, China. Atmosphere, 11(7): 771.

# 第8章 基于FLUS模型划定多种规划情景下的城市增长边界

## 8.1 引 言

尽管许多研究在模拟城市发展的过程中考虑了空间政策对城市发展的影响，但大多数研究只考虑维持元胞状态不变或减缓城市土地开发速度的政策。然而，区域规划不仅只规定禁止建设的区域，还划定鼓励城市开发的区域，如规划重点开发区。另外，交通规划也在指导城市发展的方向，如规划的高速铁路站点和地铁站点等交通规划政策。这些规划驱动因素对未来的城市发展也会产生潜在影响。模拟规划驱动因素对未来城市发展的影响对于规划者和管理者制定城市发展政策非常重要，但很少有人关注这一点。

本书提出两种在城市增长模拟中考虑各种规划的驱动效应的机制来解决已有研究的不足。第一种机制是基于ANN的规划交通更新机制，用于考虑交通规划要素对城市发展的影响；第二种机制是规划开发区内的随机种子机制，用于模拟重点开发区对城市发展的引导作用。本书研究中，使用珠三角地区的总体规划作为规划的重点开发区。基于以上的改进，本书研究可以进一步采用CA模型模拟多种规划政策的影响下的城市发展，并进行城市增长边界的划定。

另外，已有的基于CA的城市增长边界（Urban Growth Boundary，UGB）划定方法没有考虑来自宏观尺度的城市需求的影响（Lu et al.，2013；Tang et al.，2011），大多数基于CA的UGB模型只关注局部尺度上的"自底向上"效应，而忽略了宏观尺度上的"自顶向下"效应。宏观尺度影响通常是指区域对未来经济发展和人口增长的需求，它决定了一个地区未来的城市所需面积（Verburg and Overmars，2009）。局部尺度效应代表土地利用模式与多种空间驱动力之间的相互作用和反馈，包括道路网络、地理位置、地形条件等（Letourneau et al.，2012；van Asselen and Verburg，2013；Gao et al.，2014）。通过将"自底向上"CA模型与"自顶向下"的未来城市需求预测方法相结合，可以模拟各种驱动因子在两个尺度上对城市发展的影响（He et al.，2006）。在此之前，还没有研究尝试耦合宏观城市需求和局部动态的模拟模型来建立城市增长边界。

此外，了解不同规划政策对城市发展的影响对于决策者评估相关政策是否合理非常重要（Chen et al.，2014）。大多数先前的研究仅仅只在单一场景下建立城市增长边界，或在特定时间节点或通过一组模型参数构建不同的城市增长边界（Ma et al.，2017；Tayyebi et al.，2011）。几乎没有研究尝试在各种规划相关的情景下为大尺度快速发展的地区建立多情景的城市增长边界。划定城市增长边界的另一个挑战是，一些城市发展十分快速的地区，城市空间形态和景观显示出分形特征（Yang and Wang，2008），如中国的珠三角地区。这导致这些区域中的城市形态可能包含许多复杂多边形，甚至呈现分散形式。在划定城市增长边界时，应该消除紧凑性较低和面积较小的多边形，因为它们不利于划定易于管理的城市增长边界。这同时也说明 CA 模型的模拟结果也不能直接作为最终的城市增长边界，因为它们通常会比较破碎。

本书在多种规划情景下模拟了城市的发展，并在模拟结果的基础上提出了一种基于形态学膨胀和腐蚀理论的城市增长边界划定方法，用于划定多情景下的城市增长边界。该方法可以有效地去除小而分散的城市斑块，并将有发展潜力的城市斑块集合划入城市增长边界中，从而自动生成合理的城市增长边界。

## 8.2 研究方法

本章采用改进的 FLUS 模型对珠三角地区的城市发展进行模拟。在此之前，FLUS 模型已成功应用于人类活动与自然环境的双重驱动下中国尺度与全球尺度的复杂土地利用和土地覆盖变化的模拟（Li et al.，2017）。在本书研究中，使用基于 ANN 的规划交通更新机制，结合规划开发区内的随机种子机制来对 FLUS 模型进行改进，使其能在城市模拟时更好地考虑规划的驱动作用。对未来城市发展进行模拟时，应用系统动力学模型来预测未来土地利用需求。最后用形态学方法在模拟结果的基础上划定城市增长边界。

### 8.2.1 城市系统动力学模型

SD 模型的特点是能够通过不同模块和变量之间的反馈循环来模拟和分析复杂系统的行为。城市土地利用系统非常复杂，它受到许多人为和社会驱动力的影响。因此，建立一个城市增长 SD 模型，可以帮助研究者理解社会经济变化和管理政策之间的相互作用，并了解它们引起的城市增长的机制。目前，SD 模型被广泛应用于探索政策制定对城市发展的影响当中（Liu et al.，2013）。

在本书研究中，通过考虑与城市增长相关的一系列因素（如人口、GDP、技术进步），搭建了一个 urban-SD 模型，用以预测不同情景下未来城市增长的需求。urban-SD 模型不同元素之间的反馈和相互作用可以通过统计数据拟合的经验公式（多元线性回归）或表格来表示。用于构建 urban-SD 模型的内部经验公式的数据来自珠三角地区的统计年鉴。本书搭建的 urban-SD 模型的结构流程如图 8-1 所示。

urban-SD 模型由三个紧密耦合的子模块：人口模块、经济模块和土地利用模块组成。在这个模型中，人口、GDP（国内生产总值）和技术进步是直接或潜在影响工业和服务投资变化的三个最重要的指标，它们最终将作用于城市发展的数量。在土地利用子模型中，假设城市土地类型由三部分组成：住宅、工业和商业用地。每个子类别分别与人口模块或经济模块相关联。

图 8-1 urban-SD 模型的结构流程图

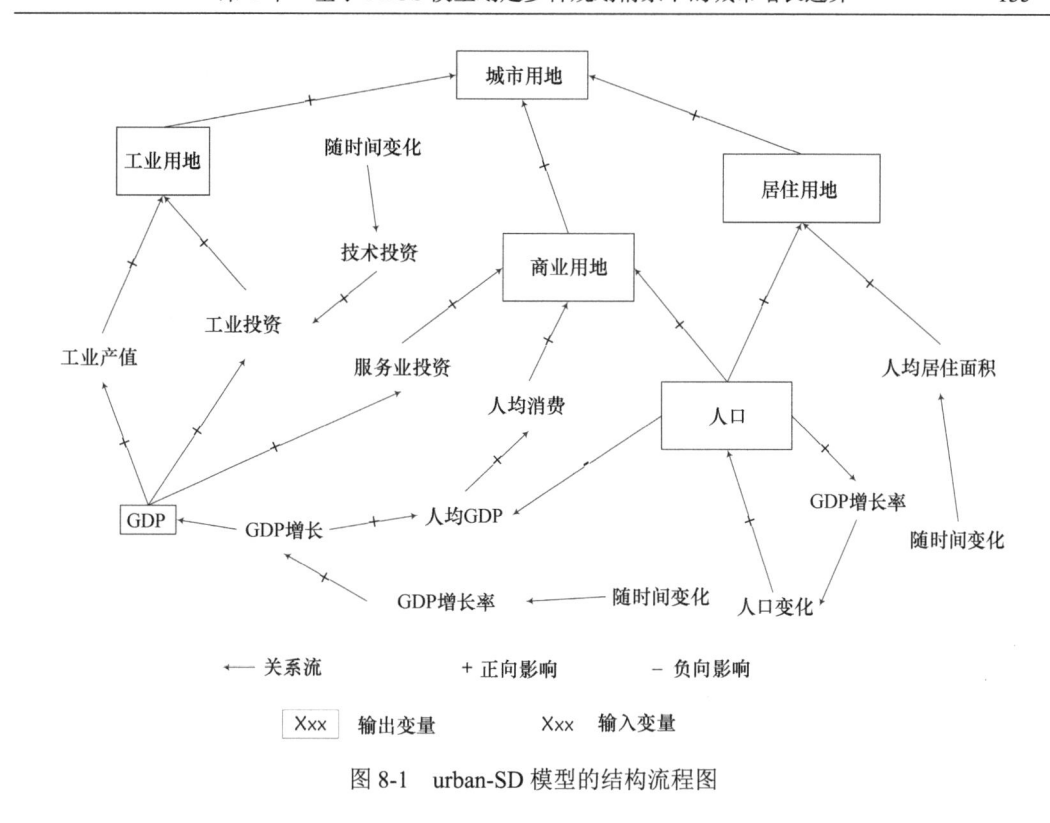

## 8.2.2 基于 ANN 的规划交通更新机制

ANN 作为一种强大的机器学习算法，通常被用于计算土地利用变化与其驱动变量之间的复杂非线性关系（Pithadia，2005；Dai et al.，2005）。通过两个不同层的神经元之间的迭代和反馈，ANN 可以在每个像素上生成各类用地的发展概率（Lin et al.，2011）。已有的研究表明，ANN 模型优于常用的逻辑回归算法（Lin et al.，2011）。并且 ANN 已成功应用于土地利用和土地覆盖变化的分析和建模中（Dai et al.，2005）。因此，本书研究构建了基于 ANN 的规划交通更新机制，用于模拟规划交通的驱动作用对模拟模型的影响。该机制的流程图如图 8-2 所示。

该机制首先对土地利用分布数据和历史驱动力数据采样，并用采样数据来训练 ANN。在此步骤中标记将要更新的交通驱动因素（有相应规划方案的历史交通驱动数据，如规划高铁站、规划地铁站等）。训练好网络分类器后，在网络预测过程中，被标记的交通驱动因素将会被对应的规划交通驱动数据所更新。例如，未来的高速公路口数据（包括到历史的高速公路口和新规划的高速公路口的距离）取代到历史的高速公路口的距离。其他未改变的驱动力（如 DEM 和坡度）在该过程中保持不变。最后，该模型在规划驱动因素的影响下输出城市发展的概率。该机制的设计基于以下考虑：直接用 ANN 挖掘现状土地利用分布与未来规划驱动因子之间的关系是不合理的，因为该区域目前并不存在这些规划因素。因此，该机制基于历史数据训练 ANN，训练好的 ANN 代表了土地利用变化和驱动因子间的通用规则。然后，通过在 ANN 的预测过程中用规划的驱动力数据代替相应的历史驱动力数据输入训练好的 ANN 的方式,来引入政策规划对土地利用变化的潜在影响(Tian and Shen,2011),最终输出规划驱动力影响下的城市发展概率。

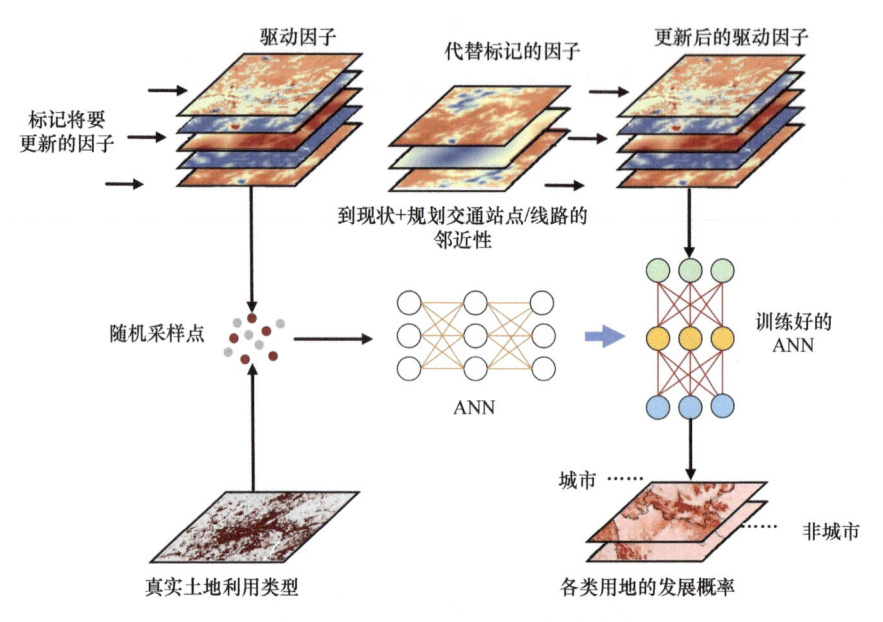

图 8-2 基于 ANN 的规划交通更新机制的流程图

### 8.2.3 规划开发区内的随机种子机制

对于规划开发区的影响,本书提出了一种随机种子机制来模拟规划开发区对城市增长的潜在影响(图 8-3)。该机制在 FLUS 模型的模拟过程中进行。首先,扫描位于规划开发区域中的非城市单元,如果其城市发展概率(Urban Development Probability)大于一个范围为[0,1]的随机值,则在元胞中种植随机种子。种植的种子将以下规则随机调整城市地区的总概率:

$$TP_{urban} = \begin{cases} r + TP_{urban}, & r + TP_{urban} \leqslant 1 \\ 1, & r + TP_{urban} > 1 \end{cases} \quad (8-1)$$

式中,$TP_{urban}$ 为元胞发展为城市的总概率;$r$ 为 0~1 的随机值。该规则确保 $TP_{urban}$ 可以在种子的影响下获得增加,但仍然维持在[0,1]。因此,规划开发区的城市总概率将高于先前的城市总概率,但它仍然受到 ANN 输出的城市发展概率的影响,因为随机种子很可能被种植在具有较高城市发展概率的像元。这种机制不直接对开发区植入城市像元,而是提高开发区内种子像元的城市发展概率。它克服了许多传统 CA 模型的不足,如果在该地区的邻域范围内不存在城市像元,则传统 CA 在潜在的城市发展地区不能产生新的城市像元。总的来说,该机制可以较好地模拟城市飞地的发展。

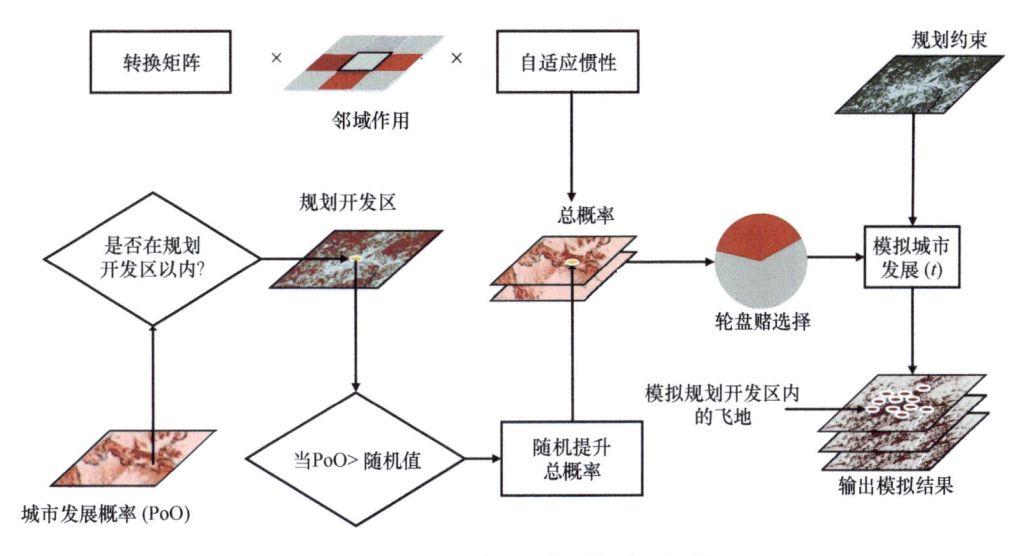

图 8-3 规划开发区内的随机种子机制

## 8.2.4 基于形态学的城市增长边界划定方法

本书通过使用形态学膨胀和腐蚀的方法，基于 FLUS 模型的模拟结果建立城市增长边界。该方法首先应用闭运算（先膨胀后腐蚀），然后应用先腐蚀后膨胀的开运算对模拟的城市进行处理。本书提出的城市增长边界划定方法的流程结构如图 8-4 所示。

**1. 膨胀和腐蚀**

基于形态学的膨胀和腐蚀在集合论中具有很强的数学基础。形态学方法中的结构元素 $B$ 对一组像元 $X$ 的膨胀的定义如下（Narayanan，2006）：

$$X \oplus B = X + b = \{x + b : (x \in X) \& (b \in B)\} \tag{8-2}$$

腐蚀是膨胀的逆运算。结构元素 $B$ 对一组像元 $X$ 的腐蚀定义如下：

$$X \ominus B = X - b = \{z : (B + z) \subseteq X\} \tag{8-3}$$

式中，$X$ 为二值图像，仅包括城市和非城市。在本书中，结构化元素 $B$ 是大小为 $n \times n$（$n$ 是奇数）的滑动窗口，但是不包括正方形角落处的四个像元。这种结构元素的形状使膨胀或腐蚀的边界变得更柔和，并且更接近城市斑块的近似边界线。在腐蚀过程中，结构元素的中心像元扫描城市像元。如果结构化元素中的所有像元都不是城市像元，则在腐蚀过程中将去除结构元素原点处的城市像元。相反，当结构化元素的原点围绕城市像元移动时，膨胀过程将结构化元素中的所有非城市像元转换为城市像元。

腐蚀可以用于去除小而分散且紧凑性低的城市斑块，因为过小的城市斑块不适用于划定城市增长边界。此外，膨胀可以弥补城市间的间隙并将适合并入城市增长边界的城市斑块连接起来。

**2. 开运算和闭运算**

然而，UGB 的划定应忽略小的、孤立的城市斑块并填补城市群之间的差距。因此，

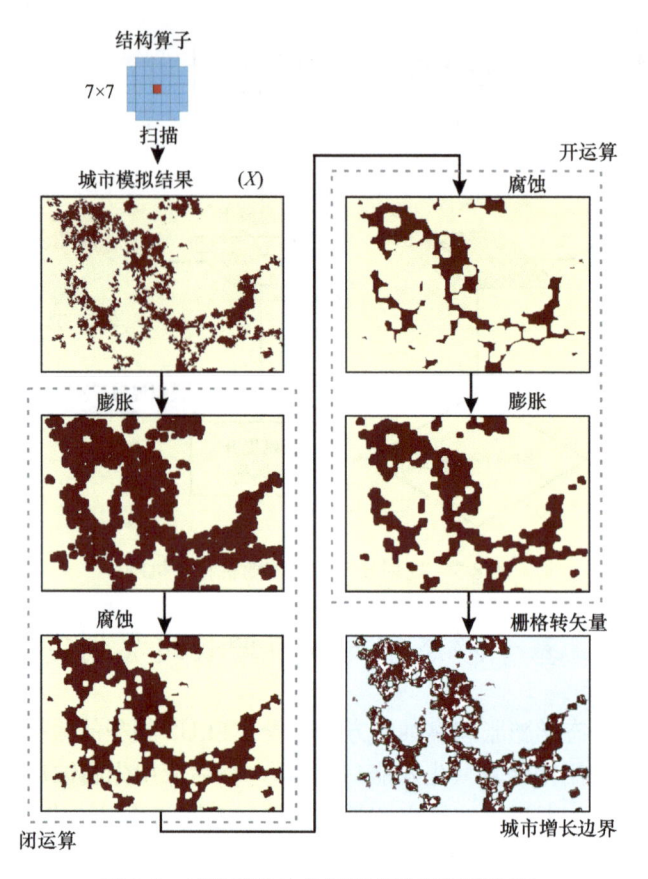

图 8-4　城市增长边界划定方法流程结构图

需要结合使用扩张和腐蚀方法。使用相同结构元素先进行腐蚀然后进行膨胀的应用方式被称为开运算。开运算的腐蚀步骤将移除孤立的城市斑块以及平滑城市斑块的边界，膨胀步骤将恢复大部分边界像元而不恢复噪声。开运算"。"倾向于"打开"图像中相互接触的两个对象，扩大它们之间的小间隙以及空间。开运算的公式如下：

$$X \circ B = (X \ominus B) \oplus B \tag{8-4}$$

闭运算"·"类似于开运算，但与开运算相反。闭运算首先对图像进行膨胀⊕，然后使用相同的结构元素进行腐蚀⊖。闭运算可以更有效地填充图像中的小间隙并"关闭"它们。结算由以下等式定义：

$$X \cdot B = (X \oplus B) \ominus B \tag{8-5}$$

城市-非城市二值图经过开运算后，城市像元倾向于减少，因为开运算的实质是取城市分布 $X$ 和结构元素 $B$ 之间的交集。相反，闭运算的实质是创建城市分布 $X$ 和结构元素 $B$ 的并集，因此闭运算扩展了城市像元的数量。这两个操作都可以起到平滑图像中的对象边界的作用。

由于开运算和闭运算具有上述特定功能，因此本书研究首先应用闭运算连接相邻的城市斑块，然后采用开运算删除不适合划入 UGB 的孤立的小城市地块。而且，开运算和闭运算组合使用可以确保最终的 UGB 面积不会严重偏离规划目标。

## 8.3 模型验证

本书研究以珠三角地区为研究区，采用 15 个空间驱动因子与土地利用分布来训练 ANN 模型（表 8-1），所有数据的分辨率都统一到 100m。本书研究采用 3 层的 BP-ANN（反向传播人工神经网络）模型。输入层为 15 个神经元（对应 15 个空间驱动因子），隐藏层为 30 个神经元，输出层为 2 个神经元（对应城市和非城市土地利用）。训练时随机选择珠三角区域中总像元数量的 2%作为训练数据集。在训练网络之前，将采样数据归一化到[0, 1]。选择 Sigmoid 函数作为输出层的激活函数，用以将概率值标准化到[0, 1]。ANN 模型的学习率和终止条件在训练过程中是自适应的。在模拟模块中，使用 3×3Moore 邻域进行模拟。

表 8-1 珠三角地区研究所用的数据及来源

| 数据大类 | 数据类型 | 年份 | 数据来源 |
|---|---|---|---|
| 土地利用 | 土地利用数据 | 2010 | 中国科学院 CLUD 数据集 |
| 社会经济数据产品 | 人口 | 2010 | 2000 年和 2010 年人口普查数据 |
|  | GDP | 2000~2016 | 2000~2016 年珠三角地区统计年鉴 |
| 区位 | 机场 | 2016 | 百度地区 API |
|  | 镇中心 | 2016 |  |
| 地形 | 高程 | 2010 | GDEMDEM |
|  | 坡度 | 2010 | 从 DEM 数据计算 |
|  | 坡向 | 2010 | 从 DEM 数据计算 |
| 交通 | 国道 |  |  |
|  | 省道 | 2015 | 珠三角总体规划（2014~2020 年） |
|  | 高速公路 |  |  |
|  | 铁路 |  |  |
|  | 城市路网 | 2016 | OpenStreetMap（OSM）数据集 |
| 规划数据 | 高铁站点 |  |  |
|  | 高铁路线 | 2013 | 广东省交通规划（2013~2030 年） |
|  | 高速公路口 |  |  |
|  | 总体规划 |  |  |
|  | 基本农田 | 2020 | 珠三角总体规划（2014~2020 年） |
|  | 基本生态控制线 |  |  |

由于需要验证是否考虑了规划交通能更好地模拟城市的发展。因此，本书安排了基于历史数据（2000~2013 年）的一系列实验来测试考虑规划交通的驱动作用是否能够提高 FLUS 模型的模拟精度。研究者普遍认为，在模拟中使用规划约束可以提高模拟精度，因为它们指定了不允许城市扩张的区域，即使这些区域有很高的城市发展概率（Yang et al.，2006）。与规划约束的影响类似，规划开发区也很可能提高模拟的准确性，因为它定义了鼓励城市发展的区域，即使该区域的城市发展概率相对较低。

## 8.3.1 模拟 2000~2013 年城市变化

本节分析了规划高速铁路站点和规划高速公路口单独或两两组合的作用对 ANN 输出的城市发展概率的影响。总共有四种情况：①不考虑规划政策影响的发展概率；②考虑规划高速铁路站点影响下的发展概率；③考虑规划高速公路口影响下的发展概率；④考虑规划高速铁路站点和高速公路口影响下的发展概率。四种情况生成的城市发展概率（PoO）如图 8-5 所示。在规划交通的影响下，城市发展概率分布在空间上有明显的差异，并且这些差异将影响 CA 模型的模拟过程。

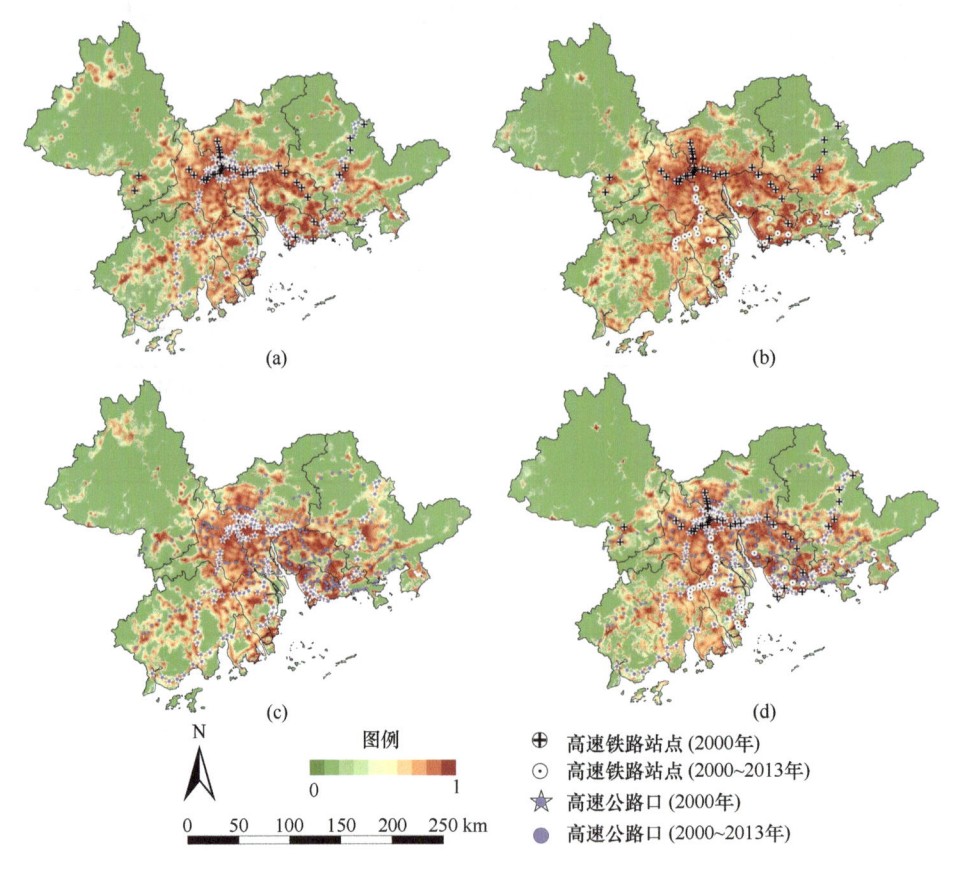

图 8-5 规划交通对发展概率的影响
（a）不考虑规划政策影响的发展概率；（b）考虑规划高速铁路站点影响下的发展概率；（c）考虑规划高速公路口影响下的发展概率；（d）考虑规划高速铁路站点和高速公路口影响下的发展概率

基于四种情况下的城市发展概率，本书研究模拟了 2000~2013 年四种城市发展情景的影响。为了增加模拟精度，2005 年、2008 年、2010 年和 2013 年的实际土地利用需求被用于在模拟期间提供"自顶向下"的效应，并在模拟过程中与 CA 模型提供"自底向上"的效应耦合。这种耦合方法已经被证明可以有效提高模拟精度（Syphard et al.，2007）。此外，本书研究还利用 2005 年、2008 年、2010 年和 2013 年的历史土地利用模式来验证相应年份的模拟结果。

图 8-6 显示了 2013 年考虑不同交通规划政策影响下的模拟精度。虽然四种模拟城市土地利用模式的总体分布特征都很相似，但在不同的规划政策的影响下产生不同的模拟精度。图 8-7 显示了在各个时间段内考虑不同规划政策的 FoM 精度，该 FoM 值是十次模拟实验的平均值。对比结果表明，仅考虑规划高速铁路站点影响下的模拟结果在每个时间节点的模拟精度值都高于不考虑规划政策影响的模拟结果的模拟精度［图 8-7（a）］。同时，考虑了规划高速公路口影响下的模拟结果在每个时间点也获得了更好的精度［图 8-7（b）］。

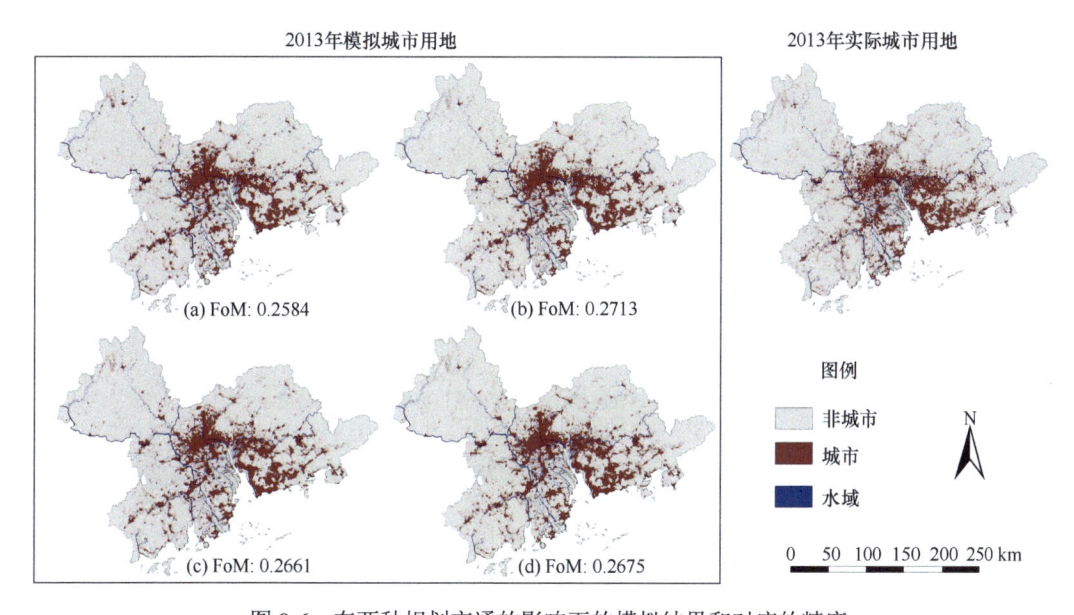

图 8-6　在两种规划交通的影响下的模拟结果和对应的精度
（a）不考虑规划政策影响的模拟结果；（b）考虑规划高速铁路站点影响下的模拟结果；（c）考虑规划高速公路口影响下的模拟结果；（d）考虑规划高速铁路站点和高速公路口影响下的模拟结果

这些实验表明，通过将规划交通要素考虑到城市模拟中，可以提高模拟的准确性。为了检验考虑多种规划交通因素的综合效果，本书研究还在考虑规划高速铁路站点和高速公路口的综合影响下测试了模拟精度［图 8-7（c）］。两种规划因素的综合作用也提高了模拟精度；精度提升程度高于单独考虑规划高速公路口的模拟结果，但弱于仅仅只考虑规划高速铁路站点的模拟结果。实验表明，在模拟中考虑多种规划交通站点的综合效果也有助于改善模拟精度。

## 8.3.2　精度验证分析

在精度对比中，本书研究发现，考虑规划高速铁路站点和高速公路口的综合作用的模拟精度低于仅考虑规划高速铁路站点的模拟精度。产生这一结果的原因可能是珠三角地区有较高的空间异质性和复杂性。Batty 等指出，城市是涉及空间和其他部门相互作用的复杂非线性系统（Batty，2008；Batty et al.，1999）。而珠三角地区是一个更复杂的城市群系统，包括九个具有不同发展基础、发展政策和发展方向的城市。因此，在这种

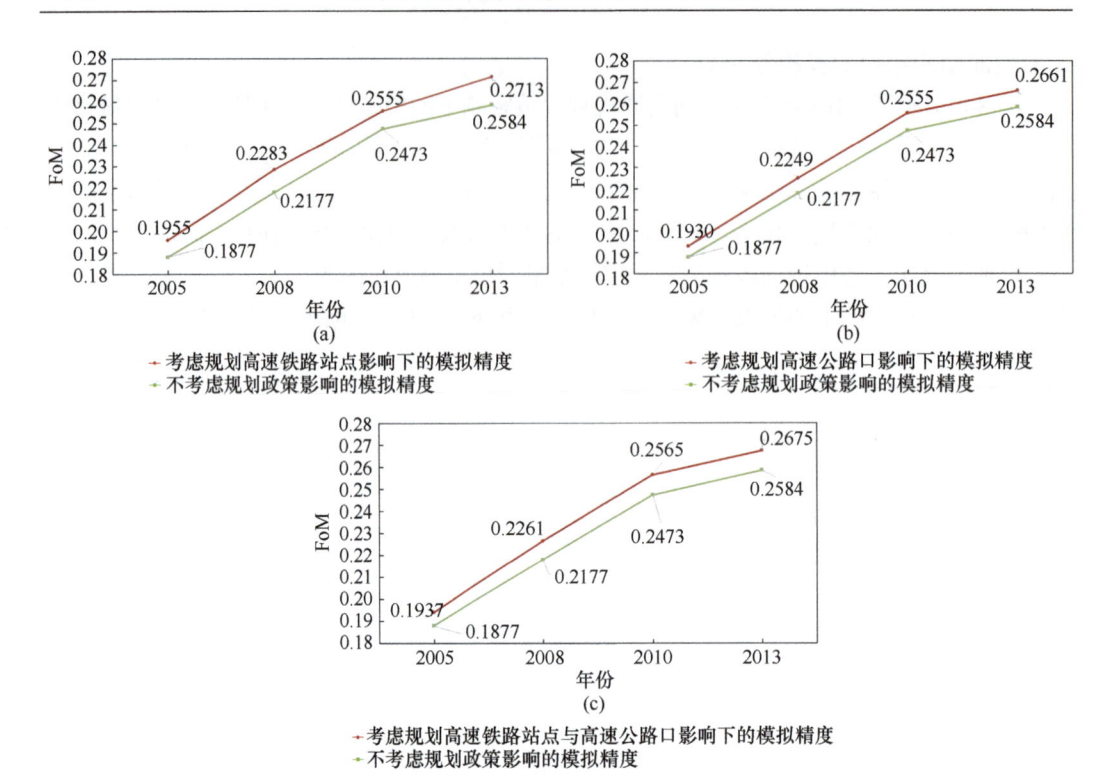

图 8-7　考虑不同规划交通驱动因素的历年的模拟精度与不考虑规划交通的模拟精度对比

复杂的非线性系统下，多种规划政策的综合影响可能会导致土地利用变化的一些不确定性。另外，有研究指出，在模拟模型中不是考虑越多的规划因素模拟精度越高，考虑更少的驱动因子也可能获得更高的模拟精度（Wang et al.，2016）。但总的来说，在本书研究中，考虑一个或两个规划因素的模拟精度都高于不考虑任何规划驱动因素的情况，这表明本书研究提出的基于 ANN 的规划交通更新机制是有效的。

模型对比结果表明，在未来城市增长模拟中考虑规划交通因素是非常重要的。考虑重要的规划交通节点，如规划高铁站点或规划高速公路口，有利于提高模拟精度。但仅考虑规划高速铁路站点的模拟结果可获得最高的模拟精度，并呈现出最佳的增长趋势［图 8-7（a）］，这表明 2000～2013 年，高速铁路站点对城市发展的驱动效应强于珠三角地区高速公路口的驱动效应。本书研究提出的两种机制使得可以在模拟规划情景时考虑规划交通和重点开发区的驱动效应。这为用 FLUS 模型进行多种规划情景下的城市增长边界划定打下基础。

## 8.4　基于 FLUS 模型的城市增长边界划定

### 8.4.1　规划情景设定

本书研究的目的之一是在规划的情景下模拟城市增长，这些情景与空间和城市需求方面的规划政策密切相关，并且经常用于与城市增长相关的研究当中（Al-Ahmadi et al.，

2009）。本书根据不同的空间规划政策制定了六种情景，这些情景和情景相关的空间规划政策是区域规划的常用手段。不同情景对应不同的空间规划政策的影响，本书所用的这六种情景的命名如下：①基准情景；②分区发展情景；③高铁驱动发展情景；④总体规划情景；⑤可持续城市发展情景；⑥快速城市增长情景。下面将详细描述这些情景的特点。

### 1. 基准情景

该情景下的珠三角地区未来的土地利用模式是根据近年来珠三角地区的城市增长率预测的，没有任何土地政策在此基础上限制或促进区域增长。因此，该情景被称为基准情景或默认情景。总的来说，这种情景没有相应的空间规划政策"自底向上"地影响城市的自组织发展过程。

### 2. 分区发展情景

这种情景与基准情景类似，不过人口增长率和 GDP 增长率有所不同。这种情景与基准情景的另外一个明显区别在于该情景下有分区发展政策。在该情景下，优先发展近年来经济和人口增长最快的区县。这些具有发展潜力的地区将吸引更多的城市增长，并将最大限度地减少大都市区的城市扩张。总的来说，该方案优先发展最具潜力的地区，并用于评估在政策的控制和指导下的城市发展模式。

### 3. 高铁驱动发展情景

近几十年来，中国正在进入高速铁路时代，全国各地的高速铁路数量不断增加。珠三角地区是中国的高速铁路网系统最发达的地区之一。在之前的一项研究中，有学者发现，高速铁路的快速建设对还处于城市化早期阶段的地区具有很强的驱动作用（Tang et al.，2011）。高速铁路网络的改善还将促进城市的城市化进程和将城市发展推入新的阶段（Monzón et al.，2013）。根据珠三角地区的交通规划，2013～2030 年，珠三角地区将建设超过 30 个新的高速铁路站点和 15 条高速铁路或城际铁路（里程超过 1700 km）。在这个背景下，用该情景评价规划的高速铁路以及高铁站点对城市发展的影响。

### 4. 总体规划情景

根据珠三角全城规划（2014～2020 年），珠三角地区的城市群将走上可持续均衡发展的道路。此外，珠三角地区的城市将在未来以更紧凑的方式发展。该情景下，珠三角地区优先发展经济相对薄弱的地区，大都市区的人口被周边快速发展的城市所吸引和分散。虽然珠三角区域已经制定了详细的城市发展规划，但城市群的真正发展往往并不严格按城市规划的方向发展（Long et al.，2013，2015）。因此，有必要探究在总体规划的影响和约束下，未来的城市形态是如何演化和发展的。

### 5. 可持续城市发展情景

城市地区的快速增长造成了严重的环境土地资源问题，因为城市扩张通常伴随着大量的农业土地流失和土地资源的浪费。为了评估与可持续发展相关的政策对城市发展的作用，本书设定了这个情景，用于在可持续发展的规划目标下，预测珠三角地区的城市形态变化。在这个情景下,赋予研究区与基准情景一致的人口和 GDP 增长率,但其受到环境保护政策的制约。考虑的环境保护政策包括基本的农田保护区、基本的生态控制线。该情景旨在检验在政策调控下和谐可持续发展的城市发展形态。

**6. 快速城市增长情景**

该情景假设珠三角地区在 2010~2050 年保持非常高速的经济发展并吸引了许多外来人口。珠三角核心都市区和周边城市都保持了快速的发展。这种情景用于发现珠三角大都市区周围城市化的潜在区域。本章涉及的规划政策如图 8-8 所示。

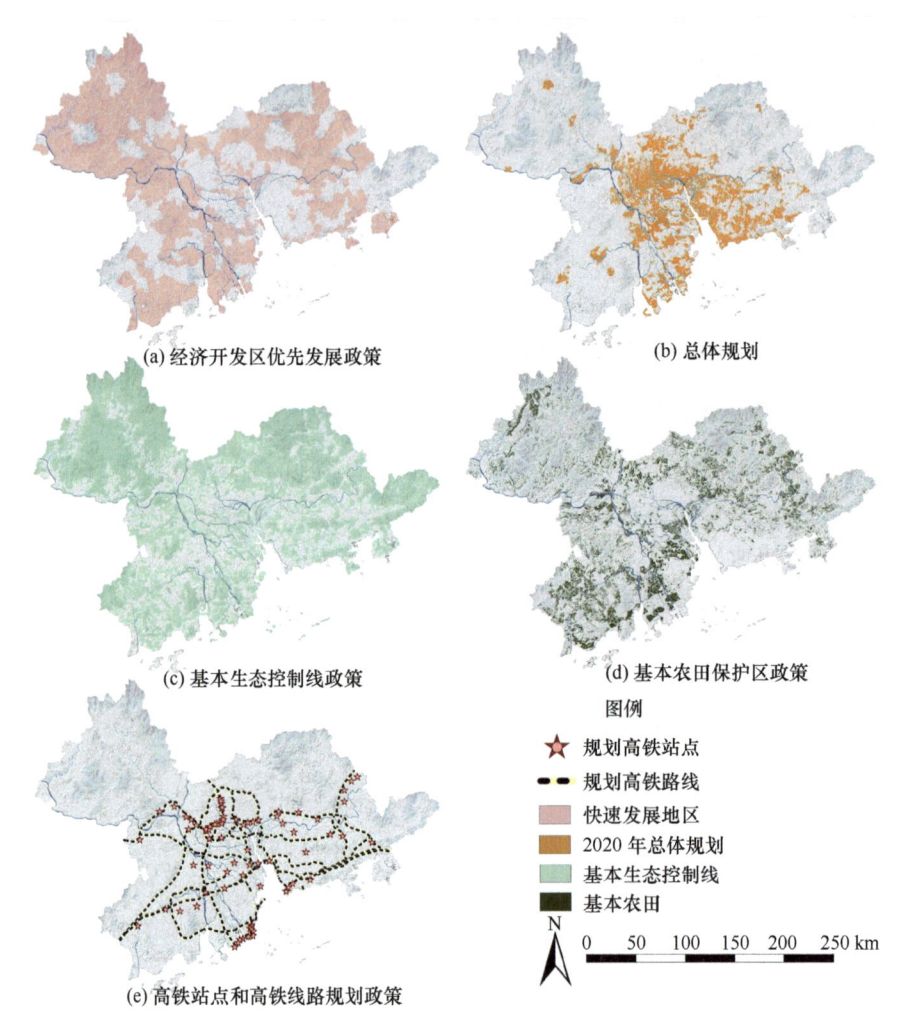

(a) 经济开发区优先发展政策
(b) 总体规划
(c) 基本生态控制线政策
(d) 基本农田保护区政策
(e) 高铁站点和高铁线路规划政策

图例
★ 规划高铁站点
- - 规划高铁路线
　 快速发展地区
　 2020 年总体规划
　 基本生态控制线
　 基本农田

图 8-8 本章涉及的规划政策

在未来情景预测阶段,使用 Vensim 软件(http://vensim.com/),基于 2000~2016 年珠三角地区的社会经济数据(表 8-1),搭建了本书的 urban-SD 模型,用于在六种规划情景下预测 2050 年的城市面积。本书的 urban-SD 模型有三个输入:人口增长率、GDP 增长率和技术进步,根据不同规划情景的情况设置这三个参数的不同组合,可以生成不同情景下的未来城市需求。例如,①基准情景对应于三个中等的增长率参数。②三个快速的增长率赋予快速城市增长情景并产生最大的城市需求。③另外，最低人口增长率减少了环境压力，给予城市可持续发展情景，产生了最小的城市发展需求，快速的技术进步有助于在这种情景下保持中等速度的 GDP 增长。此外，其他情景通过在基准情景下更改一个或多个参数的值来产生不同的城市土地需求。④假设分区发展情景下的 GDP 增长快于基准情景，因为在这种情景下，政府为珠三角周边的经济发展提供更多的支持。⑤对于高铁驱动发展情景，设定人口增长率和技术进步的参数大于基准情景，因为考虑到更多的技术进步有助于运输业的快速发展，发达的交通运输业也将带来更多人口增长。⑥总体规划情景下的发展参数是根据 2020 年宏观规划目标设定的，即经济将高速增长，人口增长将控制在较低水平。表 8-2 展示了 urban-SD 模型在不同规划政策下的情景参数及模型预测的城市需求。

表 8-2 urban-SD 模型的情景参数及模型预测的城市需求

| 情景<br>（2010~2050 年） | 规划政策 | 参数类型 | 参数值 | 城市需求/km² |
| --- | --- | --- | --- | --- |
| 基准情景 | 无 | 人口增长率 | 4‰~5‰ | 11498.83 |
|  |  | GDP 增长率 | 7%~16% |  |
|  |  | 技术进步 | 0.3% |  |
| 分区发展情景 | 优先发展经济发展较快的城镇 | 人口增长率 | 4‰~5‰ | 11509.42 |
|  |  | GDP 增长率 | >16% |  |
|  |  | 技术进步 | 0.3% |  |
| 高铁驱动发展情景 | 规划高铁站点和规划高铁线路 | 人口增长率 | >6‰ | 12231.42 |
|  |  | GDP 增长率 | 7%~16% |  |
|  |  | 技术进步 | >0.7% |  |
| 总体规划情景 | 珠三角 2020 年总体规划 | 人口增长率 | 3‰~4‰ | 11540.09 |
|  |  | GDP 增长率 | >16% |  |
|  |  | 技术进步 | 0.7% |  |
| 可持续城市发展情景 | 基本农田控制线和生态控制线 | 人口增长率 | 3‰~4‰ | 10099.89 |
|  |  | GDP 增长率 | 7%~16% |  |
|  |  | 技术进步 | >0.7% |  |
| 快速城市增长情景 | 高铁规划和生态控制线及基本农田控制线 | 人口增长率 | >6‰ | 13217.96 |
|  |  | GDP 增长率 | >16% |  |
|  |  | 技术进步 | >0.7% |  |

## 8.4.2 城市发展模拟

基于六种规划情景，应用 FLUS 模型模拟了珠三角地区 2010~2050 年的城市发展。图 8-9 显示了六种不同情景下 2050 年珠三角地区的城市发展模拟结果。

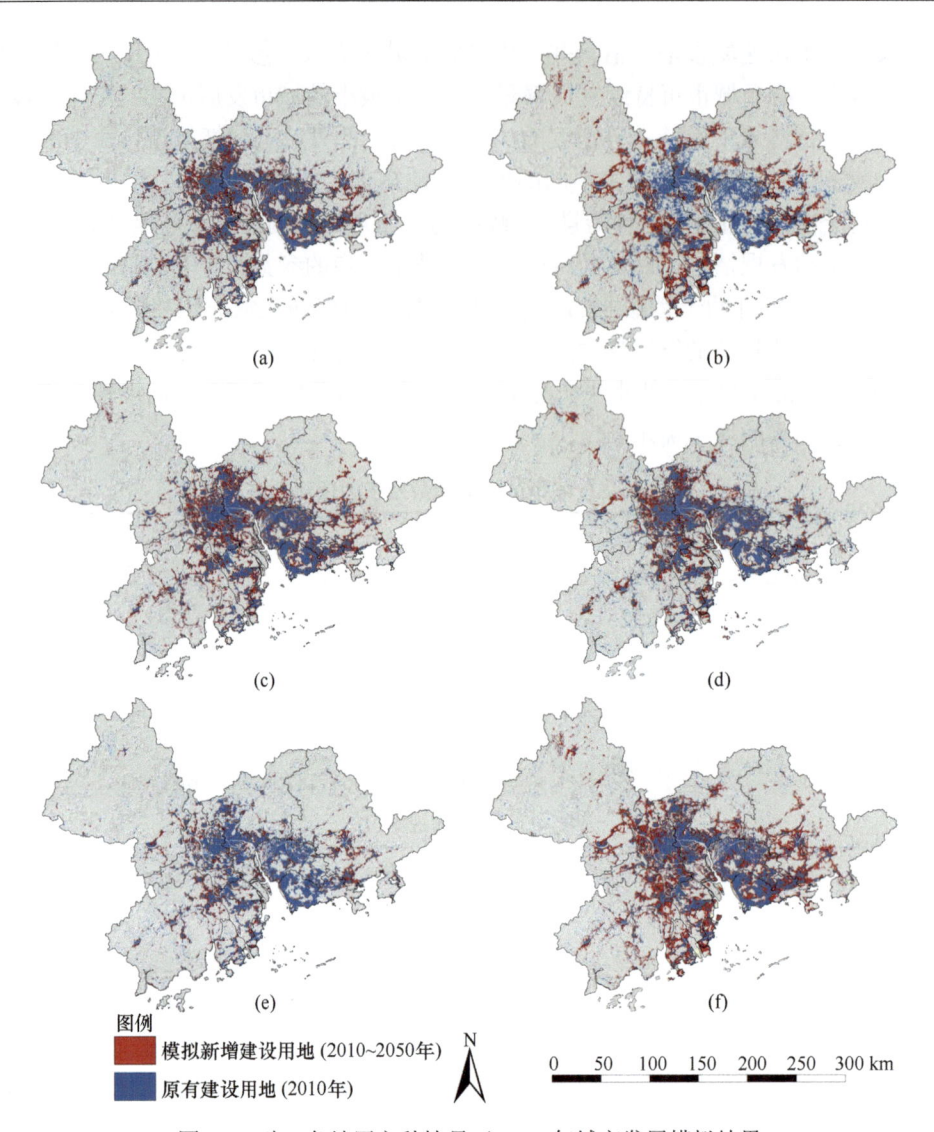

图 8-9　珠三角地区六种情景下 2050 年城市发展模拟结果

（a）基准情景；（b）分区发展情景；（c）高铁驱动发展情景；（d）总体规划情景；（e）可持续城市发展情景；（f）快速城市增长情景

## 1. 基准情景

基准情景产生的未来城市形态如图 8-9（a）所示。在这种情景下，在珠三角的发达地区可以观察到城市的跨越式发展，新增城市被吸引到大城市周围以及连接大城市和周边城镇的主要交通干线上。在这种无空间约束的情景下，大都市地区附近优越的非城市用地（包括农业用地、保护区和林地）在城市发展中很容易被占用，尽管它们提供的生态系统服务对城市非常重要。因此，该情景下城市形态的紧凑性是以牺牲城市发展的可持续性和城市环境质量为代价的。此外，该情景下分布在珠三角北部和西南部的城市扩张与大都市区域互不相连，并显示出了破碎的组团形态。

### 2. 分区发展情景

这种情景优先发展最有可能吸引珠三角地区未来人口和GDP增长快速发展的县[图8-9（b）]，这些地区的城市用地增长将比中心城市地区更快。在模拟期间，发展的权利被下放到地方政府并主导地方的城市发展。在这个情景下，珠三角周围的中小城市有更多的发展机会。与围绕珠三角大都市区扩展的基准情景相比，珠三角发达都市区周边的小城市地区的城市发展更加紧凑。这种情景的发展模式可以减轻大都市区人口的压力，也有利于发达地区和发展中地区之间的经济差距缩小。

### 3. 高铁驱动发展情景

在进行城市增长边界模拟时应用基于ANN的规划交通更新机制，在ANN预测过程中考虑空间上到规划高速铁路和规划高铁站点的距离[图8-9（c）]。这种情景下城市发展的特点与基准情景类似。然而，由于未来高速铁路和高铁站点的影响，新的城市土地更有可能发生在规划的高速铁路站点附近。基准情景中城市增长从大都市区到周边地区递减的趋势在这个情景下得到抑制。此外，高速铁路对珠三角东部地区（如惠州）城市增长的推动作用大于西部地区（如江门）。这是因为惠州经济基础较好，距离珠三角地区最发达的广州和深圳较近。这意味着在这样的发展模式下，惠州将比江门有更多的发展机会。

### 4. 总体规划情景

图8-9（d）展示了总体规划影响下珠三角城市发展的情景，总体规划的规划年限为2014～2020年。在此情景下，FLUS模型输出的城市形态会与总体规划圈定的城市形态比较相似。但由于没有其他空间政策来限制城市扩张，真实的城市发展将不会完全按照珠三角总体规划划定的方向发展。与基准情景类似，在总体规划情景下，广州和佛山（珠三角的发达地区）的北部、西部和西南部边缘地区出现了显著的城市增长，这表明广州和佛山周边的城市扩张是珠三角未来发展的总体趋势。在总体规划的约束下，沿主要交通路径的城市扩张得到有效抑制，新增城市的形状更加紧凑和规律，特别是在珠三角的发展中地区，如位于珠三角西北的肇庆和位于西南的江门。

### 5. 可持续城市发展情景

可持续发展情景下的城市增长主要受到农田政策和基本生态线政策的限制[图8-9（e）]。严格的环境保护措施限制了未来城市地区的数量，使得该情景中未来城市地区的数量在所有情景中是最少的。而且可持续发展的政策还引导了城市发展的方向。新增城市地区被引导到珠三角地区的西部（惠州）和东部（江门）地区，这与之前城市增长发生在大都市区边缘（大多数在广州和佛山附近）的情景不同。

### 6. 快速城市增长情景

这种情景旨在发现在城市快速发展的情况下、在基本农田保护政策下潜在发展为城市的区域，因为城市周围需要保持足够多的耕地来养活不断增长的人口[图8-9（f）]。

这种情况下的城市增长分为两个发展阶段。第一阶段是 2010~2030 年，这一阶段类似于基准情景，但国内生产总值和人口增长更快，从而具有相对较高的城市增长率。第二阶段是 2030~2050 年，其发展战略类似于分区发展情景，但大都市地区和高速铁路站点周围的城市地区发展更快。因此，该情景具有基准情景和分区发展情景的特征。这种情景能够检验珠三角地区潜在的、可能发展为城市的区域。

### 8.4.3 城市增长边界划定

**1. 形态学方法应用结果**

本节根据 FLUS 模型的模拟结果，采用本书提出的形态学方法建立珠三角地区的城市增长边界，如图 8-10 所示。腐蚀和膨胀结构元素的滑动窗的大小设定为 7×7。

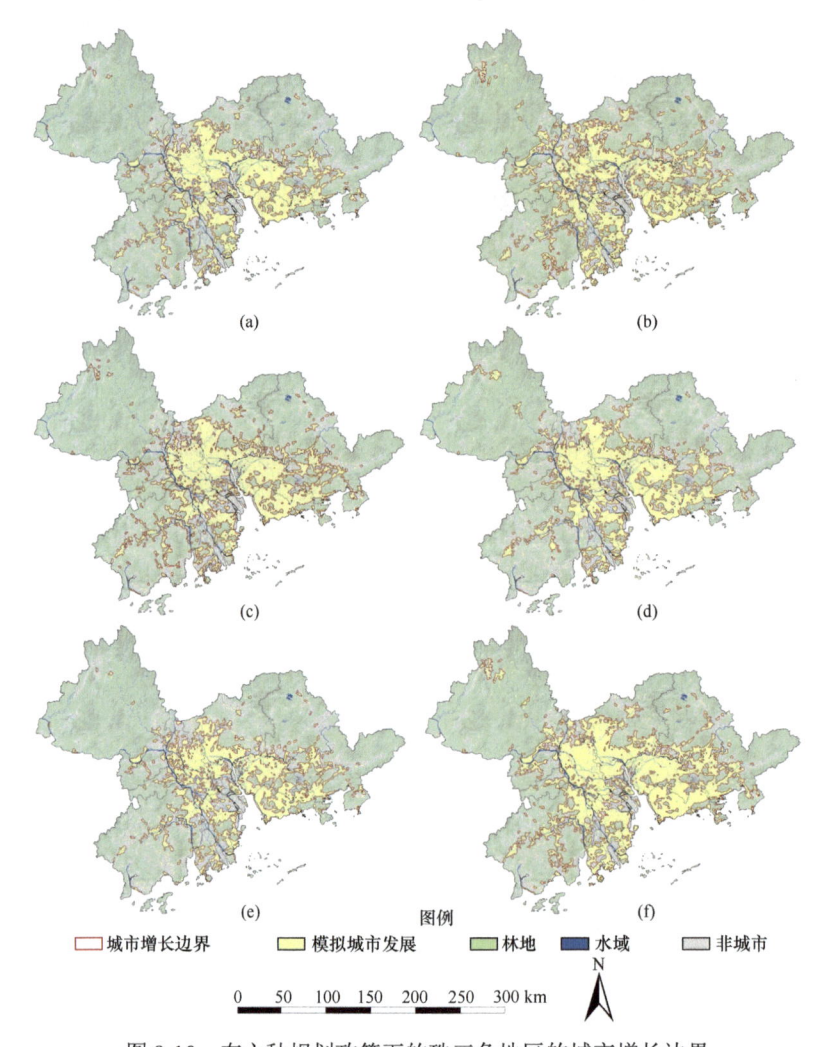

图 8-10 在六种规划政策下的珠三角地区的城市增长边界

（a）基准情景；（b）分区发展情景；（c）高铁驱动发展情景；（d）总体规划情景；（e）可持续城市发展情景；（f）快速城市增长情景

生成的栅格格式城市增长边界使用 GIS 软件转换为矢量格式，并删除小于 5km² 的小城市斑块。

结果表明，本书提出的城市增长边界划定方法可以应用于快速发展区域，并且能成功地将 CA 模型的模拟结果转换为可以使用的城市增长边界。该方法可以保留各种情景下模拟的空间分布特征（图 8-10），这对于决策者在为城市群和个别城市制定适当的规划政策非常重要。

图 8-11 显示了六种规划情景下，珠三角地区内六个位置的城市增长边界细节。这些案例能较好地说明本书提出的 UGB 划定方法所生成的城市增长边界的形状特点。图 8-11（a）和图 8-11（d）表明，通过该方法生成的 UGB 不仅可以很好地包含大城市区域，而且可以很好地圈住不规则或形态复杂的城市街区。此外，被城市地区包围的许多非城市用地，包括许多优质的耕地和小型林地也能被较好地圈划出来加以识别和保护［图 8-11（b）和图 8-11（e）］，它们有利于调整城市生态环境，为城市居民提供更好的生活质量。此外，图 8-11（c）和图 8-11（f）的 UGB 划定结果显示，该方法可以删除紧凑性较低的小而分散的城市斑块，并且有效地将城市斑块集群整合到 UGB 中。

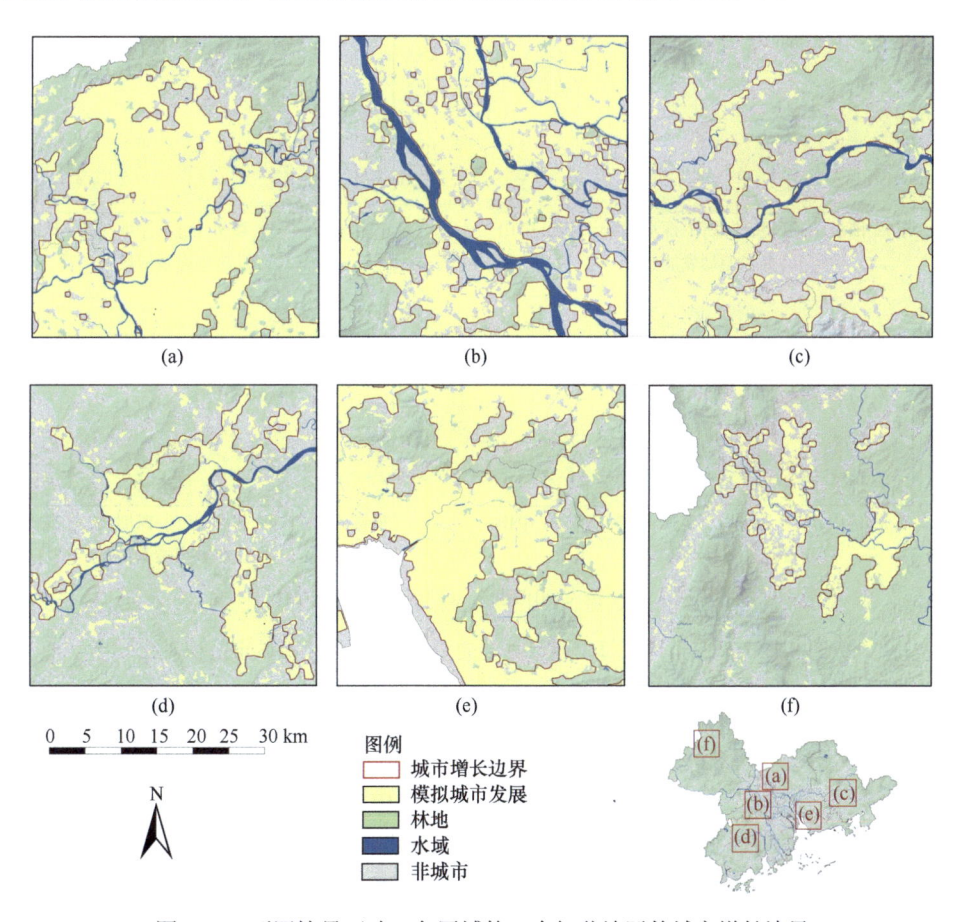

图 8-11　不同情景下珠三角区域的 6 个细节地区的城市增长边界

（a）基准情景下的 a 区域；（b）分区发展情景下的 b 区域；（c）高铁驱动发展情景下的 c 区域；（d）总体规划情景下的 d 区域；（e）可持续城市发展情景下的 e 区域；（f）快速城市增长情景下的 f 区域

## 2. 区域统计和分析

图 8-12 显示了经过形态学方法处理后的 UGB 面积与模拟城市面积的对比。在不同规划情景下，不同城市的对比结果的共同特点是：在大多数城市地区，划定的 UGB 区域往往比原来模拟的城市面积稍大，特别是在广州、佛山、深圳和东莞等发达地区。因为在这些地区，城市的形态比较紧凑，本书的划定方法生成的 UGB 倾向于包围模拟的城市。

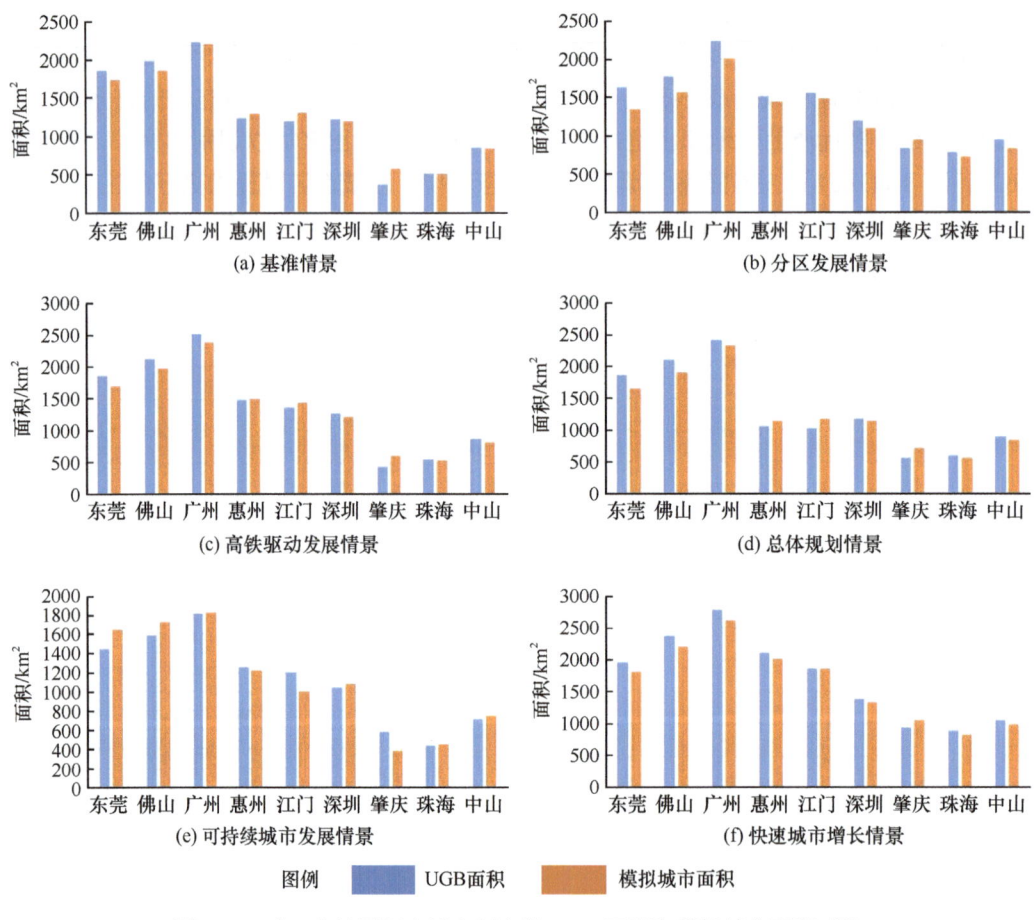

图 8-12 珠三角地区每个城市划定的 UGB 面积和模拟城市面积对比

然而，可持续城市发展情景往往与其他情景相反，因为这种情景产生了许多分散的和小的城市斑块，通过形态腐蚀和扩张方法会消除许多小斑块，造成 UGB 面积稍小于模拟城市面积。例如，在经济基础相对薄弱的肇庆市的大多数情景中，UGB 面积大于模拟城市面积，然而在可持续城市发展情景下，模拟城市面积比 UGB 面积大。总而言之，这种方法倾向于在紧凑性较高的发达地区产生面积更大的 UGB，并且在紧凑性较低的发展中地区产生面积更小的 UGB。表 8-3 显示了在珠三角地区所划定的 UGB 面积与模拟城市面积的对比结果。在大多数情景中，珠三角城市的 UGB 面积与整个区域的模拟城市面积相似,这证明了本书提出的方法在大多数情景下不会大幅偏离原有的城市需求(规划目标)。然而,最大的差异发生在分区发展情景下,因为这种情景创建了许多聚合的城市集群,在本书提出的 UGB 划定方法的处理下,它们倾向于合并为一个大的 UGB 区块,并产生相对较大的面积差异。

表 8-3　本书划定方法生成的 UGB 面积和模拟城市面积的对比

| 情景(2050 年) | UGB 面积/km² | 模拟城市面积/km² | 差异百分比/% |
| --- | --- | --- | --- |
| 基准情景 | 11475.45 | 11498.83 | −0.20 |
| 分区发展情景 | 12495.22 | 11509.42 | +8.57 |
| 高铁驱动发展情景 | 12540.61 | 12231.42 | +2.53 |
| 总体规划情景 | 11765.35 | 11540.09 | +2.0 |
| 可持续城市发展情景 | 10060.42 | 10099.89 | −0.40 |
| 快速城市增长情景 | 138019.52 | 132217.96 | +4.39 |

### 3. 对比模拟 UGB 与规划划定的 UGB

使用规划划定的 UGB 对 FLUS 模型模拟的 UGB 进行验证。本节中使用 2014~2020 年珠三角总体规划数据作为规划者划定的 UGB,因为研究区没有推出正式的 UGB,并且总体规划可以在一定程度上引导城市增长(Lu et al., 2013; Tian and Shen, 2011),这一点功能和 UGB 是一致的。选择基准情景和总体规划情景下的 UGB 与规划划定的 UGB 进行比较。用 2030 年的模拟结果生成的 UGB 与规划划定的 UGB 进行对比,因为 2030 年预测的城市发展规模最接近由总体规划定义的城市发展规模。为了更好地反映微观的城市空间结构,在应用形态学方法时采用了 3×3 的结构元素来生成 UGB。图 8-13 显示了规划划定的 UGB 和模拟的 UGB 的对比情况。

基准情景下的 UGB 具有与规划划定的 UGB 相同的发展趋势[图 8-13(a1)],特别是在较为发达的珠三角的核心区域,两种情景下模拟的 UGB 非常相似[如深圳,图 8-13(c1)、图 8-13(c2)]。与基准情景中的 UGB 相比,总体规划情景下的 UGB 与规划者划定的 UGB 更加接近[图 8-13(a2)和图 8-13(c2)]。但是,两种情景下的模拟 UGB 存在显著差异[图 8-13(a1)和图 8-13(a2)、图 8-13(b1)和图 8-13(b2)]。在总体规划的影响下,规划者划定的 UGB 内的某些区域在模拟期间一直无法被开发为城市用地[图 8-13(a2)],这是因为这些地区的城市发展概率太低,因而无法生成新的城市。对比结果表明,本书提出的方法所划定的 UGB 可用于识别区域内发展潜力较高的地区和总体规划内发展潜力较高的区域。这两种情景下的模拟 UGB 都可以作为规划划定的 UGB 的一种补充,因为它们可以发现除规划者划定的 UGB 之外有潜力发展的地方[图 8-13(b1)和图 8-13(b2)]。总的来说,本书提出的方法可以有效地帮助规划者建立合理的 UGB。

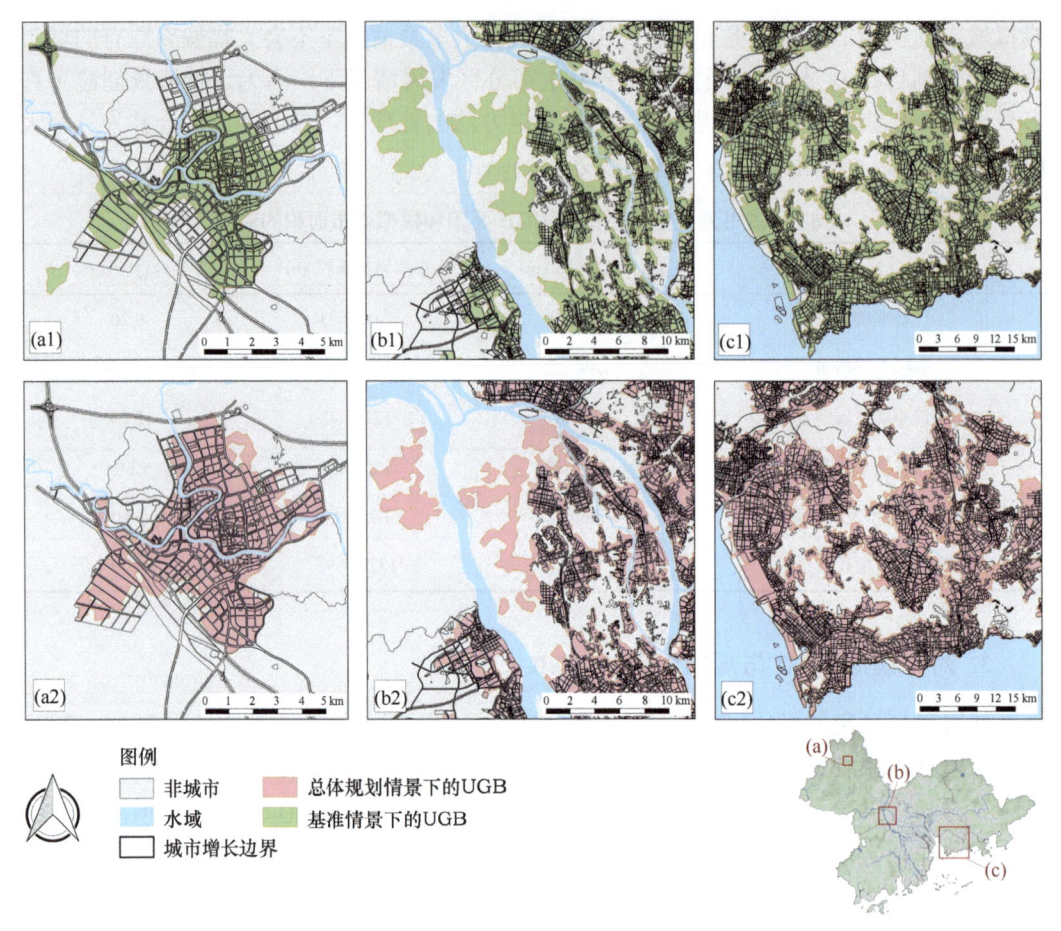

图 8-13　本书方法模拟的两种情景下的 UGB 与规划划定的 UGB 对比

## 8.5　小　　结

  规划政策是影响城市发展的重要因素。了解规划政策对城市增长的影响可以更好地帮助决策者了解不同规划政策下的未来城市动态。在 FLUS 模型的基础上，本书提出了基于 ANN 的规划交通更新机制和规划开发区内的随机种子机制，将规划交通和规划开发区对城市发展的引导作用考虑到城市发展过程当中，用以评估各种规划政策对城市发展的影响。将该模型用于珠三角地区 2000~2013 年的城市增长模拟中，发现在模拟中考虑规划交通的影响有助于提高模拟模型的精度。其中，单独考虑规划高速铁路站点可以获得较高的精度，并在 2013 年将 FLUS 模型的精度提高了约 5%［图 8-7（a）］。精度对比结果表明，在城市发展模拟中考虑规划交通的驱动作用是非常有必要的。

  在此基础上，本书提出了一种基于 FLUS 模型的 UGB 划定方法，其可以用于支持复杂地区（如珠三角地区）的城市发展规划。该模型框架由基于 CA 的 FLUS 模型和基于形态学的城市增长边界生成方法两部分组成。首先，采用 SD 模型在不同的规划政策情景下预测了不同情况的未来城市数量；再用 FLUS 模型模拟不同情景下的城市发展形态；然后，采用一种基于腐蚀和膨胀的形态学方法的闭运算，最后采用开运算来处理

FLUS 模型的模拟结果。闭运算用于填补城市斑块之间的空白，开运算用于消除城市周围不适合划入城市增长边界的分散或小块的建设用地。闭运算和开运算的组合使得生成的 UGB 更加紧凑和平滑，并能保持不同情景下的模拟结果的空间分布特征。

总之，本书提出的方法可用于快速划定不同规划政策影响下的城市增长边界，对于高速发展地区的 UGB 划定具有较高的应用价值，特别是在城市边界比较复杂的城市群地区，如珠三角地区。基于 FLUS 模型的城市增长边界划定方法为规划者提供了一种新的且易于操作的方法，以用于决定哪些区域应该鼓励或者限制城市的发展。

## 参 考 文 献

Al-Ahmadi K, Heppenstall A, Hogg J, et al. 2009. A Fuzzy Cellular Automata Urban Growth Model (FCAUGM) for the city of Riyadh, Saudi Arabia. Part 1: model structure and validation. Applied Spatial Analysis and Policy, 2(1): 65-83.

Batty M, Xie Y, Sun Z. 1999. Modeling urban dynamics through GIS-based cellular automata. Computers, Environment and Urban Systems, 23(3): 205-233.

Batty M. 2008. The size, scale, and shape of cities. Science, 319(5864): 769-771.

Chen Y, Li X, Liu X, et al. 2014. Modeling urban land-use dynamics in a fast developing city using the modified logistic cellular automaton with a patch-based simulation strategy. International Journal of Geographical Information Science, 28(2): 234-255.

Dai E, Wu S, Shi W, et al. 2005. Modeling change-pattern-value dynamics on land use: an integrated GIS and artificial neural networks approach. Environmental Management, 36(4): 576-591.

Gao J, Wei Y D, Chen W, et al. 2014. Economic transition and urban land expansion in Provincial China. Habitat International, 44: 461-473.

He C, Okada N, Zhang Q, et al. 2006. Modeling urban expansion scenarios by coupling cellular automata model and system dynamic model in Beijing, China. Applied Geography, 26(3-4): 323-345.

Letourneau A, Verburg P H, Stehfest E. 2012. A land-use systems approach to represent land-use dynamics at continental and global scales. Environmental Modelling & Software, 33: 61-79.

Li X, Chen G, Liu X, et al. 2017. A new global land-use and land-cover change product at a 1-km resolution for 2010 to 2100 based on human-environment interactions. Annals of the American Association of Geographers, 107(5): 1040-1059.

Li X, Gar-on A Y. 2002. Neural-network-based cellular automata for simulating multiple land use changes using GIS. International Journal of Geographical Information Systems, 16(4): 323-343.

Li X, Yeh A G O. 2002. Urban simulation using principal components analysis and cellular automata for land-use planning. Photogrammetric Engineering & Remote Sensing, 68(4): 341-352.

Lin Y, Chu H, Wu C, et al. 2011. Predictive ability of logistic regression, auto-logistic regression and neural network models in empirical land-use change modeling-a case study. International Journal of Geographical Information Science, 25(1): 65-87.

Liu X, Ou J, Li X, et al. 2013. Combining system dynamics and hybrid particle swarm optimization for land use allocation. Ecological Modelling, 257: 11-24.

Long Y, Han H, Lai S, et al. 2013. Urban growth boundaries of the Beijing Metropolitan Area: comparison of simulation and artwork. Cities, 31: 337-348.

Long Y, Han H, Tu Y, et al. 2015. Evaluating the effectiveness of urban growth boundaries using human mobility and activity records. Cities, 46: 76-84.

Lu C, Wu Y, Shen Q, et al. 2013. Driving force of urban growth and regional planning: a case study of China's Guangdong Province. Habitat International, 40: 35-41.

Ma S, Li X, Cai Y. 2017. Delimiting the urban growth boundaries with a modified ant colony optimization model. Computers Environment & Urban Systems, 62: 146-155.

Monzón A, Ortega E, López E. 2013. Efficiency and spatial equity impacts of high-speed rail extensions in urban areas. Cities, 30(30): 18-30.

Narayanan A. 2006. Fast Binary Dilation/Erosion Algorithm Using Kernel Subdivision. Berlin, Heidelberg: Springer Berlin Heidelberg.

Pithadia S. 2005. Calibrating a neural network-based urban change model for two metropolitan areas of the Upper Midwest of the United States. International Journal of Geographical Information Science, 19(2): 197-215.

Syphard A D, Clarke K C, Franklin J. 2007. Simulating fire frequency and urban growth in southern California coastal shrublands, USA. Landscape Ecology, 22(3): 431-445.

Tang S, Savy M, Doulet J C C O. 2011. High speed rail in China and its potential impacts on urban and regional development. Local Economy, 26(5): 409-422.

Tayyebi A, Pijanowski B C, Pekin B. 2011. Two rule-based Urban Growth Boundary Models applied to the Tehran Metropolitan Area, Iran. Applied Geography, 31(3): 908-918.

Tian L, Shen T. 2011. Evaluation of plan implementation in the transitional China: a case of Guangzhou city master plan. Cities, 28(1): 11-27.

van Asselen S, Verburg P H. 2013. Land cover change or land-use intensification: simulating land system change with a global-scale land change model. Global Change Biology, 19(12): 3648-3667.

Verburg P H, Overmars K P. 2009. Combining top-down and bottom-up dynamics in land use modeling: exploring the future of abandoned farmlands in Europe with the Dyna-CLUE model. Landscape Ecology, 24(9): 1167-1181.

Wang Y X, Xu T T, Lv X, et al. 2016. Simulation of Land Use Dynamic Change Using Selected Driving Factors Based on the Method of Feature Selection: International Conference on Materials Engineering, Manufacturing Technology and Control. Atlantis Press.

Yang D Y, Wang H. 2008. Dilemmas of local governance under the development Zone Fever in China: a case study of the suzhou Region. Urban Studies, 45(5-6): 1037-1054.

Yang Q, Li X, Shi X. 2006. Cellular automata for simulating land use changes based on support vector machines. Journal of Remote Sensing, 34(6): 592-602.

# 第 9 章　耦合 FLUS 模型和"双评价"的城市开发边界划定研究

## 9.1　引　言

随着我国经济社会的持续快速发展，我国大部分城市正在经历快速的城市化发展过程。快速的城市化发展使得城市用地的范围日益扩张，与此同时，快速的城市增长也带来了一些不可忽视的矛盾，这些矛盾主要包括：城市用地数量增长过快而致使耕地资源日渐短缺，城市用地扩张导致生态资源受到威胁，城市新区开发建设力度过大而出现浪费现象，以及城市外延式增长突出而内部空间结构失衡等（诸大建和刘冬华，2006）。面对这些矛盾与挑战，如何科学地引导城市的发展，协调城市建设用地保障与生态环境、耕地保护间的平衡关系已经成为当前城市规划工作中急需解决的问题（冯科等，2008）。城市开发边界是容纳式城市发展政策中被广泛使用的一种工具，其通过界定城市与非城市区域，利用区划、开发许可证的控制和其他土地利用的调控手段，将合法的城市开发控制在边界内（龙瀛等，2009）。因此，城市开发边界作为国土空间规划的重要组成部分，可以用于规范和引导城镇开发和建设活动划定的地域，是城镇建设区可能形态的空间预留。城市开发边界的划定对于严格保护城市的自然资源和生态资源、合理引导城市土地的有效开发、控制城市的无序蔓延具有重要的战略意义（曹靖等，2016）。然而，城市规划人员在划定城市开发边界时，往往仅通过相关空间变量基于现状用地进行划定，而忽略了城市本身的资源承载现状以及城市发展的适宜性，该方式将可能导致城市土地资源分散、土地利用率低下，不利于城市的可持续发展与自然资源的保护（张兵等，2014）。

为了更科学地开展城市开发边界的划定工作、缓解我国城市化日益严峻的矛盾，自然资源部、中央城镇化工作会议以及《国家新型城镇化规划》均明确提出了"开展资源环境承载力评价与城镇空间开发适宜性评价""划定每个城市特别是特大城市的开发边界"等要求，以达到科学地分析城市发展的能力与潜力、保护生态与农业、防止城市无序蔓延、优化城市空间布局的目的（程永辉等，2015）。而资源环境承载力和城镇空间开发适宜性评价（"双评价"）作为城市空间变化的重要基础，能够明确城市中用于生态保护、农业生产以及城镇发展的地域单元。由此，资源环境承载力和城镇空间开发适宜性都是考虑城市生态保护和促进可持续利用对城市的重要影响，从而合理确定城市发展的极限规模和适宜规模。当前对城镇空间开发适宜性进行评价主要通过综合考虑自然、社会和经济因素等构成评价指标体系，并结合评价因子专家打分和层次分析法（陈燕飞等，2006）、网络分析法（王宪恩等，2018）等进行定量化评价。而对资源环境承载力评价的基本任务是在区域资源、生态条件和环境本底调查等基础上，通过识别国土开发的资源环境短板要素，以判定区域土地综合承载状态。当前对资源环境承载力评价的方法主要采用短板效应结合综合指标法，以得出各区域的资源环境承载力结果（徐志伟等，2019）。

在我国当前国土空间规划的背景下，科学地开展资源环境承载力评价与城镇空间开发适宜性评价，识别最适宜建设的用地资源，充分贯彻生态优先和精明增长的理念，合理有效地划定城市开发边界，对于解决城市中各项规划的冲突与矛盾具有重大意义。国内外已经有大量利用城市开发边界进行空间规划的实践案例，如将城市开发边界应用于对城市规划区范围的优化、对"三区三线"划定的深化和整合以及界定大都市区发展空间等方面（王颖等，2014）。当前科学的技术方法是利用 CA 模型及其改进模型对城市用地进行动态模拟，从而引入规划约束条件，在模型中加入社会经济、用地适宜性等条件限制，使城市增长模拟更贴近实际，进而确定城市开发边界（龙瀛等，2009）。FLUS 模型是一种改进的 CA 模型，其结合了城市发展概率、邻域因子以及城市发展自适应惯性与轮盘竞争机制，能够更适应城市空间真实增长并反映出城市的长期发展态势（吴欣昕等，2018；Liu et al.，2017）。FLUS 模型已经被应用于多种实际场景及规划政策下的城市空间模拟及边界划定研究中，其具有良好地挖掘城镇用地变化规律的能力，且其模拟精度得到了许多验证，证明其模拟结果更符合现实世界（张子明等，2018；朱寿红等，2017；Liang et al.，2018）。然而，在我国城市无序扩张与国土空间规划的背景下，如何在对自然资源、土地资源、生态资源等进行更细致的评价与调查的基础上进行城市开发边界的划定，如何将"双评价"与先进的城市开发边界划定方法进行结合，仍然是一个亟待解决的问题。

因此，本书针对这一问题，结合 FLUS 模型进行了基于"双评价"背景下的城市开发边界划定研究。本书以广东省中山市为案例区，选取多个评价指标进行集成，以构建资源环境承载力评价与城镇空间开发适宜性评价体系，评价中山市城市的资源发展现状及发展潜力。本书将"双评价"结果、政策导向因素、社会经济指标及区位因素等作为空间变量引入 FLUS 模型中，模拟得出了中山市 2035 年城镇建设用地空间形态，并最终结合形态学算法拟合出中山市 2035 年城市开发边界。本书研究以新时代的国土空间规划为背景，综合考虑城市发展的资源压力与空间发展潜力，并结合"双评价"结果，科学地划定中山市 2035 年城市开发边界，为优化新时代的城市开发边界划定方法提供了新的参考。

## 9.2 研究框架和方法

本书基于上述背景，根据"双评价"结果对城镇开发边界进行划定，对资源环境承载力进行评价，以确定土地资源的承载情况以及资源环境耗损趋势；根据城镇空间开发适宜性进行评价，以得到城镇土地开发的适宜性程度，并划定适宜性等级。将"双评价"结果进行数值化，并以空间驱动因子的形式耦合 FLUS 模型，在此基础上对未来城镇建设用地空间形态进行模拟，并通过形态学的方法划定出中山市 2035 年城镇开发边界，城镇开发边界划定方法的框架如图 9-1 所示。

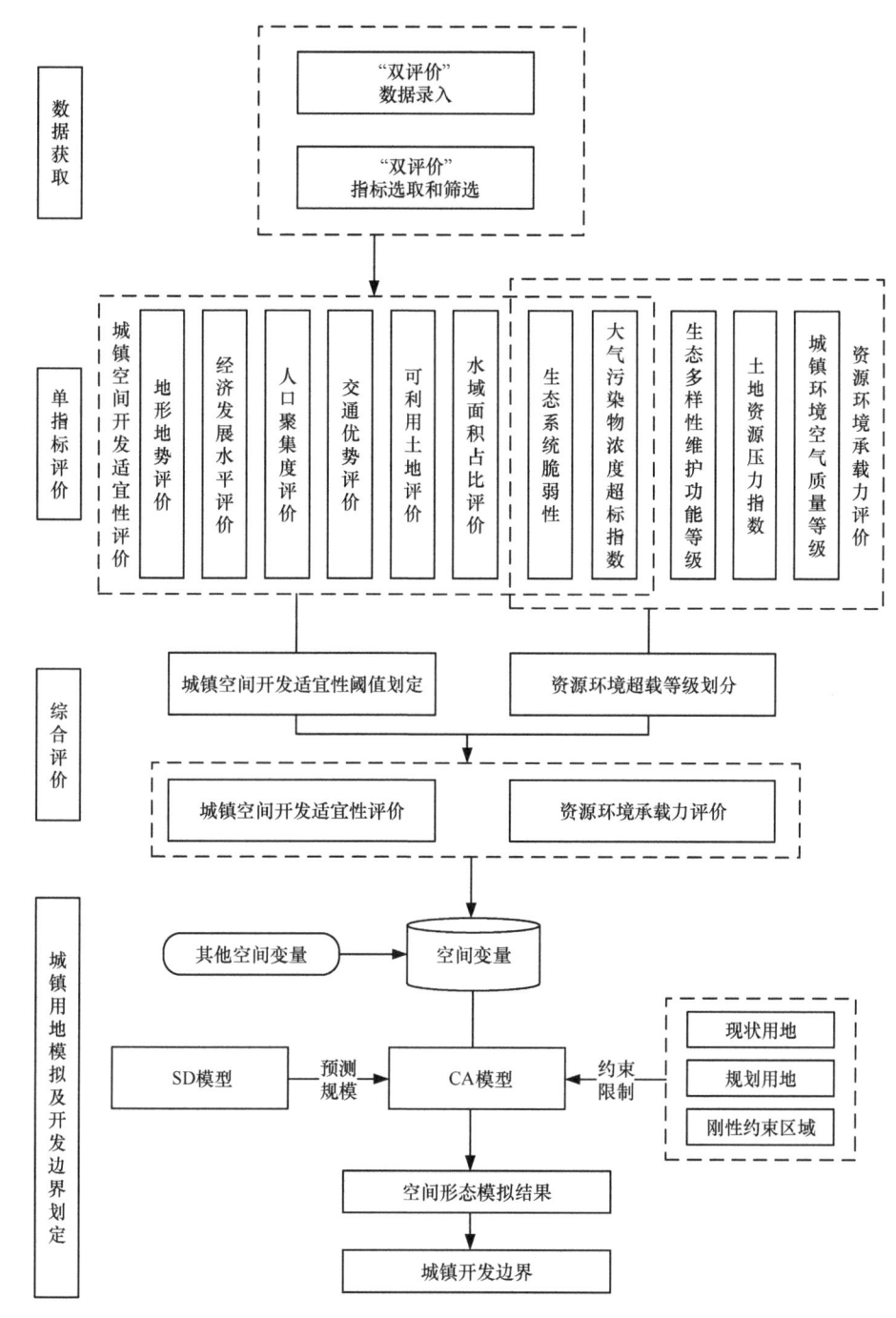

图 9-1 城镇开发边界划定方法框架

资源环境承载力评价作为国土空间规划的基础，是科学规划的第一步，旨在对空间资源准确把控和最优判断。其中，资源环境承载力评价包括基础评价和专项评价两部分，各部分评价指标进行集成评价，进而确定地域的超载类型和预警等级。本书遴选土地资源、大气环境、生态，对土地资源压力指数、大气污染物浓度超标指数、生态系统健康度 3 项指标进行基础评价，对城镇环境空气质量等级、生物多样性维护功能等级 2 项指标进行专项评价，在此基础上集成评价资源环境承载力，采用"短板效应"综合识别承载力的强弱等级，并划分为超载、临界超载、不超载 3 种承载力类型。

城镇空间开发适宜性评价主要是从资源环境约束性评价和社会经济发展基础适宜性评价两个方面选出土地资源、水资源、人口、经济等若干个单项指标进行评价，再结合空间开发负面清单得到最终的适宜性评价结果。其中，城镇空间是指资源环境条件较好、承载力较强、战略区位重要、交通等基础设施优良、适宜承接较大规模工业化和城镇化发展的国土空间。城镇空间开发适宜性从适宜城镇开发、人口聚集、产业发展、交通等角度对全域空间开发开展评价。本书在评价过程中，选取了地形地势、生态系统脆弱性、可利用土地、大气污染程度、水域面积占比、交通优势、人口聚集度和经济发展水平八个指标。根据上述八个指标，对全区域进行适宜性的集成评价，评价结果反映了城镇空间中进行城镇开发布局的适宜程度，最终评价的结果将城镇适宜性划分为四级：最适宜、较适宜、较不适宜和最不适宜。

对城镇开发边界的划定，首先要确定未来城镇建设用地的规模需求。SD 模型是预测城镇建设用地规模的科学工具，该模型的突出特点是能够反映复杂系统结构、功能与动态行为之间的相互作用关系，从而考察复杂系统在不同情景下的变化行为和趋势（何春阳等，2005）。多源的空间变量作为驱动力因子是 CA 模型的重要组成部分，它们能够拟合出当前城镇用地的空间分布概率并影响未来城镇演变与扩张（黎夏和叶嘉安，2001）。因此，本书将资源环境承载力和城镇空间开发适宜性"双评价"的评价结果作为空间驱动变量引入 FLUS 模型的空间模拟中，以反映资源压力与用地空间适宜性对城镇用地扩张的影响。FLUS 模型对传统 CA 模型进行改进，利用 ANN 模型计算元胞单元发展为城镇的概率，利用邻域影响因子构建用地单元的相互作用，并通过惯性系数与竞争机制来表达动态模拟过程中城镇与非城镇用地的互动与竞争机制（Liu et al.，2017）。FLUS 模型将"自顶向下"的 SD 模型和"自底向上"的 CA 模型综合起来，模拟得到未来城镇建设用地的空间分布，并结合形态学膨胀与腐蚀算法科学有效地得出城市开发边界。

## 9.3 模型的应用

### 9.3.1 实验区及数据

中山市位于广东省中南部、珠三角腹地、粤港澳大湾区中心地带，陆域总面积为 1783.67km$^2$（刘露莹，2016）。随着珠三角城镇群协调发展规划的实施，中山市将在粤港澳大湾区承担湾区内部枢纽的重要职责，从而给中山市的城镇发展带来了良好的机遇。改革开放之后，尤其是近 20 年间，中山市经历了快速的城市化发展进程，城市用地持续快速增长。本书对中山市 1980~2017 年城镇建设用地时空变化进行了分析，中山市建设用地面积在近 40 年间增幅显著（图 9-2），建设用地由 1980 年的 106km$^2$ 扩张至 2017 年的 714km$^2$。随着中山市的城镇空间迅速扩张，建设用地粗放式增长方式仍然存在。同时，中山市的城镇建设整体质量不高，中山市后续可开发建设空间严重不足，传统的经济发展方式和土地利用方式亟须转变。因此，科学地评价中山市的城镇空间开发适宜性和资源环境承载力，合理规划中山市城镇空间格局，对于划定城市开发边界以防止中山市城镇规模盲目扩张和建设用地无序蔓延具有重要的科学意义和现实价值。

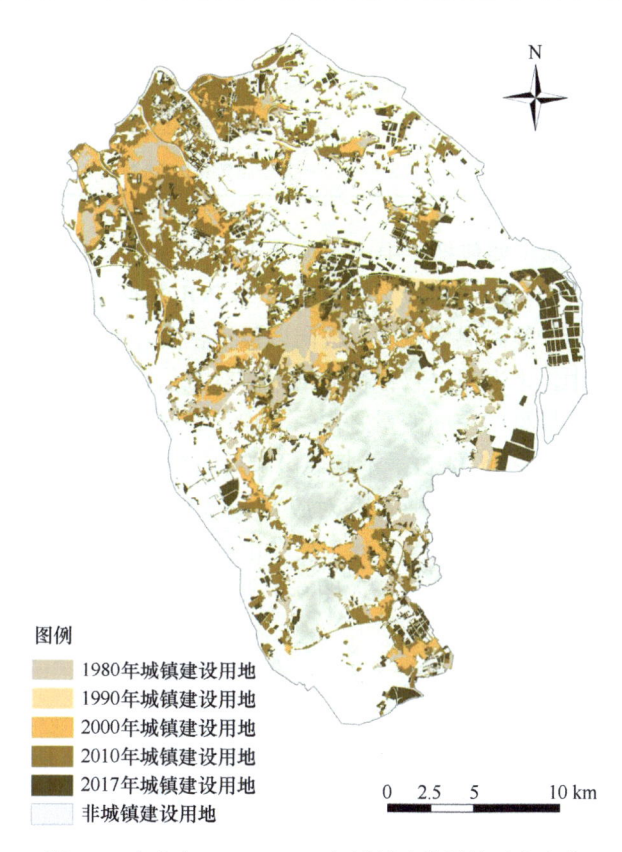

图 9-2  中山市 1980～2017 年城镇建设用地时空变化

"双评价"的数据主要用于构建多项评价指标，土地资源、大气环境和生态等方面的数据通过加权计算得到相应指标，以集成评价中山市资源环境承载力。同时，综合土地资源、水资源、人口、经济等方面的数据，以集成评价城镇空间适宜性程度。基于方法框架中的评价指标，选取"双评价"的数据，如表 9-1 所示。

表 9-1  "双评价"数据列表

| 数据名称 | 数据描述 |
| --- | --- |
| 中山市永久基本农田 | 明确永久基本农田保护区域，禁止该区域内其他地类转换为建设用地 |
| 中山市生态保护红线 | 明确生态保护红线区域，禁止该区域内其他地类转换为建设用地 |
| 中山市最新土地利用数据 | 土地利用现状数据，反映当前用地情况，用于可利用土地评价、水域占比评价等 |
| 中山市遥感影像数据 | Landsat ETM+ 30m 遥感影像数据，用于提取水域面积并计算水域面积占比指标 |
| 中山市高程及坡度数据 | 30m 分辨率数字高程数据，并基于这个数据计算得到坡度数据，用于地形地势评价 |
| 中山市规划主体功能定位 | 明确主体功能区中的优化开发、重点开发、限制开发和禁止开发四大类分布 |
| 中山市水土流失现状数据 | 用于反映中山市生态健康程度 |
| 中山市植被净初级生产力(NPP) | 用于评价中山市生态系统服务功能 |

续表

| 数据名称 | 数据描述 |
| --- | --- |
| 中山市土壤侵蚀度分布数据 | 用于评价中山市土壤环境脆弱性评价 |
| 中山市大气污染物浓度 | 用于分级评价中山市大气污染程度 |
| 中山市现状道路交通数据 | 用于评价中山市各区域的交通优势 |
| 中山市人均 GDP | 用于评价中山市各区域的经济发展水平 |
| 中山市人口总量 | 用于测算中山市人口聚集水平 |

FLUS 模型输入数据主要包括：中山市现状土地利用数据和多种空间变量（交通、区位、地形条件、社会经济因子以及公共服务设施 POI 数据等）。对这些空间变量进行预处理，主要操作包括计算距离、坡度、坡向以及点密度，从而得到输入城市用地模拟的空间变量数据。其中，本书对"双评价"结果进行数值化，并将其作为"双评价"空间驱动因子引入 FLUS 模型的空间变量之中。其中，对资源承载力因子的数值化是将资源承载力的三个等级归一化到 0~1，不超载区域对应数值 1，超载对应 0 至 Random（Random 为 0~0.1 的随机数），临界超载对应 0.5~0.5+Random。对城镇空间适宜性的数值化是通过 ArcGIS 的 Focal 焦点统计，反映出最适宜开发区域的邻域影响效应，综合上述 FLUS 模型输入的空间驱动因子如图 9-3 所示。

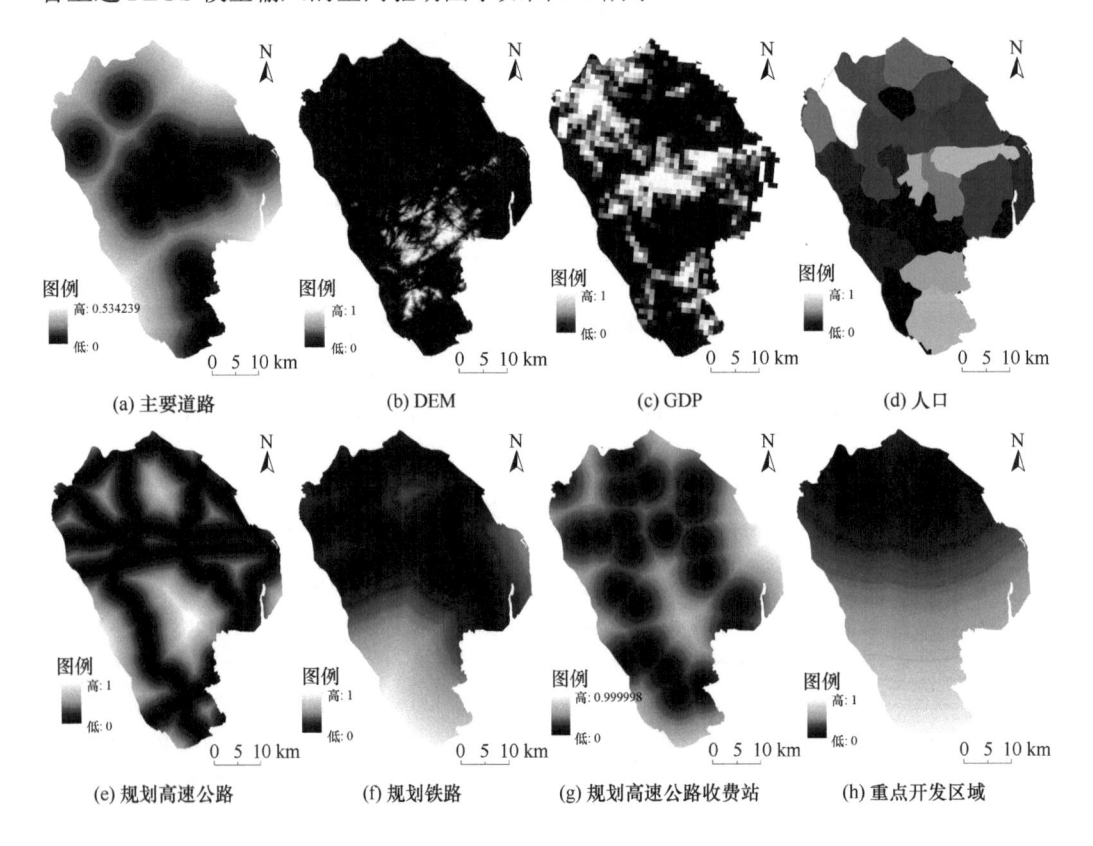

(a) 主要道路　(b) DEM　(c) GDP　(d) 人口

(e) 规划高速公路　(f) 规划铁路　(g) 规划高速公路收费站　(h) 重点开发区域

(i) 镇中心　　　　(j) POI　　　　(k) 资源环境承载力因子　　(l) 城镇空间开发适宜性因子

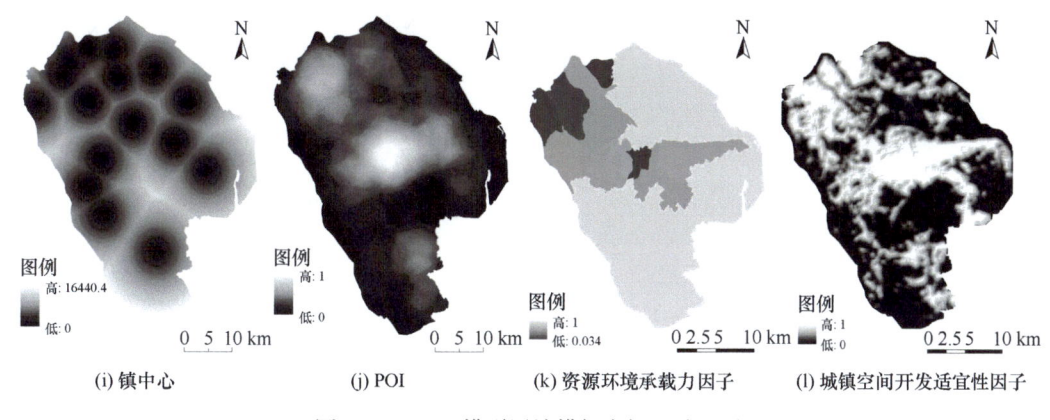

图 9-3　FLUS 模型用地模拟空间驱动因子

## 9.3.2　中山市"双评价"结果与分析

本书选取土地资源、大气环境、生态，对土地资源压力指数、大气污染物浓度超标指数、生态系统健康度 3 项指标进行基础评价，并对城市环境空气质量等级、生物多样性维护功能等级 2 项指标进行专项评价［图 9-4（a）～图 9-4（e）］。其中，生态系统健康度主要为区域内发生水土流失、土地沙化、盐渍化、土地污染等生态退化区面积与全域面积的比值，而生态多样性维护功能则是以自然栖息地质量指数为特征指标。在评价结果的基础上进行空间加权叠加分析，初步划分资源环境承载力等级，综合考虑灾害危险性指标，以确定资源环境承载力综合等级。同时遴选集成指标，采用"短板效应"原理确定超载、临界超载、不超载 3 种承载力类型，最终形成承载力类型划分方案，如图 9-4（f）所示。

结果表明，集成土地资源、大气环境、生态等评价因子，中山市 24 个镇街中有 4 个镇街超载，其中石岐街道因生态功能区等级较低被评定为超载，石岐街道城市化率非常高，区域建设用地占比大于 80%，因而生态系统用地比例较小；小

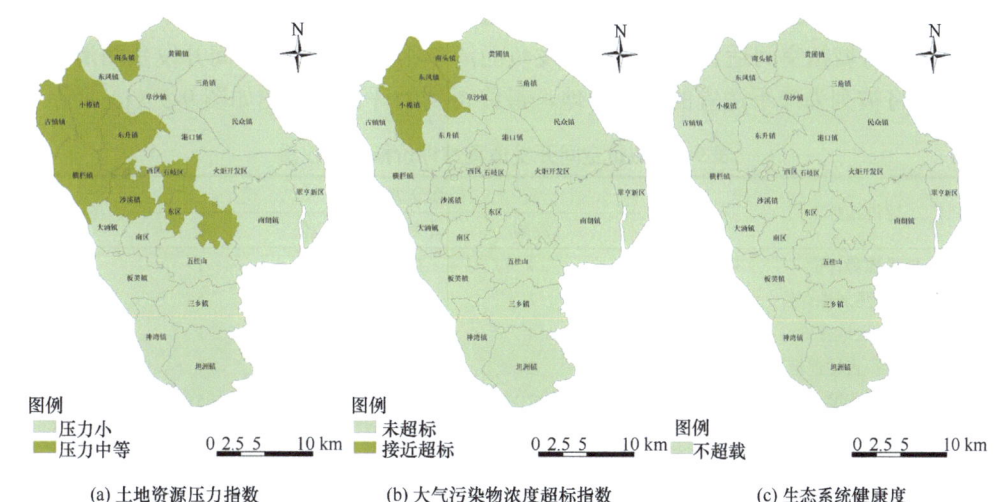

(a) 土地资源压力指数　　(b) 大气污染物浓度超标指数　　(c) 生态系统健康度

(d) 生物多样性维护功能等级　　(e) 城市环境空气质量等级　　(f) 资源环境承载力集成评价结果

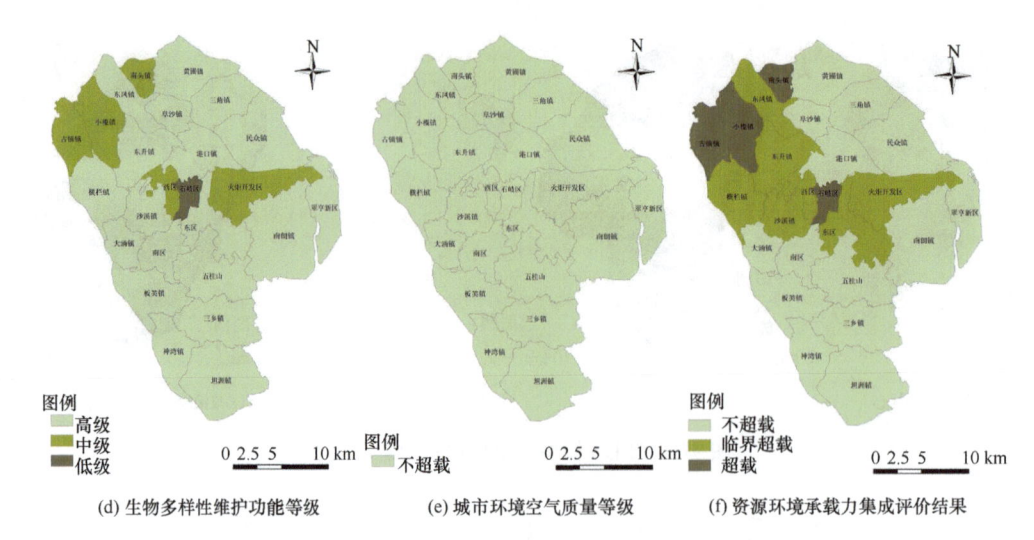

图 9-4　中山市资源环境承载力评价指标及集成结果

榄镇、古镇镇、南头镇皆因建设用地比例较高而生态用地面积较小而引起超载。东升镇、黄圃镇、横栏镇、东凤镇、火炬高技术产业开发区、西区街道、沙溪镇和东区街道则因为存在一项指标的临界超载而被评定为临界超载，其余 12 个镇街均属于不超载状态。总体来说，在经济体量达到 3000 多亿元、人口规模达到 300 多万人的前提下，中山市维持区域内绝大部分区域未超载或临界超载，城市发展模式相对科学合理，城市潜力极大。

同时，为了探究中山市土地适宜程度是否满足城镇建设用地扩张的需求，在核实与补充调查的基础上，对中山市城镇空间开发进行适宜性评价。将中山市城镇空间开发适宜性评价指标划分为地形地势评价、生态系统脆弱性评价、可利用土地评价、水域面积占比评价、大气污染程度评价、人口聚集度评价、经济发展水平评价、交通优势评价［图 9-5（a）～图 9-5（h）］，设置资源环境类指标的总体权重为 0.3、社会经济适宜性类指标的总体权重为 0.7，再以此类推细化评分，得到表 9-2 的具体权重值，根据权重对指标进行加权求和。结合空间开发负面清单和现状建成区［图 9-5（i）］，其中空间开发负面清单包括中山市的永久基本农田、林业一级保护区、生态保护红线、水源保护区和禁止开发区。将城镇空间适宜性与空间开发负面清单相互叠合，在空间开发负面清单范围内的用地将被列为最不适宜的建设用地，最终得到的评价结果图如图 9-5（j）所示。

表 9-2　城镇空间开发适宜性评价指标及权重

| 评价指标 | 指标分级 |  |  |  |  | 指标权重 |
|---|---|---|---|---|---|---|
|  | 高 | 较高 | 中等 | 较低 | 低 |  |
| 地形地势评价 | 5 | 4 | 3 | 2 | 1 | 0.06 |
| 生态系统脆弱性评价 | 1 | 2 | 3 | 4 | 5 | 0.06 |
| 可利用土地评价 | 5 | 4 | 3 | 2 | 1 | 0.06 |
| 水域面积占比评价 | 5 | 4 | 3 | 2 | 1 | 0.06 |
| 大气污染程度评价 | 1 | 2 | 3 | 4 | 5 | 0.06 |
| 人口聚集度评价 | 5 | 4 | 3 | 2 | 1 | 0.23 |
| 经济发展水平评价 | 5 | 4 | 3 | 2 | 1 | 0.23 |
| 交通优势评价 | 5 | 4 | 3 | 2 | 1 | 0.24 |

第 9 章 耦合 FLUS 模型和"双评价"的城市开发边界划定研究 ·163·

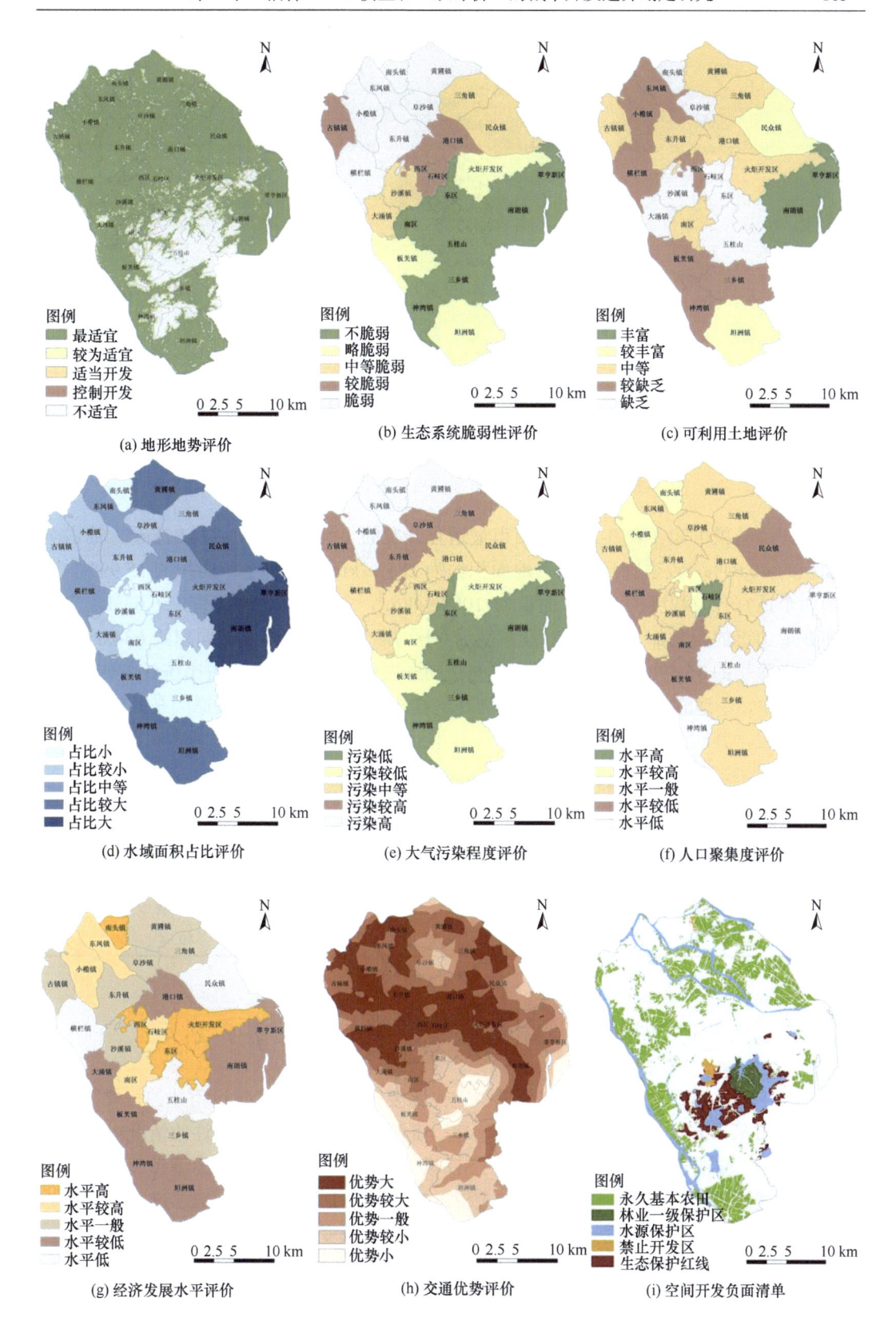

(a) 地形地势评价

(b) 生态系统脆弱性评价

(c) 可利用土地评价

(d) 水域面积占比评价

(e) 大气污染程度评价

(f) 人口聚集度评价

(g) 经济发展水平评价

(h) 交通优势评价

(i) 空间开发负面清单

(j) 空间开发适宜性评价结果

图 9-5　中山市城镇空间开发适宜性评价指标及集成结果

由评价结果可知（表 9-3），中山市最适宜开发的土地面积约为 724.82km²，约占全市面积的 40.64%，较适宜开发的土地面积约为 285.12km²，约占全市面积的 15.99%，总计前两个适宜开发程度的土地总面积为 1009.94km²，占据了全市面积的 56.63%，主要分布在中山市的西北部、中东部以及东南沿海区域。最不适宜开发的面积约 634.65km²，约占全市面积的 35.59%，其中各个镇街的空间开发适宜性分级面积占比统计图如图 9-6 所示。其中，不适宜开发的区域主要分布在五桂山街道一带，其主要原因是其地形地势限制了开发，其次是坦洲镇和民众镇，而其不适宜开发是由于大量的基本农田分布。

表 9-3　中山市城镇空间开发适宜性评价结果表

| 城镇空间适宜性 | 面积/km² | 比例/% |
| --- | --- | --- |
| 最不适宜开发 | 634.65 | 35.59 |
| 较不适宜开发 | 138.83 | 7.78 |
| 较适宜开发 | 285.12 | 15.99 |
| 最适宜开发 | 724.82 | 40.64 |

## 9.3.3　城镇建设用地模拟及城市开发边界划定

利用 FLUS 模型对城镇建设用地模拟首先需要确定未来城镇建设用地的规模，本书考虑中山市基于人口的涵养需求、经济增速、资源承载力、国土适宜性的情况以及中山市多镇街道、城镇建设用地的现状，利用 SD 模型预测中山市 2035 年的城镇建设用地规模。本书通过 1995～2012 年的中山市人口、GDP、工业生产总值、第二产业投资额、第三产业投资额等统计数据来构建中山市土地利用情景变化 SD 模型，同时设置 1995～2010 年为模型模拟阶段，对模型进行参数设定、模型调整及模型检验。而 2010～2035

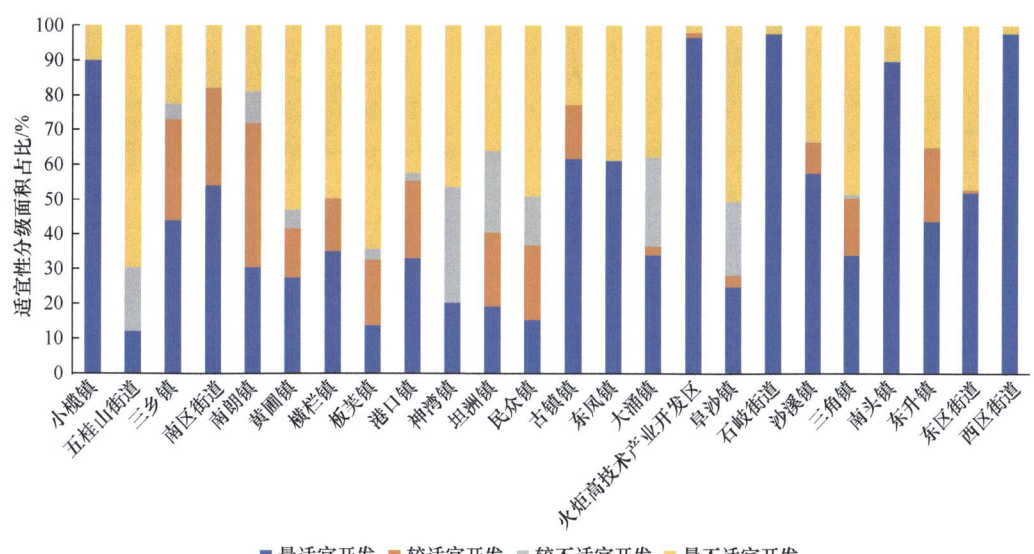

图 9-6　中山市各镇街城镇空间开发适宜性分级面积占比

年为不同情景预测阶段，确定目标年份的建设用地需求，估算在上述需求和历史规律的影响下，2017 年、2020 年、2035 年的建设用地需求面积。SD 模型预测结果显示（表 9-4），到 2020 年及 2035 年，中山市城镇建设用地面积需求的规模量分别为 726.93km² 和 835.97km²。

表 9-4　中山市城镇建设用地预测值

| 年份 | 城镇建设用地面积/km² |
| --- | --- |
| 2017 | 714 |
| 2020 | 726.93 |
| 2035 | 835.97 |

根据上述预测城镇建设用地规模值，以基本农田保护区与生态保护红线作为限制性约束，将结合多个空间变量以及根据上述集成评价得到的资源环境承载力以及城镇空间开发适宜性共同作为因子输入，利用 FLUS 模型模拟得出中山市 2035 年城镇建设用地分布，如图 9-7（a）所示。其中，模型模拟的结果是对未来城市发展情景的预测，模拟过程中考虑到城市在发展过程中的突变、混沌特点，模拟结果中会因此产生许多孤立破碎的建设用地。城市增长边界的概念是针对经济发达或快速发展并已经导致城市用地无序大规模扩张的地区而提出的，因而这些破碎的用地不符合划入城市增长边界的要求，需要剔除。另外，城市增长边界的划定还要求包含破碎但集中的建设用地斑块，用以保证边界的连片性。综上，本书剔除一些细碎分离的城市斑块以提高城市建设用地的紧凑度，最终划定城市开发边界内的建设用地规模为 829.16km²，得出城市开发边界如图 9-7（b）所示。

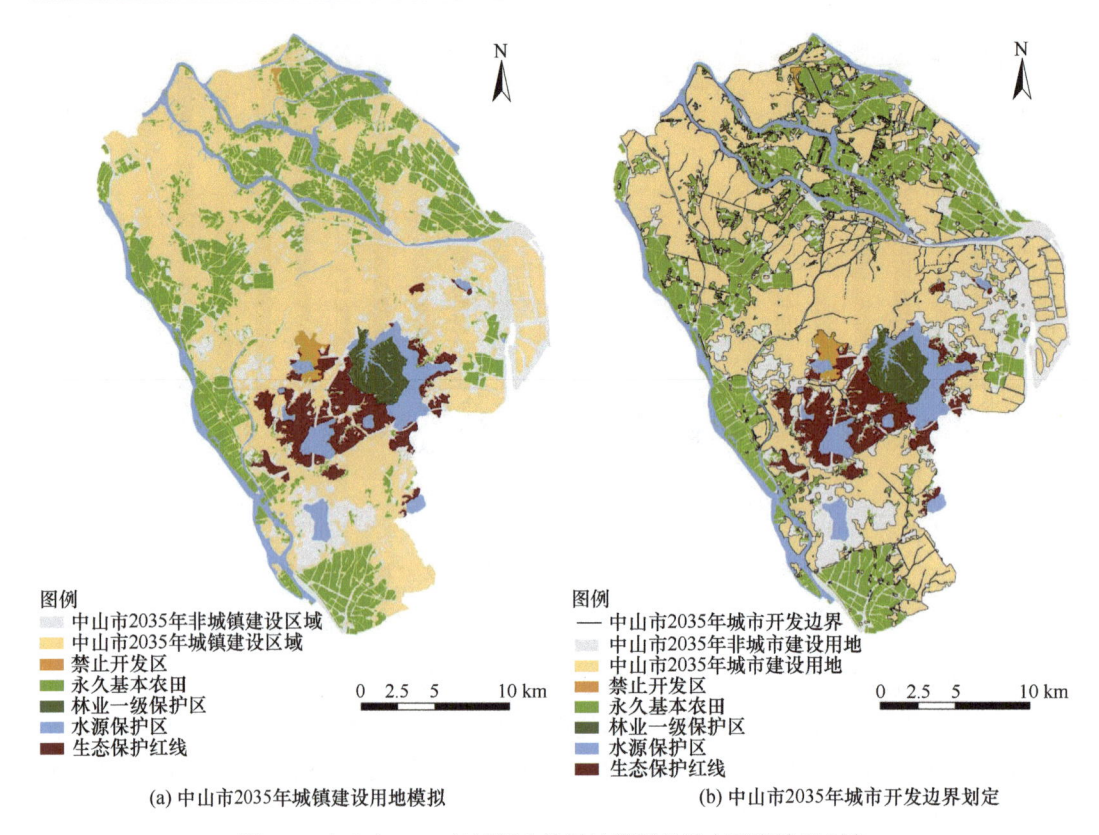

图 9-7  中山市 2035 年城镇建设用地模拟及城市开发边界划定

划定结果显示，到 2035 年，中山市城市开发边界的范围集中在中部地区，包括火炬高技术产业开发区、石岐街道、西区街道、东区街道、沙溪镇、大涌镇、南朗镇。这一地区在空间形态上呈现连片的团簇性发展，中部地区是中山市行政、办公、商务等核心功能区，有较强的发展驱动力和发展辐射性。而受到广佛城市群和深圳、香港、澳门城市群的辐射作用，中山市分别在北部三镇（南头镇、东凤镇和小榄镇）和南部地区（坦洲镇、神湾镇等）出现了集聚性发展的现象，其将成为中山市城市发展的区域中心和新动力。本书的划定方法能够基于未来建设用地的规模，考虑多种规划因素并结合"双评价"的结果对城市未来发展形态进行模拟。同时，本书的划定方法通过结合"双评价"来引导城镇发展尽可能趋向于资源环境承载力不超载和最适宜开发的区域，在保持城市模拟形态的基础上进行城市开发边界的划定，从而实现优化中山市的城镇空间布局。

## 9.4 小　　结

城市开发边界通过划定城市发展的界限，来科学地引导城市建设用地的发展，从而有效控制城市蔓延。然而，在国家积极开展"双评价"国土空间规划的同时，当前将资源环境承载力与城镇空间开发适宜性共同结合以划定城市开发边界的相关研究较为匮乏。因此，本书在基于"双评价"国土空间规划的背景下，依据资源环境承载力与城镇空间开发适宜性对城镇区域适度开发、因地制宜的原则，将"双评价"结果作为空间驱动因子，结合 FLUS 模型对中山市 2035 年城镇建设用地扩张进行模拟，而后考虑城镇建设用地的发展规律和功能的完善程度，尽可能避免城镇建设用地斑块的破碎化，利用形态学的膨胀与腐蚀方法划定中山市 2035 年城市开发边界。根据本书的方法流程，结合"双评价"划定的城市开发边界，能够在保持现有城镇建设用地的基础上，引导城镇拓展避开资源环境承载力超载的区域，引导城镇空间在适宜性较高的区域发展，从而促进城镇空间的科学扩张和精明增长，以实现"双评价"对城市开发边界的管控作用。同时，本书考虑了影响城市发展的多种空间驱动因子，并综合了城市规划中的政策性约束条件，能够更科学、有效地反映城市空间发展的内部规律及复杂特性，并较好地呈现城市发展中所受到的自然环境、政策规范等影响。此外，本书划定城市开发边界的方法能够整合城市内部空间的相互作用并避免了划定过程中的主观因素，从而较真实、科学地表达城市发展的状态及其边界形态。结果显示，本书的方法框架具有数据获取便利、数据分析过程科学、分析结论合理可行的特点，能与可持续发展、基本农田保护、生态管控约束及建设发展战略等相关理念和规划衔接，做到因地制宜，从而具有广泛的推广应用价值，可以在新一轮国土空间规划编制中进行广泛应用。

## 参 考 文 献

曹靖, 李星银, 陈婷婷, 等. 2016. 基于空间增长模拟的安庆城市开发边界划定方法及管控策略. 规划师, (6): 23-30.

陈燕飞, 杜鹏飞, 郑筱津, 等. 2006. 基于 GIS 的南宁市建设用地生态适宜性评价. 清华大学学报(自然科学版), (6): 801-804.

程永辉, 刘科伟, 赵丹, 等. 2015. "多规合一"下城市开发边界划定的若干问题探讨. 城市发展研究, (7): 52-57.

冯科, 吴次芳, 韦仕川, 等. 2008. 城市增长边界的理论探讨与应用. 经济地理, (3): 425-429.

何春阳, 史培军, 陈晋, 等. 2005. 基于系统动力学模型和元胞自动机模型的土地利用情景模型研究. 中国科学(D 辑: 地球科学), (5): 464-473.

黎夏, 叶嘉安. 2001. 主成分分析与 Cellular Automata 在空间决策与城市模拟中的应用. 中国科学(D 辑: 地球科学), 31(8): 683-690.

刘露莹. 2016. 中山市生态文明建设指标体系完善研究. 成都: 西南交通大学.

龙瀛, 韩昊英, 毛其智. 2009. 利用约束性 CA 制定城市增长边界. 地理学报, (8): 999-1008.

王宪恩, 丁炎军, 王硕. 2018. 基于 ANP-GIS 的长春市城市建设用地生态适宜性评价. 水土保持研究, (3): 232-236.

王颖, 顾朝林, 李晓江. 2014. 中外城市增长边界研究进展. 国际城市规划, (4): 1-11.

吴欣昕, 刘小平, 梁迅, 等. 2018. FLUS-UGB 多情景模拟的珠江三角洲城市增长边界划定. 地球信息科学学报, (4): 532-542.

徐志伟, 郝烁, 郑世界, 等. 2019. 天津市武清区国土资源环境承载力评价研究. 中国国土资源经济, 32(1): 59-66.

张兵, 林永新, 刘宛, 等. 2014. "城市开发边界"政策与国家的空间治理. 城市规划学刊, (3): 20-27.

张子明, 刘平辉, 朱寿红. 2018. 基于 FLUS 模型的城镇用地增长边界划定研究——以临川区为例. 江西农业学报, (5): 117-123.

朱寿红, 舒帮荣, 马晓冬, 等. 2017. 基于"反规划"理念及 FLUS 模型的城镇用地增长边界划定研究——以徐州市贾汪区为例. 地理与地理信息科学, 33(5): 80-86.

诸大建, 刘冬华. 2006. 管理城市成长: 精明增长理论及对中国的启示. 同济大学学报(社会科学版), (4): 22-28.

Liang X, Liu X, Li X, et al. 2018. Delineating multi-scenario urban growth boundaries with a CA-based FLUS model and morphological method. Landscape and Urban Planning, 177: 47-63.

Liu X, Liang X, Li X, et al. 2017. A future land use simulation model (FLUS) for simulating multiple land use scenarios by coupling human and natural effects. Landscape and Urban Planning, 168: 94-116.

# 第 10 章 FLUS 软件介绍

在 GeoSOS 开发的基础上，作者团队进一步开发了基于人类与环境相互作用（Human-Environment Interactions）的土地利用变化以及未来土地利用情景模拟的 FLUS 软件。该软件可方便用于全球大尺度土地利用变化、城市演变模拟，以及精细尺度的生态控制红线和城市增长边界划定。该软件的特点是简单易学，具有很好的实用性和可操作性。由于采用了一系列的改进措施，FLUS 软件更适合于 IPCC 最新的 SSPs 耦合模拟，从而探讨在复杂的全球变化环境下未来城市发展和土地利用格局变化。

## 10.1 软件介绍

FLUS 模型是用于模拟人类活动与自然影响下的土地利用变化以及未来土地利用情景的模型。该模型的原理源自 CA 模型，并在传统 CA 模型的基础上做了较大的改进。首先，FLUS 模型采用 ANN 算法，从一期土地利用分布数据及包含人为活动与自然效应的多种驱动力因子（气温、降水、土壤、地形、交通、区位、政策等方面）中获取各类用地类型在研究范围内的适宜性概率。其次，FLUS 模型采用从一期土地利用分布数据中采样的方式，能较好地避免误差传递的发生。另外，在土地变化模拟过程中，FLUS 模型提出一种基于轮盘赌选择的自适应惯性竞争机制，该机制能有效处理多种土地利用类型在自然作用与人类活动共同影响下发生相互转化时的不确定性与复杂性，使得 FLUS 模型具有较高的模拟精度，并且能获得与现实土地利用分布相似的结果。

FLUS 软件是根据 FLUS 模型的原理开发的多类土地利用变化情景模拟软件，是在其前身——地理模拟与优化系统 GeoSOS 基础上的发展与传承。FLUS 软件为用户提供了进行空间土地利用变化模拟的功能，在对未来土地利用变化进行模拟时，需要用户先应用其他方法（SD 模型或马尔可夫链）或使用预设情景来确定未来土地利用变化的数量并作为 FLUS 的输入。

FLUS 软件是在 Visual Studio 2010 平台上基于 C++语言及一系列 C++开源库开发的软件。软件的输入输出采用了遥感影像处理底层库 GDAL 1.9.2，因而软件可以读入各种格式的遥感影像数据及其投影坐标，并输出带坐标和投影的 TIFF 影像模拟结果；软件界面采用 Qt 4.8.5（https://www.qt.io/download/），能实时显示模拟区域的土地利用变化过程，方便用户使用；软件采用的 ANN 算法来自强大的 Shark 3.1 库（http://image.diku.dk/shark/），能较快地获得各类土地分布的适宜性概率。FLUS 软件的使用方法将在下面详细阐述。

FLUS 软件能较好地应用于土地利用变化模拟与未来土地利用情景的预测和分析中，是进行地理空间模拟、参与空间优化、辅助决策制定的有效工具。FLUS 模型可直接用于：①城市发展模拟及城市增长边界划定；②城市内部高分辨率土地利用变化模拟；③环境管理与城市规划；④大尺度土地利用变化模拟及其效应分析；⑤区域土地利用类型适宜性分析；⑥农田或自然用地类型损失预警；⑦土地利用分布格局变化及热点分析等方面。同时，利用 FLUS 模型还可以方便地进一步推广到气候变化及其效应、碳循环、水文分析、生态变化与生物栖息地变化等各方面与土地利用变化有关的耦合研究中，建立耦合的模拟模型。

## 10.2 配置及记录文件说明

FLUS 模型在运行过程中将生成两种文件：配置文件与记录文件。

### 10.2.1 配置文件

config_color.log 记录了上一次完成模拟的土地类型显示的颜色 RGB 值、土地类型的名称及初始年份各类土地类型的像元数（图 10-1）。

```
1  [Index, Count, Land Use Type, R, G, B]
2  1,46989,城市,170,0,127
3  2,54427,水体,0,0,255
4  3,59899,耕地,0,255,0
5  4,49516,林地,0,85,0
6  5,38090,果园,255,255,0
```

图 10-1  上一次完成模拟的土地类型显示的颜色 RGB 值、土地类型的名称及初始年份各类土地类型像元数等参数

如图 10-2 所示，config_mp.log 记录了上一次完成模拟的土地需求、成本矩阵、迭代次数与模型加速等参数。

```
1   [Number of types]
2   5
3   [Future Pixels]
4   80016
5   54427
6   43599
7   42433
8   28446
9   [Cost Matrix]
10  1,0,0,0,0
11  0,1,0,0,0
12  1,1,1,1,0
13  1,0,1,1,0
14  1,0,1,0,1
15  [Intensity of neighborhood]
16  1
17  1
18  1
19  1
20  1
21  [Iterative times]
22  300
23  [Size of neighborhood]
24  3
25  [Accelerated factor]
26  0.1
```

图 10-2  上一次完成模拟的土地需求、成本矩阵、迭代次数与模型加速等参数

## 10.2.2 记 录 文 件

（1）NetworkInput.csv：随机采样后用于 ANN 的训练数据，在"基于人工神经网络的适宜性概率计算模块"中生成，可用于查看并判断人工神经网络的输入是否正确。

（2）ANNoutput.log：记录人工神经网络的训练精度。

（3）logFileTrain.log：记录用于训练人工神经网络的驱动力数据与土地利用数据的路径。

（4）output.log：记录 CA 模拟的参数以及各类土地类型在每次迭代时的像元数。

（5）logFileSimulation.log：记录 CA 模拟时所用的驱动力数据、土地利用数据、限制转化区域以及模拟结果的保存路径。

（6）Kappa.csv：记录模拟结果的 Kappa 系数与 OA。

（7）FoM.csv：记录模拟结果的 FoM 系数与用户精度。

## 10.3 软件基本操作及土地利用变化情景模拟

在软件目录下的 testdata 文件夹中，能找到如表 10-1 所示的演示数据，用于演示 FLUS 软件的操作与运行过程。

表 10-1 演示数据

| 类型 | 文件名 | 数据说明 | 用途 |
| --- | --- | --- | --- |
| 土地利用数据 | dg2001coor.tif | 东莞市 2001 年土地利用分类数据 | 初始年份土地利用数据，模型输入 |
|  | dg2006true.tif | 东莞市 2006 年土地利用分类数据 | 用于验证 FLUS 模型的模拟精度，验证数据 |
| 限制转化/土地政策数据 | restrictedarea.tif | 河流水面掩模 | 禁止宽阔水面与其他用地类型相互转化 |
| 土地利用变化驱动力数据 | dem_dg.tif | 高程 | 用于计算适宜性概率，代表自然地形影响 |
|  | slop.tif | 坡度 |  |
|  | Aspect.tif | 坡向 |  |
|  | tocity_dg.tif | 到市中心距离 | 用于计算适宜性概率，代表交通区位影响 |
|  | distotown.tif | 到城镇中心距离 |  |
|  | distohighway.tif | 到高速公路距离 |  |
|  | distoroad.tif | 到主干道距离 |  |
|  | distorailway.tif | 到铁路距离 |  |

FLUS 软件提供的这套数据旨在引导 FLUS 软件的使用者了解软件的操作过程，在实际多类别土地利用变化模拟中，可以考虑更多其他自然与人类活动因素的影响，如GDP、人口的空间分布、气温、降水、土壤属性的空间分布等。

### 10.3.1 基于人工神经网络的出现概率计算模块

在基于人工神经网络的出现概率（Probability of Occurrence）计算模块中，需要用户输入自然、交通区位、社会经济等土地利用变化驱动力因子,模块将根据用户的输入数据,采用 ANN 算法整合并计算研究区域内每种土地利用类型在每个像元上的出现概率。

【操作步骤】

启动模块:选择主菜单的 FLUS Model → ANN-based Probability-of-occurrence Estimation 或者点击工具条中的工具按钮 ,可打开 ANN-based Probability-of-occurrence Estimation(基于人工神经网络的出现概率计算)模块操作窗口(图10-3)。

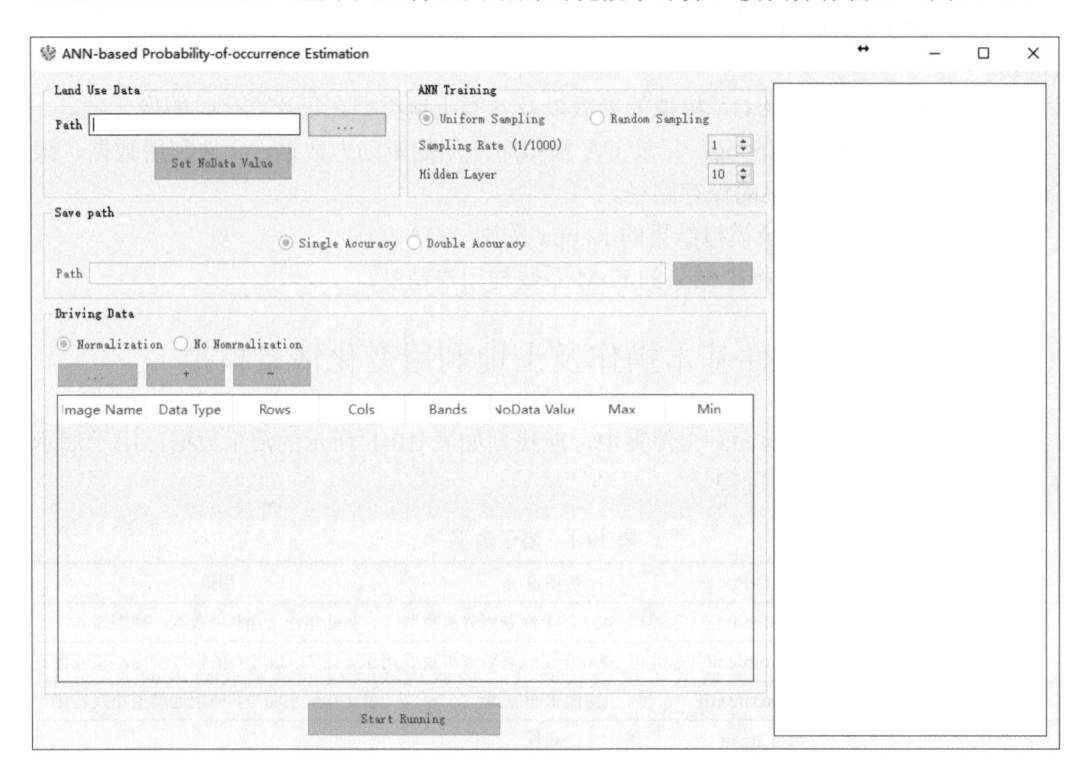

图 10-3  ANN-based Probability-of-occurrence Estimation 对话框

输入土地利用数据:在 Land Use Data 组合框中输入土地利用数据,点击 ,在弹出的对话框中选择一期土地利用分类栅格数据"dg2001coor.tif",点击"打开"按钮(图 10-4)。

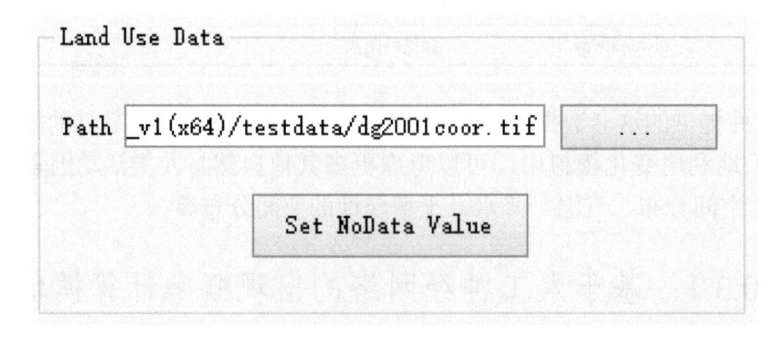

图 10-4  Land Use Data 组合框

## 第 10 章 FLUS 软件介绍

选择后，单击 Set NoData Value 按钮，将打开 Set NoData Value 窗口。在 Set NoData Value 窗口中，根据第一列 Land Use Code 的土地利用类型的数值，在第二列 NoData Option 中选择对应数值为 Valid Data（有效值）或 NoData Value（无数据的值），第三列显示对应数值的标签，第四列显示各土地利用类型的栅格像元总数。选择完毕后，单击 Accept 按钮，完成输入土地利用数据的设置（图 10-5）。

| Land Use Code | NoData Option | NoData Label | Pixel Statistics |
|---|---|---|---|
| 1 | Valid Data | Valid Data | 46989 |
| 2 | Valid Data | Valid Data | 54427 |
| 3 | Valid Data | Valid Data | 59899 |
| 4 | Valid Data | Valid Data | 49516 |
| 5 | Valid Data | Valid Data | 38090 |
| 2147483647 | NoData Value | NoData Value | 158887 |

图 10-5　Set NoData Value 窗口

设置人工神经网络与保存路径：在 ANN Training 框中设置人工神经网络获取训练样本的采样模式：Uniform Sampling（均匀采样模式）或 Random Sampling（随机采样模式）（图 10-6）。均匀采样模式中，各类用地的采样点数量相同。而随机采样模式中，各类用地的采样点数量与各类用地所占的比例相关。示例中，选择均匀采样模式。

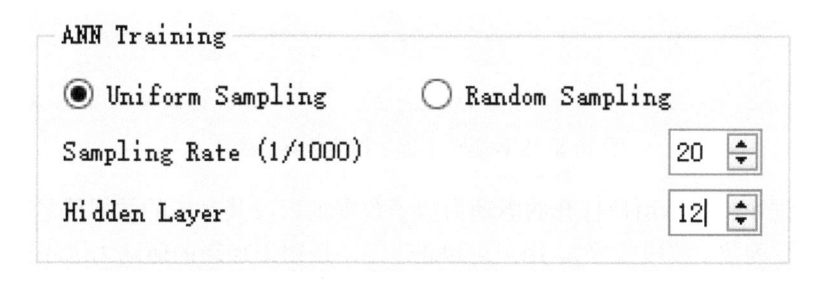

图 10-6　ANN Training 窗口

设置人工神经网络训练的采样比例，单位是研究区域有效像元数的 1‰。示例中，将采样参数设为 20，即采样点数占研究区域有效总像元数的 2%。根据经验，人工神经网络的隐藏层数量设为 12。

在 Save path 中单击 [....] 按钮，在对话框中选择保存路径并输入即将生成的出现概率数据的文件名，单击"保存"按钮完成（图 10-7）。在 Save path 中选择即将输出的出现概率数据的类型：Single Accuracy（单精度）或 Double Accuracy（双精度）。单精度选项生成 Float 类型（单精度浮点型）的影像，比较节省内存空间，适合较大尺度的土地利用变化模拟；双精度生成 Double 类型（双精度浮点型）的影像，数据精度较高。通常选用默认的 Single Accuracy 即可。

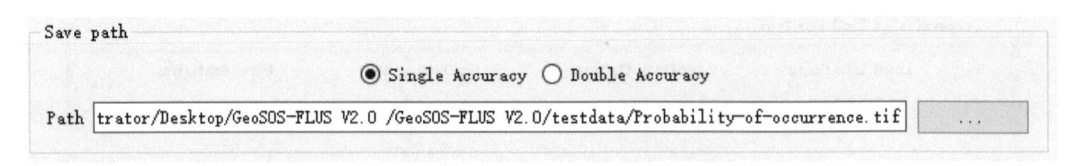

图 10-7  Save path 组合框

加载驱动力因子：在 Driving Data 组合框中选择驱动力因子，单击 [....] 按钮，在对话框中选择多个驱动力因子栅格数据（图 10-8）。示例中提供 8 种驱动力因子。

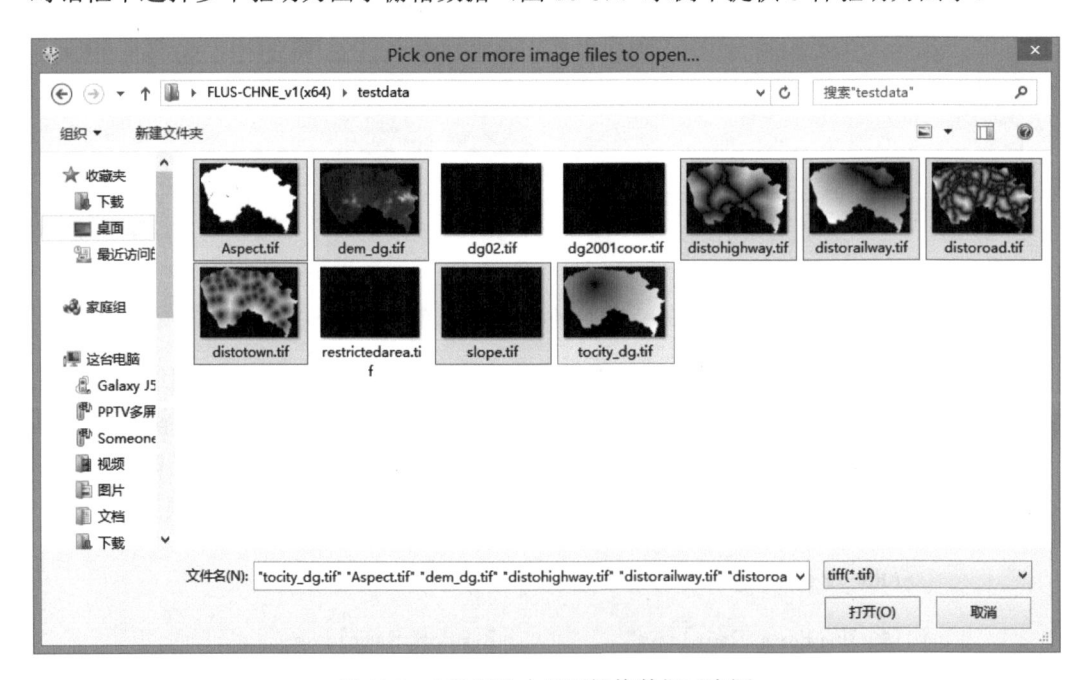

图 10-8  8 种驱动力因子栅格数据示意图

在列表框中将显示用户打开的驱动力因子数据列表及其对应的数据信息（文件名、数据类型、行列数、波段数等）。用户可单击 [ + ] 按钮添加新的驱动力因子数据，或者选中某个错误添加的驱动力因子，再单击 [ - ] 按钮，将其删除。另外，FLUS 软件支持添加已合成多波段的驱动力数据（图 10-9）。

## 第 10 章 FLUS 软件介绍

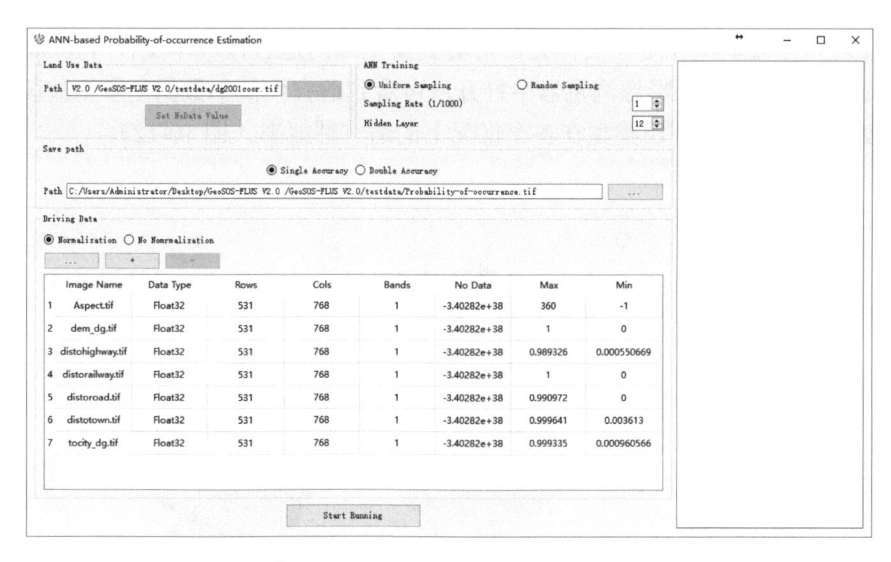

图 10-9　已设置完成的 ANN-based Probability-of-occurrence Estimation 对话框

此外，用户可以根据输入驱动力因子数据的实际情况，选择是否先对全部驱动力因子数据进行归一化处理，系统默认的选择是 Normalization（进行标准化处理）。选中 Normalization，系统在计算出现概率时会主动将所有驱动力因子归一化到 0～1。如果驱动力因子在输入前已经被归一化，则可以选择 No Normalization，跳过归一化步骤。

运行人工神经网络：完成以上设置后，单击 Start Running 按钮，开始人工神经网络模型训练和出现概率的计算，训练完成后，将弹出信息提示框（图 10-10）。

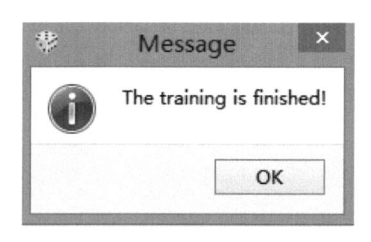

图 10-10　训练完成信息提示框

完成模型训练后，模型的训练参数及结果精度等信息将显示在模块窗口右侧的文本输出框中（图 10-11）。衡量训练精度共有三个指标：均方根误差（RMSE）、平均误差（Average Error）、平均相对误差（Average Relative Error）。

图 10-11　模型的训练参数以及结果精度

打开适宜性概率保存路径文件夹，可看到新生成的适宜性概率文件 Probability-of-occurrence.tif。在 FLUS 影像浏览器中打开，可看到适宜性概率数据由多个波段构成，每个波段对应一种土地利用类型在各个像元上的适宜性概率（图 10-12）。

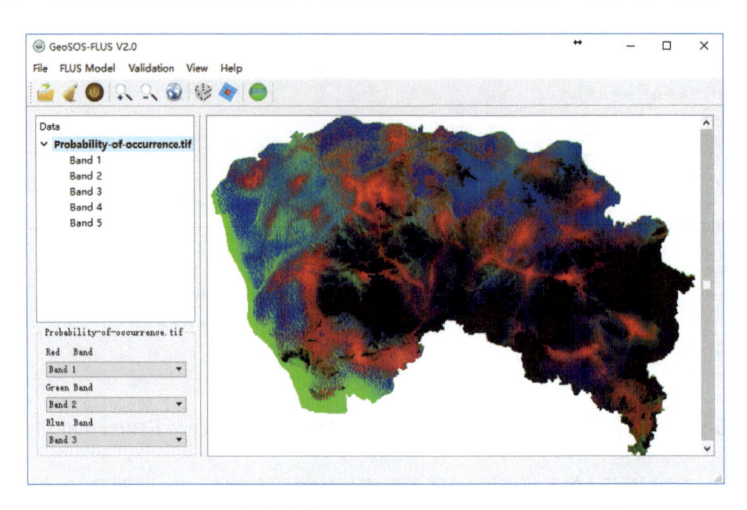

图 10-12　完成后的 Probability-of-occurrence.tif 图

## 10.3.2　FLUS 与多类用地模拟

启动模块：选择主菜单的 FLUS Model → Self Adaptive Inertia and Competition Mechanism CA 或者点击工具条中的工具按钮，打开 Self Adaptive Inertia and Competition Mechanism CA 操作窗口（图 10-13）。

图 10-13　Self Adaptive Inertia and Competition Mechanism CA 操作窗口

## 第10章 FLUS 软件介绍

输入模拟需要的数据：在窗口左下角默认选择 Setting 页面，输入模拟所需数据和设置各项模型参数。

设置初始年份的土地利用数据：点击 ▭，在弹出的对话框中选择起始年份的土地利用分类栅格数据并打开（图 10-14）。

图 10-14 Land Use Data 窗口

首先，点击 Set Land Use Type，Color Display and NoData Value 按钮，打开模块窗口。窗口列表内第一列 Land Use Code 为土地利用类型的数值，软件会自动加载。在第二列 NoData Option 的下拉菜单中选择对应数值为 Valid Data（有效值）或 NoData Value（无数据的值），FLUS 软件只允许设置一个无效值（NoData Value）。用户可以在 Land Use Type 一栏中输入对应的土地利用类型名称，如果不输入，软件会默认土地名称为"Landuse1""Landuse2"，依此类推（图 10-15）。

图 10-15 Set Land Use Type，Color Display and NoData Value 窗口

在 Color Selection 一列中点击 Set Color 按钮，将弹出 Select Color 对话窗口，选择所需颜色并点击 Accept 按钮，即可完成相应土地利用类型的颜色设置（图 10-16）。

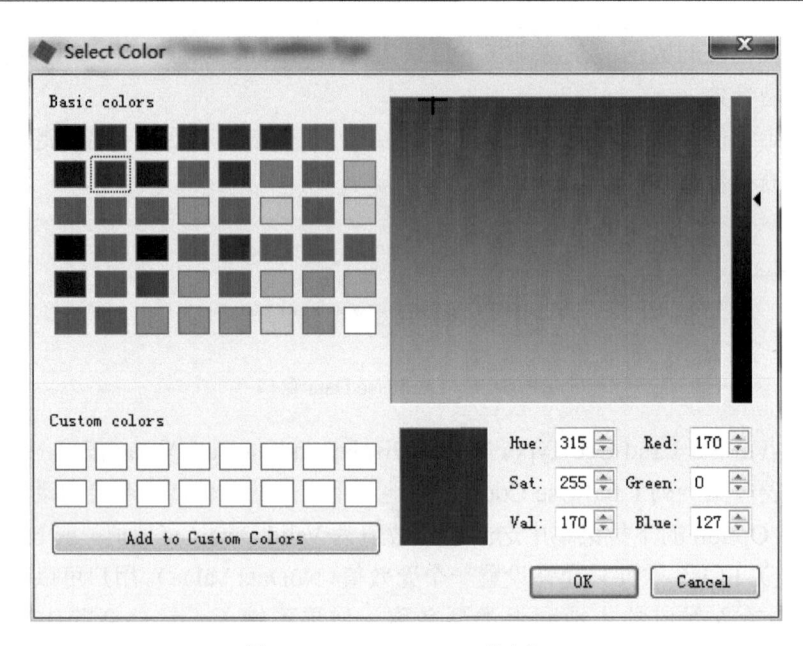

图 10-16　Select Color 对话窗口

颜色窗口各项参数均设置好后，点击 Accept 按钮确定各项设置（图 10-17）。

图 10-17　已设置完成的 Set Land Use Type，Color Display and NoData Value 窗口

输入适宜性概率数据：适宜性概率数据，即指由基于人工神经网络的适宜性概率计算模块得到的各类用地的分布概率数据。点击 ▭，在弹出的对话框中选择该数据文件（图 10-18）。

## 第 10 章　FLUS 软件介绍

图 10-18　Probability Data 组合框

设置模拟结果的保存路径：单击 [....] 按钮，在对话框中选择模拟结果的保存路径及文件名（图 10-19）。

图 10-19　Save Simulation Result 组合框

输入约束用地变化的限制数据：如果模拟中需要有约束条件（如自然保护区或者宽阔水面上，一定时期内不会发生土地利用类型的变化），可以考虑设定限制转化区域（限制数据需用户在 FLUS 软件以外制作）。在 Restricted Data 框中选择 Restricted Area（默认选择是 No Restricted Area），并点击 [....] 按钮，在对话框中打开限制转换数据（图 10-20）。该数据是二值数据，只允许数据 0 和 1 这两个数值存在。数值 0 表示该区域不允许土地类型发生转化，1 表示允许发生转化。

图 10-20　操作窗口中 Restricted Data 组合框

设置模拟参数：包括设置迭代的次数、邻域范围大小、模型加速因子和模拟用地转换的数量目标、成本矩阵，以及各类用地的邻域因子。

迭代次数可以设定为一个比较大的值，模型到达迭代目标会提前停止，FLUS 软件默认迭代次数为 300。在 CA 中邻域值是奇数，软件默认邻域大小为 3，即表示 CA 采用 3×3 摩尔邻域。另外，软件默认的加速因子为 0.1，模型可以在默认的参数下正常运行。当模拟的图像范围比较大时，模型运行较慢。可以将模型因子设为一个较大的值（0~1），以加快土地利用变化的转化速率（图 10-21）。

Initial Pixel Number 表示初始年份土地利用类型的像元数，软件会根据初始年份土地利用数据自动统计。Future Pixel Number 表示本次模拟的目标像元数，即未来各类土地利用类型的面积。用户根据研究区域的实际发展情况，采用专家经验或土地利用数量预测模型预测出未来各类土地的需求。使用者需要在第三行 Future Pixel Number 输入各土地利用类型变化数量的目标（图 10-22）。

```
Simulaton Setting
The Number of Iterations          300
Neighborhood (odd)                3
Accelerate (0 - 1)                0.1
```

| Land Use Demand | Cost Matrix | Weight of Neighborhood |

|  | 城市 | 水体 | 耕地 | 林地 | 果园 |
|---|---|---|---|---|---|
| Initial Pixel Number | 46989 | 54427 | 59899 | 49516 | 38090 |
| Future Pixel Number |  |  |  |  |  |

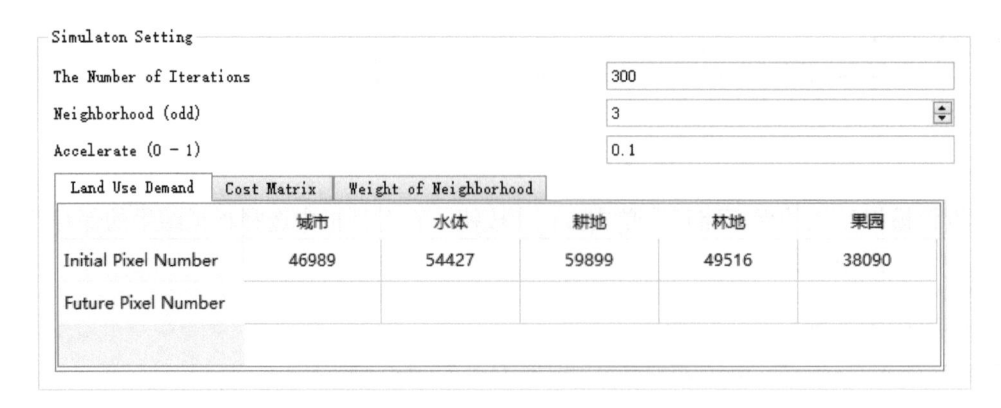

图 10-21  Land Use Demand 组合框

| Future Land Area | Cost Matrix | Weight of Neighborhood |

|  | 城市 | 水体 | 耕地 | 林地 | 果园 |
|---|---|---|---|---|---|
| Initial Pixel Number | 46989 | 54427 | 59899 | 49516 | 38090 |
| Future Pixel Number | 80016 | 54427 | 43599 | 42433 | 28446 |

图 10-22  Future Land Area 输入的数据

随后需要在 Cost Matrix 选项栏中，设置各类土地利用类型在模拟转换中的成本矩阵，软件默认各类型用地间均可互相转换。在本示例中，我们根据对实验区域的经验，设置城市用地和水体不能转换为其他用地，耕地不能转换为果园，果园不能转换为水体和林地等一系列转化规则。当一种用地类型不允许向另一种转化时，我们将矩阵的对应值设为 0，允许转化时设为 1。具体的限制矩阵如图 10-23 所示。

| Land Use Demand | Cost Matrix | Weight of Neighborhood |

|  | 城市 | 水体 | 耕地 | 林地 | 果园 |
|---|---|---|---|---|---|
| 城市 | 1 | 0 | 0 | 0 | 0 |
| 水体 | 0 | 1 | 0 | 0 | 0 |
| 耕地 | 1 | 1 | 1 | 1 | 0 |
| 林地 | 1 | 0 | 1 | 1 | 0 |
| 果园 | 1 | 0 | 1 | 0 | 1 |

图 10-23  Cost Matrix 选项栏

如图 10-24 所示，Weight of Neighborhood 参数用于设定各类土地利用类型的邻域因子参数，参数范围为 0~1，越接近 1 代表该土地利用类型的扩张能力越强。软件默认所有土地利用类型的邻域因子为 1，本示例设置如图 10-24 所示。

| | Urban land | Water area | Cropland | Forest land | Orchard |
|---|---|---|---|---|---|
| Weight of neighborhood | 1 | 0.9 | 0.5 | 1 | 0.1 |

图 10-24　Weight of Neighborhood 组合框

完成以上各项设置后，点击 Accept 按钮，确定迭代模拟参数设置完毕。

运行 CA：完成迭代模拟参数的设置后，在窗口左下角选择 Show 页面，进行土地利用变化的模拟。点击左下角的 Show 页面选项，在 Show 页面中 FLUS 软件支持对土地利用空间变化与数量变化过程的动态显示（图 10-25）。

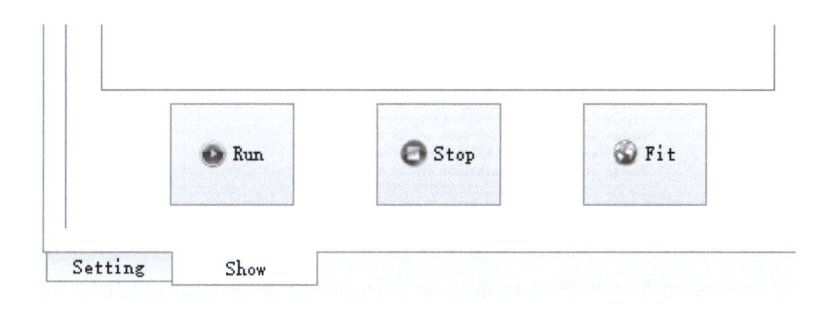

图 10-25　Show 选项栏

点击 [Run] 开始模拟，窗口左侧上方的图表面板将显示各土地利用类型在迭代过程中数量变化的曲线（图 10-26）。

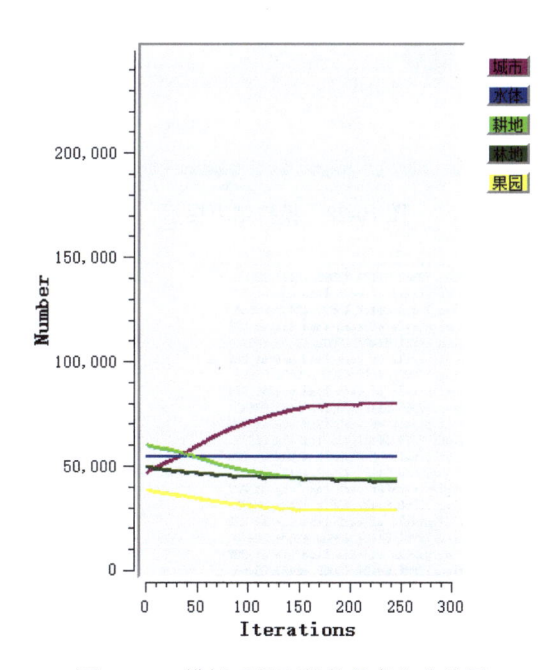

图 10-26　模拟后得到的数量变化曲线图

窗口左侧下方的迭代记录文本框内将记录本次迭代所设定的参数，显示每一轮迭代后各土地利用类型的像元数值（图10-27），右侧显示面板将动态显示每一次迭代刷新后各类用地的空间分布情况。

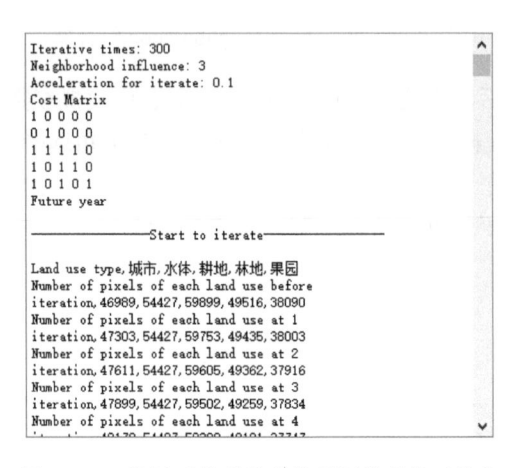

图 10-27　模拟后得到的土地利用类型像元数值

当达到用户设置的迭代次数或达到未来土地利用类型的数量目标时，软件将自动停止迭代，并弹出提示信息（图 10-28）。另外，用户可点击 Stop 按钮，手动停止迭代。同时，停止迭代后系统将把模拟结果（图 10-29）保存到预设的保存路径中。

图 10-28　模拟结束提示

图 10-29　土地利用类型的参数

动态迭代过程中，点击 Fit 按钮可调整显示面板中视图的大小和位置，使结果全局显示。模拟完成后，面板显示最终的模拟结果，并输出模拟结果的保存路径与模型运行时间（图 10-30）。

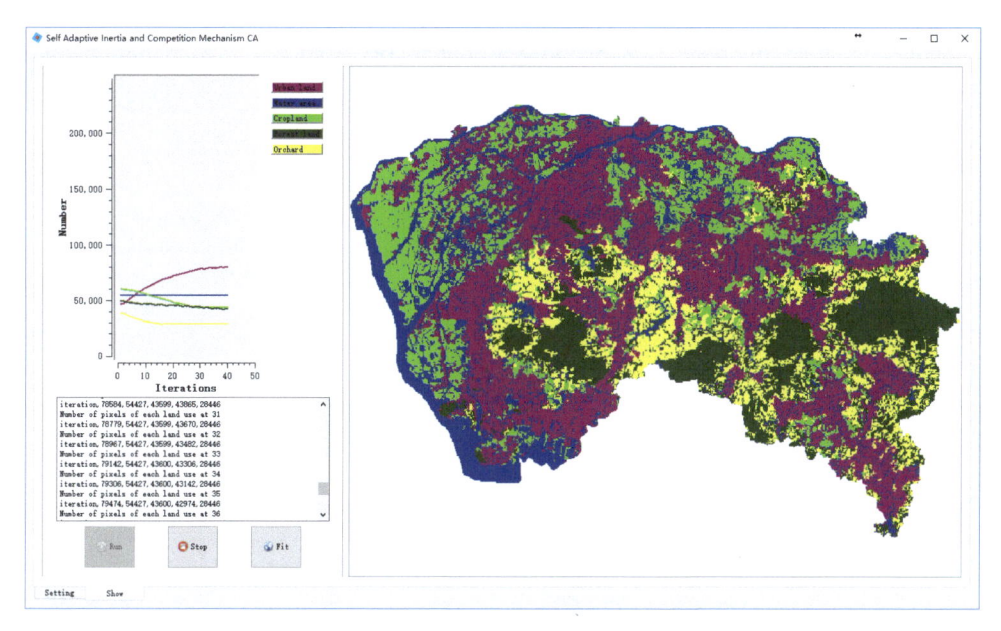

图 10-30  模拟后 Self Adaptive Inertia and Competition Mechanism CA 操作窗口中 Show 组合框最终显示图

### 10.3.3  模拟精度验证

FLUS 软件提供精度验证模块，还提供 Kappa 系数和 FoM 两种指标对模拟精度进行检验（图 10-31）。

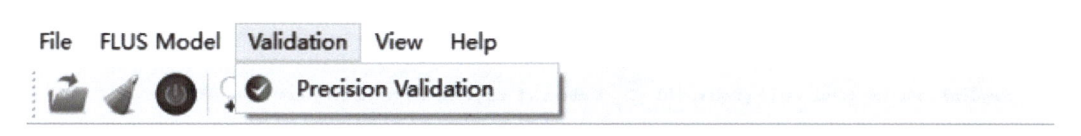

图 10-31  Validation（模拟精度验证）示意图

### 10.3.4  计算 Kappa 系数

选择主菜单上 Validation → Precision Validation → Kappa，打开 Kappa 系数计算模块（图 10-32）。

加载数据：单击第一行 Ground Truth 右侧的▭按钮，加载真实的 2006 年的土地利用数据"dg2006ture"。单击第二行 Simulation Result 右侧的▭按钮，加载模拟的 2006 年的土地利用数据"SimulationResult.tif"（图 10-33）。

图 10-32  Kappa 组合框

图 10-33  Ground Truth 组合框

选择采样模式与采样数：选择样本计算 Kappa 系数。FLUS 软件同样提供两种采样模式：Random Sampling（随机采样模式）或 Uniform Sampling（均匀采样模式）。选择随机采样模式后在下方输入随机采样点数的比例，选择均匀采样模式则在下方输入每类用地采样点的个数。示例中选择随机采样模式，采样率为 10%（图 10-34）。

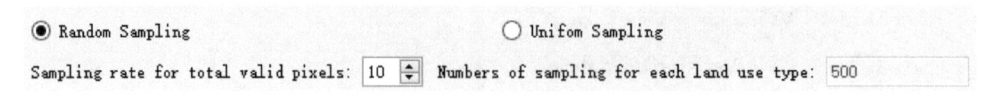

图 10-34  选择随机采样模式或均匀采样模式的示意图

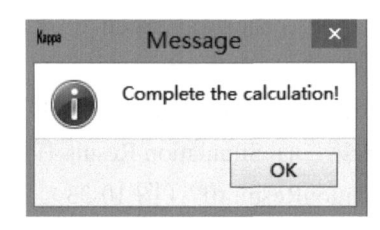

计算 Kappa 系数并保存：完成以上设置后，单机右侧的 Start 按钮，计算 Kappa 系数，弹出完成的提示窗口（图 10-35）。

图 10-35  完成计算的提示

计算结果会在界面上显示,并保存在软件目录下的 Kappa.csv 文件中(图 10-36)。

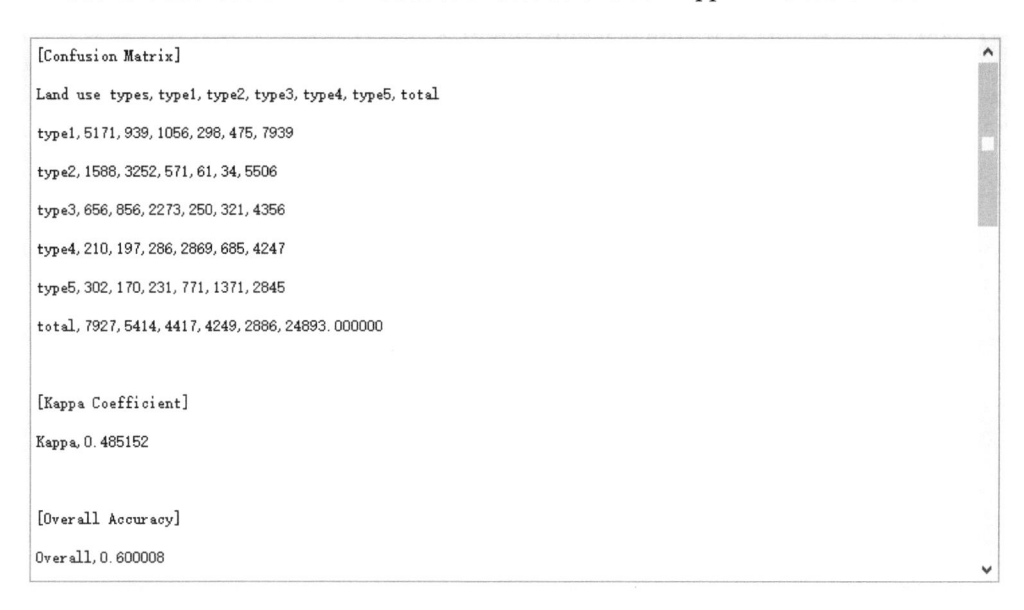

```
[Confusion Matrix]
Land use types, type1, type2, type3, type4, type5, total
type1, 5171, 939, 1056, 298, 475, 7939
type2, 1588, 3252, 571, 61, 34, 5506
type3, 656, 856, 2273, 250, 321, 4356
type4, 210, 197, 286, 2869, 685, 4247
type5, 302, 170, 231, 771, 1371, 2845
total, 7927, 5414, 4417, 4249, 2886, 24893.000000


[Kappa Coefficient]
Kappa, 0.485152

[Overall Accuracy]
Overall, 0.600008
```

图 10-36　计算后得到的结果

### 10.3.5　计算 FoM 指标

选择主菜单上 Validation → Precision Validation → FoM,打开 FoM 系数计算模块(图 10-37)。

图 10-37　Precision Validation 中的 FoM 组合框

单击第一行 Start Map 右侧的 ▭ 按钮,加载真实的 2001 年的初始土地利用数据 "dg2001coor.tif"。单击第二行 Ground Truth 右侧的 ▭ 按钮,加载真实的 2006 年的土地利用数据"dg2006ture.tif"。单击第三行 Simulation Result 右侧的 ▬▬ 按钮，加载模拟的 2006 年的土地利用数据"SimulationResult.tif"。

完成以上设置后，单机右侧的 Start 按钮，计算 FoM 系数，弹出完成的提示窗口（图10-38）。

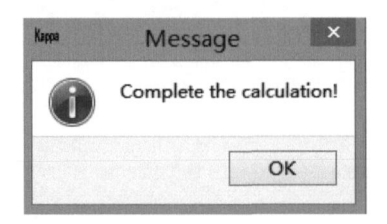

图 10-38 完成对系数 FoM 的计算

计算结果会在界面上显示，并保存在软件目录下的 FoM.csv 文件中（图 10-39）。

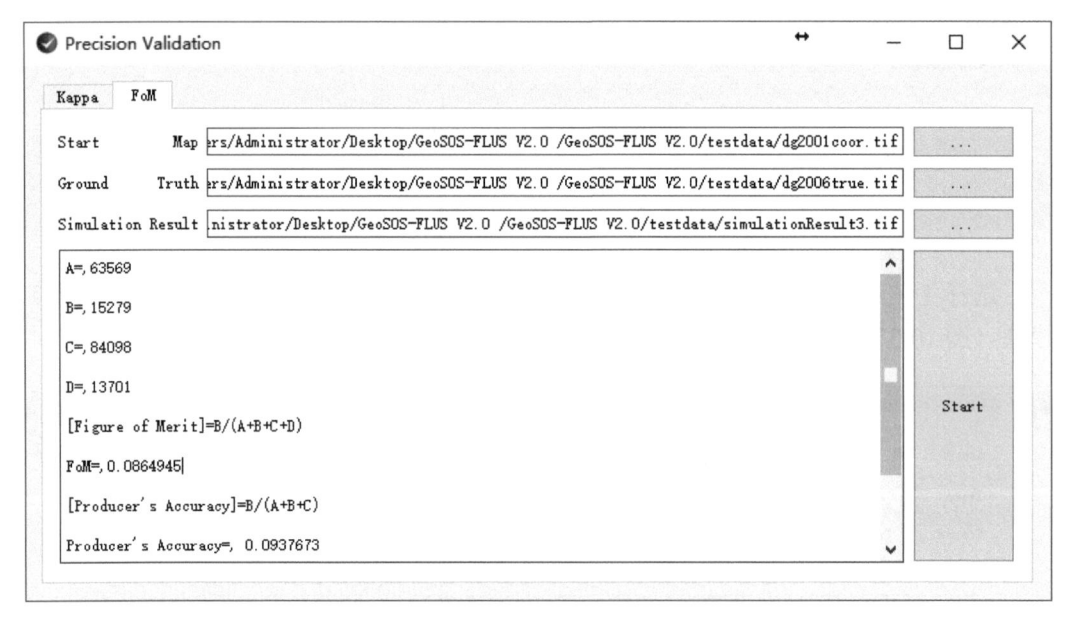

图 10-39 计算完成后 FoM 的界面示意图

## 10.4 城市增长边界划定

本节提出的划定城市增长边界的方法可用于识别总体规划区域内发展潜力较高和较低的地区。此外，在高密度城市地区，该方法划定的城市增长边界与规划者划定的城市增长边界比较接近。本书研究所提出的 UGB-FLUS 方法可以有效地根据不同的规划政策划定城市增长边界，来满足城市快速发展地区（如珠三角城市群地区）的城市增长边界划定需求。在各种规划政策下，社会发展和环境风险有很大不同，UGB-FLUS 方法框架可以为区域规划提供重要的、关键的决策信息。

## 10.4.1 实验操作

以珠三角地区为试验区域，开展基于 FLUS 模型的城市增长边界划定，需准备的数据如表 10-2 所示。

表 10-2  所需准备的数据

| 类型 | 文件名 | 数据说明 | 用途 | 有效数值范围 | 数值意义 |
|---|---|---|---|---|---|
| 土地利用数据 | LUCC2000urban12.tif | 珠三角 2000 年土地利用分类数据 | 初始年份土地利用数据，模型输入 | 1 | 非城市 |
| | | | | 2 | 城市 |
| | LUCC2010urban12.tif | 珠三角 2010 年土地利用分类数据 | 用于验证 FLUS 模型的模拟精度，验证数据 | 1 | 非城市 |
| | | | | 2 | 非城市 |
| 限制转化/土地政策数据 | waterrestrict.tif | 河流水面掩模 | 模拟时的空间约束 | 0 | 水体（不可转化） |
| | | | | 1 | 非水体 |
| | Basicecologyline.tif | 生态控制线 | | 0 | 保护区（不可转化） |
| | | | | 1 | 非保护区 |
| | | | | 0 | 水体（不可转化） |
| | | | | 1 | 非水体 |
| | | | | 2 | 总体规划新增城市 |
| 土地利用变化驱动力数据 | dem.tif | 高程 | 用于计算适宜性概率，代表自然地形影响 | 0~1 | 归一化后的值，本工具自带归一化功能。使用者可以根据自身需要选择是否将数据归一化 |
| | slop.tif | 坡度 | | 0~1 | |
| | Aspect.tif | 坡向 | | 0~1 | |
| | towncenters.tif | 到镇中心距离 | 用于计算适宜性概率，代表交通区位影响 | 0~1 | |
| | MainRoad.tif | 到主干道距离 | | 0~1 | |
| | nationalroad.tif | 到国道距离 | | 0~1 | |
| | provincialroad.tif | 到省道距离 | | 0~1 | |
| | railway.tif | 到铁路距离 | | 0~1 | |
| | Highway.tif | 到高速公路距离 | | 0~1 | |

数据预处理注意事项：

（1）GeoSOS-FLUS 软件所输入的土地利用分类栅格数据的土地类型编码需要从 1 开始，并且要求编码连续。模拟城市的编号有两种（非城市与城市），分别为 1 和 2，否则软件运行会出问题。

（2）CA 模块将自动保存最近一次模拟时所有的输入参数到两个配置文件中：config_color.log 和 config_mp.log。在进行同一地区的重复实验时，GeoSOS-FLUS 软件会自动加载这些参数，不需用户重复输入。这减少了用户的操作负担，方便使用者进行多次实验。但有一点要特别注意，当更改研究区域时，请先删除这些配置文件并重新设定新的区域的模拟参数，重新生成这两个记录文件，否则软件运行会出问题。

（3）文件命名请尽量使用英文字母和数字，不要使用包括下划线"_"在内的特殊符号；也不要使用英文以外的其他语言，否则在一些系统上可能会出问题。

（4）做研究范围的剪裁时，请保证一次模拟的图幅行列号一致，软件内部会对图幅的一致性进行检查，存在与土地利用图幅不一致的驱动力数据时，软件会弹窗提醒，此时模拟不能进行，如图 10-40 所示。

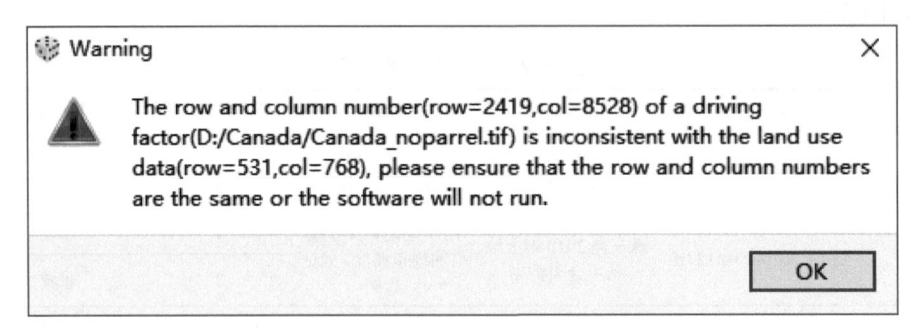

图 10-40　图幅行列号不一致报错弹窗

### 10.4.2　软 件 操 作

**1. 计算各类用地出现的概率**

启动模块：选择主菜单的 FLUS Model → ANN-based Probability-of-occurrence Estimation 或者点击工具条中的工具按钮，可打开 ANN-based Probability-of-occurrence Estimation（基于人工神经网络的出现概率计算）模块操作窗口（图 10-41）。

图 10-41　ANN-based Probability-of-occurrence Estimation 对话框

输入初始年城市分布数据：在 Land Use Data 组合框中输入土地利用数据，点击 ▭，在弹出的对话框中选择一期土地利用分类栅格数据"LUCC2000urban12.tif"，点击"打开"按钮（图 10-42）。

图 10-42　Land Use Data 组合框

选择后，单击 Set NoData Value 按钮，打开 Set NoData Value 窗口。在 Set NoData Value 窗口中，根据第一列 Land Use Code 的土地利用类型的数值，在第二列 NoData Option 列选择对应数值为 Valid Data（有效值）或 NoData Value（无数据的值），选择后第三列将显示对应数值的标签，第四列将显示各土地利用类型的栅格像元总数。选择完毕后，单击 Accept 按钮，完成对输入土地利用数据的设置（图 10-43）。

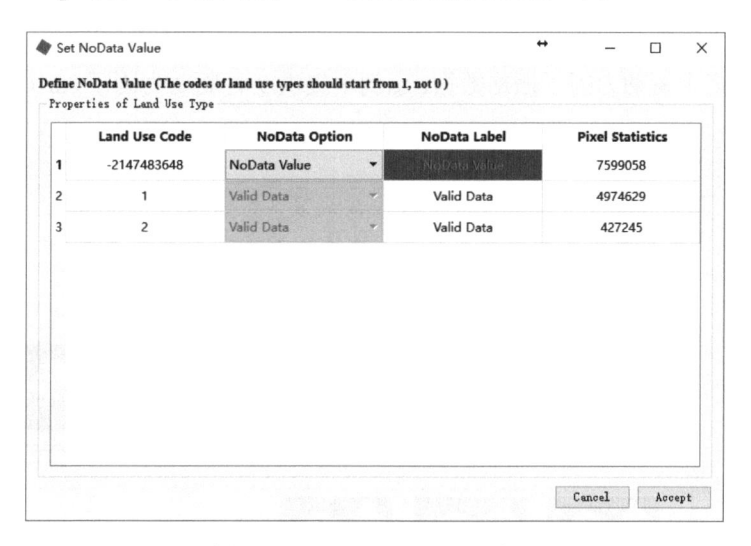

图 10-43　Set NoData Value 窗口

设置人工神经网络与保存路径：在 ANN Training 工具中设置人工神经网络，获取训练样本的采样模式：Uniform Sampling（均匀采样模式）或 Random Sampling（随机采样模式）（图 10-44）。均匀采样模式中，各类用地的采样点数量相同。而随机采样模式中，各类用地的采样点数量与各类用地所占的比例相关。本示例中选择均匀采样模式。

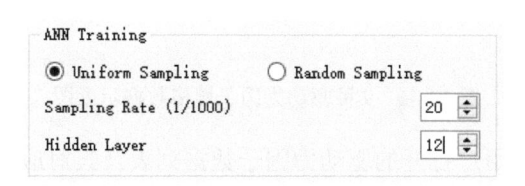

图 10-44　ANN Training 窗口

设置人工神经网络训练的采样比例，单位是研究区域有效像元数的1‰。示例数据中，将采样参数设为20，即采样点数占研究区域有效总像元数的2%。根据经验，人工神经网络的隐藏层数量设为12。

在 Save path 中单击 ▭，在对话框中选择保存路径并输入即将生成的出现概率数据的文件名，单击"保存"按钮完成。在 Save path 中选择即将输出的出现概率数据的类型：Single Accuracy（单精度）或 Double Accuracy（双精度）。单精度选项生成 Float 类型（单精度浮点型）的影像，比较节省内存空间，适合较大尺度的土地利用变化模拟；双精度选项生成 Double 类型（双精度浮点型）的影像，数据精度较高。通常选用默认的 Single Accuracy 即可（图10-45）。

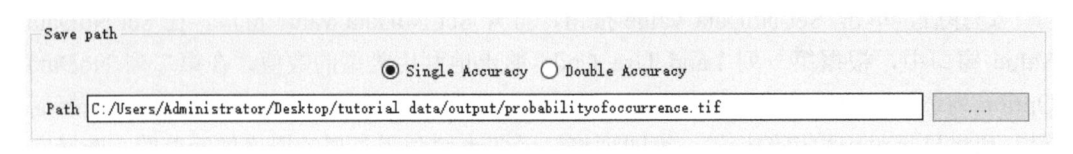

图10-45　Save path 组合框

加载驱动力因子：在 Driving Data 组合框中选择驱动力因子，单击 ▭ 按钮，在对话框中选择多个驱动力因子栅格数据。示例中提供9种驱动力因子（drivers 文件夹下）（图10-46）。

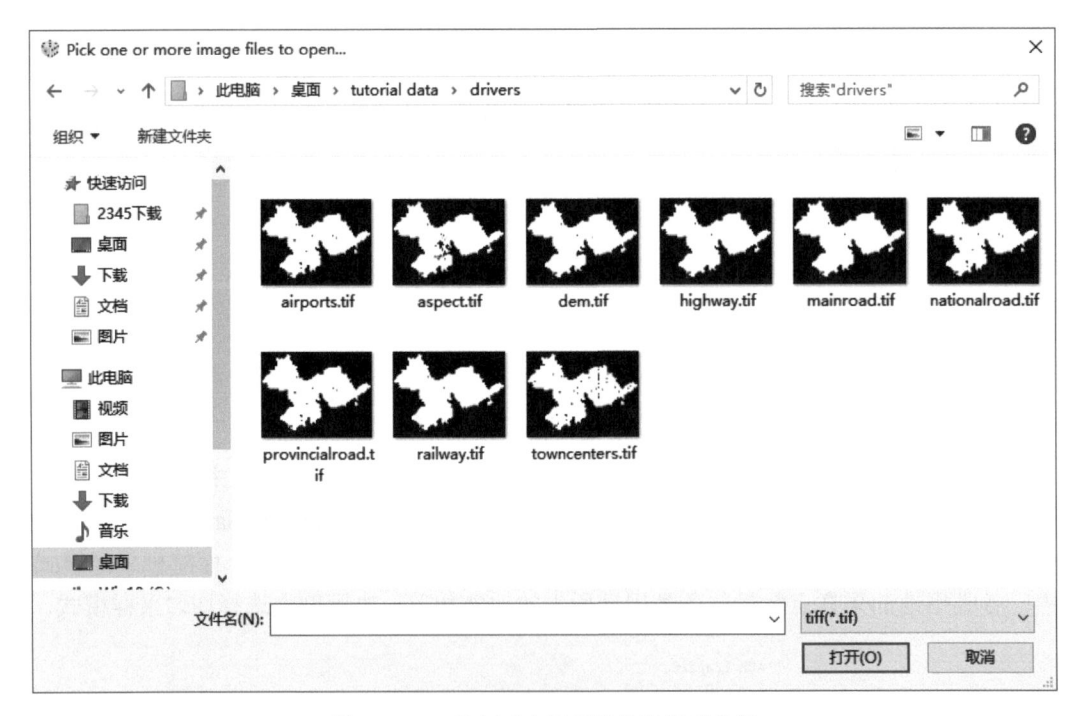

图10-46　9种驱动力因子栅格数据示意图

在列表框中将显示用户打开的驱动力因子数据列表及其对应的数据信息（文件名、数据类型、行列数、波段数等）。用户可单击 ▭ 按钮添加新的驱动力因子数据，或者选中某个错误添加的驱动力因子，再单击 [ - ] 按钮，将其删除。另外，GeoSOS-FLUS 软件支持添加已合成多波段的驱动力数据（图 10-47）。

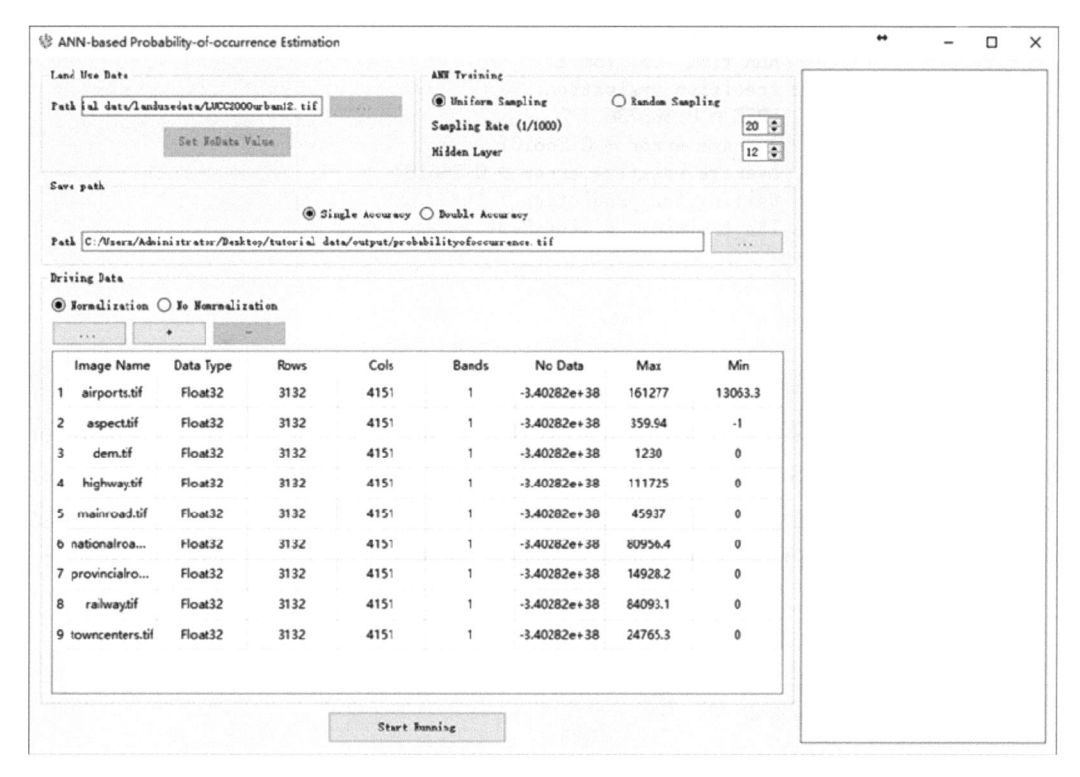

图 10-47  已设置完成的 ANN-based Probability-of-occurrence Estimation 对话框

此外，用户可以根据输入驱动力因子数据的实际情况，选择是否先对全部驱动力因子数据进行归一化处理，系统默认的选择是 Normalization（进行标准化处理）。选中 Normalization，系统在计算出现概率时会主动将所有驱动力因子归一化到 0～1。如果驱动力因子在输入前已经被归一化，则可以选择 No Normalization，跳过归一化步骤。

运行人工神经网络：完成以上设置后，单击 [ Start Running ] 按钮，开始人工神经网络模型训练和出现概率的计算，训练完成后，将弹出信息提示框，如图 10-48 所示。

图 10-48  训练完成信息提示框

完成模型训练后，模型的训练参数及结果精度等信息将显示在模块窗口右侧的文本输出框（图 10-49）中。衡量训练精度共有三个指标：均方根误差、平均误差、平均相对误差。

```
Normalizing data, please wait...
Select uniform sampling...
Start training, please wait...
Run time: 257.735 s
Precision evaluation:
RMSE = 0.365736
Average error = 0.266187
Average relative error = 0.266187
Waiting for prediction...
The training is finished!
```

图 10-49　模型的训练参数以及结果精度

打开适宜性概率保存路径文件夹，可看到新生成的适宜性概率文件 Probability of occurrence.tif。在 FLUS 影像浏览器中打开，可看到适宜性概率数据由多个波段构成，每个波段对应一种土地利用类型在各个像元上的适宜性概率。城市模拟中会生成两个波段（分别对应 1、2 两个值），波段 1 是非城市的概率，波段 2 是城市概率，如图 10-50 所示。

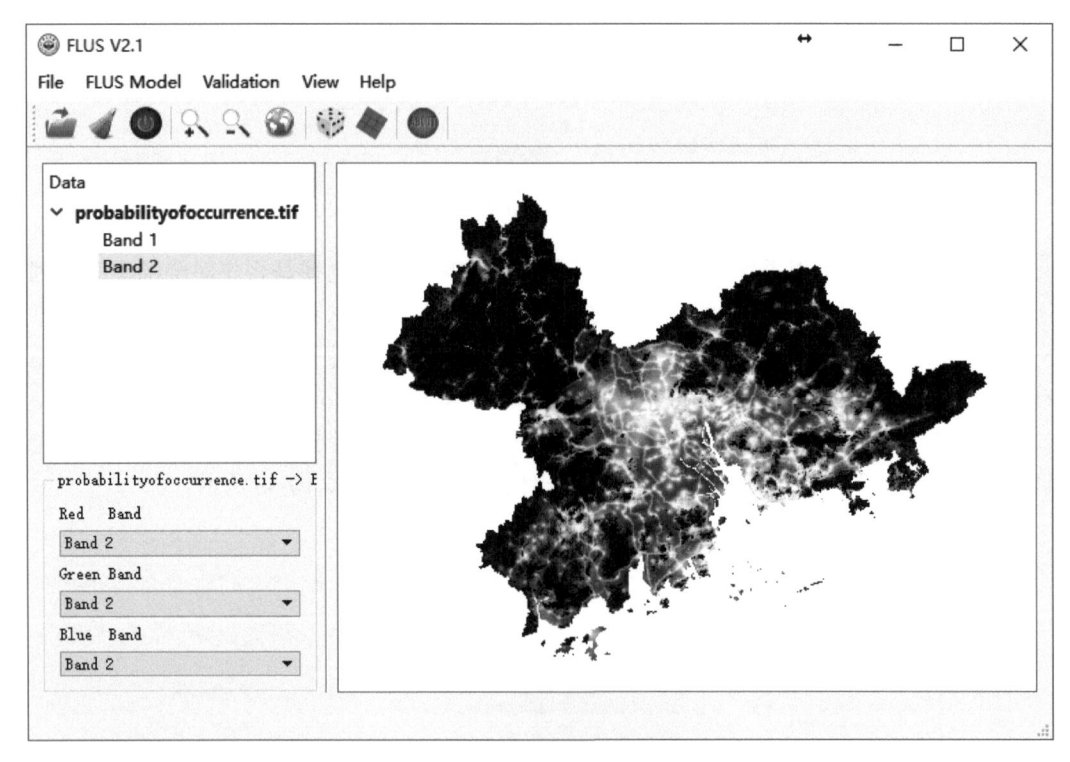

图 10-50　训练结果示意图

## 2. 模拟历史阶段的城市发展

启动模块：选择主菜单的 FLUS Model → Self Adaptive Inertia and Competition

Mechanism CA 或者点击工具条中的工具按钮,打开 Self Adaptive Inertia and Competition Mechanism CA 操作窗口,如图 10-51 所示。

图 10-51  Self Adaptive Inertia and Competition Mechanism CA 操作窗口

输入模拟需要的数据:在窗口左下角默认选择 Setting 页面,输入模拟所需数据和设置各项模型参数。

设置初始年份的土地利用数据:点击,在弹出的对话框中选择起始年份的土地利用分类栅格数据,将其打开,如图 10-52 所示。

图 10-52  Land Use Data 窗口

首先,点击 Set Land Use Type,Color Display and NoData Value 按钮,打开模块窗口。窗口列表内第一列 Land Use Code 为土地利用类型的数值,软件会自动加载。在第二列 NoData Option 的下拉菜单中选择对应数值为 Valid Data（有效值）或 NoData Value（无数据的值），GeoSOS-FLUS 软件只允许设置一个无效值（NoData Value）。用户可以在 Land Use Type 一栏中输入对应的土地利用类型名称，如果不输入，软件会默认土地名称为"Landuse1""Landuse2"，依此类推，如图 10-53 所示。

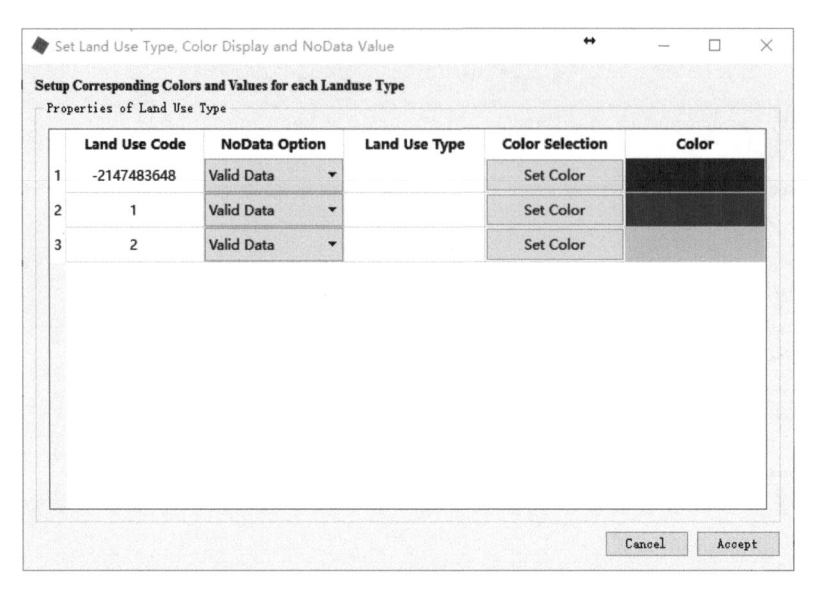

图 10-53　Set Land Use Type，Color Display and NoData Value 窗口

在 Color Selection 一列中点击 Set Color 按钮，将弹出 Select Color 对话窗口，选择所需颜色并点击 Accept 按钮，即可完成相应土地利用类型的颜色设置（图 10-54）。

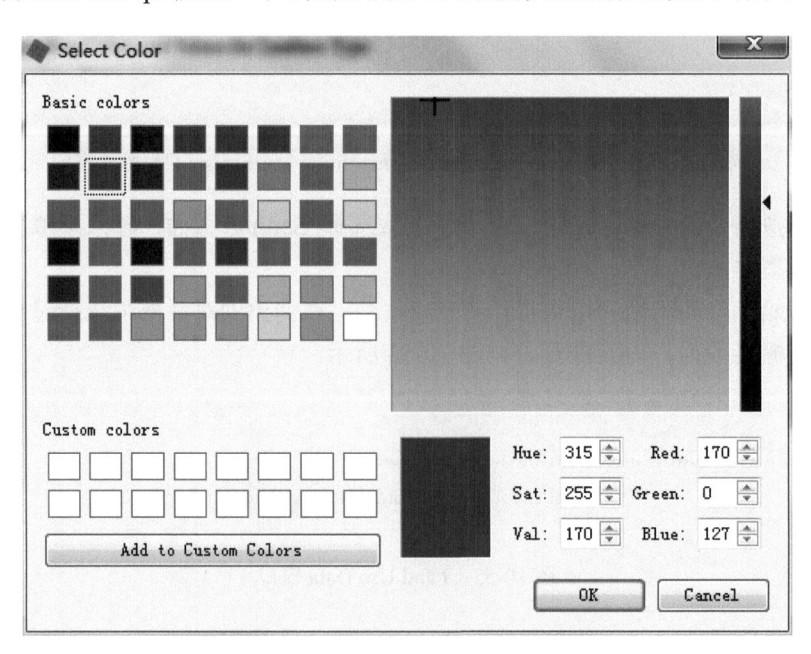

图 10-54　Select Color 对话窗口

颜色窗口各项参数均设置好后，点击 Accept 按钮确定各项设置（图 10-55）。

图 10-55　已设置完成的 Set Land Use Type，Color Display and NoData Value 窗口

输入适宜性概率数据：适宜性概率数据即指由基于人工神经网络的适宜性概率计算模块得到的各类用地的分布概率数据。点击 ▭，在弹出的对话框中选择该数据文件（图 10-56）。

图 10-56　Probability Data 组合框

设置模拟结果的保存路径：单击 ▭ 按钮，在对话框中选择模拟结果的保存路径及文件名（图 10-57）。

图 10-57　Save Simulation Result 组合框

输入约束用地变化的限制数据：如果模拟中需要有约束条件（如自然保护区或者宽阔水面上，一定时期内不会发生土地利用类型的变化），可以考虑设定限制转化区域（限制数据需用户在 GeoSOS-FLUS 软件以外制作）。在 Restricted Data 框中选择 Restricted

Area（默认选择是 No Restricted Area），并点击 [___] 按钮，在对话框中打开限制转换数据，该数据仅包含宽阔水面的转化限制，即宽阔水面不能转化为城市（图 10-58）。该数据是二值数据，只允许数据 0 和 1 这两个数值存在。数值 0 表示该区域不允许土地类型发生转化，1 表示允许发生转化。

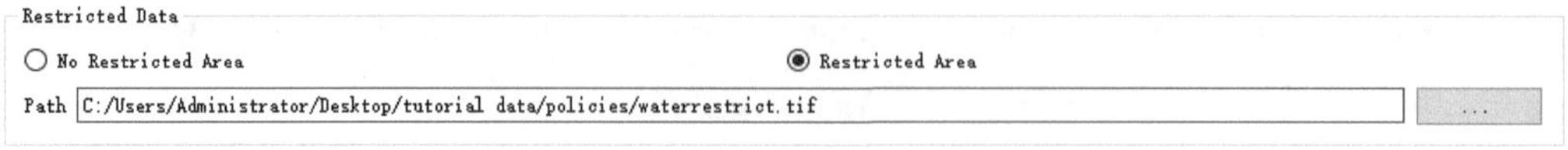

图 10-58　Restricted Data 组合框

设置模拟参数：包括迭代的次数、邻域范围大小、模型加速因子、模拟用地转换的数量目标、成本矩阵以及各类用地的邻域因子。迭代次数可以设定为一个比较大的值，模型到达迭代目标会提前停止，GeoSOS-FLUS 软件默认迭代次数为 300。在 CA 中邻域值是奇数，软件默认邻域大小为 3，即表示 CA 采用 3×3 摩尔邻域。另外，软件默认的加速因子为 0.1，模型可以在默认的参数下正常运行。当模拟的图像范围比较大时，模型运行较慢。可以将模型因子设为一个较大的值（0~1），以加快土地利用变化的转化速率（图 10-59）。

图 10-59　Land Use Demand 组合框

Initial Pixel Number 表示初始年份的土地利用类型的像元数，软件会根据初始土地利用数据自动统计。Future Pixel Number 表示本次模拟的目标像元数，即未来各类土地利用类型的面积。用户根据研究区域的实际发展情况，采用专家经验或土地利用数量预测模型预测出未来各类土地的需求。使用者需要在第三行 Future Pixel Number 输入各土地利用类型变化数量的目标。本教程中，模拟的目标为 2010 年，因此根据数据 LUCC2010urban12.tif 的城市数量（708708）设定未来的城市像元数，此时非城市像元数为 4693166（=4974629+427245−708708）（图 10-60）。

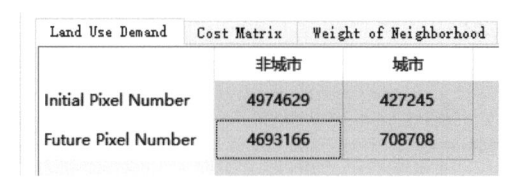

图 10-60  Land Use Demand 选项栏

随后需要在 Cost Matrix 选项栏中，设置各类土地利用类型在模拟转换中的成本矩阵，软件默认各类型用地间均可互相转换。在本示例中，我们根据对实验区域的经验认识，设置城市用地不能转换为非城市用地（设为 0）。当一种用地类型不允许向另一种用地类型转换时，我们将矩阵的对应值设为 0，允许转换时设为 1。具体的限制矩阵如图 10-61 所示。

图 10-61  Cost Matrix 选项栏

Weight of Neighborhood 参数用于设定各类土地利用类型的邻域因子参数，参数范围为 0~1，越接近 1 代表该土地类型的扩张能力越强。软件默认所有土地类型的邻域因子为 1，如图 10-62 所示，本示例按软件默认的设置设为 1。

图 10-62  Weight of Neighborhood 选项栏

完成以上各项设置后，点击 Accept 按钮，确定迭代模拟参数设置完毕。

运行 CA：完成迭代模拟参数的设置后，在窗口左下角选择 Show 页面，进行土地利用变化的模拟。点击左下角的 Show 页面选项，在 Show 页面中 GeoSOS-FLUS 软件支持对土地利用空间变化与数量变化过程的动态显示（图 10-63）。

图 10-63  Show 选项栏

点击 [Run] 开始模拟，窗口左侧上方的图表面板将显示各土地利用类型在迭代过程中数量变化曲线(图 10-64)。

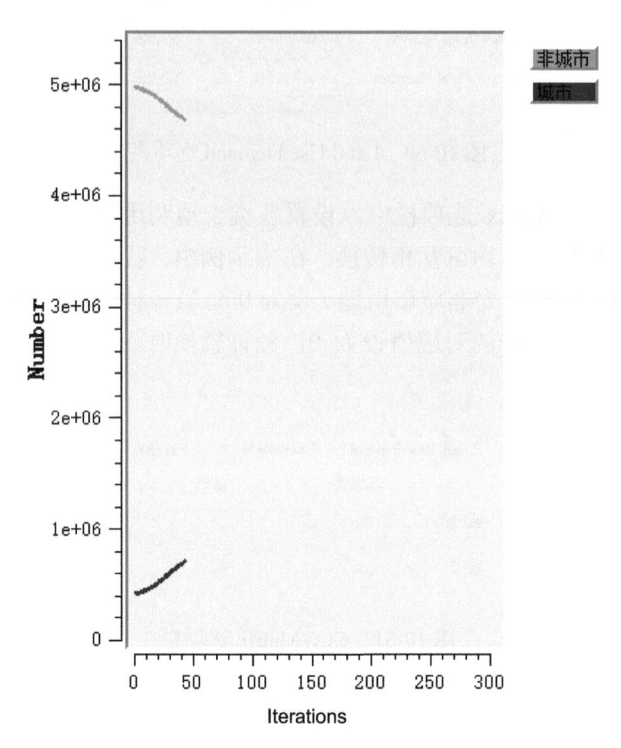

图 10-64 城市及非城市土地利用类型在迭代过程中的数量变化曲线图

窗口左侧下方的迭代记录文本框内将记录本次迭代所设定的参数,显示每一轮迭代后各土地利用类型的像元数值(图 10-65)。

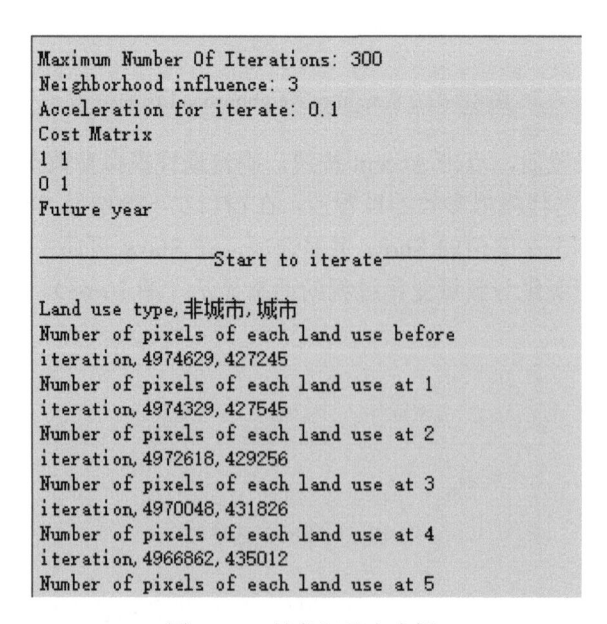

图 10-65 迭代记录文本框

当达到用户设置的迭代次数或达到未来土地类型的数量目标时，软件将自动停止迭代，并弹出提示信息。另外，用户可点击 Stop 按钮，手动停止迭代。同时，停止迭代后系统将把模拟结果保存到预设的保存路径中（图 10-66）。

图 10-66  提示模拟已完成

动态迭代过程中，点击 Fit 按钮可调整显示面板中视图的大小和位置，使结果全局显示。模拟完成后，面板显示最终的模拟结果，并输出模拟结果的保存路径与模型运行时间（图 10-67）。

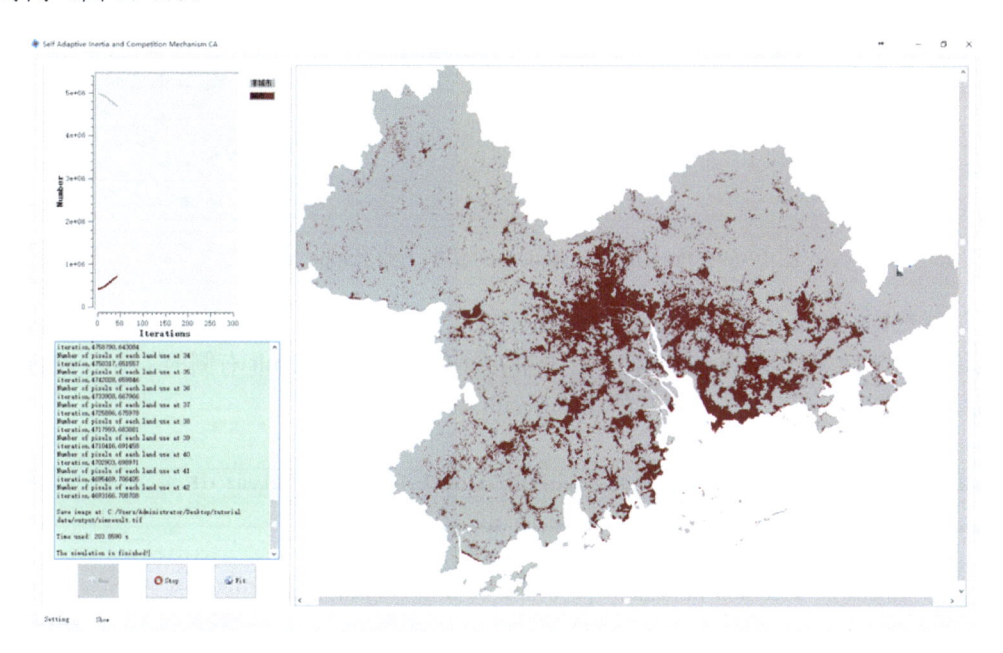

图 10-67  模拟结果示意图

### 3. 模拟精度验证

GeoSOS-FLUS 软件提供精度验证模块，利用 Kappa 系数和 FoM 两种指标对模拟精度进行检验。

1) Kappa 系数验证

计算 Kappa 系数：选择主菜单上 Validation → Precision Validation → Kappa，打开 Kappa 系数计算模块（图 10-68 和图 10-69）。

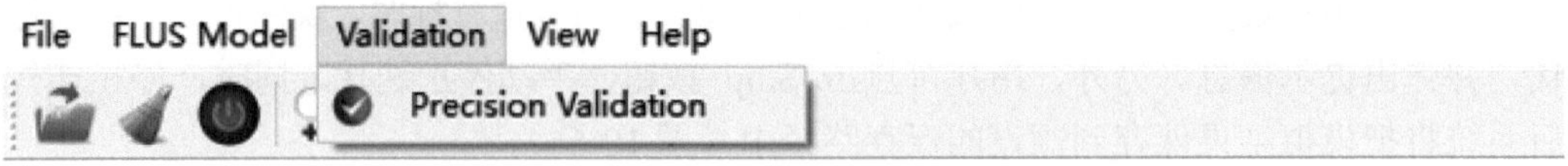

图 10-68　GeoSOS-FLUS 软件中的 Validation 菜单栏

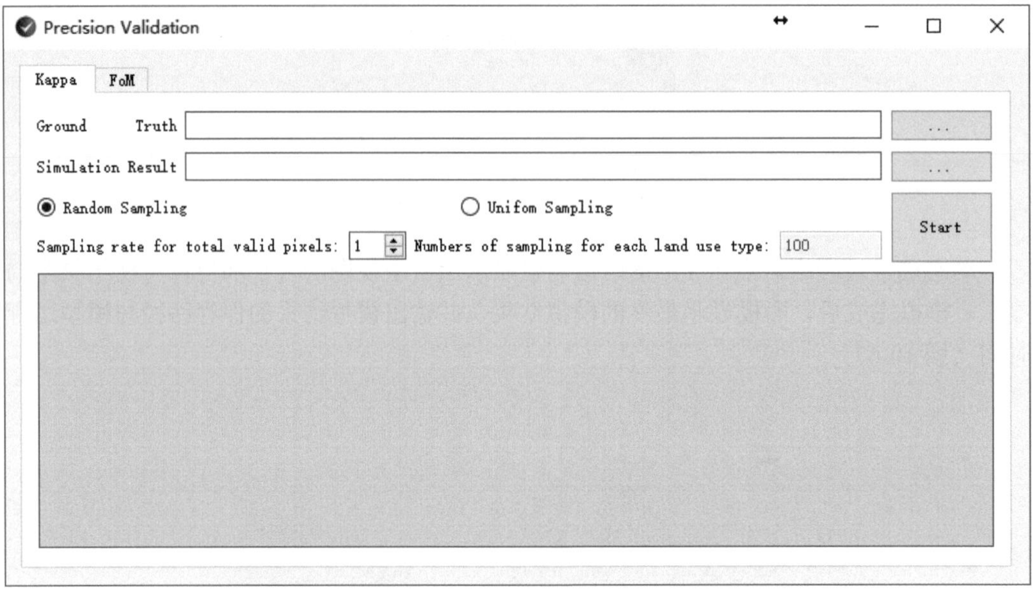

图 10-69　Precision Validation 对话框下的 Kappa 选项栏

加载数据：单击第一行 Ground Truth 右侧的 ⬜ 按钮，加载真实的 2010 年的土地利用数据"LUCC2010urban12.tif"。单击第二行 Simulation Result 右侧的 ⬜ 按钮，加载模拟的 2006 年的土地利用数据"SimResult.tif"（图 10-70）。

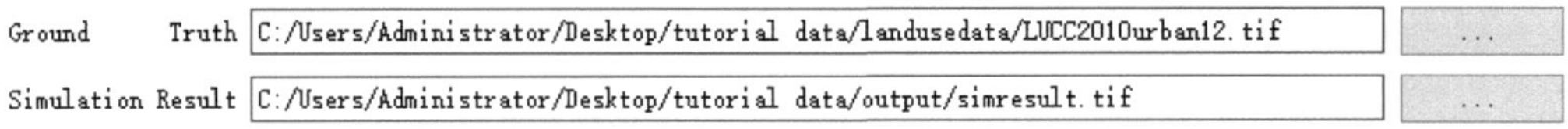

图 10-70　Precision Validation 对话框加载真实的及模拟的土地利用数据选项栏

选择采样模式与采样数：GeoSOS-FLUS 软件同样提供两种采样模式：Random Sampling（随机采样模式）或 Uniform Sampling（均匀采样模式）。选择随机采样模式后在下方输入随机采样点数的比例，选择均匀采样模式则在下方输入每类用地采样点的个数。本示例中选择随机采样模式，采样率为 1%（图 10-71）。

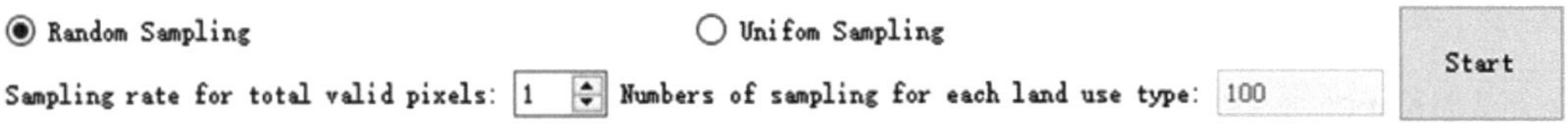

图 10-71　Precision Validation 对话框中的采样模式选择及其他参数设置按钮

计算 Kappa 系数并保存：完成以上设置后，单击右侧的 Start 按钮，计算 Kappa 系数。

弹出完成的提示窗口（图 10-72）。

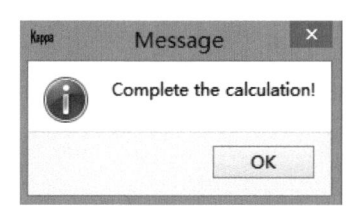

图 10-72　提示 Kappa 系数计算已完成

计算结果会在界面上显示，并保存在软件目录下的 Kappa.csv 文件中（图 10-73）。

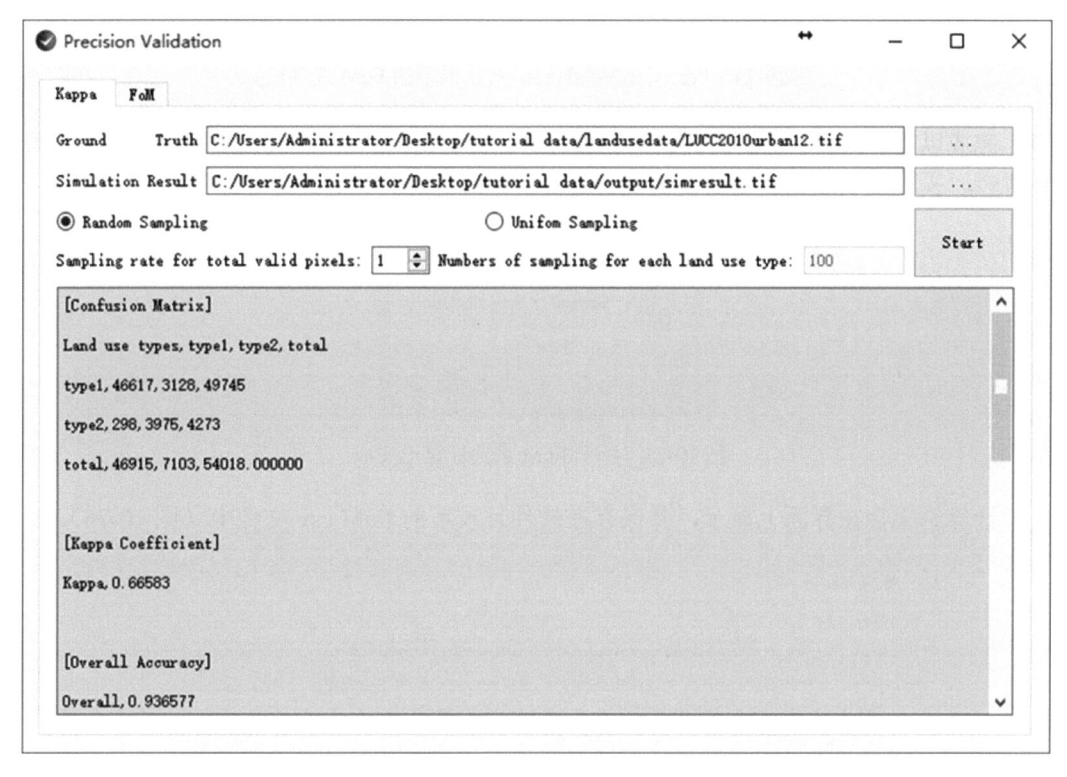

图 10-73　Precision Validation 对话框显示 Kappa 系数计算完成的结果

2）FoM 验证

选择主菜单上 Validation → Precision Validation → FoM，打开 FoM 系数计算模块（图 10-74）。

单击第一行 Start Map 右侧的 按钮，加载真实的 2000 年的初始土地利用数据"LUCC2000urban12.tif"。单击第二行 Ground Truth 右侧的 按钮，加载真实的 2010 年的土地利用数据"LUCC2010urban12.tif"。单击第三行 Simulation Result 右侧的 按钮，加载模拟的 2006 年的土地利用数据"SimResult.tif"。

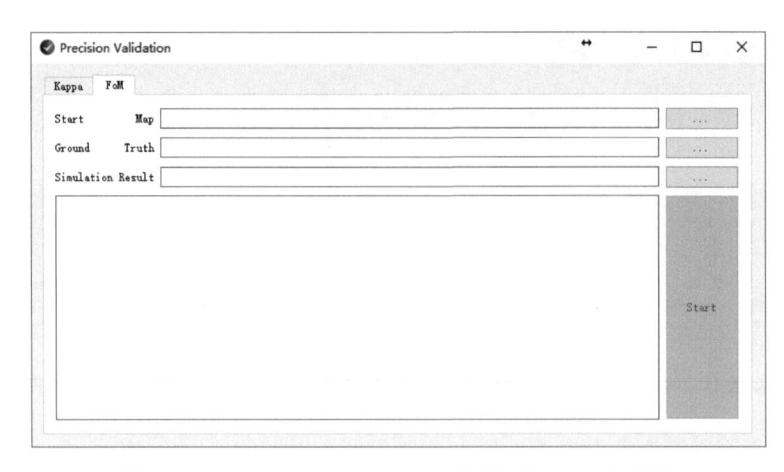

图 10-74  Precision Validation 对话框下的 FoM 选项栏

完成以上设置后，单击右侧的 Start 按钮，计算 FoM 系数，弹出完成的提示窗口（图 10-75）。

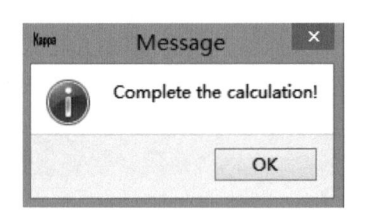

图 10-75  提示 FoM 系数计算已完成

计算结果会在界面上显示，并保存在软件目录下的 FoM.csv 文件中（图 10-76）。

图 10-76  Precision Validation 对话框显示 FoM 系数计算完成的结果

精度计算报错处理方法：如果不能计算精度，请把土地利用数据文件加载到 ArcGIS 中重新导出，保证生成 tif 图像的相关文件完整（.tif，.tfw，xml，cpg，dbf）（图 10-77）。

图 10-77　ArcGIS 中重新导出 tif 图像的相关完整文件图

**4. 未来情景模拟**

1）未来城市数量预测

FLUS 模型提供了马尔可夫链方法，可以用于对未来土地的数量进行预测。选择主菜单 Prediction 下的 Markov Chain 模块（图 10-78）。

图 10-78　主菜单 Prediction 下的 Markov Chain 窗口

在 Start year image 中输入初始的 2000 年土地利用数据 LUCC2000urban12.tif，在 End year image 中输入下一年份 2010 年的土地利用数据 LUCC2010urban12.tif。在下面的 Start year、End year 选项中标记好初始年份 2000 年，以及末尾年份 2010 年，表示将 2000～2010 的土地利用转换作为参考，对未来的土地利用变化进行预测。输入无误后，Predict year 菜单会被激活，可以在菜单中选择需要预测的年份，如 2050 年（图 10-79）。

图 10-79　加载土地利用数据后的 Markov Chain 窗口

点击 Run 按钮，该模块会输出未来每隔 10 年的城市的像元个数。

2）基于最新的土地利用数据计算未来城市的出现概率

进行未来情景模拟的初始年份为 2010 年，因此需要用到 2010 年的城市土地利用数据 LUCC2010urban12.tif，并结合其他计算因子重新计算城市在每个像元出现的概率。使用 2010 年的土地利用数据 LUCC2010urban12.tif 代替 2000 年的土地利用数据，并重新计算概率分布。新的概率文件命名为：probabilityofoccurrence2010.tif（图 10-80 和图 10-81）。

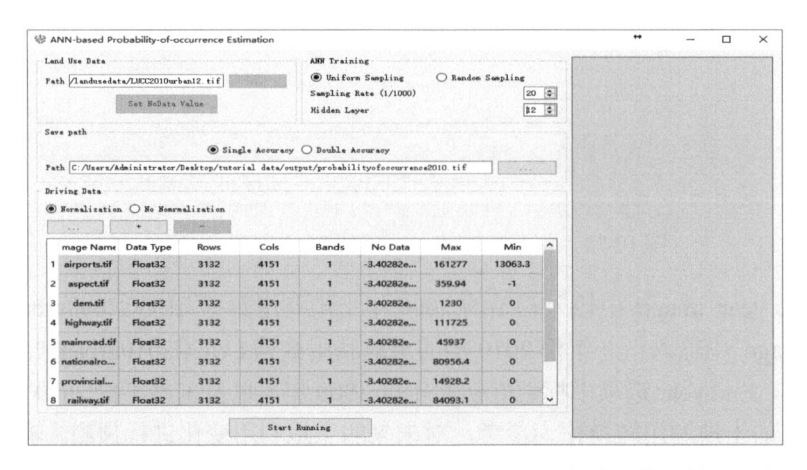

图 10-80　在 ANN-based Probability-of-occurrence Estimation 对话框中更换新数据及输出文件路径

第 10 章　FLUS 软件介绍

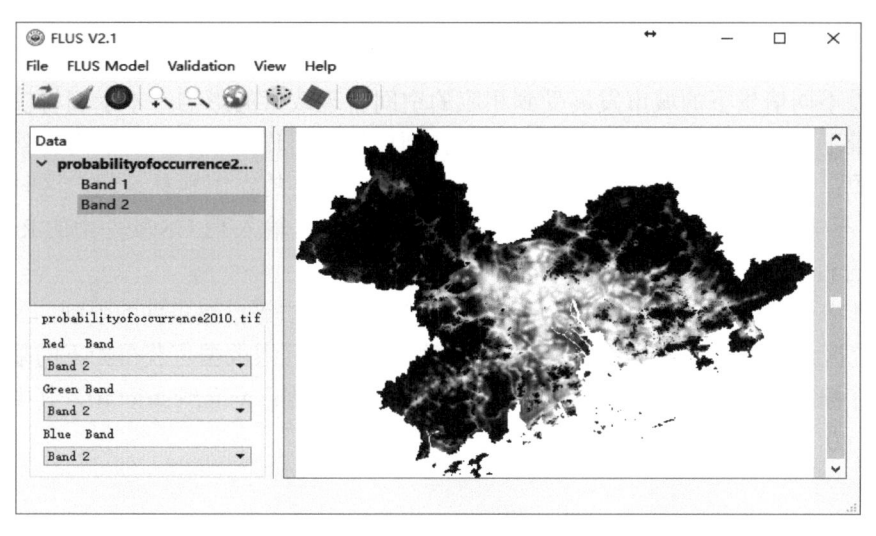

图 10-81　新训练结果示意图

模拟未来城市发展，未来情景模拟的基本设置如下：①输入初始土地利用数据为 2010 年的城市土地利用数据 LUCC2010urban12.tif；②出现概率数据为前面生成的 probabilityofoccurrence2010.tif；③假设模拟到 2030 年，根据 Markov 链的预测结果，未来城市土地数量设为 1165799，此时非城市的像元数量为 4236075（本示例假设每种情景的城市数量一致，必要时使用者可以根据自身需要设置不同情景下生成不同的城市数量）。基本设置完成后如图 10-82 所示。

图 10-82　已加载相应数据及设置相应参数的 Self Adaptive Inertia and Competition Mechanism CA 对话框

3）情景模拟

假设不同情景下的城市发展受到相应的空间管理政策的影响。本示例将模拟两种不同情景下的城市发展：①基准情景，不受到任何空间政策影响，用于为另外两组作空白对照；②生态控制线约束情景，用于分析设定严格的农田和林地保护区时城市如何发展。不同空间政策情景处理成特定格式的栅格数据，输入 FLUS 软件中的 Restricted Area 组合框中。

基准情景不受任何空间政策的影响，但受河流、湖泊等自然条件的限制，因此需要结合研究区水体湖泊的空间数据。结合 GIS 软件和土地利用数据可获得如下的限制转换数据（tif 栅格数据，如图 10-83 所示，本书已提供该数据：waterrestrict.tif，其中水体区域的值为 0，非水体区域的值为 1）。

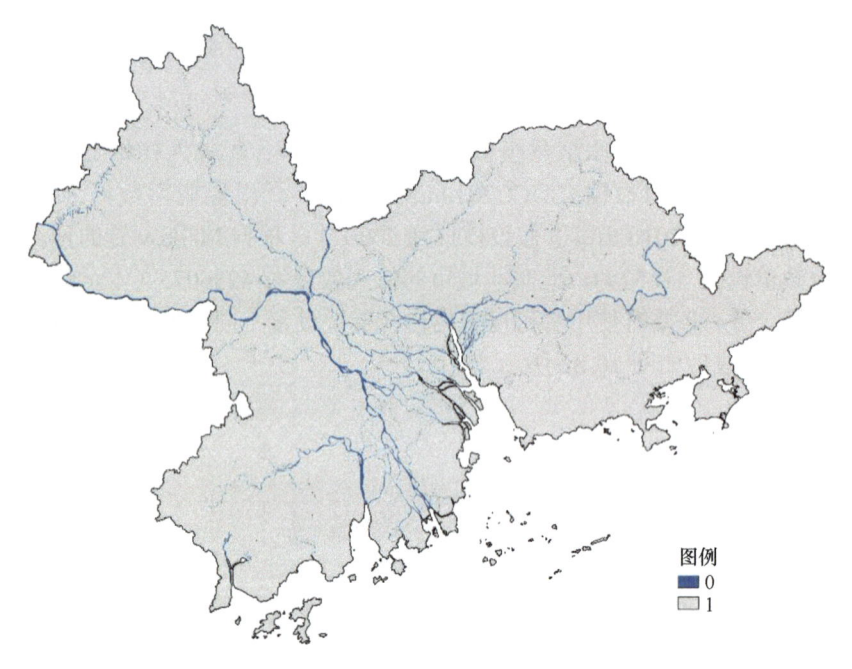

图 10-83　基准情景限制转换水体 tif 数据图

将此数据输入 Restricted Area 组合框中，并设置好生成情景的保存路径，如图 10-84 所示，保存文件为 baselineScenarios.tif。

点击 Accept，转到 Show 页面，点击 Run 开始模拟（图 10-85）。

生成基准情景下的 2030 年城市用地空间分布。

生态控制线约束情景不但受到河流、湖泊等自然条件的限制，还需要结合决策者划定的生态控制线数据。GIS 软件和水体数据叠加可获得如下的限制转换数据（tif 栅格数据，如图 10-86 所示，本书已经提供该数据：Basicecologyline.tif，其中生态控制线区域的值为 0，非生态控制线区域的值为 1）。

第 10 章　FLUS 软件介绍

图 10-84　加载 baselineScenarios.tif 文件到 Self Adaptive Inertia and Competition Mechanism CA 对话框中的 Restricted Area 组合框

图 10-85　基准情景下 Self Adaptive Inertia and Competition Mechanism CA 模拟结果图

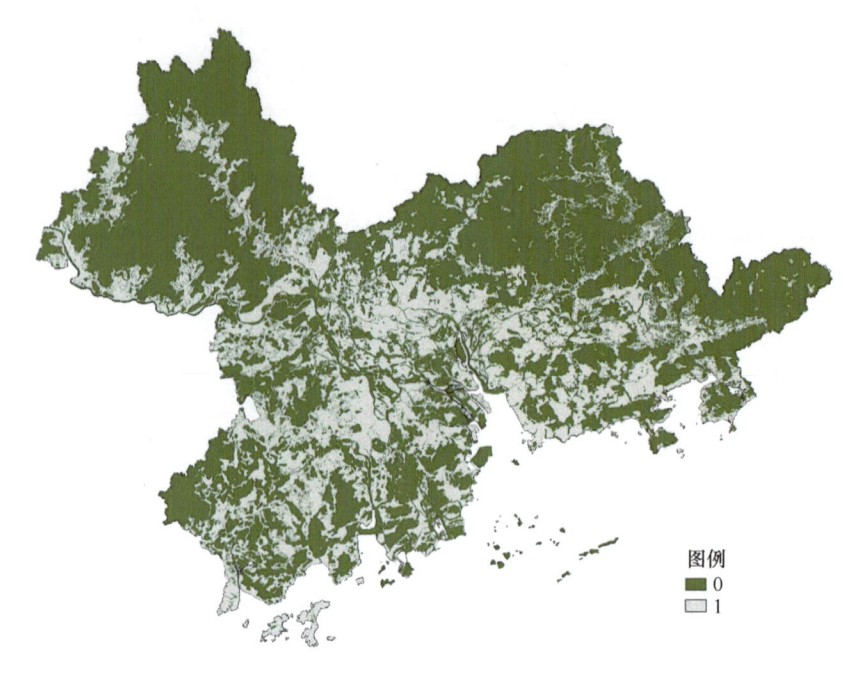

图 10-86　生态控制线约束情景限制转换区域 tif 数据图

将该数据输入 Restricted Area 框中，并设置好生成情景的保存路径，如图 10-87 所示，保存文件为 ecologicalScenarios.tif。

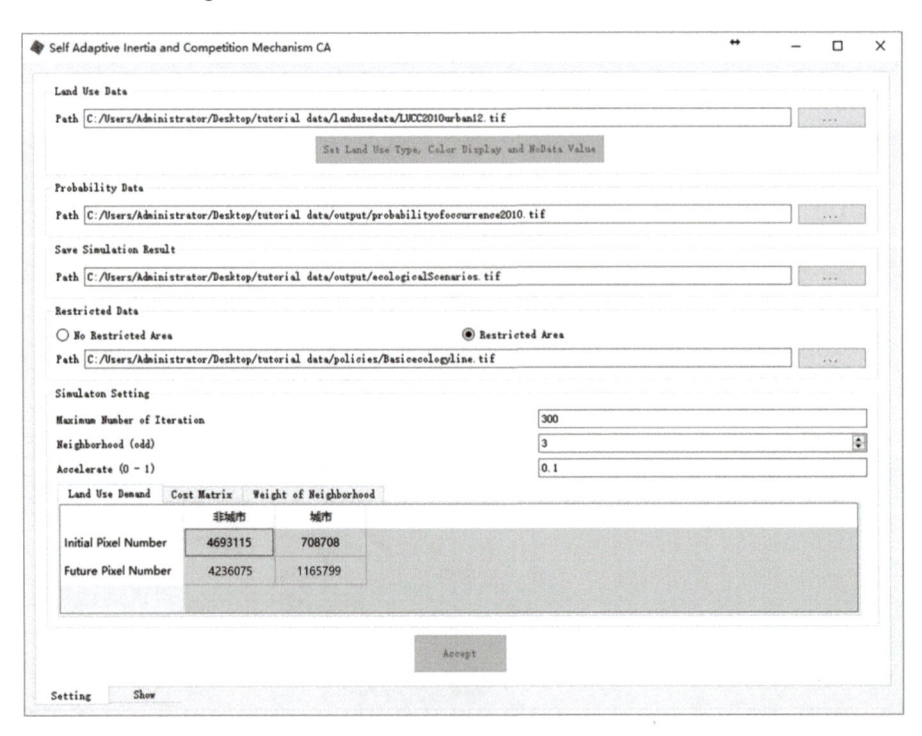

图 10-87　加载 ecologicalScenarios.tif 文件到 Self Adaptive Inertia and Competition Mechanism CA 对话框中的 Restricted Area 组合框

点击 Accept，转到 Show 页面，点击 Run 开始模拟（图 10-88）。

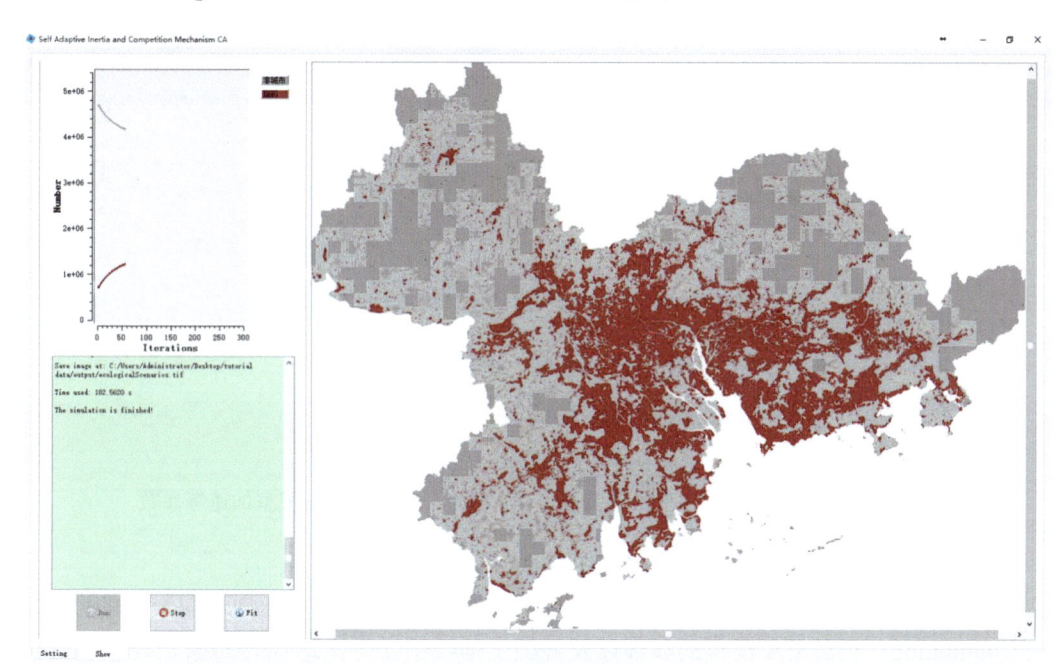

图 10-88　生态控制线约束情景下 Self Adaptive Inertia and Competition Mechanism CA 模拟结果图

生成生态控制线约束情景下的 2030 年城市用地模拟结果。

**5. 配置文件及记录文件说明**

FLUS 模型在运行过程中将生成两种文件：配置文件与记录文件。

1）配置文件

config_color.log 记录了上一次完成模拟的土地类型显示的颜色 RGB 值、土地类型的名称及初始年份各类土地类型的像元数（图 10-89）。

```
[Index, Count, Land Use Type, R, G, B]
1,4974629,非城市,179,179,179
2,427245,城市,170,0,0
```

图 10-89　上一次完成模拟的土地类型显示的颜色 RGB 值、土地类型的名称及初始年份
各类土地类型的像元数等参数

config_mp.log 记录了上一次完成模拟的土地需求、成本矩阵、迭代次数与模型加速等参数（图 10-90）。

2）记录文件

NetworkInput.csv：随机采样后用于人工神经网络的训练数据，在"基于人工神经网络的适宜性概率计算模块"中生成，可用于查看并判断人工神经网络的输入是否正确。

```
[Number of types]
2
[Future Pixels]
4693115
708708
[Cost Matrix]
1,1
0,1
[Intensity of neighborhood]
1
1
[Maximum Number Of Iterations]
300
[Size of neighborhood]
3
[Accelerated factor]
0.1
```

图 10-90　上一次完成模拟的土地需求、成本矩阵、迭代次数与模型加速等参数

ANNoutput.log：记录人工神经网络的训练精度。

logFileTrain.log：记录用于训练人工神经网络的驱动力数据与土地利用数据的路径。

output.log：记录 CA 模拟的参数以及各类土地类型在每次迭代时的像元数。

logFileSimulation.log：记录 CA 模拟时所用的驱动力数据、土地利用数据、限制转化区域以及模拟结果的保存路径。

Kappa.csv：记录模拟结果的 Kappa 系数与 OA。

FoM.csv：记录模拟结果的 FoM 系数与用户精度。

**6. 基于 FLUS 的未来情景城市增长边界划定**

在当前快速城市化发展的背景下，城市扩张速度不断加快，许多区域的城市形态往往呈现出较高的离散度和破碎度。当前大部分利用 CA 进行 UGB 划定的研究是针对单一的城市发展场景构建的，但城市在不同规划条件下将呈现发展情景的差异，目前较少有对城市未来发展多种情景下的 UGB 划定。此外，目前大多的 UGB 划定均较为粗糙和模糊，难以根据实际情况进行及时和灵活的调整。通过引入未来用地模拟 FLUS 模型与基于形态学膨胀与腐蚀方法的边界提取 UGB 模型，将两者结合构建成 FLUS-UGB 模型，用于解决多情景下城市发展形态的高效 UGB 划定的科学问题。其中，FLUS 模型已被证实能够有效地应用于多情景下的全球尺度及多类的土地利用模拟中，并具有更高的模拟准确度。而膨胀与腐蚀方法生成的 UGB 模型能够通过开、闭运算，依据未来城市模拟结果，实现较为精准的边界的划定，并确保最终得到的城市开发边界在保持城市总体发展形态下进行划定，同时不会偏离规划的总体目标。本书提及的 FLUS-UGB 模型已采用 C++编程实现 UGB 划定，并将其耦合成为 FLUS 系统中的子模块。

基于上述背景及前文实验结果，本书以珠三角城市为例，首先以上述利用 FLUS 模型预测得到的多种情景下的城市未来用地发展结果为基础，结合上述形态学基于膨胀与

腐蚀的开闭运算的 UGB 模型，对珠三角未来城市的多种情景下（基准情景、耕地保护情景、生态控制情景）的城市开发边界进行划定。如图 10-91 所示，将上述得到的各个情景的模拟结果作为输入图层输入（在 Input Image 中设置输入图层），并设置好输出图层的路径（在 Output Image 中设置输出图层），选择合适的窗口大小（Window Size 中设置窗口大小），点击 Run 即可在输出目录中得到划定结果，如图 10-92 所示。

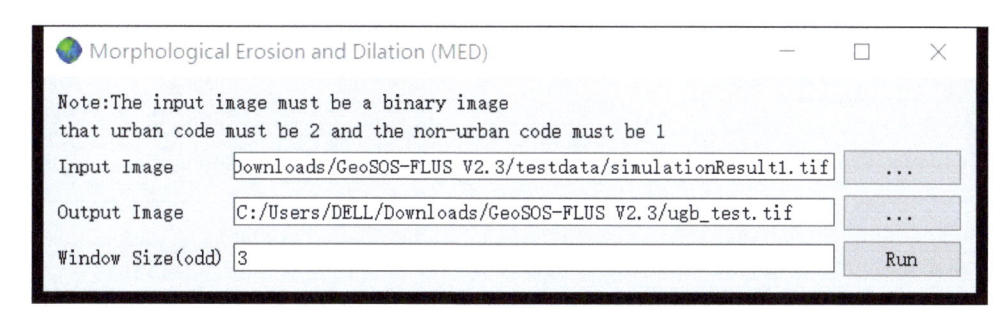

图 10-91　FLUS 系统中城市用地模拟及 UGB 划定

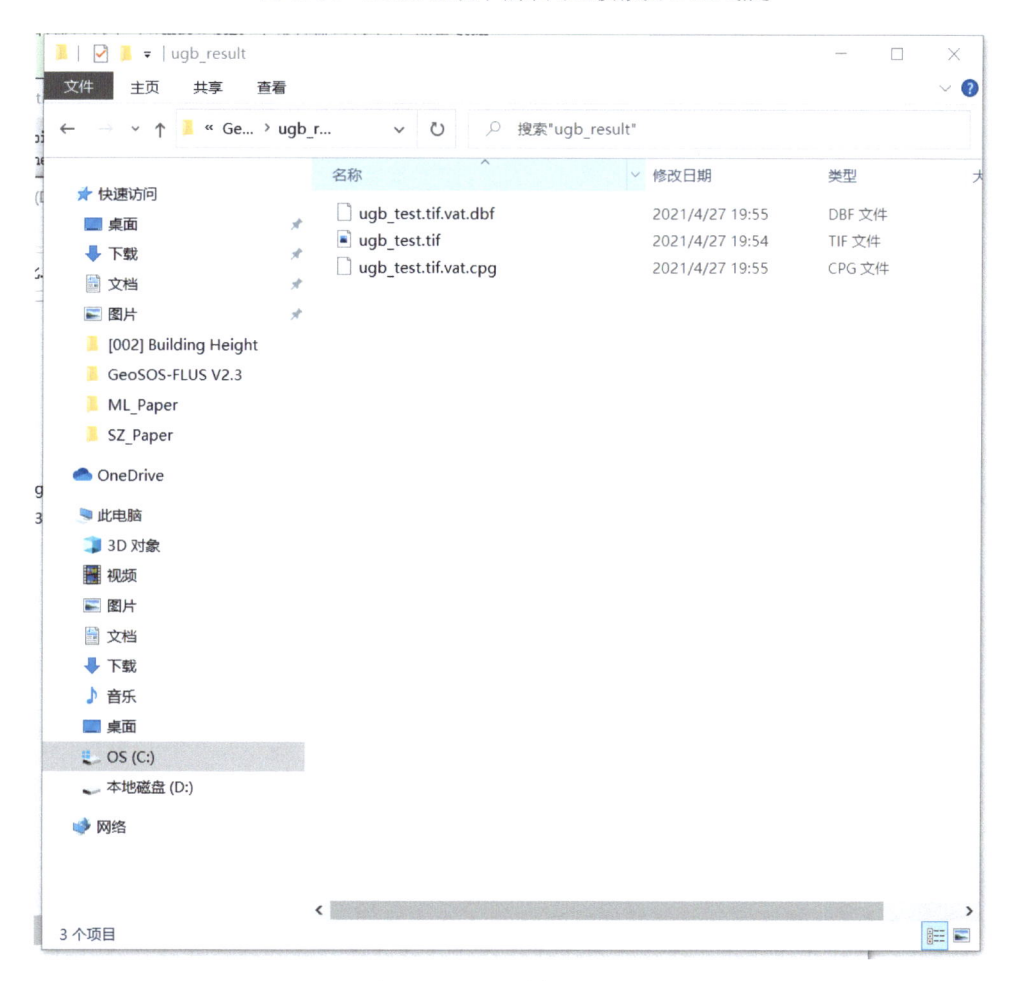

图 10-92　UGB 划定结果目录

此外，通过得到的 UGB 栅格结果，在 ArcGIS 中导入结果图层，利用栅格计算器（图 10-93），将城市地区编码为 1，非城市地区编码为 2，并利用转化工具（图 10-94），将最终的栅格边界转为矢量边界。

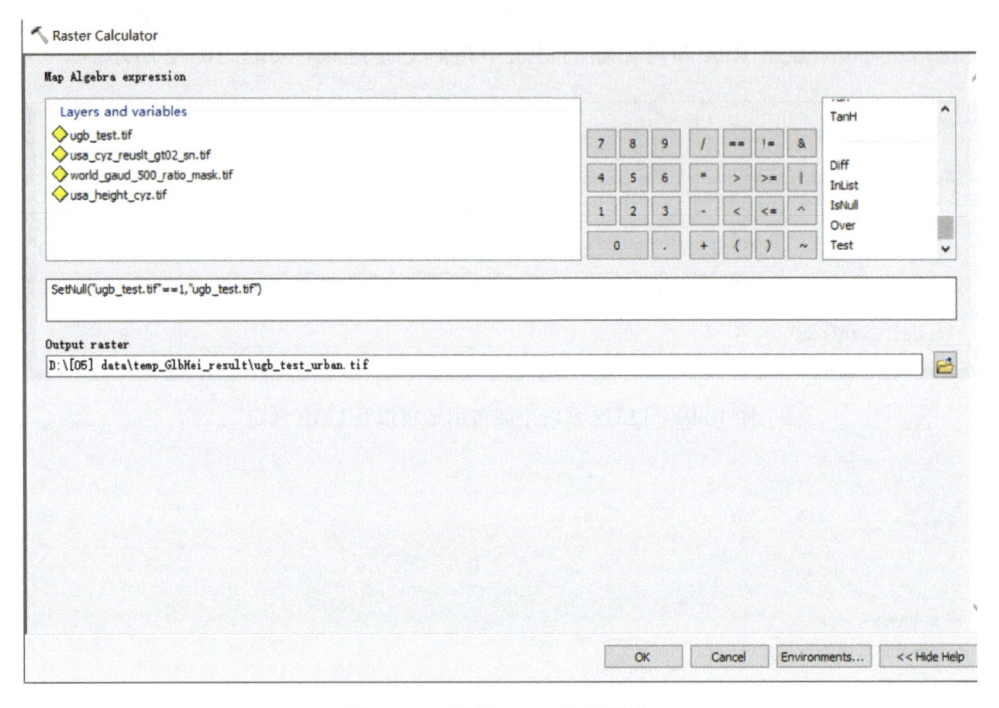

图 10-93　设置 UGB 结果操作

图 10-94　将 UGB 结果转化为矢量边界

## 第 10 章　FLUS 软件介绍

在此，本书尝试采用 4 种不同大小的结构元素，即 3×3、5×5、7×7 和 9×9 的膨胀与腐蚀窗口大小，进行 UGB 划定的实验对比，结果如图 10-95 所示。结果显示，采用 7×7 结构元素进行 UGB 的划定能够使边界整体平滑且连续性较强，边界线能较好地贴合城市区域轮廓，同时能够保持珠三角地区城市复杂的边缘形状特征。

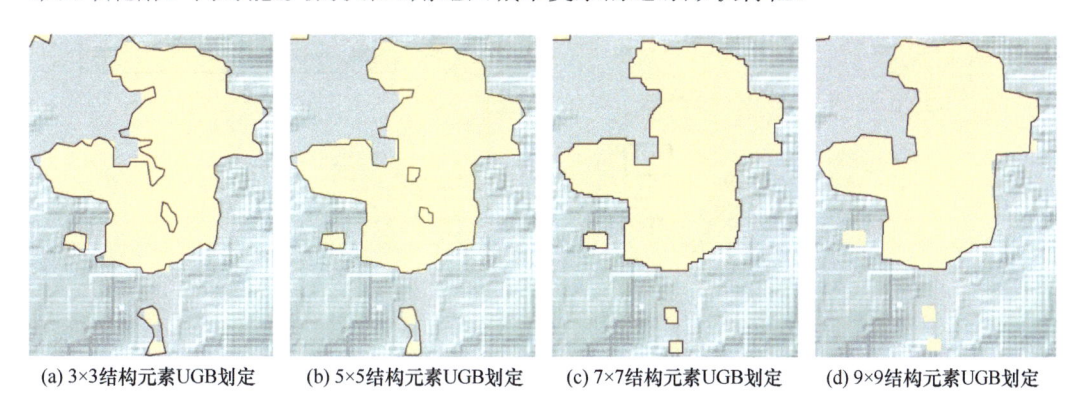

(a) 3×3结构元素UGB划定　　(b) 5×5结构元素UGB划定　　(c) 7×7结构元素UGB划定　　(d) 9×9结构元素UGB划定

图 10-95　四种结构元素大小的 UGB 划定局部图

根据上述结果，即采用 7×7 结构元素对珠三角地区进行 UGB 的划定，图 10-96（a）～图 10-96（c）分别为在基准情景下、耕地保护情景下和生态控制情景下的 UGB 划定结果。该方法在复杂的城市区域也能较好地保持边界的边缘细节，在城市破碎度与分维度较高的区域也能够提取出边界的形态特征。其通过形态学的膨胀与腐蚀方法来删除小而分散的紧凑性较差的城市单元，从而有效地增强了城市连片区域的集中性与整体性。

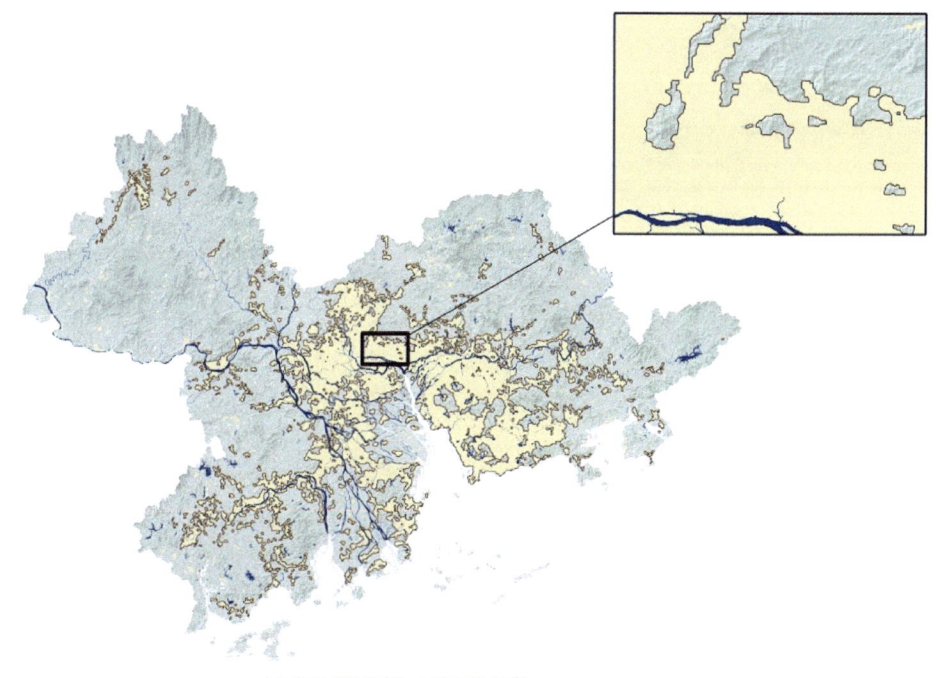

(a) 基准情景下珠三角UGB划定

(b) 耕地保护情景下珠三角UGB划定

(c) 生态控制情景下珠三角UGB划定

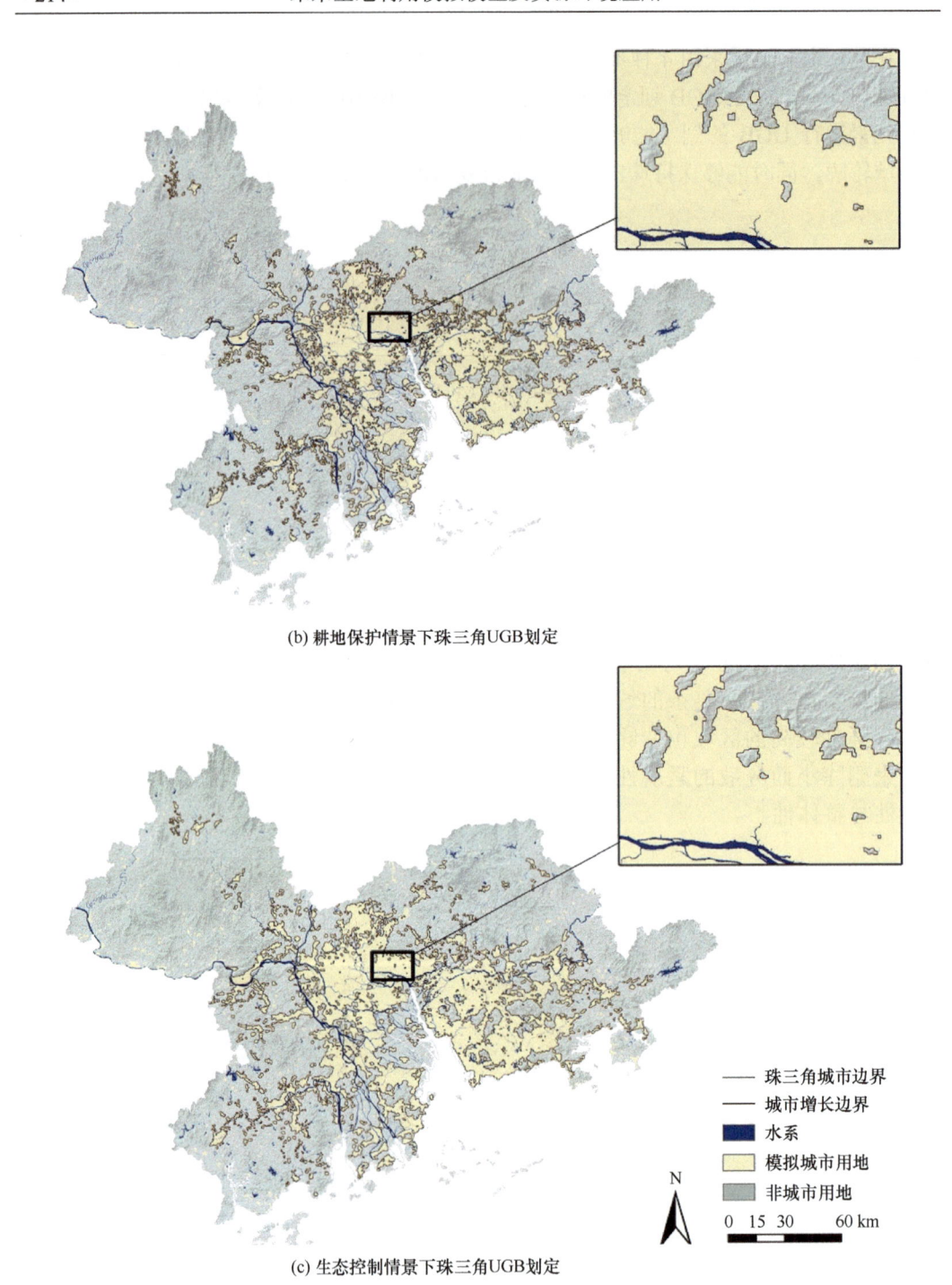

图 10-96　三种情景下珠三角 2050 年 UGB 划定图

## 10.5　软件操作注意

（1）FLUS 软件所输入的土地利用分类栅格数据的土地类型编码需要从 1 开始，并且要求编码连续。例如，模拟 5 种土地类型的相互变化，那么土地利用数据中 5 种有效土地类型的编号分别为：1，2，3，4，5。NoData Value 则可以是这 5 个编号以外的任何值。

（2）输入 FLUS 模型所有栅格数据（包括土地利用分类数据、适宜性概率数据和转换限制数据），需要为同一地区的，且行列数要一致。软件支持 TIFF、JPG、IMG、ASCII 等常用栅格数据格式。

（3）CA 模块将自动保存最近一次模拟时的所有输入参数到两个配置文件中：config_color.log、config_mp.log。在进行同一地区的重复实验时，FLUS 软件会自动加载这些参数，不需用户重复输入，减少了用户的操作负担，方便使用者进行多次实验。但有一点要特别注意，当更改研究区域时，请先删除这些配置文件并重新设定新的区域的模拟参数，重新生成这两个记录文件。